故宫博物院
The Palace Museum

故宫学刊

Journal of Gugong Studies 2023 Vol.25

二〇二三年 第二十五辑

故宫出版社
The Forbidden City Publishing House

本书的出版
由北京故宫文物保护基金会公益支持

目录

故宫学刊
第二十五辑

CONTENTS

Journal of Gugong Studies, Vol.25

明清紫禁城的物质文化

Material Culture of the Forbidden City in the Ming and Qing Dynasties

郑欣淼

Zheng Xinmiao

内容提要：

皇家本身就是一个富有魅力的符号，与高贵、典雅、精美乃至神秘联系在一起。明清紫禁城皇家的宫室以及衣食住行用之美自然无与伦比，从物质层面看，它们是当时社会经济、科学技术发展以及学术、艺术等积累的反映，同时器以载道，它们又是宫廷文化的载体，鲜明地体现了典章制度、意识形态，是物质化了的皇权。为了维持皇家日常用度，皇帝也要广开财路，多方聚敛。本文从冠服之尊、膳食之精、器用之珍以及皇帝的财源四方面对此进行了述说。

关键词：

明清紫禁城　物质文化　冠服　膳食　器用　皇室财源

ABSTRACT:

The imperial court itself was a glamorous symbol associated with dignity, elegance, exquisiteness, and even mystery. The imperial palaces and daily items for clothing, food, residence, and transportation used in the Forbidden City during the Ming (1368-1644) and Qing (1644-1911) dynasties were naturally incomparable. From a material perspective, they reflected the development of the social economy, science, and technology, as well as the accumulation of academia and art at that time. As tools for the way, they were also carriers of court culture, vividly embodying the institutions, ideological system, and the materialized imperial supremacy. To maintain the daily imperial life, the emperors also had to expand financial resources and accumulate wealth from various means. This article depicts this from four aspects: the magnificence of imperial attire, the delicacy of cuisine, the rareness of utensils, and the financial revenues of the emperors.

KEYWORDS:

Forbidden City in the Ming and Qing dynasties, material culture, attire, cuisine, utensils, financial revenues of the imperial court

皇家本身就是一个富有魅力的符号，与高贵、典雅、精美乃至神秘联系在一起。明清紫禁城皇家的宫室以及衣食住行用之美自然无与伦比，从物质层面看，它们是当时社会经济、科学技术发展以及学术、艺术等积累的反映，同时器以载道，它们又是宫廷文化的载体，鲜明地体现了典章制度、意识形态，是物质化了的皇权。为了维持皇家的排场奢侈，保证宫廷的日常用度，皇帝也要广开财路，多方聚敛。

一　冠服之尊

衣冠服饰制度是中国传统礼乐文明的核心。服装的色彩、纹样、款式、质地无不反映服用者的身份等级和社会地位。明清两代皇帝十分重视皇室冠服制度建设，以求“明辨等威”。另外，明清两代衣冠制度还因皇室民族血统的不同而存在着十分显著的差异。

明太祖开国伊始即着手建立新王朝的衣冠制度，诏令禁止“胡服、胡语、胡姓名”，“复衣冠如唐制”[1]。明朝皇家服饰制度基本确立于洪武时期，永乐朝做过若干更改，嘉靖时又做了一些修订、补充。

明代从帝后到亲王世子的冠服共十五个级别，其中尤以皇帝的冠服形制最为复杂，分为衮冕、通天冠服、皮弁服、常服等多种。

衮冕是明朝皇帝最高级的礼服，用于天地、宗庙祭祀以及正旦、冬至、万寿节等重大朝会和册封典礼，分为冕冠和衮服两部分。1957年北京昌平明神宗定陵中出土了两件冕冠实物，复原了其中一件，冕板前弧圆后方，桐木质，长38.7厘米，宽19厘米，上贴黑素缎，下贴红素缎，前后各缀十二旒，每旒穿玉珠九颗以及珍珠若干[2]。定陵出土品中还有两件缂丝十二章纹团龙服，其墨书绢标签自名曰“衮服”。这种衮服为袍形，黄色，盘领大袖，右衽，地纹织卍字、寿字、蝙蝠和如意云纹，饰十二团龙和十二章[3]。明朝中期以后列帝神像多用此种装束。

皇帝于郊庙省牲、皇太子及诸王冠礼婚礼、醮戒等，则服通天冠服。皇帝于朔望视朝、降诏、降香、群臣进表、四夷朝贡、外官朝觐、殿试传胪等皆服皮弁服。常服是皇帝正规的便装，用于一般场合及接见大臣。皇帝常服之冠名“翼善冠”，是唐宋幞头的变体。定陵出土了一件金丝编成的翼善冠，上饰二龙戏珠，是出土历代皇冠中最珍贵的一件[4]。

明代帝王遇有较大灾害发生之时，也会穿着素服。如在洪武三年（1370）发生旱灾，朱元璋“素服草履，步祷山川坛”；隆庆元年（1567）水灾，穆宗“以淫雨修省，素服避殿，御皇极门视事”。这种素服的行为，表示了明代帝王的一种自责。

1　《明太祖实录》卷三〇，洪武元年二月壬子。

2　中国社会科学院考古研究所等：《定陵》上册，文物出版社，1990 年。以下本文中定陵出土品资料皆出自此报告，不另注明。

3　柳淑兰《明定陵出土冠服、首饰等工艺报告》：“明朝对衮服的织造十分重视，一般由内织染局承办。织造前先由钦天监选择吉日，再由礼部题请，遣大臣祭告，方可开工。衮服纹样复杂，设计壮伟，织造艺精工细，要求严格。一衣制成，需十年之久。由苏州市刺绣研究所为定陵复制的缂丝衮服，用工多达三千六百个。从衮服小襟上绣字及绢书标签题字，也可看出一件衮服从织造到收入内库的时间为十三年。”载《定陵》下册。

4　此冠高 24 厘米、直径 17.5 厘米，重 826 克，由前屋、后山、两角（对称，俗称纱帽翅）三部分组成，采用编织工艺和錾花工艺相结合的方法制成，表现出我国编织技术的最高水平。其结构复杂，工艺精湛，仅龙鳞就做了 8400 片（每条龙为 4200 片），按当时生产状况估计，一个熟练艺匠需用 100 余工方可完成。参阅柳淑兰《明定陵出土冠服、首饰等工艺报告》，载《定陵》下册。

帝王冠服形制的多样性，是与其所使用功能的多样性密切联系在一起的，这也是自古以来历代帝王延续、一致认同的政治理念的具体表现。

皇后服饰主要分为礼服与常服两类。定陵中也出土了不少皇后衣冠。其中神宗的孝端皇后的一顶凤冠，做工极为精美，点翠凤鸟，金丝编龙，镶嵌红、蓝宝石100余块，珍珠5000余颗，是明代皇后参加大典时的礼帽，埋藏地下300余年，仍熠熠生辉，富丽堂皇。

载于《大明会典》的服饰制度，作为国家礼制规定是必须遵守的，但有的皇帝却不遵制度，常常逾越定制，带来混乱。正德十三年（1518），自封威武大将军的正德皇帝在外巡幸后返京，礼部本来规定文武群臣各具常朝冠迎候，皇帝却突发奇想，下旨要官员用曳撒大帽、鸾带，还赐群臣大红纻丝罗纱一匹，上面绣有一品斗牛、二品飞鱼、三品蟒、四品麒麟、五六品虎彪，翰林科道不限品级，皆参加。皇帝还命受赏赐的官员第二天就要裁制好穿着迎驾，冠服制度一下子大为混乱。礼部官员朱鸣扬等人上谏希望皇帝能收回成命，正德还是坚持己意，文武群臣只得配合旨意仓促行事[1]。

从皇太极到康、雍、乾清代诸帝，都把衣冠之制视为"立国之经"，把坚持满族服饰特点与本民族的兴衰存亡结合起来，清代服饰因此保存了鲜明的民族特色，主要表现在缨帽、箭衣上，即冠顶上缀有红缨，袍服的袖端接出一个半圆形的袖头——箭袖，俗称"马蹄袖"。这是取自满族衣冠的传统形式，但也吸收了前代服饰文化中被赋予美好吉祥寓意的装饰纹样，如龙凤翟鸟、海水江崖、祥云八宝，特别是"十二章"纹等。

清代服饰制度比中国历史上任何一代都更为繁缛严格。按清代服饰典制，帝后服装有礼服、吉服、行服、常服、雨服和戎服。例如礼服，是清代帝后遇重大典礼及祭祀活动时穿用的配套服装。在清代冠服制度中，帝后礼服以分类庞杂、功用繁复著称。皇帝礼服有朝冠、朝袍、衮服、端罩、朝珠、斋戒牌、朝带、朝靴八类，分冬、夏式计二十余种，其中用于祭祀的朝袍又分为蓝、明黄、红和月白四种颜色。皇后礼服有朝冠、金约、领约、耳饰、彩帨、朝珠、朝袍、朝褂、朝裙、朝靴十类，分冬、夏式计二十余种。吉服又称龙袍，为上下连属的通身袍。故宫现存皇帝龙袍还有在绣金龙、"十二章"纹、彩云之中加绣双喜字纹饰的，为皇帝成婚时穿用，但在清代典章服饰制度中没有见到文字记载。

清代服饰制度规定，穿不同的服装，头上要戴相应的冠帽。皇帝穿朝服时，根据不同的场合戴不同质地的朝珠。朝珠由108颗东珠串成。皇帝在穿戴服饰中，腰间都要系相应的腰带，腰带上都拴"活计"。"活计"质地精良，制作精美。荷包是"活计"之一。

郎世宁所绘乾隆皇帝25岁登基像和孝贤皇后朝服像，图中服饰的写实性，有利于我们了解这些烦琐无比的服饰穿戴形式。

皇帝平时穿戴的冠、袍、带、履均放在端凝殿，取"端冕凝旒"（端正严肃）之意。皇帝穿戴情况，在中国第一历史档案馆藏的《穿戴档》中有翔实的记载。如乾隆二十年（1755）正月初一子时一刻，乾隆帝在宫内行迎新礼，穿戴是"黑狐皮朝冠，穿黄纻绸绣绒靠三色黑狐肷龙袍，外套黄缎绣五彩貂皮边夹朝服，貂皮朝端罩，松石圆朝带，左拴带穗小荷包一个，右边拴东珠云纹大荷包。白布棉袜，鱼白春绸厚棉套裤，蓝缎羊皮黑皂靴"；寅初三刻，到弘德殿进煮饽饽，"换去貂皮端罩"；辰初二刻，率阿哥王公大臣等到慈宁宫皇太

1 《明武宗实录》卷一五八，正德十三年正月乙巳。

后处行礼时，又“换下夹朝服，更换大毛熏貂缎白苍龙教子珠顶冠，黄缂丝满地风云黑狐肷龙袍芝麻花端罩，金累丝松石大鞓带，（上拴）带穗小荷包一个（内装八宝两件），大荷包两个。脚穿青缎羊皮皂靴”[1]。一个上午就更衣三次，可见服饰对于皇帝来说，不仅是为了防暑御寒，更为了显示出地位的神圣和礼仪的庄严。

值得注意的是，清宫留有不少雍正与乾隆身着汉装甚至洋装的行乐图。乾隆帝对此做过说明。乾隆二十八年（1763），他在《宫中行乐图》上题了四首诗，其中之三为：“几闲壶里小游纡，凭槛何须清跸呼。讵是衣冠希汉代，丹青寓意写为图。”此诗收入《御制诗三集》时，又加了小注：“《石渠宝笈》藏刘松年此幅，喜其结构古雅，因命金廷标摹为《宫中行乐图》。图中衫履即依松年式，此不过丹青游戏，非慕汉人衣冠。”[2]表明这完全是“丹青游戏”，并非真的钦慕汉人衣冠而穿戴入画。乾隆又在《皇朝礼器图示序》中特别写道：“至于衣冠，乃一代昭度。……朕则依我朝之旧，而不敢改焉。恐后之人执朕此举，而议及衣冠，则朕为得罪祖宗之人矣，此大不可。”[3]

如果说遗憾的是明代帝后冠服实物仅有定陵出土的寥寥几件，那么幸运的则是清代帝后服饰有丰富的存藏。故宫博物院所藏清代宫廷服饰类文物，仅成衣就有16000余件，绝大部分是帝后服装；另有冠履近3000件、佩饰6000件、“活计”27000余件。特别是一部分服装系有黄条，明确书写此为“圣祖”“世祖”“高宗”等的，有的还附以详细准确的服饰名称和配饰情况，如“圣祖 黄缎织金龙貂皮边天马皮朝袍一件 珊瑚背云二块 珊瑚坠角四个 加间饭块正珠八颗 四等四颗 五等四颗”。这类写有皇帝庙号黄条的服饰是后人用来祭祀先帝的。这一制度始于康熙，并延续整个清代。

清代宫廷服饰所用的衣料大多由江宁、苏州和杭州三个织造局生产，极少部分由京内织染局织造。清代江南三织造是在明代官营丝织机构的基础上恢复发展起来的。承造这些御用及宫中所用衣物程序，一般是由宫中“如意馆”画样人依礼部定式给出样稿，呈皇帝御览钦定后发往江南。故宫博物院现存清代中晚期的帝后服饰图样370余种，3400余幅（件），局部施以彩色。清代皇帝的衣料由内务府广储司拟定式样颜色及应用数目奏准，对缎匹长阔尺寸、质地、花样、色泽都有明确的规定。

皇家织造御用物品是不计工本的。据同治九年（1870）六月的一份档案记载，一件鹅黄缎细绣五彩云水全洋金龙袍，需用绣匠六百八工，绣洋金工二百八十五工，画匠二十六工六分，每件工料银合计三百九十两二钱一分九厘。一件鹅黄透缂五彩云水全金龙袍，需用缂丝匠九百九十工，画匠二十四工七分，每件工料银合计为三百四十两八分二厘[4]。成本之高甚为惊人。

二　膳食之精

明清时期，特别是明中叶至清中叶这三百年间，正是中国传统饮食文化高度发展的时期，宫廷饮食亦集往古之大成，更是精益求精、丰盛奢华。

1 秦国经、苑洪琪主编：《紫禁城：皇家生活全景》，时事出版社，2005年，第247页。
2 清高宗：《御制诗三集》卷二七。
3 清高宗：《御制文初集》卷一二。
4 张琼：《导言：清代宫廷服饰》，《故宫博物院藏文物珍品全集·清代宫廷服饰》，商务印书馆（香港）有限公司，2005年。

宫廷饮食有着极为雄厚的物资供应基础，不仅来自全国各地，明宣德皇帝甚至吃上了朝鲜进贡的泡菜。伴随着冠绝天下的精美食品的是奢靡之风。天顺八年（1464），光禄寺果品物料凡百二十六万八千余斤，增旧额四分之一。正统年间，鸡鹅羊豕岁费三四万，天顺以来增四倍。这都是惊人的数字。当时主管光禄寺的礼部尚书姚夔感慨“暴殄过多”[1]！

帝王在食用这些精美食品的时候，还使用了大量华贵的餐具。仍以明英宗正统年间的餐具为例：“凡上用膳食器皿三十万七千有奇，南工部造；金龙凤白瓷诸器，饶州造；朱红膳盒诸器，营膳所造，以进宫中食物。”[2]崇祯十四年（1641）四月，皇帝在中极殿（今中和殿）赐宴召对诸臣：“与宴者十三人，各一席。酌用金莲花杯，杯高大如瓶，圈可四寸，下有三小蒂承之，旁有荷柄。席各三十余器，席前各二花瓶，中插莲花。”[3]美食与美器，均体现着皇权的至尊至荣。

定陵出土的一批膳食器皿，让我们见识了皇家的气势。

皇帝秉性各异，饮食爱好也不同。明弘治帝多食素，嘉靖帝好斋醮，亦多食斋。隆庆帝生性节俭，史称“尚食岁省巨万”[4]。再以天启帝为例，他对海味很感兴趣，新春正月最喜用的是炙蛤蜊、炒鲜虾、田鸡腿及笋鸡脯，喜欢把海参、鳆鱼、鲨鱼筋及肥鸡、猪蹄筋共烩一处。到了六月，爱鲜莲子汤，又好用鲜西瓜种微加盐焙之[5]。向他所进的酒有“秋露白”“荷花蕊”“佛手汤”“桂花酝”“菊花浆”“芙蓉液”“君子汤”“兰花饮”“金盘露”等，名色可达六七十种[6]。

宫内饮食随着帝后们的喜欢不断推陈出新。如隆庆帝尝思食果饼，甜食房即做“丝窝虎眼糖”。其造法器具皆内臣经手，不令人见，因此丝窝虎眼糖，外廷最是视为珍味[7]。

宫内饮食随节令变化不断更新。刘若愚《酌中志》详细记述了不同月令中宫廷饮食的好尚情况：正月的饺子（时称“扁食”或“水点心”）、元宵，此时的“珍味”还有冬笋、银鱼、鸽蛋、麻辣活兔，塞外之黄鼠，半翅鹖鸡，江南之蜜罗柑、凤尾橘、漳州橘、橄榄、小金橘、风菱、脆藕，等等，“不可胜计”。

其他的著名菜肴及食品，则有二月的黍面枣糕、煎饼及“桃花鲊”等，三月的凉糕、糯米糍粑及烧笋鹅等，四月的白煮猪肉、“不落夹”及“包儿饭”等，五月的粽子、菖蒲酒、“长命菜”等，六月的过水面、银苗菜、莲蓬等，七月的佛波罗蜜、鲥鱼等，八月的月饼、肥蟹、西瓜及莲藕等，九月的“花糕”、菊花酒及麻辣兔等，十月的爆炒羊肚、奶皮、酥糕等，十一月的鹅肫掌、炙羊肉、馄饨等，十二月的烩羊头、酒糟蚶、醋熘鲜鲫鱼等。这说明宫廷特别注意对节令时鲜食品的摄入，也体现了王天下者食天下的特点。

清代宫廷御膳在满族传统饮食基础上吸收、融合多民族的饮食精华，成为封建社会末期最有特色的饮食文化。中国第一历史档案馆所藏清代档案中便有“御茶膳房”一宗，帝后每天吃了什么，记得清清楚楚。

清宫饮食管理的最大特点是制度化、等级化，有一系列的节庆筵宴制度和日常饮膳规制。制度的核心

1 《明史》卷八二，《食货六》。
2 《明史》卷八二，《食货六》。
3 见《悫书》，转引自朱家溍编著《明清室内陈设》第12页，紫禁城出版社，2004年。
4 《明史》卷一九，《穆宗本纪》。
5 （明）刘若愚：《酌中志》卷二〇。
6 （明）刘若愚：《酌中志》卷一四。
7 （明）刘若愚：《酌中志》卷一六。

是等级。清朝定制，帝后妃嫔及留居宫中尚未分府的皇子人等每日膳食皆按一定“分例”备办物料。其分例的数量多寡，依每个人的身份高低而有所不同，饮食盛器亦是如此。这种差异和尊卑极为苛刻。雍正六年（1728），皇帝在内廷发现后妃处膳食供给与他的相同而极为不满，严斥办事太监，并发下谕旨：“似此皆礼制所关，当有分别，方于理相合。”[1]

皇帝的饮食标准自然是最高的。每日分例：盘肉二十二斤、汤肉五斤、猪油一斤、羊二只、鸡五只（其中当年鸡三只）、鸭三只，白菜、菠菜、香菜、芹菜、韭菜等共十九斤，大萝卜、水萝卜和胡萝卜共六十个，包瓜、冬瓜各一个，苤蓝、干闭蕹菜各五个（六斤），葱六斤，玉泉酒四两，酱和清酱各三斤，醋二斤。早、晚随膳饽饽八盘，每盘三十个（一盘饽饽用上等白面四斤、香油一斤、芝麻一合五勺、澄沙三合，白糖、核桃仁和黑枣各十二两）。

清帝吃饭称为“用膳”或“进膳”。皇帝的御膳房有官员、厨役370人，御茶房有120多人。皇帝每日早晚两膳，另进一次点心。皇帝传膳地点多在寝宫或寝宫附近，后妃除非奉诏，一般不陪膳，而是各自在本宫进膳。乾隆帝经常陪侍皇太后用膳，显示了对其母后的孝道与尊重。除夕有乾清宫家宴。

清帝的餐具自然华贵无比。乾隆元年（1736）八月十三日是乾隆帝万寿节的前一日，皇帝同皇后等莅养心殿后殿进早膳：用洋漆矮桌一张，摆寿意菜十二品（珐琅碗），寿意点心四品（黄盘），盘肉二盘（金碗），拉拉一品（小金碗），珐琅葵花盒小菜一品，金碟小菜二品，金匙箸。摆毕，呈进汤膳豌（珐琅碗）[2]。

道光是清帝中最为节俭的皇帝。据档案记载，他一年四季的饮食都是“五品”，即每日早晚两膳菜肴、饽饽各五品。如道光五年（1825）正月十八日早膳为“燕窝红白鸭子一品、鸭子白菜一品、烩银丝一品、鸡蛋炒肉一品、羊肉包子一品”。晚膳为“燕窝红白鸭子一品、羊肉丝炖白菜一品、白煮鸡一品、鸭丝炖白菜一品、白糖油糕一品”。从膳单上看，道光帝的日常膳食十分单调，除了鸭子、羊肉、鸡蛋、包子、油糕，不见有别的花样。即使是岁暮的除夕和元旦的膳食，道光帝也仍坚持节俭原则。

晚清的慈禧太后则十分奢侈。她的寿膳房设二品官做总管，统管荤局、素局、点心局、饭局和百合局，合称“五局”。早晚两次正餐，一般是48道菜，逢年过节则达到108种。

三　器用之珍

皇家器物用品自然无比珍美，但也正像冠服、膳食一样，都有着深刻的政治意义，体现着皇权的独尊。

器用之珍充分体现在皇宫陈设上。明清两代奉天殿（太和殿）内平时陈设大致相同：金漆木制的台座，三面有台阶，周围栏杆，台上设金漆雕龙屏风，屏前设金漆大龙椅，椅左右设香几，其前设甪端（一种神兽）、香筒。地平下设四香几，上设香炉。这是皇权的象征。殿内铺有地毯。殿两壁列大龙柜，为“戗金细勾填漆龙纹方角柜”或“紫檀四角柜”，即立柜上面再加顶箱，这种柜每对由四件组成[3]。现在太和殿中陈设的

1 （清）鄂尔泰、张廷玉等编纂：《国朝宫史》卷三，《训谕三》。

2 《宫中乾隆元年至三年节次照常膳底档》，中国第一历史档案馆藏。

3 朱家溍编著：《明清室内陈设》，紫禁城出版社，2004 年，第 11 － 12 页。

是明嘉靖年间的金漆龙纹宝座，并陈设一对高3.7米的大立柜。

海峡两岸故宫博物院各藏有一幅《明熹宗坐像》，展示了宫中陈设的宝座、屏风和什物的样式、纹饰及其等级规格等信息[1]。

定陵出土不多的工艺品，透露出那个时代皇宫豪华而典雅的风尚。

清宫的陈设更为讲究与丰富。从雍正帝开始，养心殿里出现了套房。套房的出现，为室内陈设开辟了新的空间。空间大的房间只能摆放大型的家具和器物，套房多了，有利于表达帝王个人的审美追求，陈设品的数量和精致程度必然大量增加。乾隆对套房的喜爱超过任何一位帝王。他改造后的养心殿里，出现了三希堂、无倦斋、长春书屋、梅坞、寄所托、随安室等套房。乾隆时又是中国工艺美术发展史上的黄金时代，宫廷荟萃了各类精美绝伦的艺术品。

《内务府陈设档》是清宫内务府对其所辖各处殿堂陈设物品进行清点时所立的清册，共含康熙三十三年（1694）至"宣统十四年"（1922）陈设档682册，真实地反映了清代宫殿陈设的特点与变迁情况。通过陈设档，可以看到充盈于各个宫殿之中的陈设品，不管是陶瓷、玉石、金属、漆木及竹牙角玻璃等工艺品，还是历代绘画、册页、贴落等的书画作品以及图书，几乎都是乾隆时期的。虽然陈设档中有标为嘉庆、道光、咸丰、光绪等朝所立者，但实际上殿里的陈设品及陈设方式基本上都是乾隆时所为，只是后来的朝代对此所做的登记造册而已。乾隆时宫殿里的陈设几乎笼罩了整个宫廷[2]。

故宫博物院接收了清宫旧藏与遗存，这些器物至今还多有存藏，从中可以领略宫廷物质文化的风采。

家具是其中的重要部分。故宫现藏明清家具6400余件，年代最早为明宣德年间（1426—1435）。150余件宝座是皇权至高无上的象征。坤宁宫和宁寿宫炕上陈设的总高度达5.185米的两对大立柜，世不经见。雍正元年（1723）为盛放孝陵所产蓍草而制的黑漆识文描金九龙纹长套箱，在《养吉斋丛录》和《清高宗御制诗》中均有记载。一套共24扇的黑漆款彩围屏至今仍绚丽多彩。而供紫禁城内各个中央机构使用的"榆木擦漆"家具，则是等级的反映，是不可僭越的规矩。这些家具的特殊价值，还在于其中大多数仍然存放在原来的殿堂及位置，反映了当年的陈设原状。

此外，故宫还珍藏1400余件各式珠宝盆景，2500柄以上的如意，多达6.8万余件的笔、墨、纸、砚等各类古代文具，2300余件清代宫廷乐器，1000余块明清两代皇宫使用过的各种毛、丝毯，15000余件武备兵器，等等。清宫实际使用的不少日常物件，至今还多达几万件，包括餐饮炊具、烟酒茶及其器具、沐浴盥洗化妆器具、取暖纳凉器具、照明器具等。当时帝后实际吸食的水烟、洋烟以及鼻烟等，都有大量遗存；尚有未开封的晚清皇帝举行大婚所用的成罐喜酒，400余件各地进贡的名茶，梳妆用具达3000余件，且还存有从国外进口的香水、香皂。另有玩具近700件，火镰藏品1500余件，鞘刀约2000件，香约200件，蜡烛1600余件，以及"菲力普"灯具，等等。

随着中西文化的交流，从明万历时起，西方的钟表及科学仪器就进入宫廷。到了清代中后期，这些舶来品越来越多，得风气之先的宫廷往往最先享受到现代科技带来的文明成果。后妃宫室的时髦摆设竟然有了西

---

1 吴美凤：《从明宗坐像看晚明宫闱内外间的交流》，《明清宫廷史学术研讨会论文集》第1辑，紫禁城出版社，2011年。

2 王子林编著：《明清皇宫陈设》，紫禁城出版社，2011年，第11页。

洋科技仪器。在清人画《雍正十二美人图》中，可见摆设的一件铜镀金浑天合七政仪，而这也是被列入《皇朝礼器图式》的仪器。

西方的平板玻璃在清代属西洋珍贵奇物。雍正元年（1723），皇帝居住的养心殿最先装上了玻璃。乾隆以后，皇宫使用玻璃的记载逐渐多了起来。关于当时清宫所用玻璃的价钱，造办处《活计档》中有这样一则记载：乾隆四十九年（1784），宫中一个叫四德的匠役裁裂一块长八尺三寸、宽五尺一寸的玻璃，结果赔银六百二十二两二钱九分三厘。

晚清宫廷生活变化最大的是照明。此前常用蜡烛，晚清时又传来西方的点在灯笼内用的“灯笼蜡”，被称为“洋蜡”。这种“洋蜡”纯度高，杂质少，点燃后蜡烟少，宫里年年都要购进。慈禧太后1907年11月22日发布懿旨：“著西苑电灯公所速即安设宁寿宫电灯，在紫禁城外采择房间，安置机器，务于年内备齐承差，钦此。”到这一年年底，清宫开始使用电灯，并逐渐告别了宫廷蜡烛照明的时代。

清晚期，在西六宫之一的长春宫廊内壁上，竟然出现了以《红楼梦》为题材的18幅巨幅壁画。

西风东渐，看到的是物质，而物质背后是精神，是观念。紫禁城的这些新的变化，也是这个古老皇宫正在蜕变中的一个反映。

四　皇帝的财源

紫禁城的金碧辉煌、皇室的锦衣玉食、永无休止的盛大礼仪活动、各种丰厚的赏赐等，都是要花钱的。紫禁城无疑是一个巨大的“销金锅”。从理论上来说，国家财政不等于皇室的收入。为了维持皇家的排场奢侈，保证宫廷的日常用度，皇帝也要广开财路，多方聚敛。

明朝中央财政管理机构是户部，在皇室的用度上没有专门的管理机构，主要涉及司礼监、御马监、内官监等内府衙门，又有内府供用库、司钥库、内承运库、内府十库等。

明初国家赋税以实物征纳为主，这个时期的宫中聚敛以实物为主，其来源不外赋税、上贡、采造、朝贡等方面。明代皇室费用从制度上说是由内承运库供给，始无定额，正统元年（1436）户部每年给皇帝提供称为“金花银”的现银。这笔款项一部分是正常的田赋折成的白银，以百余万为额，入内承运库，除给武臣俸禄10万两外，皆供皇室支用。这样，每年白银100万两渐成皇室费用的“成例”。万历六年（1578），增买办银20万两，共120万两。[1]但这120万两只是预算内开支，预算外的开支则无法统计。为了满足君主的消费需求，内府可不断从户部太仓库和工部节慎库调入银两，甚至直接派遣内官内使往各地搜刮。弘治以后，每取太仓银补贴“御用”，叫“预备钦取银”，嘉靖三十七年（1558）取没官银达40万两[2]。

宫廷花费状况又与皇帝的俭奢关系极大。万历初年张居正改革卓有成效，一度扭转了嘉靖、隆庆时期的财政困境，万历中后期又出现前所未有的财政危机。原因之一就是宫廷消费的膨胀，皇帝的贪婪。万历中期皇帝一人每年膳食费增至三十万两，修造定陵寿宫费银八百万两，修三大殿，仅采木一项即费银九百三十余

1 《明史》卷七九，《食货三》。

2 白钢主编：《中国政治制度通史》第九卷，《明代》，人民出版社，1996年，第386页。

万两[1]。万历帝不以国事为重，于万历二十七年（1599）闰四月以皇长子、三子、五子、六子、七子册立和冠婚，下诏取太仓银两千四百万两，户部告匮。

万历帝不仅奢靡铺张，更是"寡人好货"，勇于敛财，这主要表现为对土地的疯狂占有。明代皇室直接侵占的田地称为"皇庄"。这些皇庄每年向内库交纳大量的子粒银，直接供皇室挥霍。万历对待皇族"赉予过侈，求无不获"。他的妹妹寿阳长公主下嫁、弟弟潞王到卫辉（今卫辉市）就藩、爱女寿宁公主下嫁、宠妃郑氏所生的福王到洛阳就藩，共赐予庄田六万五千八百多顷。从万历二十四年（1596）开始，万历帝又派宦官作为矿监税使，到全国各地开矿征商，掠夺工商业。

万历帝的这种贪婪，陪葬他的103件金锭也成为永远的见证[2]。

皇帝及其代表者宦官对财政管理的直接介入，使国家体制的正常调控秩序被打乱，造成内府财政与户部财政的严重混淆，也减少了户部财政收入，从而引起明代财政体制的重大变化。弘治中户部岁入白银243万两，内承运库岁进金花银101万两，内府入银占户部岁额的29%。万历初年，户部岁额1461万两，内府岁入600万两[3]，内府所入约占户部的41%。宫中消耗的比例实在惊人！为了补充中央财政的不足，户部又可以各种方式在地方加征加派。明朝的最后灭亡，与财政管理制度的这一特点密切相关。

清朝统治者鉴于前朝之弊，设立内务府作为管理皇室日常事务的机构，同时在财政收支方面，也有意识地把它与政府的行政系统区别开来，自成一体，使之在通常情况下，皇室的花费尽量取之内库[4]。

清代皇家的财政收入来源，首先是皇庄。清代皇室，早在入关以前便着力于建立起不少田庄和牧场，以供应本身和家属的生活需要。进关后，清廷从顺治到康熙初年，曾多次在京畿大规模地圈占田地，建立皇庄、马厂，同时在关外和口外蒙古地区的皇庄、牧场也不断有所扩展。到康熙中期，总计有各类庄园1600余所，占地近600万亩[5]，且之后各个时期仍在增建扩充。这些庄园由内务府的广储、都虞、掌仪、会计、庆丰诸司负责经管，收取实物或租金。

在内务府的经费收入中，分享了相当可观的国家盐税、关税的好处。乾隆年间，盐政、税关监督大多由内务府包衣任差。康熙五十二年（1713），江宁织造李煦向皇帝报告他兼任两淮盐差一年，得盈余银586000两，除过有关支出，剩下的仍近320000两银，都用作江宁、苏州二织造府的开销了[6]。各地盐商还有一些不定期的报效。至于像利用皇帝寿诞、南巡等名义，直接或间接授意报效内廷的银两，其次数、范围和数额就更大更广了。

在关税方面，有的采取将税银的一部分盈利划拨内务府，乾隆前期，每年转解扬州关、太平关、九江关

---

1 《明史》卷八二，《食货六》。

2 定陵共出土金锭103锭，其中出自万历帝尸体下79锭。锭有大小两种，大的十两，其上镌刻铭文或贴有纸标签。铭文内容是解金的省份、年代、成色、重量以及委官、金户和金匠姓名，个别也有不刻金户姓名的。从铭文可知这批金锭都是来自云南和顺天府的大兴、宛平两县。据《明史·魏允贞传》记载，当时的黄金主要取自云南。但云南原不产金，而由政府委官，将居民编为金户，数家为一名，派金数两，给以官价银，然后由金户四处收买，将散碎金子炼成足色上交内府。这实际上是一种强行的买办政策，使金户蒙受收买之难，包赔之苦；私自包赔多至二倍三倍者有之，造成不少金户倾家荡产。出土的几个金锭的铭文中都明确标明"赔补"字样。（《定陵》下册，第163页）

3 （明）张学颜：《万历会计录》卷一，"天下各项钱粮原额现额岁入岁出总数"。

4 汪茂和、成嘉玲：《清代皇家财政收入之研究》，《故宫博物院院刊》1992年第2期。

5 周远廉、杨学琛：《关于清代皇庄的几个问题》，《历史研究》1965年第3期。

6 中国第一历史档案馆编：《康熙朝汉文朱批奏折汇编》第5册，档案出版社，1984－1985年，第259－260页。

和粤海关的税银数都在40万两上下；另一种是将该税关的所有税银都径解内务府，这主要指由内务府派遣差官的崇文门等六税口，乾隆年间，每年的缴进数是20万两左右；其他诸关在完成课税奏销后，再将盈余银解交内务府。至于各差关的额外报效、献纳珍异物品，则不在其内[1]。

每年户部还要拨给内务府一定的银两，从乾隆时起，一般岁拨50万两。工部、太仆寺、光禄寺、太常寺等衙门，也有专门提供皇家服务的消费。内务府的年收入，至少在四五百万两之间[2]。

皇帝的财源还有一部分来源于国内外贡物。清代有行省土贡、藩部土贡、东北地区贡物，以及作为官员例贡的端阳贡、万寿贡、年贡等几类常贡，还有祥瑞、迎銮、外国传教士等非常态性的进贡。中国第一历史档案馆整理出的康熙至宣统时期万余件（册）各种《进物单》《贡档》，记载了各地官员向内廷进贡的时间、品种、数量及其沿革变迁。臣工的进贡也早已突破了传统意义上的“任土作贡”，内外官员都可以进贡，贡品种类繁多，金、银、玉器、古玩、字画、瓷器、铜器、绸缎织物、皮张、洋货，等等。故宫博物院至今尚藏有不少藩属国贡品及外国礼品。属国贡物积累数量颇多，为防止霉变，清廷往往将其折价变卖或赏赐他人。雍正十二年（1734）十二月，缎库所贮高丽布三万匹发卖，获银22880余两。乾隆三年（1738）、乾隆八年（1743）安南进贡的漆扇，在乾隆十年（1745）交由崇文门折价出售。乾隆三十一年（1766）六月，茶库的七十余万张高丽纸，以头号纸每张价银四分、二号纸每张三分、三号纸每张二分变价[3]。

康熙二十九年（1690），曾将前明与现今宫廷各项费用做了比较：

> 明宫岁用金花银九十六万九千四百余两，今悉以充饷。明代光禄寺每年送宫内所用各项钱粮二十四万余两，今止用三万余两。明宫每年用木柴二千六百八十六万余斤，今止用六七百万斤。明宫每年用红螺等炭一千二百八万余斤，今止用百万余斤。各宫床帐舆轿花毯等项，明宫每年共用银二万八千二百余两，今俱不用。明宫殿楼亭门数共七百八十六座，今宫殿较之不及十分之一。前明各宫殿俱用临清砖，今出于断不可已，俱用寻常砖料。明代木料俱用楠木，今惟松木。而乾清宫嫔妃以下使令老媪洒扫宫女以上，合计仅一百三十四人。[4]

以上所列数字不一定完全准确，或有虚誉成分，由于奉行节俭，比起明代，清代宫中皇室的消费开支确实大为减少。应该看到，当时在不少地方，皇室的家庭消费与国家的公务活动常常很难区别。单独的财政体系对防止皇室因耗费过度而侵蚀政府库帑有一定制约作用，但皇帝具有最高的权威，事事处处由其说了算，因此所谓的制约，也只是相对而言。

[作者单位：故宫博物院]

1 何本方：《清代的榷关与内务府》，《故宫博物院院刊》1985年第2期。

2 白钢主编：《中国政治制度通史》第十卷，《清代》，人民出版社，1996年，第478－484页。

3 章乃炜等编：《清宫述闻》正续编合编本，第114页。

4 《清圣祖实录》卷一四四，康熙二十九年正月己酉。

盘庚迁殷与商代思想文化重构*

Pangeng's Relocation of the Capital to Yin and the Reconstruction of the Shang Dynasty Ideology and Culture (An Outline)

王素　韩宇娇

Wang Su, Han Yujiao

内容提要：

中宣部、教育部、国家语委、文化和旅游部等八部委启动并实施的“古文字与中华文明传承发展工程”要求“特别是在思想文化研究方面取得突破性进展”。如此强调和突出“思想文化”，是因为对于古文字工程而言，“思想文化”属于边缘学科，是“冷门绝学”，研究难度太大。本文尝试以盘庚迁殷与商代思想文化重构为研究对象，以“礼”与“祀”为观察视角，梳理夏商周三代思想文化传承脉络。这是一个宏大的课题。本文先制定“纲要”，待条件成熟，再全面展开研究。

关键词：

盘庚迁殷　思想文化重构　礼与祀　夏商周　传承脉络

ABSTRACT:

Eight ministries and commissions including the Publicity Department of CPC Central Committee, Ministry of Education, National Language Commission, Ministry of Culture and Tourism, have initiated and implemented the "Paleography and Chinese Civilization Inheritance and Development Program". It requires "breakthroughs especially in ideological and cultural research". Such emphasis and prominence on "ideology and culture" is because for the program, "ideology and culture" belongs to a marginal discipline, which is the "esoteric" among "esoteric learnings", with too much difficulty in research. This article attempts to take the event of Pangeng's relocation of the capital to Yin and the reconstruction of Shang's ideology and culture as an object of research, from the perspective of "ritual" and "sacrifice", to sort out the ideological and cultural inheritance of the Xia, Shang, and Zhou dynasties. This is an immense subject. This article shall first formulate an outline and scaffolding, and then, once the conditions have ripened, proceed to conduct comprehensive research.

KEYWORDS:

Pangeng's relocation of the capital to Yin, reconstruction of ideology and culture, ritual and sacrifice, the Xia, Shang, and Zhou dynasties, inheritance lineage

* 本文为“古文字与中华文明传承发展工程”资助项目（项目号：G1009）、国家社科基金重大项目“故宫博物院藏殷墟甲骨文整理与研究”（批准号：14ZDB059）和教育部、国家语委甲骨文研究与应用专项“殷商占卜思想文化再检讨”（批准号：YWZ-J006）系列成果之一，得到相关基金资助！

商朝自契始封，即迁都频仍，所谓“不常厥邑”，所谓“前八而后五”[1]，实际应指繁夥，未必皆为定数。唯一可为定数者是，至盘庚迁殷，始从此前居无定处的半游牧氏族部落，成为此后“二百五十三年更不徙都”的定居城邦国家[2]。为何迁都？为何迁殷？说法很多，可以不论[3]。值得一论的是，盘庚迁殷，不仅是商代历史上的大事，同时也是中国古代史上的大事。因为周秦以降，皆奉行殷制，定居城邦，非必要不迁都。而游牧难免苟且之心，定居必思经久之制。特别是有商一代的思想文化，定居之后一定会有变化，并对后世产生重要影响。

1917年，王国维撰《殷周制度论》云：“中国政治与文化之变革，莫剧于殷周之际。”他认为“周人制度之大异于商者”有三：首先是立子立嫡之制，以及由此衍生的宗法、丧服之制，封建子弟之制，君天子、臣诸侯之制。二曰庙数之制。三曰同姓不婚之制[4]。该文是王氏的代表作，学术界的评价，经过了褒→贬→褒贬参半几个阶段，帮助虽有不周，但仍有一定价值。大岛利一《龙骨的秘密》[5]认为该文属于甲骨学与殷史早期研究成果，虽有当时研究大环境所导致的弱点，但有些观点仍然不应舍弃，具有一定代表性。当然，如胡厚宣先生《殷代封建制度考》与《殷代婚姻家族宗法生育制度考》[6]二文所述，周代制度乃自殷代而来，周与殷的制度实际是继承关系，也是实情。我们以为：王国维注意到殷周某个时段，政治与文化曾发生剧烈变革，应属卓识。只是系于“殷周之际”，与史实不尽相符。最好的解决办法，就是把王国维的这个论断，改成“中国思想与文化之变革，莫剧于盘庚迁殷之际”。如此，问题应该就不大了。

孔子说：“殷因于夏礼，所损益，可知也。周因于殷礼，所损益，可知也。其或继周者，虽百世，可知也。”（《论语·为政》）又说：“夏礼，吾能言之，杞不足征也。殷礼，吾能言之，宋不足征也。文献不足故也。足，则吾能征之矣。”（《论语·八佾》）孔子的这两段话，可以说尽人皆知，但对其中关键词语的解说却各有不同。杨伯峻《译注》对于前一段话中的“损益”，按通例解释为“所废除的，所增加的”；后一段话中的“文献”，根据朱熹《集注》解释为“包括历代的历史文件和当时的贤者两项”[7]。宫崎市定《论语新研》[8]认为“损益”是增减不重要的部分，重要的部分永远不增减；而“文献”与现在的文献意思相同，并不包含“贤者”的意思。敦煌、吐鲁番出土唐写本郑玄《论语注》认为“损益”是“据时篇目皆在可校数也”，其中隐含了对

1 （汉）孔安国《尚书序》：“自契至于成汤八迁。”又孔氏《传》：“自汤至盘庚凡五迁都。”（汉）张衡《西京赋》：“殷人屡迁，前八而后五。”另参王国维：《说自契至于成汤八迁》，《观堂集林》，中华书局重印本，1984年，第515－516页。宋镇豪主笔：《商代史论纲》，宋镇豪主编：《商代史》第1卷，中国社会科学出版社，2011年，第5、9页。

2 《史记·殷本纪》“帝纣”条《正义》引《竹书纪年》：“自盘庚徙殷至纣之灭，二百五十三年更不徙都。”按：因版本不同，还存在二百七十三年和二百七十五年等说。夏商周断代工程取二百五十三年说，定盘庚迁殷在公元前1300年，武王克商在公元前1046年。如从商汤建国的公元前1600年算起，商朝在殷定居时间几占享国时间的一半。

3 相关文章甚夥，譬如：黎虎：《殷都屡迁原因试探》，《北京师范大学学报》1982年第4期；晁福林：《从方国联盟的发展看殷都屡迁原因》，《北京师范大学学报》1985年第1期；黎虎：《“游农”不能解释殷都屡迁的原因》，《中国社会经济史研究》1987年第3期；叶桂桐：《殷都屡迁原因考》，《商丘师专学报》1987年第4期；郭倩：《20世纪80年代以来盘庚迁殷地点研究综述》，《殷都学刊》2015年第3期。不赘举。

4 王国维：《殷周制度论》，《观堂集林》，中华书局重印本，1984年，第451－480页。

5 ［日］大岛利一：《龙骨的秘密》（《竜骨の秘密》），［日］贝冢茂树编：《古代殷帝国》（《古代殷帝國》），东京：美铃书房，1957年，第58－69页。

6 胡厚宣：《殷代封建制度考》《殷代婚姻家族宗法生育制度考》，《甲骨学商史论丛初集》，上册，成都齐鲁大学国学研究所专刊，1944年，第31－111页、113－182页。

7 杨伯峻：《论语译注》，中华书局成立95周年纪念版，2007年，第29、35页。

8 ［日］宫崎市定：《论语新研》（《論語の新研究》），东京：岩波书店重印本，1995年，第182、186页。

“文”的解释；而“献，犹贤也”，所谓“文献”，乃“文章才贤”的合称[1]。此“文章才贤”，何晏《集解》引作“文章贤才”；皇侃《义疏》同[2]。可见朱熹《集注》对于“文献”的解释，实际本于郑玄《论语注》。孔子的前一段话是说：夏、殷、周三代的礼制一脉相承，变化不大；周之后的王朝继承该礼制，也会长期不变。孔子的后一段话是说：夏礼我能说，作为夏的后代的杞国却不能提供证明。殷礼我能说，作为殷的后代的宋国却不能提供证明。这是因为，杞、宋二国现存的经籍和解读这些经籍的优秀学者都不足[3]；如果足够，我也可以引为证明。这里需要指出两点：

（一）孔子认为自己的礼学知识超越杞、宋，能够贯通夏商周三代，确有出处。这就是《史记・老子列传》所说“孔子适周，将问礼于老子”。老子时为周之史官，管理周之藏书室。先秦两汉不少典籍都记载了孔子问礼于老子的故事，版本不同，差异颇大，曾经引起争议。但其事之必有，是没有问题的[4]。此外，《隋书・经籍志一》《尚书》条云：“《书》之所兴，盖与文字俱起。孔子观《书》周室，得虞夏商周四代之典，删其善者，上自虞，下至周，为百篇，编而序之。”这条材料说明孔子确实去过周室查阅资料。当然，他所得也应该并不限于《尚书》的“虞夏商周四代之典”，至少还应包括夏商周三代之礼。

（二）《论语》不管是记孔子曰，还是记其弟子曰，提到“殷商”，都只称“殷”，而从不称“商”。这与殷墟卜辞未见“殷”字[5]，仍称国都为“商”及“大邑商”“天邑商”[6]，形成较大反差。显然，称盘庚所迁为“殷”，不是当时之事，而是后世之事[7]。但孔子称“殷”不称“商”，却应另有深意。首先，当与孔子原本就是殷纣王胞兄宋微子之后有关。如《礼记・檀弓上》载孔子自云：“丘也，殷人也。”《孔子家语》云：“孔子，宋微子之后。”周武王灭殷，封微子于宋。殷的初祖契始封于商。王国维《说商》谓即宋国，云：“古之宋国，实名商丘，丘者虚也（原注：《说文解字》：“虚，大丘也。昆仑丘谓之昆仑虚。”），宋之称商丘，犹洹水南之称殷虚。”[8]宋之商丘，除了是契始封、微子终封之地，在自契至汤前八迁中，还有昭明、相土、殷侯三迁商丘。根据常理，商丘与殷渊源甚深，孔子说殷礼似乎不应斥责“宋不足征”。但若想到在孔子心目中，“殷”与“商”存在严格界限，契始封和昭明、相土、殷侯三迁，都在盘庚迁殷前的商时期，而孔子说的是殷礼，其斥责“宋不足征”就不足为怪了。其次，孔子先祖虽然原是宋宗室，但至六世祖孔父嘉已出五服，且为宋乱臣华父督所杀，子孙畏祸出奔鲁国，辗转定居曲阜，与宋已经无恩。《史记・宋微子世家》记载：“孔子过宋，

---

1 王素：《唐写本论语郑氏注及其研究》，文物出版社，1991 年，第 14、16、19 — 20、25 — 26 页；王素：《唐写本〈论语郑氏注〉》，《儒藏・精华编》第 281 册，北京大学出版社，2007 年，总第 363、369 页。

2 （魏）何晏、（梁）皇侃：《论语集解义疏》第 2 册，丛书集成初编本，上海：商务印书馆，1937 年，第 33 页。

3 唐光荣为韩大伟的《中国经学史・周代卷》写的《导读》用最通俗的语言解释“文献”二字的含义云：“‘文’与‘献’相辅相成，‘文’是原始经书和旧传的书面文本，‘献’是这些文本‘活着的见证者和传承者’，孔子等周代经学家即是这样的‘献’。‘文’一般很简略，须要‘献’的口头阐发。这些阐发比书面文本要丰富得多，既有‘献’继承的师说，也有他们自己的新创。‘献’的阐发就是‘传’。……”不赘引。详见 [美] 韩大伟（David B.Honey）著，唐光荣译：《中国经学史・周代卷——孔子、〈六经〉与师承问题》，社会科学文献出版社，2018 年，第 2 页。

4 陈恳：《“孔子问礼于老子”早期传本考信》，《孔子研究》2017 年第 6 期。

5 王国维说“遍搜卜辞”“不见‘殷’字”。见王氏：《说商》，《观堂集林》，中华书局重印本，1984 年，第 517 页。仅于省吾认为殷墟卜辞有“殷”字，凡三见（原注：乙 4046、乙 276，辞已残缺），其字“象人内腑有疾病，用按摩器以治之”。见于氏：《甲骨文字释林・释殷》，中华书局，1979 年，第 321 — 323 页。

6 韦心滢：《殷墟卜辞中的“商”与“大邑商”》，《殷都学刊》2009 年第 1 期。

7 （宋）林之奇《尚书全解・商书・盘庚上》：“周希圣（敦颐）曰：‘商人称殷，自盘庚始。’此言是也。盖自此以前，惟称商而已。自盘庚既都亳（殷）之后，于是殷商兼称，或单称殷也。”实际意谓后世始称盘庚所迁为“殷”。另参下文。

8 王国维：《说商》，《观堂集林》，中华书局重印本，1984 年，第 516 页。

宋司马桓魋恶之，欲杀孔子，孔子微服去。”则不仅无恩，还似有宿怨。此外，在自汤至盘庚后五迁中，第四迁是南庚迁奄，即孔子所居曲阜；第五迁是盘庚迁殷，即盘庚是从自己的故都奄迁到新都殷的。孔子居盘庚故都奄即曲阜，感受了商之旧礼；又曾至周室查阅资料（周灭殷应获得殷的档案），熟悉了殷之新礼。孔子深知旧礼不如新礼，他抑商礼而扬殷礼也就不足为怪了。

当然，新礼与旧礼，殷礼与商礼，如同孔子所说“殷因于夏礼”和“周因于殷礼”，本质属于继承关系。实际上，不仅礼制，其他制度，夏商周三代，也都存在着千丝万缕的联系，是不能截然分开的。因此，本文所说的“重构”并非“新构”，如同余英时《朱熹的历史世界》所说宋代理学追求“秩序重建”的“重建”也并非“新建”一样[1]。所谓“重构”和“重建”，意思是说，原有的思想文化和国家秩序，或不合时宜，或受到破坏，需要在一个新背景下重新构建。这个新背景，涉及对殷的国家性质和社会性质的新认识。

殷的国家性质，盘庚迁殷前的商时期和盘庚迁殷后的殷时期，无须举证，肯定是不一样的。如本文开篇所说：半游牧的商时期，只是一个氏族部落；定居城邦的殷时期，才成为一个国家[2]。但认识仅止于此，显然还不够。因为还必须强调，这个国家，是一个“帝国”！白川静《卜辞的世界》称盘庚迁殷后的国家具有“神圣王朝”性质[3]，堪称卓识。令人不由自主地想起欧洲中世纪的“神圣罗马帝国”。贝冢茂树将收入白川静该文的图书直接命名为《古代殷帝国》，盖源于此[4]。徐复观认为研究殷的学者往往忽视了殷代的“帝国性”，贝冢茂树此书强调殷代的“帝国性”，解决了这个问题[5]，赞赏之意显而易见。而作为“帝国”，最大的特征，就是具有强烈的扩张性。“神圣罗马帝国”如此，“殷帝国”亦如此。我们知道：商时期扩张性的战争屈指可数，殷时期扩张性的战争多得难以统计[6]。因此，确定殷时期的国家性质属于“帝国”，应该是毫无疑问的。

殷的社会性质，盘庚迁殷前的商时期和盘庚迁殷后的殷时期，无须举证，也肯定是不一样的。半游牧的商时期，主要都是部落民；定居的殷时期，则主要都是城邦民。这两种民，生存方式不同，人身依附关系不同，社会性质自然也不同。当然，这样解说肯定过于简单。20世纪初，随着古代希腊罗马和近代美国南方等典型奴隶制研究成果传入中国，引起学者对于中国古代是否存在奴隶制的不同思考。1925年，梁启超发表《中国奴隶制度》长文，探讨中国古代蓄奴问题，从先秦一直梳理到明清，似乎整个中国古代都是奴隶社会[7]。此论一出，颇多响应。20世纪20年代末至30年代初，郭沫若撰写并出版《中国古代社会研究》和《甲骨文字研究》二书，将殷周定性为奴隶社会[8]，接过梁启超的旗帜，成为中国“有奴学派”的代表。1949年前，持反对意见者不多，胡厚宣先生为其最著者，他撰写《殷非奴隶社会论》一文，认为“殷代虽有奴隶，但不

1 余英时：《朱熹的历史世界：宋代士大夫政治文化的研究》（上篇），台北：允晨文化实业股份有限公司，2003年，第251页。

2 王玉哲的观点与此近似，见王氏：《中华远古史》，上海人民出版社，2000年，第195页。

3 [日]白川静：《卜辞的世界》（《卜辭の世界》），[日]贝冢茂树编：《古代殷帝国》（《古代殷帝國》），东京：美铃书房，1957年，第273－285页。

4 [日]吉田光邦：《贝冢茂树编〈古代殷帝国〉》，《东洋史研究》第17卷第1号，1958年。

5 黄俊杰：《徐复观著作所见日本论著及其评论表》，《东亚儒学视域中的徐复观及其思想》附录二，台湾大学出版中心，2018年，第259页。

6 罗琨：《商代战争与军制》，宋镇豪主编：《商代史》第9卷，中国社会科学出版社，2010年，第1－333页。

7 梁启超：《中国奴隶制度》，《清华学报》第2卷第2期，1925年。

8 郭沫若：《中国古代社会研究》，联合书店，1930年；郭沫若：《甲骨文字研究》，大东书局，1931年。按：郭氏后来还撰写了包括《奴隶制时代》（1952年初刊）在内的若干篇文章，结集为《奴隶制时代》，科学出版社，1956年。

能因此即谓殷代为'奴隶社会'"[1]。可惜响应者寥寥。1949年后，由于种种原因，"有奴学派"长期主持话语权，殷属于奴隶社会，基本成为定论。

1978年改革开放，中国进入一个新的历史时期。1979年，黄现璠发表《我国民族历史没有奴隶社会的探讨》长文，成为当仁不让的"无奴学派"的代表[2]。1980年，其门生黄伟城发表《试论奴隶社会并非阶级社会首先必经的历史阶段兼论商朝不是奴隶社会》长文，进行呼应[3]。1981年，二人又将此二文合并为《中国历史没有奴隶社会》一书油印出版[4]。国内响应者甚众。2000年，美国吉德炜出版《祖先的景观——晚商的时间与空间和社群》一书，虽然仅有200多页，但仍然用了一定篇幅，对史学界商周奴隶制论战进行了梳理，认为没有证据证明人殉与人祭等是奴隶[5]。特别值得注意的是，考古界不少学者都支持"无奴学派"的观点。其中，苏秉琦与张忠培是重要代表。苏秉琦很早就提出"文明论"，希望就此探讨中国文明的起源。张忠培作为苏秉琦的门生，对"文明论"进行了全面深入的思考，撰写并发表了《良渚文化的年代和其所处社会阶段》《中国古代文明之形成论纲》《中国古代文明形成的考古学研究》等一系列文章，认为：中国黄河及长江流域在公元前3200年至公元前3300年之前就已进入文明时代，存在殉人并非奴隶制社会特征，夏商周也都不是奴隶制社会[6]。2015年，唐际根在"中国考古学研究中日论坛"公布其承担的国家社科基金重点项目《殷墟王陵区祭祀坑人骨与羌人的种族和文化》和中国社会科学院创新工程《殷墟布局研究》最新成果，指出殷墟发现的杀殉死者，应是殷人从都邑以外尤其是西北地方捕获的俘虏，其中相当一部分是当时的羌人，对殷王朝是奴隶社会的传统观点也提出了挑战。毋庸讳言，奴隶制是野蛮的和反文明的，与中国是一个五千年文明古国的主旋律也是格格不入的。至此，殷不是奴隶社会的观点显然占了上风。

殷既然不是奴隶社会，并且属于文明帝国，那么，一定有与之相匹配的思想文化。然而，殷的思想文化研究，一直是个薄弱环节。徐复观认为"近来谈殷周文化关系的人"，往往"忽略了殷代文化是经过了长期发展的结果"[7]。他所说的文化，由于与思想不可分割，实际包含思想在内。但说研究者都忽略殷代思想文化其来有渐，恐怕并不正确，其实都是为材料所限。1959年，饶宗颐先生出版《殷代贞卜人物通考》，在用四六体写的《自序》中，先称"卜辞为殷王室档案"，然所见人物，《尚书》《殷本纪》《竹书》《人表》概乎未闻，继而论曰：

---

1 胡厚宣：《殷非奴隶社会论》，《甲骨学商史论丛初集》上册，成都齐鲁大学国学研究所专刊，1944年，第183－210页。

2 黄现璠：《我国民族历史没有奴隶社会的探讨》（正、续），《广西师范学院学报》1979年第2、3期。

3 黄伟城：《试论奴隶社会并非阶级社会首先必经的历史阶段兼论商朝不是奴隶社会》（上、下），《广西师范学院学报》1980年第2、3期。

4 黄现璠、黄伟城：《中国历史没有奴隶社会》，广西师范学院教材科油印，1981年。

5 [美]David N. Keightley. *The Ancestral Landscape: Time, Space, and Community in Late Shang China (ca. 1200-1045 B.C.)*. University of California, Institute of East Asian Studies, 2000.

6 张忠培：《良渚文化的年代和其所处社会阶段——五千年前中国进入文明的一个例证》，《文物》1995年第5期；张忠培：《中国古代文明之形成论纲》，原载香港《明报月刊》1996年第11月号，再刊《考古与文物》1997年第1期；张忠培：《中国古代文明形成的考古学研究》，原载《故宫博物院院刊》2000年第2期，改名《中国古代文明的形成》，收入《中国考古学：九十年代的思考》，文物出版社，2005年，第321－343页。

7 黄俊杰：《徐复观著作所见日本论著及其评论表》，《东亚儒学视域中的徐复观及其思想》附录二，台湾大学出版中心，2018年，第259页。按：徐复观此语，原载《中国人性论史·先秦篇》，台中：中央书局，1963年，第16页。

若夫殷礼无征，仲尼所喟。少牢特牲，乃诸侯卿士之祭；肆献祼享，惟《周官》凡目之存。杜君卿闲拾珠玑，凌次仲差具条例，欲以聚毻毛之冠，缀狐腋之裘，湮堕既多，望古兴叹而已。今者赖此契龟，粗得涯略。王宾之文，征诸《洛诰》；立尸之义，同乎《礼器》。八命可证太卜之篇，莅卜亦符士丧之礼。轩辕审兆，果见龟焦；上甲作傩，载在《世本》。他如"不兴""惟农"之语，非《易》象《管子》莫能详；合色大御之恉，得《春秋》《公羊》而弥备。凡此之类，留心古礼，固宜讲明。析疑抉隐，譬电坼与霜开；觅证寻源，每珠流而璧合。虽曰草昧之初辟，亦类泾渭之疏凿者矣。[1]

可以看出，在20世纪60年代，研究甲骨卜辞，以传世文献印证仍是主流。这与四十余年前，1917年，王国维撰写殷卜辞中所见先公先王二文，皆以传世文献印证，从材料上来说，并没有太大的进步[2]。但不久之后，情况就不同了。

首先是甲骨新材料不断出土。属于大宗的就有1973年发掘的殷墟小屯南地甲骨、1977年发掘的陕西岐山凤雏宫殿西周甲骨、1989年发掘的殷墟小屯村中甲骨、1991年发掘的殷墟花园庄东地甲骨、2002年发掘的殷墟小屯村南甲骨、2004年发掘的陕西岐山周公庙西周甲骨。同时，相关青铜器也在不断出土，譬如1976年发掘的殷墟妇好墓、1990年发掘的殷墟郭家庄160号墓，都出土了大量青铜器，其中礼器居多，对于探讨礼学传承极有帮助。其次是简牍新材料不断公布。关于卜筮，有江陵王家台秦简《归藏》，上博简《周易》，清华简《筮法》《别卦》等。关于殷的历史及思想文化，有郭店简《缁衣》，上博简《缁衣》《容成氏》《子羔》《竞建内之》，清华简《尹至》《尹诰》《程寤》《保训》《说命》《良臣》《赤鸠之集汤之屋》《汤处于汤丘》《汤在啻门》《殷高宗问于三寿》《虞夏殷周之治》《四告》等。此外，还有不少零星公布。然而，是否有了这些新材料，就可以从事殷的思想文化研究呢？恐怕也未必！

胡厚宣先生主持整理《甲骨文合集》13册，将卜辞按主要内容分为四大类21小类，第三大类即为"思想文化"，内含天文、历法、气象、建筑、疾病、生育、鬼神崇拜、祭祀、吉凶梦幻、卜法、文字诸小类，可见分量之重。但过了大约三十年，其高弟宋镇豪先生主编《商代史》11卷，其中却没有"思想文化"专卷，而是将前揭诸小类，并入其他相关分卷。何以如此？我们以为，还是因为这些新材料过于零碎，不成系统，即使再多，也难以拼缀成完整画卷的缘故。当然，这并不是说没有人从事殷的思想文化研究。只是这种研究，基本都属于个案。考古文化研究可以不论[3]。宗教思想、天命思想、政治思想、教育思想、民本思想等几乎都曾涉及[4]。其中，美国杜朴（Robert L. Thorp）撰写的《青铜时代早期的中国——商文明》一书，站在艺术

1 饶宗颐：《殷代贞卜人物通考》，香港大学出版社初版，1959年，此据《饶宗颐20世纪学术文集》第2卷《甲骨》，中国人民大学出版社，2009年，第15—16页。

2 王国维：《殷卜辞中所见先公先王考》《殷卜辞中所见先公先王续考》，《观堂集林》，中华书局重印本，1984年，第409—437、437—450页。

3 譬如邹衡：《试论殷墟文化分期》（正、续），《北京大学学报》1964年第4、5期；唐际根：《殷墟一期文化及其相关问题》，《考古》1993年第10期；范毓周：《关于殷墟文化考古分期的几个问题》，《中原文物》2010年第4期；杨宝成：《试论殷墟文化的年代分期》，《考古》2000年第4期。

4 相关文章甚夥，譬如王保国：《殷商时期重民保民思想刍议》，《史学月刊》2002年第7期；赵法生：《殷神的谱系——殷商宗教中的神灵世界与信仰精神》，《原道》2006年第1期；赵江涛：《略论殷商神权法思想》，《安阳师范学院学报》2006年第4期；简孝平：《殷商教育思想重溯》，《西南大学学报》2008年第5期；刘阳海：《殷商天命思想之人文意识与西周德治观之形成》，《求索》2011年第2期；林汉铮、李于昆：《殷商青铜器装饰中的政治权力思想研究》，《武夷学院学报》2017年第7期。不赘举。

史和文化史的角度，讨论了殷礼，包括占卜习俗、祭祀仪式、青铜礼器等，贡献最大[1]。但即使将他们的成果全部汇总重编，也很难还原殷的思想文化整体面貌，更遑论梳理夏商周三代思想文化传承脉络了。

我们以为：观察殷的思想文化，需要有两个视角：一个视角是站在中华治国思想的立场，观察的对象是“礼”；一个视角是站在夏商周三代文化的立场，观察的对象是“祀”。前者较为宏观抽象，后者较为微观具体。下面分述之。

一 关于“礼”

中华号称“礼仪之邦”。先秦是中华历史上唯一思想家辈出的时代。治国思想因王道既微，而蜂出并作各引一端。孔、孟、荀即使都是儒家重要代表，治国思想也不尽相同。虽然都主张以“礼”为社会规范，但孔子希望以“仁”治国，孟子希望以“义”治国，荀子希望以“法”治国，显示出了差异。结果，统治中华两千年的，既不是孔子的“礼仁”思想，也不是孟子的“礼义”思想，而是荀子的“礼法”思想。“仪”即规范，规范即“法”，“礼仪”即“礼法”。

孔子所修“六经”，大多都可追溯到上古。其中“三礼”：《周礼》相传成于周公居摄，所记为理想中的周制，预备他日之用，而实际从未施行。《仪礼》成书有二说：一曰成于周公，一曰成于孔子。此处“仪”仍指规范，故《仪礼》即前揭“礼仪”或“礼法”。《礼记》相传成书于孔子弟子及其学生，孔子的礼学思想主要见于此书。需要强调的是，“三礼”的内容，并非仅限于周代。《史记・五帝本纪》云：尧命舜摄政，舜“修五礼”；舜命伯夷为秩宗，使“典朕三礼”。尧舜时代所谓“五礼”和“三礼”，即孔子时代“三礼”的源头。

孔子所修“六经”，唯诗礼最能体现孔子思想，亦最为孔子所重。其子孔鲤“过庭”，孔子仅问诗礼（《论语・季氏》）。中华两千年，士大夫亦皆以诗礼传家（《范太史集・谢太皇太后表》）。这些都为人所熟知。而“六经”的笺注家，唯郑玄最能体会孔子思想。诗礼的最佳笺注本，所谓《毛诗郑笺》，所谓“三礼”郑注，亦皆为郑玄所作，并且都流传下来，自然不是巧合。特别是“三礼”，向有“礼是郑学”之说[2]。前揭《论语・八佾》记孔子所谓夏礼杞不足征、殷礼宋不足征云云，《礼记・礼运》记载更详，曰：“我欲观夏道，是故之杞，而不足征也；吾得《夏时》焉。我欲观殷道，是故之宋，而不足征也；吾得《坤乾》焉。”郑玄给《夏时》《坤乾》作注云：“得夏四时之书也；其书存者有《小正》。得殷阴阳之书也；其书存者有《归藏》。”郑玄认为《夏时》指《小正》，亦即《夏小正》，可与《史记・夏本纪》太史公“孔子正夏时，学者多传《夏小正》”云云印证。郑玄将其书属“四时”类，与《汉书・艺文志》应属“历谱”类不同。清华简有《四时》《司岁》，可以参证。郑玄认为《坤乾》指《归藏》，亦即殷之易，朱震《汉上易传・系辞上传》“《归藏》先坤后乾，首万物之母”云云可为佐证。郑玄将其书属“阴阳”类，与《汉书・艺文志》应属“蓍龟”类不同（《汉志》另有“阴阳”类）。可见“三礼”与郑注对于观察殷的思想文化与梳理夏商周三代思想文化传

---

1 ［美］Robert L.Thorp. *China in the Early Bronze Age: Shang Civilization*. University of Pennsylvania Press, 2005. 按：本书部分内容，另参［美］杜朴、文以诚著，张欣译：《中国艺术与文化》（插图修订版）第2章《青铜时代早期：商和西周》，北京联合出版公司，2014年。

2 孔颖达在《礼记正义》的《月令》《明堂位》《杂记上》中三次提到“礼是郑学”。关于“礼是郑学”究竟是专指《礼记》，还是并举“三礼”，存在不同看法，本文不讨论。

承脉络的重要性。

饶宗颐先生作为一代儒宗，对于“礼”和“礼制”研究极其重视，对于“礼”和“礼制”在中华文化中的地位认识甚深。他曾结合甲骨文指出：

> “礼”是贯彻中国历史的大动脉，研究各个时期的历史文化都应该把对“礼”和“礼制”的研究作为一个重点。甲骨文既记载了殷礼，又揭示出后世礼制的一些源头，应该引起更多的关注。[1]

饶宗颐先生以身作则，做过很多“礼”和“礼制”的个案研究。譬如《周礼》主要记录周代官制，而关于周官的源流却语焉不详。饶宗颐先生指出：虽然“设官置职，肇始虞夏”，但周官首立天官冢宰，《国语·楚语》记司天以属神和司地以属民，这种天人合应职官体系的设置，若“迹其所自始，殷代已然”[2]。这是极其重要的认识。周官的天官冢宰、地官司徒、春官宗伯、夏官司马、秋官司寇、冬官考工，不仅《史记·殷本纪》等史传及甲骨文能部分印证[3]，对后世如北周与武周的复古改制，以及从汉魏直到明清的尚书六部制，也都有深远的影响。

韩大伟自然注意到《史记·周本纪》载：“既绌殷命，袭淮夷，归在丰，作《周官》。兴正礼乐，度制于是改，而民和睦，颂声兴。”同书《乐书》引孔子曰：“唯丘之闻诸苌弘，亦若吾子之言是也。”《索隐》按云：“《大戴礼》云孔子适周，访礼于老聃，学乐于苌弘是也。”礼乐从不分离。故特别指出：

> 从周至汉，古书中几乎都是礼乐并提，这一联系也贯穿了整个中华帝国。礼仪行为的这两个方面，作为假定的事实，潜伏在政治社会的公众意识里。孔门弟子宰我曾抱怨为父母守孝三年时间太长，并指出这妨碍正常的礼乐活动，他说：“君子三年不为礼，礼必坏；三年不为乐，乐必崩。”孔子的修身过程：“兴于《诗》，立于礼，成于乐。”礼与乐占了其中的三分之二。它们无可避免地被赋予重要的宗教与社会目的。[4]

他所引宰我与孔子云云（原文分别见于《论语·阳货》和同书《泰伯》），是想表明礼乐在当时人们的生活中不可或缺。他所说礼乐“无可避免地被赋予重要的宗教与社会目的”，是想指出礼乐是为“祀”服务的。

---

1 饶宗颐口述，刘钊整理：《甲骨文研究断想——为纪念于省吾先生百年诞辰而作》，《史学集刊》1996年第3期。

2 饶宗颐主编，沈建华编辑：《甲骨文通检》第四册《职官人物·前言》，香港中文大学出版社，1995年，第7页。

3 《史记·殷本纪》：“武丁即位，思复兴殷，而未得其佐。三年不言，政事决定于冢宰，以观国风。”又：“帝舜乃命契曰：‘百姓不亲，五品不训，汝为司徒而敬敷五教，五教在宽。’”甲骨文有“宰”官（殷商金文也有《宰甫卣》《宰椃角》）；有“白”，通“伯”，指方伯，其意与宗伯实际相通；又有“司”字，指管理祭祀献食。

4 ［美］韩大伟（David B.Honey）著，唐光荣译：《中国经学史·周代卷——孔子、〈六经〉与师承问题》，社会科学文献出版社，2018年，第78页。

二 关于“祀”

礼乐的核心无疑是“祀”。《左传》说：“国之大事，在祀与戎。”这句话人所熟知。“祀”的内涵，包括“三才”——天、地、人的精灵。当时称为天神、地祇、人鬼。这一点大家也不陌生。但仔细推敲，却有未发之覆。

《周礼·春官·大宗伯》经文先云：“掌建邦之天神、人鬼、地祇之礼。”郑玄注：“立天神、地祇、人鬼之礼者，谓祀之、祭之、享之。礼，吉礼是也。”贾公彦疏：“经先云人鬼，后云地祇，郑则先云地祇，后云人鬼者：经先云人鬼，欲见天在上，地在下，人藏其间；郑后云人鬼者，据下经陈吉礼十二，先地祇，后人鬼，据尊卑为次故也。”经文不按天、地、人的通常排序，将人鬼排在地祇之前，即人鬼由原排序第三，变成排序第二。而郑注置之不理，仍按天、地、人的通常排序进行解说。这显然成为问题。贾疏认为：经文是为了体现人在天、地之间，而郑注考虑的是天、地、人的尊卑次序需要维护。贾疏为了证明自己的说法有道理，谓见“下经陈吉礼十二”。那么，我们看下经是怎样陈述的。

《周礼·春官·大宗伯》经文又云：“以吉礼事邦国之鬼、神、祇。”郑玄注：“事，谓祀之、祭之、享之，故书吉。……吉礼之别十有二。”接下来经文再按吉礼十二，先说“祀昊天上帝”等天神，再说“祭社稷”等地祇，最后说“享先王”等人鬼。我们知道：吉礼居“五礼”之首，主要祭祀天神、地祇、人鬼。因此，此处第二条经文排序没有问题。但前揭第一条经文称“鬼、神、祇”，又将人鬼排在天神之前，即人鬼由原排序第三，又变成排序第一。郑注没有进行解说，贾疏自然也没有进行解说。这样就更成为问题了。经文为何这么重视人鬼？

孔子说：“非其鬼而祭之，谄也。”（《论语·为政》）这句话也有多种解释。杨伯峻《译注》译作：“孔子说：‘不是自己应该祭祀的鬼神，却去祭祀他，这是献媚。’”注称：“鬼，古代人死都叫‘鬼’，一般指已死的祖先而言，但也偶有泛指的。”[1]宫崎市定《论语新研》解说很别致，认为：鬼是灵魂，与日本语的佛（ほとけ，意为亡灵）意思最为接近，不是自家的佛，是不应祭拜的[2]。敦煌、吐鲁番出土唐写本郑玄《论语注》说：“天曰神，地曰祇，人曰鬼。非其祖考而祭之者，是谄求淫祀之福。”[3]郑注最为明确：人鬼就是祖考。所祭之人鬼不是祖考，属于淫祀。《礼记·曲礼下》云：“非其所祭而祭之，名曰淫祀；淫祀无福。”可以印证。最后一句“淫祀无福”很重要，说明祭祖考就是为了祈福。宫崎市定的解说与郑注很接近。杨伯峻的译注存在“以今例古”之嫌。因为在先秦，人鬼只能指祖考，所谓“偶有泛指”，是后来之事。

《礼记·表记》记孔子评三代鬼神信仰亦可印证。孔子先云：“夏道遵命，事鬼敬神而远之，近人而忠焉。”郑玄注：“远鬼神、近人，谓外宗庙、内朝廷。”孔子接云：“殷人尊神，率民以事神，先鬼而后礼。”郑玄注：“先鬼后礼，谓内宗庙、外朝廷也。”孔子最后说：“周人尊礼尚施，事鬼敬神而远之，近人而忠焉。”郑玄无注。孔颖达疏释“尊命”为“尊重四时政教之命”，释“尊礼尚施”为“尊重礼之往来之法，贵尚施惠之事

---

1 杨伯峻：《论语译注》，中华书局成立95周年纪念版，2007年，第29页。

2 [日]宫崎市定：《论语新研》（《論語の新研究》），东京：岩波书店重印本，1995年，第182页。

3 王素：《唐写本论语郑氏注及其研究》，文物出版社，1991年，第14、17页；王素：《唐写本〈论语郑氏注〉》，《儒藏·精华编》第281册，北京大学出版社，2007年，第364页。

也”。郑注不释周，是因为周与夏大致相同，无须重复。孔疏不释殷之“尊神”，亦即尊天神，是因为郑注已经说清楚：“尊神”是表面的，“先鬼”才是本质的。可以看出，夏与周都是重朝廷而轻宗庙，只有殷是重宗庙而轻朝廷。殷重宗庙，就是重人鬼，就是重祖考崇拜。认识这一点非常重要。可以据此明确，殷墟卜辞祭祖考，与高祖、先公、先王等同版受祭的“河”“岳”等，一定不是自然神，而是殷的佚名远祖神。

斯宾塞在1876年出版的《社会学原理》中，阐述他的宗教起源观点，他认为：祖先崇拜是一切宗教的起源，同时也是一切宗教神灵的起源[1]。后世所称“殷人尚鬼”，自然就是这种最原始的祖先崇拜。前文说过，殷墟卜辞未见“殷”字。但“殷”字之出现，无疑与殷王朝之“殷”有关。《说文》“殷”云：“作乐之盛称殷。”段玉裁注：“此殷之本义也。”可见“殷”的本义就是盛乐。《周易·豫卦》云：“先王以作乐崇德，殷荐之上帝，以配祖考。”孔颖达疏：“‘殷荐之上帝’者，用此殷盛之乐荐祭上帝也……‘以配祖考’者，谓以祖考配上帝。”上帝是天神，祖考是人鬼，祭上帝以祖考为配，属于重朝廷而轻宗庙。这是周制，不是殷制。殷重宗庙而轻朝廷，其“殷盛之乐”只能是为宗庙之“祀”服务。《礼记·郊特牲》说“殷人尚声”，指的就是这种为宗庙之“祀”服务的声乐。殷墟卜辞反映对祖先神的祭祀极其尊崇和隆重，也只有这种“殷盛之乐”才能与之配套。《史记·殷本纪》“帝纣”条说纣“使师涓作新淫声，北里之舞，靡靡之乐”。司马迁如此斥责纣王，与《论语·阳货》所说“恶郑声之乱雅乐”原因相同，也正说明此前是有殷盛的雅乐的[2]。因此，我们怀疑“殷”作为地名，晚于当地有“殷盛之乐”。《汉书·地理志下》“敦煌郡”条注引应劭曰：“敦，大也；煌，盛也。”《北史·高昌传》说：“地势高敞，人庶昌盛，因名高昌。”敦煌、高昌之得名，是否如该二书所说，可以不论。中国古代地方之得名，大多与当地山川形胜风土人情相关。《尚书·盘庚》说“盘庚五迁，将治亳殷”；《史记·殷本纪》说盘庚“遂涉河南，治亳”；《索隐》说“契始封商，其后裔盘庚迁殷”。可见“亳”应该是原名，而“殷”应该是后世据当地曾有“殷盛之乐”的改名。其演变轨迹应该是：殷乐→殷地→殷王朝！

饶宗颐先生作为一代学宗，对于“祀”是礼乐的核心认识非常清楚，对于夏商周三代的卜筮研究极其重视。他曾结合甲骨文的占卜指出：

> 古代文明的高度常常超出我们的想象，许多后世的思想和制度在甲骨文中都已显露端倪。甲骨文本身是占卜记录，属于古代的一种术数，许多记载都可在后世的方术中找到相同或类似的例证，而关于这方面的研究做得还很不够。[3]

他自己也以身作则，做过很多“祀”和“卜筮”的个案研究。前文已引述其名著《殷代贞卜人物通考》。此外还有《殷上甲微作“禓”（傩）考》《殷代的日祭与日书蠡测——殷礼提纲之一》《说筮——甲骨文中的

1　引自吕大吉：《宗教学纲要》，高等教育出版社，2003年，第149－150页。按：该观点最早见于斯宾塞1862年出版的《第一原理》。参阅［英］赫伯特·斯宾塞（Herbert Spencer）著，易立梅译：《第一原理》（*First Principles*），外语教学与研究出版社，2015年。

2　传世文献与殷墟卜辞都记载殷代乐舞甚盛，有众多管理乐舞的官员和教授乐舞的教师。参阅：王宇信、徐少华：《商代国家与社会》，宋镇豪主编：《商代史》第4卷，中国社会科学出版社，2011年，第484－486页。

3　饶宗颐口述，刘钊整理：《甲骨文研究断想——为纪念于省吾先生百年诞辰而作》，《史学集刊》1996年第3期。

数字卦象问题》等一系列论文[1]。他认为："傩"肇始于殷，本为殷礼之一；"殷代虽无日书之名，而有日书之实"；殷代卜与筮二者兼用，八卦则有更遥远的来源，极具启发意义。

关于占卜和八卦的起源，《史记》原本应有记载。《太史公自序》说："三王不同龟，四夷各异卜，然各以决吉凶。略窥其要，作《龟策列传》。"但非常可惜，其《龟策列传》"有录无书"，今所见为褚少孙所补，《索隐》谓"褚少孙唯取太卜占龟之杂说，词甚烦芜，不能裁剪，妄皆穿凿"。遂使难以探究。今人有过各种各样的考研。考古资料显示，最早可以追溯到新石器时代。公元前5000年至公元前3000年的仰韶文化，正处在中华五千年文明的门槛，对其进行研究，是中国考古学上的大事。张忠培《仰韶时代——史前社会的繁荣与向文明时代的转变》对相关研究进行了总结。根据该文可知，在仰韶时代，有的地方儿童死亡数约占死者总数的56%，有的地方居民平均寿命估计仅为20.3～20.8岁[2]。人们对大自然的不可预测十分恐惧，希望能够得到祖先护佑也就成了人之常情。于是，占卜就出现了。饶宗颐先生《略谈甲骨文与龟卜》根据考古资料，对新石器时代的卜龟文化进行了梳理，对卜骨的起源也进行了说明[3]。但他认为，迄今为止，占卜研究做得还很不够。我们以为至少应该包括"四方风"问题。

殷墟卜辞常见"四方风"，人所熟知，几十年来，大家运用"二重证据法"，进行过多方面研究。刘晓晗《甲骨四方风研究的新进展与反思》对其学术史做了极其详尽的梳理[4]。饶宗颐先生曾经指出："人类对于'四方'之观念产生甚早，华夏与西亚及印度在远古文化史上都同样有'四方风'的名称。"[5]我们以为"四方风"无疑源自萨满教。萨满教是世界最早的宗教，也是一个世界性宗教，原本为游牧部落所独有。古人将天地四方称为"六合"。《庄子・齐物论》说："六合之外，圣人存而不论；六合之内，圣人论而不议。"成玄英疏曰："六合者，谓天地四方也。"身处天地四方之中，方知人之孤独渺小。这只能是游牧部落处于旷野之中的感觉。圣人不论六合之外，不议六合之内，反映的也是对大自然的敬畏。既然祭祀天神、地祇，祭祀四方也应顺理成章。张光直《商周青铜器上的动物纹样》较早认为商周青铜器上的动物纹样与萨满教有关，并指出："不但上帝以风为他的使者，而且东西南北四方也都各有其风，很可能的，风也是商周时代巫师通天地的一项助力。"[6]陈梦家曾称商王是"群巫之长"[7]。张光直则认为商王既为国家的政治首领，同时又兼任萨满之王[8]。值得注意的是，所谓"四方风"："东方曰析，风曰协；南方曰因，风曰飘；西方曰彝，风曰韦；北方曰丸，风曰杀。"虽然没有明确与颜色搭配，但实际上都暗含了颜色。冯时称之为"方色理论"，并对其起源进行了探讨[9]。《周礼・春官・大宗伯》说："以玉作六器以礼天地四方：以苍璧礼天，以黄琮礼地，以青圭礼东方，

1 饶宗颐：《殷上甲微作"禓"（傩）考》，《传统文化与现代化》1993年第6期；饶宗颐：《殷代的日祭与日书蠡测——殷礼提纲之一》，《华学》创刊号，中山大学出版社，1995年，第50－58页；饶宗颐：《说筮——甲骨文中的数字卦象问题》，《饶宗颐20世纪学术文集》第2卷《甲骨》，中国人民大学出版社，2009年，第838－844页。

2 张忠培：《仰韶时代——史前社会的繁荣与向文明时代的转变》，《中国考古学：九十年代的思考》，文物出版社，2005年，第260－320页。

3 饶宗颐：《略谈甲骨文与龟卜》，《饶宗颐20世纪学术文集》第2卷《甲骨》，中国人民大学出版社，2009年，第831－837页。

4 刘晓晗：《甲骨四方风研究的新进展与反思》，《中国史研究动态》2021年第4期。

5 饶宗颐：《四方风新义》，《中山大学学报》1988年第4期。

6 张光直：《商周青铜器上的动物纹样》，《考古与文物》1981年第2期。按：本文在"各有其风"下出注，见于陈邦怀《殷代社会史料征存》"四方风名"条。

7 陈梦家：《商代的神话与巫术》（下编），《燕京学报》第20期，1936年。

8 张光直：《商代的巫与巫术》，《中国青铜时代》，生活・读书・新知三联书店，1990年，第39－66页。

9 冯时：《自然之色与哲学之色——中国传统方色理论起源研究》，《考古学报》2016年第4期。

以赤璋礼南方，以白琥礼西方，以玄璜礼北方。”还有与颜色搭配、同样包含四方的“四象”（东方苍龙、南方朱雀、西方白虎、北方玄武）和“五色土”（东方青土、南方赤土、西方白土、北方黑土、中央黄土）。诸如此类，难以尽举。但它们都有共同的渊源，这就是萨满教。《汉书·匈奴传上》记匈奴冒顿纵精兵三十余万骑围高祖于白登，云：“匈奴骑，其西方尽白，东方尽駹，北方尽骊，南方尽骍马。”颜师古注曰：“駹，青马也。骊，深黑。骍，赤马也。”匈奴当时仍是游牧部落，其东方青马、南方赤马、西方白马、北方黑马的“方色”布阵，无疑源自萨满教。后世草原游牧部落一直都保留这种“方色”传统，据此可见“方色”崇拜的源流。

盘庚迁殷与商代思想文化重构是一个宏大的课题，其中，梳理夏商周三代思想文化传承脉络是一条主线，这条主线没有梳理清楚，殷的思想文化重构就无法明晰展现。而这条主线的梳理，至少需要有考古学与文献学两种理论作为支撑。近百年来，中国考古学理论已经取得长足的进步。苏秉琦提出的“满天星斗”（六大区系）到“多元一体”（中原文化为核心）的文化发展理论[1]，受到考古界普遍认同。前者属于新石器时代，后者则进入了夏王朝。从文献记载来看，孔子多次谈到夏礼，《尚书》有《夏书》，《史记》有《夏本纪》，言之凿凿，夏之存在，完全没有问题。今人怀疑夏是否存在，主要是因为没有出土文字材料，这种怀疑不能说没有道理。因为，文字实际在夏之前就已出现[2]，而据记载夏也是有图书文字的。如《太平御览·学部·叙图书》引《吕氏春秋》曰：“桀将亡，太史令终古执其图书出奔于商。”[3]当然，对于这条记载，不少人可能不以为然。冯友兰《古史辨序》说：“中国现在之史学界有三种趋势，即信古、疑古及释古，就中信古一派，与其说是一种趋势，毋宁说是一种抱残守缺的人的残余势力，大概不久就要消灭。”[4]所谓释古实际并不完备，而对于信古的丑诋恐怕更加有失公正。释古之不完备，是因为没有证据，仅靠解释难以服众。文物鉴定有句行话，叫作：“证真不易，证伪更难。”对于文献记载，既不要轻信，也不要轻疑，而是拿出证据予以证明。这样还得回到王国维的“二重证据法”。因此，释古应该改为证古。通过殷墟卜辞证明了商王朝的客观存在无须赘言。通过众多考古资料和出土文献证明了《山海经》《穆天子传》并非荒诞不经也为人所熟知。古代的史与巫原本由一人兼任，统称“巫史”，父死子继，世代相传，如同“在齐太史简，在晋董狐笔”（文天祥《正气歌》），何其神圣有操守！后人“以今例古”，以后世之惯作伪史衡量古代史家，无疑是一种认知障碍！饶宗颐先生明确指出：“十年来新发现和新理解告诉我们许多事实，证明古书所说，还是可靠的！”[5]饶宗颐先生所撰《谈“十干”与“立主”》一文，根据甲骨文，结合传世文献，考证殷之“十干”与“立主”是“殷因夏礼”，论据充分，说理透彻，堪称经典。文章最后，他针对夏文化应该如何研究谈了自己的看法，原文如下：

---

1 苏秉琦著，赵汀阳、王星选编：《满天星斗：苏秉琦论远古中国》，中信出版社，2016年。

2 饶宗颐：《陶符、图案与初文》，《符号·初文与字母：汉字树》，上海书店出版社，2000年，第13－31页。

3 （秦）吕不韦：《吕氏春秋·先识览》作：“夏太史令终古出其图法，执而泣之。夏桀迷惑，暴乱愈甚。太史令终古乃出奔如商。汤喜而告诸侯曰：‘夏王无道，暴虐百姓，穷其父兄，耻其功臣，轻其贤良，弃义听谗，众庶咸怨，守法之臣，自归于商。’”见《景印文渊阁四库全书》第848册，台湾“商务印书馆”，1982－1986年，第398页。“图书”作“图法”，又称“守法之臣”，可见作“图法”不误。“图法”指图录与法典，与“图书”意义不尽相同。

4 冯友兰：《古史辨序》，原载《古史辨》第6册，上海古籍出版社，1981年，再刊《传统文化与现代化》1994年第1期。

5 饶宗颐：《说筮——甲骨文中的数字卦象问题》，《饶宗颐20世纪学术文集》第2卷《甲骨》，中国人民大学出版社，2009年，第838页。

此外，我想借此机会说一说有关研究夏文化的材料和方法的问题。现在大家都把注意力集中在田野考古中探索夏文化的遗存，这无疑是十分重要的，夏文化的研究能否出现决定性的突破，有赖于这方面的努力。但是就夏文化的整体而言，地下遗存毕竟有它本身的局限性。而且遗存也不一定有文字标志足以表明文化的内涵，所以，我们还得把考古遗存同传世文献结合起来进行考察和研究。尽管古籍中关于夏代的材料不多，但是许多零星的记载，却往往透露着夏代社会的消息，有待我们进一步去发掘。值得特别提出的是甲骨文，在甲骨文中有许多关于商代先公先王的记载，在时间上应该属于夏代的范畴，可看作是商人对于夏代情况的实录，比起一般传世文献要可靠和重要得多，我们必须而且可以从甲骨文中揭示夏代文化某些内容，这是探索夏文化的一项有意义的工作。总之，我认为探索夏文化必须将田野考古、文献记载和甲骨文的研究三个方面结合起来，即用"三重证据法"（原注：比王国维的"二重证据法"多了一重甲骨文）进行研究，互相抉发和证明。倘能在这些方面做出成绩，那么，我们对于夏代情况的了解将会更加具体而全面，那时来讨论夏文化的有关问题，就可以说是"适时"了。我们期待着这一天早日到来。[1]

饶宗颐先生所谈如何进行夏文化研究，有两点重要启示：一是探索夏文化，仅注意田野考古，仅注意文献记载，仅注意甲骨文的研究，都难称得法，必须将三者结合，用"三重证据法"进行研究，才有可能取得成绩。二是甲骨文的研究尤其重要，因为其中关于商代先世的记载，特别是关于商代先公的记载，时间上与夏是平行或重叠的，本身就可看作是关于夏代情况的实录。

综上所述，暂作如下五点小结和申论：

（一）殷商之"殷"最初只是盛乐之称。地名和国名是后世据"殷盛之乐"的改名。其演变轨迹应该是：殷乐→殷地→殷王朝！

（二）夏商周三代，可以分为四个历史时期：一是夏时期，二是盘庚迁殷前的商时期，三是盘庚迁殷后的殷时期，四是周时期。

（三）这四个历史时期，其思想文化，以"礼"与"祀"为观察视角，抽象而言一脉相承，具体而言经过了殷时期的有意重构。

（四）关于殷时期思想文化的有意重构，其实传世文献与田野考古都可以证明。传世文献仅《史记·殷本纪》就记载："武丁即位，思复兴殷"，以傅说为佐，"殷国大治"，继而"修政行德，天下咸欢，殷道复兴"[2]。田野考古发现的几处王都型商城：属于中晚商的洹北商城一号宫殿基址和洹南殷墟祭祀坑遗址，规模之大与规格之高，均非早商的偃师商城和中商的郑州商城可以比拟。

（五）关于夏商周三代思想文化传承脉络的梳理，需要用形而上和形而下两种不同思维。《周易·系辞

1 饶宗颐：《谈"十干"与"立主"——殷因夏礼的一、二例证》，原载香港《文汇报》1982年5月11日，收入《饶宗颐史学论著选》，上海古籍出版社，1993年，第17－22页。

2 张光直针对殷墟5号墓（即武丁妻妇好墓）反映的文化变化，认为：这是盘庚迁殷导致的变化，而非武丁施行新政导致的变化。见张光直：《殷墟5号墓与殷墟考古上的盘庚、小辛、小乙时代问题》，《文物》1989年第9期；张光直撰，汪海宁译：《殷墟五号墓和殷墟考古学中关于盘庚、小辛、小乙时期的问题》，《华夏考古》1989年第2期。与本文观点没有本质上的不同。另外，关于殷墟为何没有出土明显的盘庚、小辛、小乙时代的卜辞，属于本课题未来需要探讨的问题，本文暂不涉及。

上》说："形而上者谓之道，形而下者谓之器。"[1]形而上者是意识形态，形而下者是社会规范。形而上者是思想，需要"大胆假设"；形而下者是文化，需要"小心求证"。先秦两汉宗祝巫史组织完备[2]，传承有序[3]，记载基本可信。只要大胆假设，小心求证，一定能够把本课题做好！

[作者单位：故宫博物院研究室、"古文字与中华文明传承发展工程"协同攻关创新平台]

1 （清）戴震《孟子字义疏证》卷中云："形谓已成形质。形而上犹曰形以前，形而下犹曰形以后。阴阳之未成形质，是谓形而上者也，非形而下明矣。"《续修四库全书》第158册，上海古籍出版社、北京线装书局，2002年，第36页。戴震的意思是说：形而上指未成形质之前，虚无缥缈；形而下指已成形质之后，可视可触。

2 殷代史官组织已甚齐备：大史、小史（《合集》32834、《屯南》2260）较为常见。既有右史（《花东》373），那一定有左史。既有内史（《吕氏春秋·先识览》），那一定有外史。论者常言西周金文有"作册"（参王国维：《书作册诗尹氏说》，《观堂集林》，中华书局重印本，1984年，第1122－1124页），有"大史寮"（参许兆昌：《"大史寮"名称及地位考》，《大连教育学院学报》1998年第2期），其实殷墟卜辞也有作册（《合集》1724反、5658反）、"大史寮"（《合集》36423）。

3 刘源：《殷墟卜辞与〈春秋〉〈左传〉对读举例——商周史官传统延续性的探究》，《第三届中国古文献与传统文化国际学术研讨会论文集》，华文出版社，2005年，第463－472页；刘源：《〈春秋〉〈左传〉与甲骨卜辞对读数例——兼谈春秋诸侯史官承袭殷人史官笔法问题》，《甲骨文与殷商史》新3辑，上海古籍出版社，2013年，第142－157页。

紫禁城文武建筑布局与文德光华

The Symmetrical Architecture in the Forbidden City and the Magnificence of Moral Cultivation

王子林

Wang Zilin

内容提要：

中国古代建筑讲究技术与文脉的传承，紫禁城处处体现了这一点，而且是集大成者。宏大的紫禁城除了靠礼制来支撑外，精神的支撑尤为重要。宋代理学为天地立了一颗仁心，明代则为北京城立了一颗仁心。“割文武而制异”，明代北京城被中轴分为东西两半，以东属文，以西属武，建筑即按此分布。本文立足紫禁城的文武建筑布局特点及文武本质，探索建筑背后的思想渊源，发现它是古代道统核心精神的体现。通过阐释文武之道、仁义之道、阴阳之道与设置文武二楼的关系，揭示紫禁城背后的文脉传承及“重其文德之光华”的深远影响力。

关键词：

紫禁城　文楼　武楼　道统　文德

ABSTRACT:

Ancient Chinese architecture attaches great importance to the inheritance of technology and culture. This is fully materialized through the Forbidden City, which represents the pinnacle of architectural achievements. In addition to rites and rituals, the externalization of the cultural spirit is exceptionally significant. The Song-dynasty (960-1279) Confucianist Learning of Principle (*lixue*) establishes the idea of benevolence, while the Ming Dynasty realized it for Beijing. "Dividing the civil and the martial for institutional differentiation", Beijing in the Ming period is divided into east and west halves by a central axis, with the east featuring the civil, the west the martial, and the architectural layout planned accordingly. Based on the characteristics of the symmetrical architectural layout of the Forbidden City and the essence of their civil and martial features, this article explores the potential ideological source behind the architecture design and finds that it embodies the core spirit of the orthodox transmission of the Confucian way (*daotong*). By interpreting the civil-martial way, the benevolent-righteous way, the *Yin-Yang* way, and the correspondence between the civil and martial pavilions, it reveals the cultural context carried by the Forbidden City and the profound influence of "highlighting the magnificence of its moral cultivation".

KEYWORDS:

The Forbidden City, the civil pavilion, the martial pavilion, orthodox transmission of the way (*daotong*), moral cultivation

紫禁城虽然总体上是按《周礼》设计，有气势宏伟的五门三朝，但它体现的是礼制，如《礼记注疏》郑玄注曰：“天子五门：皋、库、雉、应、路，鲁有库、雉、路，则诸侯三门。”[1]天子五门，诸侯三门，这是严格的礼制规定，以便天子行使权力。在紫禁城的规划设计中，左右对称的文武两组建筑群，既是对《周礼》的继承，但又超越了《周礼》，将道统的精神灵魂注入其中，使文武二楼不仅在都城、宫城的布局中起到功能性的作用，还体现了文武之道、仁义之道和阴阳之道，使紫禁城、北京城的规划呈现出一个全新的面貌，上升到精神层面，昭示了古代精神文化的价值取向，也就是文化的生生不息的传承与弘扬。如果说宋代为天地立了一颗仁心，那么明代则为北京城、紫禁城立了一颗仁心。

一 文武建筑布局

朱元璋定都南京，创建紫禁城，于正殿奉天殿东西两侧建文楼、文华殿和武楼、武英殿。左文右武，源于天象壁星和奎星，壁星为东方七宿之壁宿，它由两颗星组成，是天上的图书府，又称东壁。奎星为西方七宿之奎宿，由十六颗星组成一个封闭的形状。二者正好东西相望。《礼记·曲礼下第二》曰：“在府言府，在库言库。”郑玄注曰：“官谓版图文书之处，府谓宝藏货贿之处也，库谓车马兵甲之处也。”宋代陈祥道解释曰：“《曲礼》曰：‘在府言府，在库言库。’天文东璧为文府，西奎为武库。”[2]《晋书·天文志上》卷一一：“西方。奎十六星，天之武库也。”紫禁城文华殿的对联曰：“西昆峙群玉之峰，宝气高腾册府。东壁耿双星之耀，祥辉遥接书林。”朱棣迁都北京，承其宫城规制。北京紫禁城建成之日，大学士杨荣、李时勉等亲睹宫城壮丽，杨荣《皇都大一统赋》曰：“文楼、武楼之特耸，左顺右顺之并建。若乃震位毓德，文华穹隆；亦有武英，实为斋宫。”金幼孜《皇都大一统赋》曰：“奉天屹乎其前，谨身俨乎其后，唯华盖之在中，竦摩空之伟构。文华翼其在左，武英峙其在右。”李时勉《北京赋》曰：“东崇文华，重国家之大本；西翊武英，严斋居而存诚。”陈敬宗《北京赋》曰：“翊以文楼、武楼、左阙、右阙之嶒□。”文武二楼位于正殿奉天殿东西两侧〔图1〕，文华殿翼其左〔图2〕，为国家之大本；武英殿峙其右〔图3〕，为谨身之斋居存诚。东文西武的布局在宫城规划中体现了出来，它不仅对三大殿形成拱卫之势，而且还具有某种精神价值的作用，可见文武二楼在宫城布局中的重要性。

图1 奉天殿与文武二楼

文武二楼源于周代朝门外的两块石头，嘉石和肺石。

1 （汉）郑玄注，（唐）孔颖达疏：《礼记注疏·明堂位》卷三一，《钦定四库全书·经部·礼类》，台湾“商务印书馆”影印，1986年。
2 （宋）陈祥道：《礼书》卷三七，清文渊阁四库全书本。

图2　文华殿

图3　武英殿

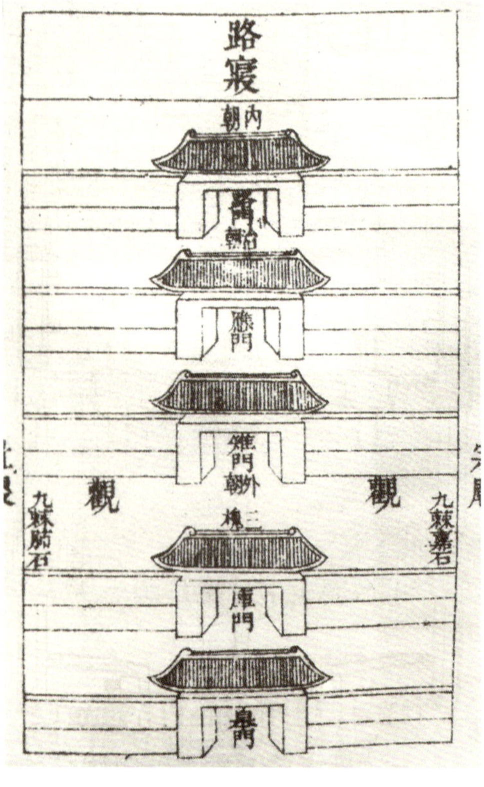

图4　周代朝门外的嘉石和肺石
采自清乾隆《钦定周官义疏》

《周礼·大司寇》记："以嘉石罢平民……以肺石达穷民，凡远近茕独老幼之欲有复于上而其长弗达者，立肺石三日，士听其辞，以告于上而罪其长。"《周礼·朝士》亦记："左嘉石，平罢民焉；右肺石，达穷民焉。"唐人贾公彦疏曰："嘉石，文石也者。以其言嘉，嘉善也。有文乃称嘉，故知文石也，欲使罢民，思其文理以改悔。""肺石，赤石也者。阴阳疗疾法，肺属南方火，火色赤，肺亦赤，故知名肺石是赤石也，必使之坐赤石者，使之赤心不妄告也。"[1]设于朝廷门外左边的是嘉石，右边的是肺石〔图4〕。设嘉石的目的是使有罪过但还没有触犯刑法的人跪在嘉石上，以令其悔改。设肺石的目的是让那些有冤屈，而地方长官又不受理，无依无靠的孤老独幼可立于肺石上三天，以显其赤心不妄告，士便会出来受理其诉讼，上报主管官员，对案件进行审理，并对地方长官给予处罚。到西晋时建立了直诉制度，所以自西晋时起，在朝堂外悬设登闻鼓，允许有重大冤屈者击鼓鸣冤，直诉中央甚至皇帝。唐宫城承天门朝堂外东置肺石，西设登闻鼓，就是这一制度的反映。《唐会要》记："其年二月，制朝堂所置登闻鼓及肺石，不须防守，其有挝鼓石者，令御史受状为奏。"[2]唐玄宗建大明宫时，于含元殿前建钟楼和鼓楼，则把二者演变为配楼的形制。《新唐书》记："武班居文班之次入宣政门，文班自东门而入，武班自

1　（汉）郑玄注，（唐）贾公彦疏：《周礼注疏》卷三四，《钦定四库全书·经部·礼类》，台湾"商务印书馆"，1986年。

2　（宋）王溥：《唐会要·通制之属》卷六二，《钦定四库全书·史部·政书类》，台湾"商务印书馆"，1986年。

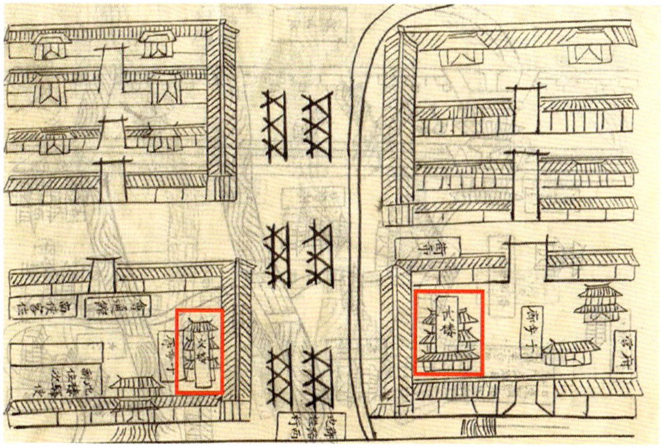

图5 金南京城中的文楼与武楼位置图
采自宋陈元靓《事林广记外集上》中的“南京图”局部

西门而入……百官班于殿庭左右，巡使二人分莅于钟鼓楼下。”[1]宋代继承唐宫阙之制，于殿庭左右设钟楼二楼，《宋史》记：“太宗召工造于禁中，逾年而成，诏置于文明殿东鼓楼下。”又记：“设鼓楼钟楼于殿庭之左右。”[2]金中都仿北宋汴京，分为宫城、皇城和郭城，宫城位于中央，皇城在宫城的南边。皇城正南门宣阳门内辟驰道直达宫城正南门，驰道东西两侧建有千步廊。据《金图经》记载道东建文楼，道西建武楼〔图5〕。元大内继承了这一制度，萧洵《故宫遗录》云：“大明门旁建掖门，绕为长庑，中抱丹墀之半。左右有文、武楼与庑相连。正中为大明殿。”[3]元人陶宗仪《南村辍耕录》解释说：“钟楼又名文楼……鼓楼又名武楼。”[4]可知，金代和元代的文武二楼，实际上就是唐宋时期的钟鼓二楼。

金中都的文楼、武楼位于宫城南门外驰道的东西两侧，元大内文楼、武楼，则位于元大内正南门大明门内正殿大明殿的左右。明紫禁城文楼、武楼承袭元制，建于正殿奉天殿左右两侧。姜舜源先生在《五行四象三垣两极与紫禁城》一文中，从五行的角度首次提出紫禁城、北京城内凡属文化、文治方面的建筑、设施多在东侧，从木从春，如文楼（体仁阁）、文华殿、万春亭、南三所、端凝殿、传心殿、太庙、孔庙、崇文门等；凡属兵刑、武备性质的宫殿、设施多在西侧，从金从秋，如武楼（弘义阁）、武英殿、千秋亭、慈宁宫、懋勤殿、军机处、社稷坛、宣武门等[5]。这种布局，笔者发现元大都城已见端倪，元大内正殿大明殿东有文楼，西有武楼；大都城东有崇仁门（明东直门），西有和义门（明西直门），东为文、仁，西为武、义，但元大都布局强调的却是建筑的星象分野，如《析津志》所言“世祖皇帝统一海寓，定鼎于燕。省部院台、百□庶府，焕若列星”[6]，李洧孙《大都赋》亦称元大都“放紫极而建庭，榱题炳乎列宿。……都省应乎上台，枢府协乎魁躔。霜台媲乎执法，农司符乎天田。詹事、宣政、卫尉之院，错峙而鼎列；宣徽泉府将作之署，棋布而珠连”，元大内是紫微垣，北中书省是上台星，枢密院是斗魁，大理寺是执法星，大司农是天田星，其他如詹事府、宣政院等官署都是按天上列星而分区布置，所以大都城布局虽有东文西武的意思，但并没强调突出这一特性。

明代北京城在元大都城东文西武的基础上，强调突出了都城的文武布局特点〔图6〕，由此超越了元大都城。笔者查阅到永乐时大学士李时勉《北京赋》中有如此一段文字：“至于五军庶府之司，六卿百僚之

1 《新唐书》卷二三上，《钦定四库全书·史部·正史类》，台湾“商务印书馆”，1986年。
2 《宋史》卷四八、七〇，《钦定四库全书·史部·正史类》，台湾“商务印书馆”，1986年。
3 （明）萧洵：《故宫遗录·元故宫遗录序》，豫章丛书，两淮马裕家藏本。
4 （元）陶宗仪：《南村辍耕录》卷二一，中华书局，1997年，第252页。
5 姜舜源：《五行四象三垣两极与紫禁城》，《清代宫史探微》，紫禁城出版社，1991年，第251页。
6 （元）熊梦祥：《析津志辑佚》，第10页。

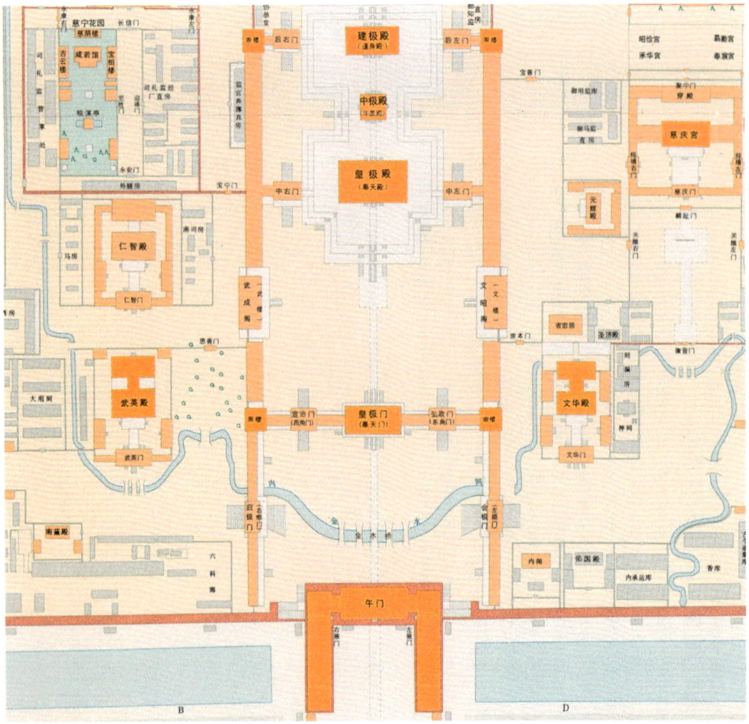

图6　紫禁城前朝文武二楼布局图

《明天启紫禁城图》

图7　大明门（大清门）

位，严署宇之齐设，比馆舍而并置，列大明之东西，割文武而制异。”[1]确证了永乐时的北京城规划布局以中轴为准，将整个城市分为东文西武。这种文武格局，在朱元璋所建南京城中已体现出来了，洪武二十五年：“改建宗人府、五府、六部、太常司官署，上谕廷臣曰：‘南方为离明之位，人君南面以听天下之治，故殿廷皆南向。人臣则左文右武，北面而朝，礼也。五府六部官署宜东西并列，其建六部于广敬门（按：洪武门）之东，皆西向；建五府于广敬门之西，皆东向。惟刑部掌刑已置于西北太平门之外，于是以宗人府、吏、户、礼、兵、工五部，列于广敬门之东；中左右前后五府、太常司列于广敬门之西，悉改造，令规摹宏壮，命主事高有常董其役。”[2]永乐帝迁都北京，完全仿照朱元璋的南京城的左文右武格局，大明门位于千步廊南端〔图7〕，是明朝的国门，位于中轴上，迄东是属文的建筑如文官办公衙署吏、户、礼、兵、工部及鸿胪寺、钦天监等机构，迄西是属武的建筑如武官办公衙署中、左、右、前、后五军都督府，刑部，太常寺，锦衣卫等机构，东有敷文牌楼，西有振武牌楼，故“割文武而制异”，形成了显著的东文西武的都城格局〔图8〕，并与紫禁城中的文楼、文华殿和武楼、武英殿遥相呼应，这是明代以前所未有的都城规划。同时文武二楼还成为官员站位及身份的标志，《明会典》规定：“文武百官齐班，位于午门外之东西北上。文官侍立，位于文楼之北西向；武官侍立，位于武楼之北东向。”[3]文官要站在文楼前，武楼要站在武楼前。这种文武官员分东西站位法，自汉代就已出现，《史记》记：“汉七年，

1　（明）孙承泽：《春明梦余录》卷一，《钦定四库全书·子部·杂家类》，台湾“商务印书馆”影印，1986年。

2　《大明太祖高皇帝实录》卷二二〇，洪武二十五年八月。

3　《明会典》卷四六，《钦定四库全书·史部·政书类》，台湾“商务印书馆”影印，1986年。

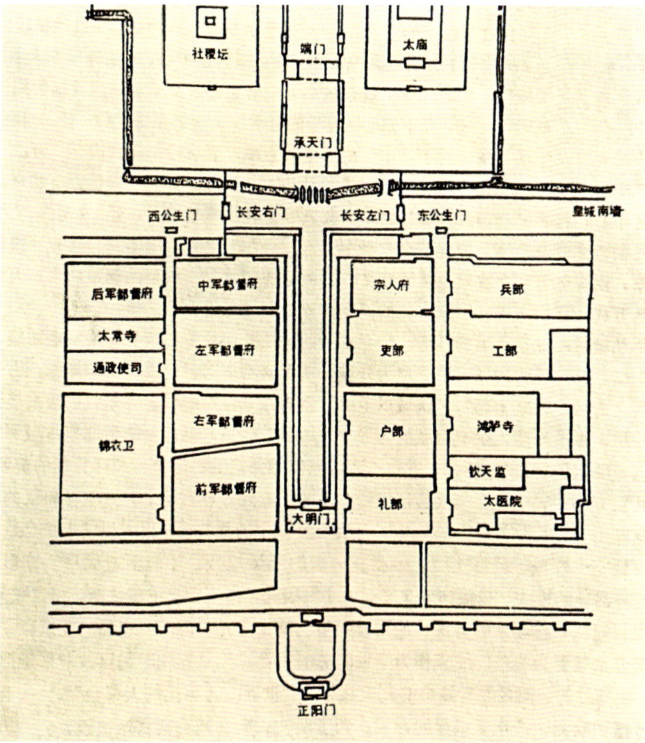

图8　明北京城中央官署机构分布图
采自中国社会科学院考古研究所《明北京复原图》

图9　永乐大帝像

长乐宫成。……功臣列侯诸将军军吏以次陈西方，东乡；文官丞相以下陈东方，西乡。”[1]

左东右西、一文一武的建筑格局，实际上是传统文武之道的体现。永乐元年春正月，刚登上皇位的朱棣御奉天殿接受文武百官朝贺〔图9〕，颁布敕谕曰：“上天之德，好生为大。人君法天，爱人为本。四海之广，非一人所能独治。必任贤择能，相与共治。尧舜禹汤文武之为君此道，历代以来用之则治，不用则乱，昭然可见。……尔文武群臣，职无崇卑，体朕斯怀，各尽其道……为民造福，悉力一志，敬之，慎之。”[2]

春正月，如《春秋》所记为大一统的标志，政教之始。“欲为君尽君道，欲为臣尽臣道”[3]，永乐帝称治理天下靠的是君臣一心，文武群臣，各尽其道，为民造福，这个道是从尧舜禹汤文武那传下来的，而尧舜文武之道又是法天之道。天道是什么呢？就是“上天之德，好生为大”，天把恩惠施给普天之下，没有私心，故法天的本质是要爱人为本。这则敕谕无疑是对日后紫禁城文武建筑格局的注脚，同时它也道出了儒家治国的道统思想即尧、舜、禹、汤、文、武的为君之道为法天之道，所谓法天之道即为上天之德，上天之德即是好生为大，故为君之道就是要爱人为本，爱人为本即为仁德（仁道），以此治理国家则为行仁政。

1 （汉）司马迁：《史记》卷九九《叔孙通列传》，中华书局，1987年，第2723页。
2 《明实录·明太宗实录》卷一六，台北“中研院”校印，1966年，第291页。
3 （宋）朱熹：《四书集注》，《孟子·离娄章句上》，凤凰出版社，2005年，第295页。

二　文武二楼与重其文德

文武之道源于《论语·子张》："文、武之道未坠于地，在人。贤者识其大者，不贤者识其小者。"朱熹注曰："文、武之道，谓文王、武王之谟训功烈与凡周之礼乐文章，皆是也。"[1]文武之道指的是文王、武王推行的礼乐典制。《中庸》"文武之政，布在方策"，称周文王、周武王的政治措施都记录在典籍中，"其人存，则其政举；其人亡，则其政息"，孔子称这样的人在世，这些政事就能实施，他们去世，这些政事也就废弛了。《中庸》曰："无忧者其惟文王乎！以王季为父，以武王为子；父作之，子述之。武王缵大王、王季、文王之绪，壹戎衣而有天下。身不失天下之显名，尊为天子，富有四海之内，宗庙飨之，子孙保之。武王末受命，周公成文武之德，追王大王、王季，上祀先公之天子之礼。"文王继承父志，开创基业，武王晚年接受天命，战无不克。至周公时，才成就了文武之德，制礼作乐。

《礼记·杂记下》曰："张而不弛，文武不能也；弛而不张，文武不为也；一张一弛，文武之道也。"强调宽严相济乃为治国的文武之道，与《论语》《中庸》所说的文王、武王之道稍有所不同，但本质都是一样的。

《论语·八佾》曰："郁郁乎文哉！吾从周。"故孔子"祖述尧舜，宪章文武，上律天时，下袭水土。譬如天地之无不持载，无不覆帱，譬如四时之错行，如日月之代明。万物并育而不相害，道并行而不相悖。小德川流，大德敦化，此天地之所以为大也！"[2]孔子一切以文武之道为圭臬，文武之道是文王从尧舜那儿继承下来的，也就是说文武之道源自尧舜之道。尧舜之道是道统的雏形，尧舜之道是什么呢？《孟子·离娄章句上》曰："尧舜之道，不以仁政，不能平治天下。今有仁心仁闻，而民不被其泽、不可法于后世者，不行先王之道也。"朱熹注曰："先王之道，仁政是也。范氏曰：'齐宣王不忍一牛之死，以羊易之，可谓有仁心。梁武帝终日一食蔬素，宗庙以面为牺牲，断死刑必为之涕泣，天下知其仁慈，可谓有仁闻。然而宣王之时齐国不治，武帝之末江南大乱，其故何哉？有仁心仁闻而不行先王之道故也。'"[3]尧舜之道就是仁道，要切切实实地把恩惠施与普天之下，而不是只有所谓的"仁心""仁闻"而已。所以文武之道上遵循天时，下符合地理。就好像天地那样没有什么不能覆盖的，也没有什么不能承载的。又好像四季的交替运行，日月的相互照耀。万物共同生长而不相害，道路并行而不冲突。小德如河水一样长流不息，大德则可使万物敦厚淳朴。将文、武与尧、舜联系在一起，并提高到了与天地同辉的高度，二者的特点是具有包容、仁慈万物的大德。《孟子·告子章句上》曰："是故文、武兴则民好善，幽、厉兴则民好暴。"

尧舜之道其核心是文德。"文德"一词出自《尚书·大禹谟》"帝德广运，乃圣乃神，乃武乃文"，"班师振旅。帝乃诞敷文德，舞干羽于两阶"〔图10〕，是说大舜的仁德之风广泛地传遍天下，既如圣人又如神明，文经天地，武戡祸乱。禹停止征伐三苗，班师而归，大舜接受了益和禹的建议，开展礼仪教化，推行文德。并在朝堂两阶之间举行干羽舞蹈，表示偃武修文。《诗经·江汉》"矢其文德，洽此四国"，是说宣王推行文

1 （宋）朱熹：《四书集注》，《论语·子张第十九》，凤凰出版社，2005年，第209页。

2 王国轩译注：《大学中庸》，中华书局，2019年，第139页。

3 （宋）朱熹：《四书集注》，《孟子·离娄章句上》，凤凰出版社，2005年，第294页。

图10　大舜敷文德图
采自明仇英《帝王道统万年图》

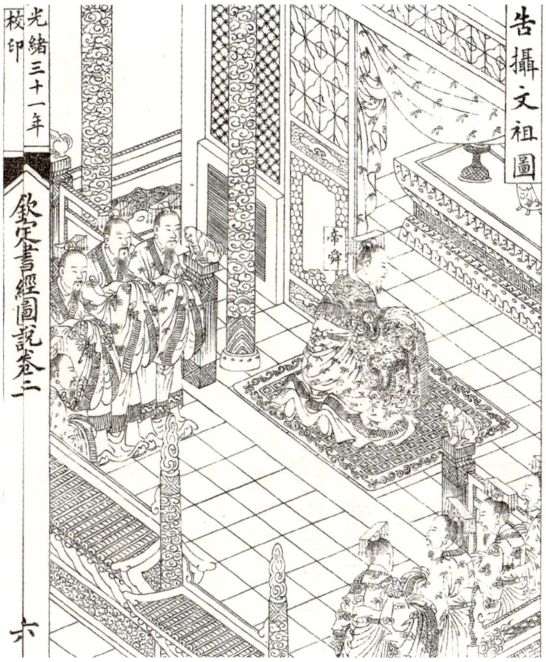

图11　告摄文祖图
采自《钦定书经图说》

德，天下和睦。《论语·季氏》“远人不服，则修文德以来之”，修治文德就可以使远方之人归服。故文德为仁慈、敦厚、温和、纯正等义。《尚书·尧典》曰：“允恭克让，光被四表，格于上下。”郑玄注曰：“言尧德光耀及四海之外，至于天地，所谓大人与天地合其德，与日月齐其明。”尧具有诚实、恭敬而又谦让的品德，所以他的德行光耀四海，与天地同辉。《尚书·舜典》曰：“帝舜重华，协于帝。”称舜继承了尧的志向，名重华。孔颖达疏曰：“此舜能继尧，重其文德之光华。用此德合于帝尧，与尧俱圣明也。”唐代孔颖达将尧舜之德称为“文德”。

文是一个美好的词，《逸周书》记“经纬天地曰‘文’，道德博闻曰‘文’，勤学好问曰‘文’，慈惠爱民曰‘文’，愍民惠礼曰‘文’，锡民爵位曰‘文’”[1]，故《尚书·舜典》记“正月上日，受终于文祖”，尧太祖的宗庙称文祖〔图11〕，则是赋予“文”这个词以最高境界，姬昌死后谥号为“文王”，说明继承了文祖之德。《诗经·思文》曰：“思文后稷，克配彼天。”《笺》称“文”为“文德”义，昔尧遭洪水，黎民阻饥，后稷播植百谷〔图12〕，烝民乃粒，万邦作乂，是因为周的先祖后稷有文德，解决了百姓吃饭的问题，功能配天。《诗经·皇矣》曰：“帝谓文王‘予怀明德，不大声以色，不长夏以革’。”上帝说文王有仁慈之德，从不用厉声厉色去教育百姓，《诗经·清庙》：“秉文之德，对越在天。”天德清明，文王有文德，故《中庸》曰：“《诗》云：‘维天之命，於穆不已！’盖曰天之所以为天也。‘於乎不显，文王之德之纯！’盖曰文王之所以为文也，纯亦不已。”天命是美好而不停息的，文王是最具有这种德的禀赋者，故称文王之德纯正，辉煌而光明。因为它来自尧舜，来自上天。

1　黄怀信：《逸周书校补注释》，《谥法解第五十四》，三秦出版社，2006年，第265页。

图12 后稷教民稼穑图
采自明仇英《帝王道统万年图》

图13 周文王像
采自《古今君臣图鉴》

周文王是具有文德的典型代表〔图13〕，后世将具有文德的君王称为太平天子，如唐代杜牧《感怀诗一首》所言“扶持万代人，步骤三皇地。圣云继之神，神仍用文治”，为了世世代代，遵循三皇治国原则，唐太宗以文德治理天下，于是天下太平。

把都城设计为文武分离的格局，是文武之道的体现，是治理天下的方法在建筑上的体现，目的是“秉文之德，对越在天”。文武之道源于周文王、周武王治国礼乐典制，为孔子所推崇，成为儒家的理想政治，其核心是仁政，如《孟子·梁惠王章句上》所言“王如施仁政于民，省刑罚，薄税敛，深耕易耨。壮者以暇日修其孝悌忠信，入以事其父兄，出以事其长上”，就可以实现天下太平的理想。

三 体仁弘义二阁与仁义之道

《中庸》言“文武之政，布在方策”之后，接着说：“故为政在人，取人以身，修身以道，修道以仁。仁者，人也，亲亲为大。义者，宜也，尊贤为大。”推行文武之道的根本在于人，人的根本在于修身。修身要遵循道德，遵循道德要以仁义为本。仁，就是人自身具有的爱人之心，亲爱亲人是最大的仁；义，就是事事做到适宜，尊重贤人是最大的义。说明文武之道实际上就是仁义之道。

《大清会典则例》记：“顺治元年，定鼎燕京，上大清门牌额。二年定正中三殿名，殿前曰太和门，门之左曰昭德门，右曰贞度门，东庑之中曰协和门，西庑之中曰雍和门，太和门之后曰太和殿，殿之左曰中左门，右曰中右门，东庑之中曰体仁阁，西庑之中曰弘义阁。”[1]顺治二年将文昭阁（文楼）改称体仁阁〔图

1 《钦定大清会典则例》（乾隆朝）卷一二六《工部·营缮清吏司·宫殿》。

图14 文楼（清体仁阁）

图15 武楼（清弘义阁）

14〕，武成阁（武楼）改称弘义阁〔图15〕，文更易为仁，武更易为义。汉代《周易乾凿度》记：“夫万物始出于震。震，东方之卦也。阳气始生，受形之道也，故东方为仁。”[1]震指东方，黄道与赤道交于东方角宿，为春分，阳气始生，万物出于此，故东方为仁。《周易乾凿度》又曰：“兑，西方之卦也，阴用事而万事得其宜，义之理也，故西方为义。”[2]西方为兑卦，万物各得其宜，为阴为义。《礼记·乐记》称：“春作夏长，仁也；秋敛冬藏，义也。”东汉张衡《东京赋》：“昭仁惠于崇贤，抗义声于金商。”三国薛综注曰：“东方为木，主仁……西为金，主义。”所以文武二楼又是仁义之道的体现。文武本为仁义，故清代虽易名，实质上仍继承了道统谱系中的核心价值观。

弘义，出自东汉班昭《女诫》：“夫妇之道，参配阴阳，通达神明，信天地之弘义，人伦之大节也。”弘义即大义，指要遵守社会伦理道德。

体仁，出自《周易》“君子体仁足以长人”，作为君子首先要效法天德，体现为仁德，才能够去教化他人，“君子德风，小人德草”，使之形成一个仁爱的社会，唐代孔颖达《周易正义》所言“君子之人，体包仁道，泛爱施生，足以尊长于人也。仁则善也，谓行仁德。法天之元德也”。君子本性为仁，仁即善，践行之则谓仁德，仁德效法天的元德。

仁，按汉代许慎《说文解字》的解释，仁是亲的意思，对人友善。追根溯源，仁是孔子一生所追求的人生境界，他将仁赋予了丰富的道德内涵，《论语》中记载有关仁的话题大约有109条，其中孔子的弟子曾四次问仁是什么，如“仲弓问仁。子曰：‘出门如见大宾，使民如承大祭。己所不欲，勿施于人。在邦无怨，在家无怨。’”“樊迟问仁，子曰：‘爱人。’”仁的核心是爱人，不要把自己的欲望强加给别人。《中庸》说：“仁者，人也。”孔子对颜渊说实行仁德，完全在于自己，难道还在于别人吗？仁，是一种爱，“泛爱众，而亲仁”，由对亲人的爱推及他人，“人皆有所不忍，达之于其所忍，仁也”[3]。同时也是一种克己的修养功夫。它不但是对德性的统称，具有恭、宽、信、敏、惠的品德，还要做到平时起居端庄恭敬，做事严肃认真，对

1 （汉）郑成康注：《周易乾凿度》卷上，清文渊阁四库全书本。
2 （汉）郑成康注：《周易乾凿度》卷上，清文渊阁四库全书本。
3 （宋）朱熹：《四书集注》，《孟子·尽心章句下》，凤凰出版社，2005 年，第 290 页。

待他人忠诚有信。仁是“先难而后获”的付出，同时还要长期地坚持下去，做到“无终食之间违仁，造次必于是，颠沛必于是”。所以仁是一种发自人内心的道德情感，是孔子思想的核心和终极价值。

孟子不仅发挥了孔子的仁，还把仁与义结合起来，在与梁惠王的对话中，首先提出“何必曰利，亦有仁义而已”，《孟子·尽心章句上》曰：“王子垫问曰：‘士何事？’孟子曰：‘尚志。’曰：‘何谓尚志？’曰：‘仁义而已矣。’”

梁襄王曾问孟子：“天下恶乎定？”孟子回答说：“定于一。”“孰能一之？”孟子说：“不嗜杀人者能一之。”[1]天下一统，百姓乐业，只有推行仁政才能实现。孟子说伯夷、伊尹和柳下惠虽然他们的好恶不同，但所行道却是一样的，“其趋一也。一者何也？曰：仁也”，“继之以不忍人之政，而仁覆天下矣”[2]，以悯恤别人的心情来实施悯恤别人的政治，那就是仁政，孟子把仁义移植到仁政上，“今王发政施仁，使天下仕者皆欲立于王之朝，耕者皆欲耕于王之野，商贾皆欲藏于王之市，行旅皆欲出于王之途，天下之欲疾其君者，皆欲赴诉于王”[3]，“当今之时，万乘之国行仁政，民之悦之，犹解倒悬也”[4]，推行仁政，百姓就会像人被倒挂着而给解救了一样高兴。《孟子·滕文公章句下》曰：“苟行王政，四海之内皆举首而望之”。不行仁政，“仁义充塞，则率兽食人，人将相食”[5]，《孟子·离娄章句上》曰：“尧舜之道，不以仁政，不能平治天下。”“三代之得天下也以仁，其失天下也以不仁。国之所以废兴存亡者亦然。天子不仁，不保四海；诸侯不仁，不保社稷；卿大夫不仁，不保宗庙；士庶人不仁，不保四体。”[6]

怎样才能保证仁义的推行呢？

一是将仁义道德化。唐代韩愈称道德的内容就是仁义。他在《原道》中开篇就称：“博爱之谓仁，行而宜之之谓义，由是而之焉之谓道，足乎己无待于外之谓德。仁与义为定名，道与德为虚位。”[7]他说博爱叫作仁，去践行仁就是义，沿着仁义之路走下去便是道，使自己具备完美的修养，而不去依靠外界的力量就是德。仁与义是意义确定的名词，道与德是意义不确定的名词。“吾所谓道德云者，合仁与义言之也，天下之公言也”，所以韩愈称他自己所说的道德，都是结合仁义说的，是天下之公论，不容置疑。

二是将仁义本性化。孟子主张人性本善，“仁义礼智，非由外铄我也，我固有之也”[8]，人皆有“四端”，生而有之，为先天所赋予。

三是将仁本体化。宋代二程将仁义统归为仁，称：“学者须先识仁。仁者，浑然与物同体，义、礼、知、信皆仁也。”[9]张栻曰：“人之性，仁义礼智四德具焉。……故仁为四德之长而又可以兼包焉。”[10]将仁从四德中抽离出来，与人性相结合，二程说“仁自是性”。

---

1 （宋）朱熹：《四书集注》，《孟子·梁惠王章句上》，凤凰出版社，2005年，第223页。
2 （宋）朱熹：《四书集注》，《孟子·梁惠王章句上》，凤凰出版社，2005年，第293页。
3 （宋）朱熹：《四书集注》，《孟子·梁惠王章句上》，凤凰出版社，2005年，第226页。
4 （宋）朱熹：《四书集注》，《孟子·公孙丑章句上》，凤凰出版社，2005年，第245页。
5 （宋）朱熹：《四书集注》，《孟子·滕文公章句下》，凤凰出版社，2005年，第290页。
6 （宋）朱熹：《四书集注》，《孟子·离娄章句上》，凤凰出版社，2005年，第295页。
7 （宋）姚铉：《唐文粹·原道》卷四三，清文渊阁四库全书补配文津阁四库全书本。
8 （宋）朱熹：《四书集注》，《孟子·告子上》，凤凰出版社，2005年，第347页。
9 （宋）程颢、程颐：《二程集》卷二《遗书》，中华书局，1981年，第16页。
10 （宋）张栻：《南轩集》卷一八《仁说》，四库全书本。

四是将仁心灵化。天地原本无心，所谓“天地不仁，以万物为刍狗”，而儒家则赋予天地以仁心，并把它绝对化。朱熹把仁看成是上天生成万物的那颗心即仁心，上天将仁心赋予人与万物，人与万物得此心为心，这个就是上天之德的表现。朱熹说：“盖仁也者，天地所以生物之心，而人物之所得以为心者也。惟其得夫天地生物之心以为心，是以未发之前四德具焉，曰仁义礼智，而仁无所不统。”[1]明代曹端《通书述解》称：“仁者，天地生物之心，而人所受以生者，为一心之全德，万善之总名。体即天地之体，用即天地之用；存之则道充，居之则身安。故孟子既以天之尊爵目之，复以人之安宅名之。”[2]

当达到了上面的要求时，一个明确的目标任务也就产生了，守天下国家只能靠仁，《易·系辞下》曰：“天地之大德曰生，圣人之大宝曰位，何以守位曰仁。”《大戴礼·武王践祚》记武王践祚时，曾问士大夫，有没有藏之简便，行之有效，让子子孙孙永远遵守的治国之策呢？师傅吕尚曰：“且臣闻之，以仁得之，以仁守之，其量百世；以仁得之，以不仁守之，其量十世；以仁得之，以仁守之，以仁得之，以不仁守之，皆谓创基之君十百世，谓子孙无咎誉者于十百之外，天命则有兴，改其废立，大节依于此。以不仁得之，以不仁守之，必及其世，谓止于其身也。”[3]长治永安的方法只有一个就是以仁守之。《论语・卫灵公第十五》亦曰：“知及之，仁不能守之，虽得之，必失之。知及之，仁能守之，不庄以莅之，则民不敬。知及之，仁能守之，庄以莅之，动之不以礼，未善也。”

清代将文楼改称体仁阁，武楼改称弘义阁，目的是强调守天下曰仁。

四　文武二楼与天之大德

《周易乾凿度》称东方为震卦，是阳气始生之处，西方是兑卦，是阴用事而万事得其宜。古人以左即东为阳，以右即西为阴。文楼位于东方，属阳，武楼位于西方，属阴，东为阳，西为阴，整个紫禁城和北京城被分成了阴阳两半，故文武二楼背后又体现了一阴一阳之谓道的思想。

什么是一阴一阳呢？

宋代王宗传《童溪易传》称：“窃原《易》之始作也，则亦本诸一奇一偶而已矣。天下之理，有动必有静，有刚必有柔，有屈必有伸，有消必有长，盖亦有无对待而能无穷者，故曰‘一阴一阳之谓道’。圣人得其说，据以之以为《易》，故一奇一偶立，而阴阳兴，阴阳兴而动静、刚柔、屈伸、消长之理在是矣。”王宗传认为一阴一阳之谓道，是指对立双方的矛盾运动，形成了宇宙运动的基本规律，简单地说，就是对立运动是形成万物的基础。一阴一阳的本义源于《易经》“伏羲六十四卦次序”图，从下往上数，第一层是太极，第二层是一阴一阳（称作两仪），第三层是第二层所生之一阴一阳即四象，第四层是第三层所生之八卦，八卦再生出六十四卦，如此循环下去，可至无穷无尽。每层都是一阳生出一阴一阳且一阴也是生出一阴一阳，这就是阴阳变化的道路，故称一阴一阳之谓道。这个道也就是天生万物之道，因为原始为一，一生二，二生

1 （宋）朱熹：《朱文公文集》卷七七，《克斋记》，四部丛刊本。

2 （明）曹端：《通书述解》卷下，《颜子第二十三》，四库全书本。

3 （汉）戴德：《大戴礼・武王践祚第五十九》卷六，《钦定四库全书・经部・礼类》，台湾“商务印书馆”影印，1986年。

三，三生万物，也就是说可以无穷无尽地生下去，故天地之大德曰生。一阴一阳之谓道即一阴一阳之谓生。

明人吕坤《呻吟语》曰："万物生于阴阳。"生命是阴阳交会的产物。相传为周文王姬昌所作，被儒家尊为五经之首的《周易》称："大哉乾元，万物资始，乃统天。云行雨施，品物流行。"万物的产生源于宇宙中的一股浩大的元气，元，《子夏传》解释称"元，始也"，它是万物的创始，具有统御天体运转的功能。有了它才能分离出阴阳二气，二气相交，才能行云布雨，普降甘沛，各类事物因此而获得了各自不同的形体。成书于战国时期的另一部儒家重要的经典《周礼》解释万物的产生亦是阴阳交会的结果，"天地之所合也，四时之所交也，风雨之所会也，阴阳之所和也，然则百物阜安"。传为西汉礼学家戴圣所编的《礼记》亦认为万物产生的根本在于阴阳的交会："地气上齐，天气下降，阴阳相摩，天地相荡，鼓之以雷霆，奋之以风雨，动之以四时，暖之以日月，而百化兴焉。"地气即阴气上升，天气即阳气下降，阴阳二气相互摩擦，天地相互激荡，雷霆来鼓动，风雨来振奋，四时来运行，日月来照耀，万物因此而化育生长[1]。

图16 朱熹像

阴阳的交会产生生命，而且永无停息，说明生是天的本性，生即仁，朱熹〔图16〕曰："仁是天地之生气。""仁是个生底的意思，如四时之有春。彼其长于夏，遂于秋，成于冬，虽各具气候，然春生之气皆通贯于其中。仁便有个动而善之意。"[2]由天地生物，上升到仁，由仁上升到天心即"动而善之意"，如此盈天地皆在仁之孕育之中。朱熹称："天地以生物为心，天包着地，别无所作为，只是生物而已。亘古亘今，生生不穷，人物则得此生物之心以为心。"[3]天地之心只想着生物，大德曰生，因万物为其所生，故而万物禀赋此心。人因先天禀赋天的本性，故而具有仁心。所以阴阳之道便是生生不息之道，这就是天道。人的本心即天心，天心即仁心，仁心即道心，也就是说人的本性是善的，是充满生气的，有了此心，就可以赞助天地，发育万物。生命是从哪里来的？这个终极的命题在儒家这里得到了圆满的解决。

阴阳之道是北京城、紫禁城文武格局背后隐藏的自然规律。早在先周时代，周的先祖公刘建城时"相其阴阳，观其流泉"，城市的规划要与阴阳结合，"万物负阴而抱阳，冲气以为和"，万物的产生是由于阴阳的结合，城市有阴阳，则有生气。从文武之道到仁义之道，再到阴阳之道，使紫禁城的文武建筑布局上升到了认识本体论的高度即天的本性上。天的本性是主生的，故而才产生了万物，有了生命。紫禁城的文武建筑正体现了这一本质，被注入了上天之德，成为紫禁城的精神灵魂。这个精神灵魂，就是道统的核心。

1 参见王子林：《抱蜀不言：乾隆七十三年的坚守》，故宫出版社，2021年，第218页。
2 钱穆：《朱子新学案》（上），巴蜀书社，1986年，第240页。
3 （宋）黎靖德编：《朱子语类》卷五三，中华书局，1986年。

五 道统的传承与核心价值

要将一种文化定为千年不变之文化，而且要代代相传，儒家创造了道统，并把道统建立者和传承者祖先化和圣人化，以唤起后人的责任与担当。同时最重要的是道统核心精神的确立，把道统转化为传心，使道心成为一身之主，坚守道统成为自觉行为。

图17 尧历象日月星辰
采自明仇英《帝王道统万年图》

道统最早由朱熹提出，他在《四书集注》"中庸章句序"中称"《中庸》何为而作也？子思子忧道学之失其传而作也。盖自上古圣神继天立极，而道统之传有自来矣。"尧、舜、禹相传就是道统相传。道统源于《尚书》所记，尧传与舜"允执厥中"，舜传禹是"来，禹！……天之历数在尔躬……人心惟危，道心惟微，惟精惟一，允执厥中。……慎乃有位，敬修其可愿。四海困穷，天禄永终"。舜将"允执厥中"作了扩充和深化，发展为十六字。尧传舜〔图17〕、舜传禹的核心思想是"允执其中，四海穷困，天禄永终"，即永守本心，不然百姓困苦，天命就会终结。天命的传承与百姓是否过得好有关，也就是要对百姓施善政即仁政。

汉代董仲舒称："道之大原出于天，天不变，道亦不变，是以禹继舜，舜继尧，三圣相受而守一道。"[1]道出自天，与《尚书》相接，即"天之历数在尔躬"，它一以贯之。

道统的确立，有两个方面的内容：一是出自天，二是施仁于民。为何这样说呢？前面已经论证，天之大德在于生，生即是仁，天的本性是善，尧、舜、禹亲爱百姓，具有天的德性，故而天授之。《孟子·万章章句上》称"天子能荐人于天，不能使天与之天下"，是说天子能够向天推荐人，却不能强迫天把天下给予他，要荐之于天，而天受之，暴之于民，而民受之。让天接受的方法是使之主祭，而百神享之，是天受之；使之主事，而事治，百姓安之，是民受之。强调了"天视自我民视，天听自我民听"，百姓的眼睛就是天的眼睛，百姓的耳朵就是天的耳朵，天命在于德。孟子举了一个例子是百姓选择了启而没有选择益的原因是：益相禹，历年少，施泽于民未久，而启贤，能敬承继禹之道，历年多，施泽于民久。所以孟子说"匹夫而有天下者，德必若舜禹，而又有天子荐之者"，比如说孔子，虽是圣人有大德，因没有天子的推荐，便不能得到天下。世代相传而得到天下的，如果天要废弃他，一定要像夏桀、商纣那样残暴无德，而益、伊尹、周公虽是圣人，因为逢的君主不像桀、纣，便不能得到天下。所以孔子说："唐虞禅，夏后殷周继，其义一也。"唐尧虞舜以天下让

1 《汉书·董仲舒传》，中华书局，1983年，第2518页。

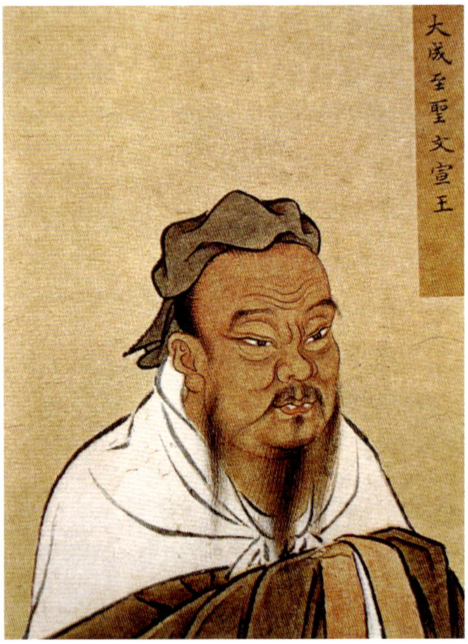

图18 孔子像

贤，夏商周三代却世世代代传于子孙，道理是一样的。

在这样的思想下，孟子将三代君主，包括汤、文王、武王和圣人位列在一起，构成一个道的传承体系，其核心是德即仁。《孟子·尽心下》曰："由尧、舜至于汤，五百有余岁。若禹、皋陶，则见而知之。若汤则闻而知之。由汤至于文王，五百有余岁。若伊尹、莱朱，则见而知之。若文王，则闻而知之。由文王至于孔子，五百有余岁。若太公望、散宜生，则见而知之。若孔子，则闻而知之。由孔子而来，百有余岁。去圣人之世，若此其未远也。"孟子第一次说出了儒家认定的代代相袭的圣人名单，他要接续之以弘扬仁义，称自己"杨墨之道不息，孔子之道不著，是邪说诬民，充塞仁义也。……我亦欲正人心，息邪说，距诐行，放淫辞，以承三圣者"[1]。

唐代韩愈《原道》曰："尧以是传之舜，舜以是传之禹，禹以是传之汤。汤以是传之文武周公，文武周公传之孔子，孔子传之孟轲。轲之死，不得其传焉。荀与扬也，择焉而不精，语焉而不详。"[2]韩愈对孟子的道统，作了简化，确定尧、舜、禹、汤、文王、武王、周公、孔子、孟子是道相传的关键性人物，然而道传至孟子时就断了，故他要承担起拯救道统的责任，"孟轲师子思，子思之学盖出曾子，自孔子没，群弟子莫不有书，独孟轲氏之传得其宗，故吾少而乐观……故学者必慎其所道，道于杨、墨、老、庄、佛之学而欲之圣人之道，犹航断港绝潢以望至于海也，故求观圣人之道，必自孟子始"[3]。

宋代石介《徂徕集》将道统提前至华夏族的始祖伏羲，并赞扬了韩愈的作用，曰："道始于伏羲而成终于孔子。道已成终矣，不生圣人可也，故自孔子来二千余年矣，不生圣人。若孟轲氏、扬雄氏、王通氏、韩愈氏，祖述孔子而师尊之，其智足以为贤。孔子后道屡塞，辟于孟子，而大明于吏部，道已大明矣。……噫！伏羲氏、神农氏、黄帝氏、少昊氏、颛顼氏、高辛氏、唐尧氏、虞舜氏、禹、汤、文、武、周公、孔子者，十有四圣人，孔子为圣人之至。噫！孟轲氏、荀况氏、扬雄氏、王通氏、韩愈氏五贤人，吏部为贤人之卓。不知更几千万亿年复有孔子，不知更几千数百年复有吏部。"[4]石介认为道统的传承有赖于两位核心人物，一位是孔子〔图18〕，一位是韩愈，孔子是圣人之至，韩愈是贤人之卓。

宋代朱熹以"道统"一词来总揽道的传续，从此道统为中华文明的起始、继承和发展确立了一个渊源之说，称道统是由子思作《中庸》而明于天下的。指出"人心惟危，道心惟微，惟精惟一，允执厥中"是道统相承的"十六字心传"，道统相传实传心，要坚守道心，去人心："《中庸》何为而作也？子思子忧道学之失其传

1 （宋）朱熹：《四书集注》，《孟子·滕文公章句下》，第290页。
2 （宋）姚铉编：《唐文粹·原道》卷四三，清文渊阁四库全书补配文津阁四库全书本。
3 （明）茅坤编：《唐宋八大家文钞》卷七《送王秀才序》，清文渊阁四库全书补配文津阁四库全书本。
4 （宋）石介：《徂徕集·尊韩》卷七，《钦定四库全书·集部·别集类》，台北"商务印书馆"影印，1986年。

而作也。盖自上古圣神继天立极，而道统之传有自来矣。其见于经，则'允执厥中'者，尧之所以授舜也；'人心惟危，道心惟微，惟精惟一'者，舜之所以授禹也。……夫尧、舜、禹，天下之大圣也。以天下相传，天下之大事也。以天下之大圣，行天下之大事，而其授受之际，丁宁告戒，不过如此。则天下之理，岂有以加于此哉？自是以来，圣圣相承，若成汤、文、武之为君，皋陶、伊、傅、周、召之为臣，既皆以此而接夫道统之传，若吾夫子，则虽不得其位，而所以继往圣、开来学，其功反有贤于尧、舜者。"[1]

元代吴澄强调道统出于天，继承石介之说，称道统始于伏羲、神农和黄帝之时，并延伸至周子、二程、朱子，曰："道之大原出于天。羲、农、黄帝，继天立极，是谓三皇，道统之传，实始于此。黄帝而后，少皋、颛帝、高辛继之，通尧、舜谓之五帝，尧、舜、禹、皋，君臣也，而并此唐、虞之际，所以为盛也。成汤、伊尹生于商之初兴，而传说生于商之中世，文、武、周、召生于周之盛际，而夫子生于周之既衰，夫子以来始不得位，而圣人之道不行，于是始教授弟子，而惟颜、曾得其传，颜子早死，曾子传之子思，子思传之孟子，孟子没而不得其传焉。我朝周子始有以接孟子之传于千载之下，其时有邵子者，亦非常人也，二程子则师于周子，张子则友于二程而传其学；中兴而后，又有朱子，集周、程、张、邵之大成，是皆得夫道统之传者也。圣贤继作，前后相承，吾道正脉赖以不坠。"[2]

道统，实际上是在为天地立一颗仁心，有了仁心，才能构建一个文化传承的脉络，所以这条脉络的核心为文德即仁，故笔者认为称为"文统"更为契合，起于文祖，终于文公（朱熹）。道统千年相传，其赖以不坠的根基就是仁，所以圣圣相传即是传心，"人心惟危，道心惟微，惟精惟一，允执厥中"，故朱熹曰："心之虚灵知觉，一而已矣，而以为有人心、道心之异者，则以其或生于气形之私，或原于性命之正，而所以为知觉者不同，是以或危殆而不安，或微妙而难见耳。然人莫不有是形，故虽上智不能无人心，亦莫不有是性，故虽下愚不能无道心。二者杂于方寸之间，而不知所以治之，则危者愈危，微者愈微，而天理之公卒无以胜夫人欲之私矣。精则察夫二者之间而不杂也，一则守其本心之正而不离也。从事于斯，无少间断，必使道心为一身之主，而人心每听命焉，则危者安，微者著，而动静云为自无过不及之差矣。"心分为人心和道心，道心也就是本心即天心，守其本心，须臾不离，就能战胜贪欲之心，允执厥中。

尧舜禹既是中华民族的祖先，又是文化的源头，所相传的道统，是生生不息之谓仁的道统精神。所以中华文明可以说是三位一体：祖先、文化和生命，祖先就是我们的文化，文化就是我们的生命。所谓道统就是文化的代代传承，因此坚守道统就是坚守生命，如《论语》所言："无终食之间违仁，造次必于是，颠沛必于是。"紫禁城文武建筑格局体现了这一坚守。

六 结 论

当我们站在太和殿的月台上时，放眼望去，东边是体仁阁，西边是弘义阁，凡与文、仁、春有关的建筑皆位于东方，凡与武、义、秋有关的建筑皆位于西方。东方是太阳升起的地方，春回大地，阳气升腾，西方

1 （宋）朱熹：《四书集注》，《中庸章句序》，第16页。
2 （元）吴澄：《吴文正公集·续集》卷二，清乾隆二十一年刻本。

是太阳落入的地方，七月流火，阴气凝聚，形成城市中的一阴一阳，与宇宙、天地、世界的阴阳组合是一致的。大地东西平面与天地上下立面组成一个阴阳交流的空间，万事万物因此而皆禀赋此阴阳二气。阴阳二气是产生生命的动力和源泉，因而人皆具有仁心，这是文脉代代相传的根基。

紫禁城、北京城的文武建筑布局，是传统文武之道、仁义之道和阴阳之道的体现，其文武理念原出于天，始于文祖，辉煌于文王。阴阳交流产生生命，因而天是主生的，其本性是善。从尧舜开始，经孔子、孟子、朱熹等人的发挥，将之上升为天道。天道主生，天道要传下来，要依赖于圣人，儒家所创造的尧、舜、禹、汤、文、武、周公、孔子、孟子这个道统，以仁为根本，成为道统的精神灵魂，"惟天地万物父母，惟人万物之灵"，天地产生了万物，人作为万物之长，故要代行天地之仁义，"能尽人之性，则能尽物之性；能尽物之性，则可以赞天地之化育"[1]，保持天心，以仁存心，就能充分发挥自己的本性，就能充分发挥万物的本性，最终达到赞助天地化育生命的目的。建立在这个道统精神之上的北京城、紫禁城才有一颗仁心，才能如月之恒，日之升，如南山之寿，永不崩塌。

[作者单位：故宫博物院研究室]

1 （宋）朱熹：《四书集注》，第 15 页。

“咫尺会心处”：试论颐和轩方窗景观与乾隆帝思想

On the View of the Square Window in Bower of Well-nourished Harmony and the Qianlong Emperor’s Thoughts

许彤

Xu Tong

内容提要：

在宁寿宫颐和轩随安室中有一处由宣石和贴落画组合而成的方窗景观。本文通过对景观视觉形象、贴落画笔墨风格的分析以及对相关档案的查阅，确认了此景观表达的主题、象征性，以及贴落的绘制者、制作顺序和创作时间。该方窗景观体现了乾隆帝计划退隐后独处时较为隐秘的视觉经验，它是乾隆帝休憩、静思时可以借以凝神遨游的山水载体。其方窗景观不大，但气象恢宏。这组方窗景观专为这处空间而设计，其和周围的层层建筑空间紧密关联，也产生了丰富的寓意联动，可谓“即小喻大”。

关键词：

颐和轩　宣石　贴落　方琮　乾隆　宁寿宫　随安室

ABSTRACT:

In the Sui’an Room of the Bower of Well-nourished Harmony (Yihe xuan) in the Palace of Tranquil Longevity (Ningshou gong), there existed a square window landscape composed of a *tieluo* painting and the Xuan rockery. By analyzing the visual image of the landscape, the brush and ink style of the painting, and reviewing relevant archives, this paper uncovers the landscape’s theme, symbolism, artist identity, production sequence and creation date. The square window landscape serves as a private visual sanctuary for the Qianlong Emperor (r. 1736-1795) during his retirement, providing a tangible outlet for contemplation and transcendence. Despite of its modest size, the square window landscape possesses an overwhelming ambience. Specially designed for this intimate space, the window landscape forms intricate connections with the surrounding architectural elements, resulting in profound implications that can be described as "seeing the big through the small."

KEYWORDS:

Bower of Well-nourished Harmony (Yihe xuan), Xuan rockery, *tieluo* painting, Fang Cong, Qianlong, Palace of Tranquil Longevity, Sui’an Room

在紫禁城宁寿宫颐和轩的随安室中，有一处特别的景观陈设，被框定在一个方窗之中[1]，由一组假山叠石和位于其背后的山水贴落画组合而成，可谓一处综合山水景观。这处方窗景观位于乾隆帝计划退隐后的私人空间之中，属于其较为隐秘的视觉经验。这样的方窗景观在紫禁城中也应是现存唯一的一处。

颐和轩方窗景观作为故宫内檐装修中“门窗隔断”的代表，曾出版在《故宫建筑内檐装修》图典中[2]。王子林在列举太上皇宫中室内陈设山子时也提到颐和轩的这处假山窗[3]。但目前尚未有对这处方窗景观展开综合分析的。

巫鸿提出“空间”作为叙事框架和方法论[4]。其实在墓葬美术、石窟壁画等领域一直都在强调具体物、图像与整体空间的关系，而清代宫廷保留下来的“原状”就是讨论空间问题的重要宝库。这处方窗景观是颐和轩随安室建筑空间的一部分，它为此处的空间设计和存在，其不可移动性正使得这处“不起眼”的清宫原状景观得以保存至今。若将它和周围的空间充分联系起来，会发现无论山石、贴落画，还是随安室、颐和轩或宁寿宫建筑，都将不再是孤立的。通过空间关系统摄彼此成为一个总体艺术后，将被发掘出更多的信息与意义。

一　空间视觉环境

位于紫禁城东北隅的宁寿宫区域，是乾隆帝计划归政后颐养天年的太上皇宫。颐和轩为宁寿宫后区中路上的一座主要建筑。其明间开阔，东板墙上挂有《西师论》并安有龟背纹槛窗，整体看似连贯，但最南侧有一扇小门〔图1〕，进入后即进入另一重世界，即从开放的示众空间，开始进入乾隆帝个人的私密空间。进入小门后右转，再穿过一道不足70厘米仅能供一人出入的窄门，即进入随安室〔图2〕。窄门往往暗示着

图1　颐和轩东板墙及其南侧小门

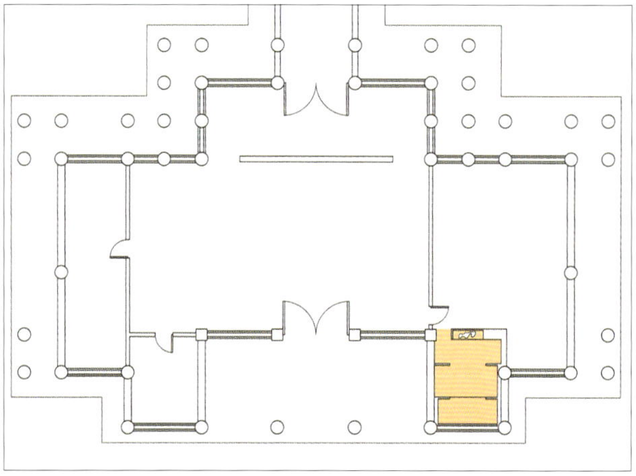

图2　颐和轩平面图及随安室方位示意图
清华大学建筑设计研究院陶全绘

1　方窗内框尺寸：纵 110 厘米，横 119 厘米。不是标准方窗但接近。本文仍使用“方窗”概念来指代。
2　故宫博物院古建筑管理部编：《故宫建筑内檐装修》，紫禁城出版社，2007 年，第 305 页。
3　王子林：《宫殿而林壑——乾隆皇帝乐寿堂与颐和轩的陈设理念》，《故宫博物院院刊》2020 年第 1 期。
4　巫鸿：《“空间”的美术史》，上海人民出版社，2018 年。

从世俗空间到神圣空间的转变[1]，至少对乾隆帝来说，进入这样的窄门即进入了自己的独处空间，可在其中休憩、静思。

随安室北墙并不是一面顶天立地的完整墙面，而是一处隔断墙。其上方与天花板之间留有一定空间，目的是分割出南北两个空间却又保持联系，可谓隔而不断。这处方窗景观正位于这面隔断墙南面的正中间〔图3〕。该方窗约1.3平方米，进深41.5厘米。隔断墙向南不远处，还有一木质隔断门，再次分割空间〔图4〕。隔断

图3 方窗景观所在的随安室北墙 左侧为进出随安室的窄门

图4 隔断门分割空间

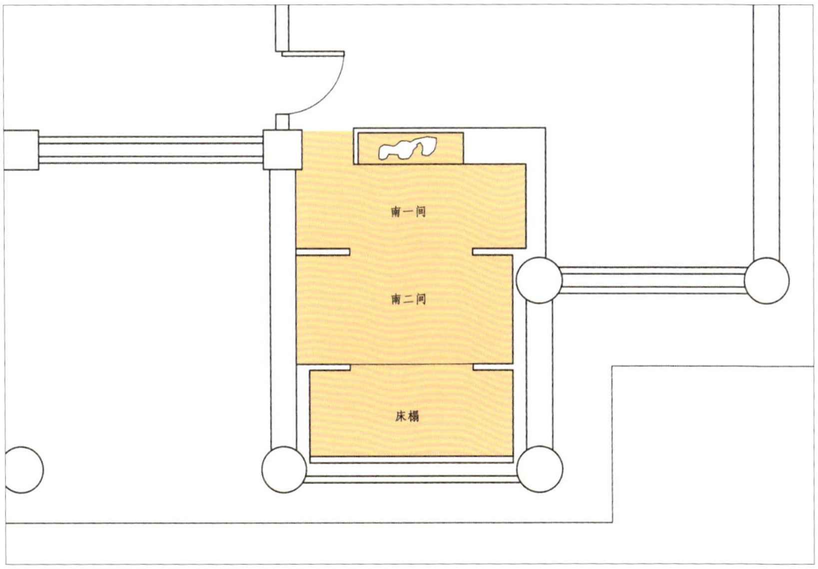

图5 随安室内部空间平面图

清华大学建筑设计研究院陶金绘 随安室内部空间尺寸：长397厘米 宽308厘米

图6 随安室最南侧床榻

1 〔罗马尼亚〕米尔恰·伊利亚德（Mircea Eliade），王建光译：《神圣与世俗》，华夏出版社，2002 年，第 104 页。

图7　香雪空间中的宣石山

墙到隔断门之间的空间可称为南一间，隔断门以南可称为南二间〔图5〕。最南侧为床榻〔图6〕。随安室整体空间不大，试想乾隆帝坐于床榻上正视前方，其不偏不倚的凝视焦点就是位于隔断墙正中央的方窗景观，它正是随安室中的视觉核心。

二　方寸之间：方窗景观的组合

如果拂去百年来的尘埃，随安室方窗景观中的山石洁白而润透，属于宣石。宣石产于安徽宣城一带，以宣城之地名来命名。晚明造园著作《园冶》中讲宣石："斯石应旧，逾旧逾白，俨如雪山也。"[1]该石以色白为贵，使人有雪景之感触。宁寿宫轴线上的许多重要建筑，以及宁寿宫花园的院落中都有宣石的使用和陈设。其中以养性殿香雪空间中的宣石山陈设体量最大〔图7〕。宣石与贴落画二者作为独立的作品，都值得分别细致讨论。但它们不是彼此孤立的，而是由两种不同媒材的作品共同构成的综合艺术，其组合产生了新的意义〔图8〕。

图8　方窗景观

1　（明）计成：《园冶》，凤凰出版社，2018年，第109页。

图9 "连接"两座山石的栈道形象

图10 从假山中"流出"的瀑布

(一)制作关系与主题

在这组方窗景观中,如果抛开山石单看贴落,其画意和构图是不完整的,如果试想将该贴落取下,这并不是一件独立的作品,唯有和宣石一起,且处在这样一个方窗以及建筑空间中,才具有完整的视觉、画意和内涵。贴落在清代宫廷中的使用量很大,起到装饰建筑墙面的作用,极具清宫特色。有些贴落尺幅较小,结合窗牖或贴在墙壁边角处,有些尺幅较大,可占据整个墙面。不像卷轴画等绘画艺术的独立性,贴落画往往都是为了配合特定建筑与陈设环境而特意设计绘制的[1]。颐和轩方窗中的这幅贴落画看似平整,但如果换个角度仔细观察贴落和一些山石根部的连接处,会发现有纸张拼接、粘贴的痕迹。由这些粘贴细节也可看出,这些贴落画的裱糊应晚于宣石山的搭建。所以方窗景观的制作应是先搭建的宣石山,画家再根据整体意象,按需分段绘制细节,再分块裱糊到背后木板上的,整体看起来"天衣无缝",堪称完美。总体来说,这幅看似整体的贴落画是为了这组山石而定制的。养性殿香雪空间中同样是宣石山与贴落画的组合。但看似形式一致,制作顺序却相反[2]。

图11 "长"在山石上的植被形象

方窗贴落中的山石形象和前面宣石的样貌非常一致,这使得画面中的远山仿佛向后继续延伸。贴落中的山峰形象画在三座宣石山之间的空隙中,如此,画

1 聂卉:《贴落画及其在清代宫廷建筑中的使用》,《文物》2006 年第 11 期。

2 香雪是乾隆四十一年先由杨大章绘制的松竹梅贴落,再于次年堆叠的宣石假山。许彤:《乾隆朝"香雪"空间中的宣石与画境》,《紫禁城》2022 年第 4 期。

面中的栈道形象“刚好”连接了两座宣石山峰〔图9〕、画面中的泉水“刚好”从山石的缝隙间流出〔图10〕，树木和点状植被则“刚好”长在宣石假山上〔图11〕。这些都在试图弥合二维空间和三维空间的关系，也都在试图制造一个更好的视错觉体验。

山水贴落中整体呈现出颇具生机的样貌。如果单看贴落画，这样的景致表现的是春还是夏难以分辨，但如果结合宣石山来看，则会获得新的认知。《园冶》中指明宣石色白，“俨如雪山”。养性殿香雪空间中，白色的宣石山就是在点明雪景[1]。颐和轩随安室的方窗景观则通过贴落画中已经泛绿的植被和流动的泉水，以及点明雪景和寒意的宣石山一起，彰显着欣欣向荣的早春已经到来。

（二）幻境空间的延伸

这种二维三维相结合的方窗景观形式应为乾隆时期所开创，但其也有着自身的发展渊源。李渔曾提出：“窗栏之制，日新月异，皆从成法中变出。”[2]乾隆时期这种综合的方窗景观就是一种来自成法的新变。李渔提出“尺幅窗”和“无心画”，让窗成为画框，让窗外移动的景色仿佛成为画的内容[3]。李渔也曾在窗框中裱以真画[4]。这都是对园林、居室中窗的一种变法。颐和轩随安室这处乾隆朝的综合方窗景观也是一种变。李渔还提出在园林中，可以“混假山于真山之中，使人不能辨者，其法莫妙于此”[5]。随安室方窗中则混假山于真山水画之中，同样也是获得了一种特殊的妙境。

假山的营造与山水画颇具相通之处，皆是在咫尺间，体现千里之势，以人工手段于微观间展现宏观山川宇宙。郭熙提出的“三远法”包括高远、深远和平远，这是历来营造山水空间感需要考虑的。随安室方窗景观也体现了三远法，尤其对“深远”的展现。“自山前而窥山后，谓之深远。”[6]方窗景观中的宣石层层堆叠，近景为一些较小的碎石，进而向后且向高堆叠，三座山峰可谓中景，而山水画贴落则构成远景，正所谓“深远之意重叠”[7]。

荆浩较早提出山水画与“真”的关系，强调要“图真”[8]，“真者气质俱盛”[9]。李渔认为通过垒石“能变城市为山林……自是神仙妙术……”[10]《园冶》中认为掇山“有真为假，做假成真；稍动天机，全叨人力……”[11]都是在讲一个山水世界的真假问题。方窗景观中的真石头通过“神仙妙术”成为假山，而假山又在试图表现真山。山水画不是真山真水，却能“以形媚道”[12]，让人“玄对山水”[13]，并试图呈现出更“真”的山水世界。方窗景观通过组

1 许彤：《乾隆朝“香雪”空间中的宣石与画境》，《紫禁城》2022年第4期。
2 （清）李渔：《闲情偶寄》，上海古籍出版社，2019年，第189页。
3 （清）李渔：《闲情偶寄》，第195页。
4 （清）李渔：《闲情偶寄》，第203页。
5 （清）李渔：《闲情偶寄》，第222页。
6 （宋）郭熙、郭思：《林泉高致集》，于安澜编著《画论丛刊》（一），河南大学出版社，2015年，第52页。
7 《林泉高致集》，于安澜编著《画论丛刊》（一），第53页。
8 （五代）荆浩：《笔法记》，于安澜编著《画论丛刊》（一），第23页。
9 《笔法记》，于安澜编著《画论丛刊》（一），第23页。
10 （清）李渔：《闲情偶寄》，第220页。
11 （明）计成：《园冶》，凤凰出版社，2018年，第103页。
12 （南朝）宗炳：《画山水序》，于安澜编著《画论丛刊》（一），第3页。
13 （南朝）刘义庆：《世说新语笺疏》，中华书局，2011年，第535页。

合发挥着自己独特的艺术效果来完成"有真为假，做假成真"的美学实践。通过立体"真"山石与背后平面的贴落"假"山水，来模拟自然之"真"。商伟讨论过清代宫廷中流行的"假"为核心的美学问题，在真与假之间，欣赏的正是多层次的相互依存及交叠转换[1]。

对乾隆朝空间中视觉幻境的讨论已有不少，但多集中在对通景画、西方线性透视的研究上[2]。乾隆帝的确非常喜爱通过在建筑上绘制具有线性透视的通景画和建筑的三维空间一起组合来制造视错觉，但颐和轩方窗中的景观，以及养性殿香雪空间中的假山与贴落组合，虽也都是幻境空间，却没有使用西方线性透视法，而是对中国传统空间表达的拓展与延续。

三　对贴落绘制者与绘制时间的确认

参与绘制清廷建筑空间中贴落画的一般都是宫廷画家，他们有些具有综合才能，有些则往往擅长一个门类。例如乾隆朝擅长绘制山水画的宫廷画家有唐岱、张宗苍、徐扬、方琮、王炳、袁瑛、谢遂等等。清代宫廷山水画总体呈现出对清初"四王"绘画风格的传承，各画家之间具有较高的一致性，但也有个性和区别。颐和轩方窗中的山水贴落画未署画家名款，唯结合笔墨风格、相关档案可以加以判断。

图12　贴落画中的山水局部

方窗贴落中的山石用笔细碎，线条方折而短促，使得一座山峰中呈现出多而细碎的块石状山体〔图12〕。这与故宫博物院藏《弘历古装通景》贴落中的部分山体用笔方式如出一辙。据刘辉研究，此画创作于乾隆三十八年（1773），表现的是长春园狮子林，绘者为姚文瀚、方琮[3]。作为同时期的宫廷画家，姚文瀚主攻人物，而方琮主攻山水。画面里主体院落中忙着扫雪的人群以及石桥附近方折块状的山石嶙峋，其画法与颐和轩方窗景观贴落中的山石画法非常一致，都具有倪瓒折带皴的意味，且更为夸张，有些部分的线条几乎只有横和竖，形成方直硬朗的山石质感〔图13〕。此外，方琮《溪山春晓图》通景屏中，方台状的主峰山峦上搭配有造型简易、枝叶向上生长的松树〔图14〕，这和方窗贴落右侧高处山峦上生长的植被非常一致〔图15〕。方窗中宣石山的山坳处以及贴落中左侧远山山峦的山坳处都有绿色点状物以表现远景植被〔图16〕。在方

1　商伟、骆耀军：《假作真时真亦假：〈红楼梦〉与清代宫廷的视觉文化》，《文学研究》2018 年第 1 期。

2　聂卉：《清宫通景线法画探析》，《故宫博物院院刊》2005 年第 1 期；刘辉：《欧洲渊源与本土语境》，中央美术学院 20113 年博士论文；扬之水：《乾隆趣味：宁寿宫花园玉粹轩明间西壁通景画的解读》，故宫出版社，2014 年；张淑娴：《从三希堂通景画看乾隆时期皇宫通景画的演变》，《故宫学刊》2014 年总第 11 辑；等等。

3　刘辉：《〈乾隆古装雪景行乐图〉考证》，《文物》2013 年第 8 期。

图13 清《弘历古装通景》贴落 局部
绢本设色 纵468厘米 横378厘米 故宫博物院

图14 清方琮《溪山春晓图》通景屏 局部
故宫博物院

图15 方窗贴落 局部

图16 方窗贴落 局部

琮《云坞泉声图》轴左侧远山山峦的山坳处也出现了同样茂密的绿色点状物植被〔图17〕。此外，贴落中的栈道、水口处的碎石等元素皆在方琮《云栈秋清图》轴中有相似的体现。虽然颐和轩方窗景观没有进入档案文献，但乾隆朝其他地方还有类似的方窗景观。乾隆三十六年（1771）在圆明园淳化轩的“宣石窗户”中，“方琮添画景致，李秉德添画地景”[1]。乾隆四十二年（1777）在“宁寿宫乐寿堂方窗内宣石假山

1 中国第一历史档案馆、香港中文大学文物馆合编：《清宫内务府造办处档案总汇》(34)，人民出版社，2005年，第481页。

图17 清方琮《云坞泉声图》轴 局部
故宫博物院

图18 "丹台春晓"玉山子
故宫博物院

后着方琮补山树"[1]。这两处有宣石的方窗景观中的山水贴落都由方琮完成。在档案中使用了"添画"和"补"的字样，这说明其和颐和轩随安室方窗是一致的，都应是以宣石为主体，贴落则是作为补景，为整体景观定制而绘。根据档案记载来看也可知方琮是非常善于补景的[2]。通过以上对现存绘画的比对以及档案中对类似景观的记载来看，颐和轩方窗中山水贴落的绘制者当是方琮无疑。纵观方琮的存世卷轴画和贴落，有些有年款，有些则没有，但其风格还是多样而丰富的，总体继承了张宗苍的风格，兼学黄公望、倪瓒。

颐和轩和整体宁寿宫一样，始建于乾隆三十七年（1772），这也是方窗景观制作的上限时间。山石用笔与方窗贴落中最为接近的《弘历古装通景》贴落的绘制时间是乾隆三十八年。另查阅《清宫内务府造办处档案总汇》，方琮参与宁寿宫中贴落等绘制工作基本都发生在乾隆三十九年（1774）到乾隆四十二年之间，且最接近的一个工作即方琮在乾隆四十二年为宁寿宫乐寿堂方窗内的宣石假山后补画山树这件事。所以颐和轩随安室方窗中的贴落绘制时间应当在乾隆三十七年到乾隆四十二年之间。

方琮，字黄山、友璜，号石颠，浙江人。工山水，是乾隆朝重要的宫廷山水画家之一，是张宗苍的弟子[3]，代表了典型的清宫山水画风。方琮的绘画经《石渠宝笈》著录的有26件。现存故宫博物院藏方琮绘画160余件套，包括卷、轴、册、成扇、贴落、屏等。《清宫内务府造办处档案总汇》中关于方琮（有时写作方宗）的记载从乾隆十七年（1752）开始到乾隆五十七年（1792）这四十年间，共有800余条记载。通过这些

1 中国第一历史档案馆、香港中文大学文物馆合编：《清宫内务府造办处档案总汇》(40)，人民出版社，2005 年，第 304 页。

2 在乾隆四十年（1775）这一年中的档案里，方琮就频频接到补景的任务。三月"太监胡世杰传旨：乐寿宫殿内着姚文瀚画福禄寿三星画一张，其树石着方琮画。钦此"[《清宫内务府造办处档案总汇》(38)，第 11 页]。十月"太监胡世杰交云山胜地御容大画一幅，传旨着启祥宫用白绢挖嵌山头托裱，得时题诗，着方琮补画山头。钦此"。[《清宫内务府造办处档案总汇》(38)，第 61 页]。

3 （清）胡敬：《国朝画征录》，《胡氏书画考三种》，浙江人民美术出版社，2015 年 9 月，第 196 页；俞剑华编：《中国美术家人名辞典》，上海人民美术出版社，1981 年，第 46 页。

图19 “丹台春晓”玉山子 局部

档案来看，方琮更多的时间和精力都在为建筑内部的装饰装修而绘制贴落、画斗、画条、横披等。由此也可以看出，颐和轩方窗景观中的贴落画虽然“不起眼”，百年来也“无人问津”，但它代表了清代宫廷绘画的大多数状态。

此外值得一提的是，方琮之所以能参与这种方窗综合景观的制作，或许和他的三维设计能力有关。至今安放在乐寿堂的著名的“丹台春晓”玉山子就是方琮设计的[1]〔图18〕。玉山子起伏的山峦上，同样生长着造型简易、枝叶向斜上方生长的植被样貌，这和方琮在绘画中擅长表现的如出一辙〔图19〕。

四 景观的视觉形象及其象征

图20 元黄公望《九峰雪霁图》轴
纸本、水墨 纵117厘米 横55.5厘米 故宫博物院

虽然白色的宣石山上落有灰尘，山水贴落也已经有部分脱色、开裂，但未经变动的原状面貌还是呈现着它原初的魅力。方窗景观虽小而微观，但整体形象恢宏，颇具山林气象。

（一）中央山

谢赫总结的绘画“六法”之一为“经营位置”[2]，即构图和布景营造。张彦远在《历代名画记》中提高了“经营位置”的地位，提出“至于经营位置，则画之总要”[3]。宣石山的布置采用了中轴线构图，其山石基本分成左中右三组，最大的山石居中，为中央山，两侧的山峰更低矮，一起凸显了中央山峰的重要性。这种以三座山峰来呈现的视觉经验是原始而朴素的，可谓一种范式。作为汉字的“山”就是

1 乾隆四十一年（1776）八月初六“副都统金将三千余斤大玉一块，着方琮、邹景德画得南山积翠纸样四张，带至热河交太监如意呈览，奉旨照样准做”。“南山积翠”后更名为“丹台春晓”。最终于乾隆四十五年（1780）做成，并“奉旨着在宁寿宫乐寿堂安设”。《清宫内务府造办处档案总汇》（39），第533页；《清宫内务府造办处档案总汇》（39），第554页。

2 （南朝）谢赫：《古画品录》，于安澜编著《画品丛书》（一），河南大学出版社，2015年，第7页。

3 （唐）张彦远：《历代名画记》，于安澜编著《画史丛书》（一），河南大学出版社，2015年，第25页。

主峰居中的三峰形象[1]。昆仑山上有三座山峰，海上的神山仙岛也是三座[2]。

关于中央山的构图，李霖灿曾梳理过宋代绘画的相关传统。他提出范宽《溪山行旅图》、郭熙《早春图》、李唐《万壑松风图》在构图上都是“中央突破式”的格局，画面的主体都在“画面的正中央”，带给人一种“高山仰止的雄浑崇高之感”[3]。事实上到了元代，黄公望等的立轴山水画中同样有这种主峰居中的构图范式。其中以《九峰雪霁图》轴〔图20〕、《天池石壁图》轴最为典型。掇山造园向来与山水画关系密切，有异曲同工之妙。《园冶》中谈到过主峰居中的掇山方式：“假如一块中竖而为主石，两条旁插而呼为劈峰，独立端严，次相辅弼，势如排列，状若趋承。主石虽忌于居中，宜中者也可。”[4]这表明在明代园林中是有这种主峰居中、两峰旁插的掇山方式的，对于明代的江南文士来说，主石虽然忌于居中，但也不失为一种方式。除了颐和轩随安室中的这处方窗景观采用了三山峰且主峰居中的造型来堆叠外，在颐和轩门前的院落中，东西两侧分别也有一组假山石，也都是以三座山峰的面貌呈现的，且主峰居中〔图21〕。

图21　颐和轩前东侧假山

《园冶》中谈到两侧山石对主石的“辅弼”和“趋承”，有臣子围绕君王之意。这让人不禁想到郭熙在《林泉高致集》中谈到的更著名的话语：“大山堂堂，为众山之主，所以分布，以次冈阜林壑，为远近大小之宗主也。其象若大君赫然当阳，而百辟奔走朝会，无偃蹇背却之势也。”[5]郭熙《早春图》中的堂堂大山，正位于画面的中轴位置，象征着“宗主”“大君”，象征着帝王以及权力的中心。而旁侧的众山则如诸侯臣子围绕四周。对于乾隆帝来说，他坐于床榻上正视前方的焦点，正是这组山水景观的中心主峰。主峰山石虽小，但它的象征性却无与伦比，它是中央，是轴心，是至高无上的皇权，是君王，是乾隆帝自己。

（二）下狭上广

方窗景观中三座山峰的造型还有一显著特点，都是底部垒石较为细窄，越往上山石堆叠越多，可谓下狭而上广。尤其中央主峰的造型更为明显，其山腰为一石柱，顶部的山石宽大厚重。《园冶》中提到这种叠石方式：“理宜上大下小，立之可观。或峰石两块三块拼缀，亦宜上大下小，似有飞舞势。或数块掇成，

1　巫鸿认为“山”这个汉字的三峰形象给古人提供了将仙山视觉化的基本框架。巫鸿：《时空中的美术》，生活·读书·新知三联书店，2009年，第136页。

2　昆仑有三峰：悬圃、阆风、樊桐。海上有三山：方丈、蓬莱、瀛洲。

3　李霖灿：《中国画的构图研究》，载所撰《中国名画研究》，浙江大学出版社，2013年，第380－381页。

4　（明）计成：《园冶》，凤凰出版社，2018年，第102页。

5　（宋）郭熙、郭思：《林泉高致集》，于安澜编著《画论丛刊》（一），河南大学出版社，2015年，第47页。

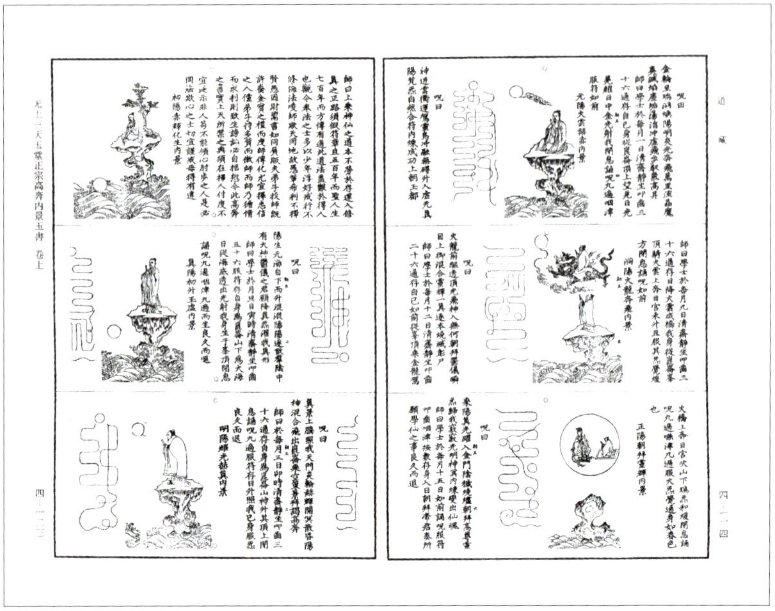

图22 《无上三天玉堂正宗高奔内景玉书》卷上，《道藏》第四册，文物出版社、上海书店、天津古籍出版社，1988年，第123—124页。

图23 敦煌莫高窟第159窟南壁之须弥山形象
法华经·药王菩萨本事品 中唐

图24 西王母（左）和东王公（右）在昆仑山上
山东沂南东汉画像石（图为墓门西立柱与东立柱的下半部分）
沂南汉墓博物馆

亦如前式，须得两三大石封顶。”[1]对于山石的近景坡脚处则谈道：“起脚宜小，渐理渐大……”[2]

这种上大下小的山体造型，一方面具有园林叠石的审美与技术渊源，另一方面下狭上广和中央山的形象一样，在中国历代的视觉经验中长期存在，是一种符号性的，具有仙山、圣山性质的视觉形象。昆仑山是大地中央的山，处于世界的中心[3]。佛教中的须弥山，或世界各地都存在的统称的宇宙山（the cosmic mountain），都坐落在世界的中央[4]。东方朔在《十洲记》中对昆仑山的描述为：“形如偃盆，下狭而上广。”[5]道教中内观存思的图像也往往会出现这样下狭上广

1 （明）计成：《园冶》，凤凰出版社，2018年，第105页。
2 （明）计成：《园冶》，凤凰出版社，2018年，第105页。
3 ［日］小南一郎：《昆仑山——中心的象征》，载所撰《中国的神话传说与古小说》，中华书局，2006年。
4 ［罗马尼亚］米尔恰·伊利亚德（Mircea Eliade）：《神圣与世俗》，华夏出版社，2001年，第11－15页。
5 （北魏）郦道元著、陈桥驿校证：《水经注校证》卷一，中华书局，2007年，第12页。

的山峰形象〔图22〕。佛教圣山须弥山的视觉形象也是下狭上广〔图23〕。

汉代的昆仑山形象包括三个高矮不一山峰的大山形象,也包括下狭而上广的蘑菇状形象。而山东沂南汉墓门楣上的一组石刻则综合了三峰昆仑和蘑菇状昆仑的形象[1]〔图24〕。颐和轩方窗景观的山石也正综合了三山峰与下狭上广的圣山视觉形象。方窗景观象征着崇高的皇权,也象征着崇高的昆仑山或须弥山这些位于世界中心的圣山。这组山石虽小,但盆景和假山本来就"暗示着一种宇宙生成的象征意义"[2]。这组景观即是一个微观宇宙。如此,乾隆帝在随安室中对方窗景观的观看,便是在"宇宙化自身"[3]。

五 即小喻大

方窗景观虽然不大,但整体造型气象宏大。其所处的随安室也是如此,空间虽小,却寓意深远。就像乾隆帝在行书《随安室四咏》册前的引首中书写的四个字那样:"即小喻大"〔图25〕。

图25 乾隆帝行书《随安室四咏》册之引首
故宫博物院

假山的营造与山水画颇具相通之处,皆是在咫尺间,体现千里之势,以人工手段于微观间展现宏观山川宇宙。李渔曾提道:"揽胜名园,身去魂留者累日。老先生以方壶、蓬岛缩置几案前,日与仙眷遨游,与拔宅飞升者何异!"[4]方窗景观中的三座且突显中央并下狭上广的宣石山之于乾隆帝,也是一个"缩置"眼前的圣山,亦可凝思遨游。这种来自盆景文化的微缩观念可谓在中国文化中众所周知,让宏观天地在众多微观的天地之中得以复制[5]。石泰安(Rolf A. Stein)在他的著作中讨论了东亚文化中小中见大的相关文化问题。颐和轩的这处景观以一个方窗的框定来呈现,可谓"方寸之间"。方寸也指人心,是存思心念之所在。由此,存思者在一寸见方(方寸)的空间内,便可坐拥天

1 巫鸿:《武梁祠——中国古代画像艺术的思想性》,生活·读书·新知三联书店,2015年,第136页。
2 [罗马尼亚]米尔恰·伊利亚德(Mircea Eliade):《神圣与世俗》,华夏出版社,2001年,第87页。
3 [罗马尼亚]米尔恰·伊利亚德(Mircea Eliade):《神圣与世俗》,华夏出版社,2001年,第104页。
4 (清)李渔:《与吴梅村太史》,载所撰《李渔全集》第一卷,浙江古籍出版社,1991年,第182页。
5 Rolf A. Stein, *The World in Miniature:Container Gardens and Dwellings in Far Eastern Religious Thought,* edited by Stanford University Press, Stanford, California. 1990.p5.

地[1]。乾隆帝在诗中感慨："乃悟方寸中，自可含万象。"[2]乾隆帝凝思静观的随安室虽狭小，但其精神世界却无限广大。

前文已经提及，方窗景观整体呈现出早春的气象。这与颐和轩乃至整个宁寿宫都具有一致性，可谓寓意的联动。颐和轩本身就处处体现着早春的意涵。颐和轩明间宝座后御笔匾曰"太和充满"，两旁对联为："景欣孚甲含胎际，春在人心物性间。"表达了万物在早春时节刚刚萌生的状态[3]。颐和轩大门内对联为："丽日和风春淡荡，花香鸟语物昭苏。"颐和轩后厦北厅悬挂的匾额为："导和养素"，两侧对联曰："静延佳日春常盎，茂对祥风景总宜。"这三副对联皆体现着春的意涵，尤其"孚甲""胎际""昭苏"都显示了早春[4]。此外，在更大的宁寿宫区域中，养性殿香雪空间中点明雪景的白色宣石和贴落中的松竹梅之景，也代表着早春时节。玉粹轩通景画贴落中的对联内容为："亿万人增亿万寿，太平岁值太平春。"落脚点也在"春"上。整个宁寿宫区域都贯通、承载着联动的寓意与思想。

乾隆帝一生当中有许多叫作"随安室"的建筑空间[5]，它们遍布紫禁城、西苑、清漪园、圆明园、避暑山庄等地，正可谓"宫内并园囿率有之"[6]。从时间来说，乾隆帝从皇子时期到帝王时期一直到太上皇时期均在建造不同的随安室。从空间上来说，随安室遍布各地，它们在空间大小和功能上具有相似性，无论走到哪里都可作为乾隆帝的一个熟悉的居所，虽然不大，但就像其名称一样，身处其中令人随时可以安心。

乾隆帝对随安室的理解，在不同年龄段有所不同，这也表明了随安室之功能与其心境一致的复杂性与多样性。乾隆帝在一首《随安室》诗的注解中说："雍正二年（1724）曾居此读书。"[7]时年弘历十四岁，随安室是其皇子时期的书房。在关于随安室的多首诗文中，乾隆帝多次表达了"寓名随所遇而安"[8]"随时随地而安"[9]的寓意与期待。但随着年龄与阅历的增长，"随安"的初心渐渐变得"奢侈"。在《随安室八韵》[10]一诗中，乾隆帝感慨：

随遇得居安，养心左序端。
检身右不及，容膝已为宽。
志与青年异，题斯触处观。
敢求一己逸，实觉万民难……

"容膝"形容居室狭小。高士陈仲子、陶渊明等都曾谈到"容膝"，元代高士画家倪瓒画有《容膝斋图》

1 Rolf A. Stein,op. cit., p.54.
2 （清）弘历：《养虚斋》，《乾隆御制诗文全集》（五），中国人民大学出版社，2012 年，第 549 页。
3 王子林：《抱蜀不言：乾隆七十三年的坚守》，故宫出版社，2021 年，第 175 页。
4 关于颐和轩的生春寓意的讨论可参见王子林：《沉睡的宫殿：故宫宫廷原状考察》，故宫出版社，2021 年，第 211 — 213 页。
5 刘迪：《乾隆书斋〈随安室〉考》，《沈阳故宫博物院院刊》2009 年第 1 期。
6 （清）弘历：《用金粟藏笺书经揭尔成诗辄书于后》，《乾隆御制诗文全集》（二），第 185 页。
7 《乾隆御制诗文全集》（六），第 647 页。
8 （清）弘历：《随安室》，《乾隆御制诗文全集》（六），第 490 页。
9 （清）弘历：《随安室四咏（有序）》，《乾隆御制诗文全集》（五），第 283 页。
10 《乾隆御制诗文全集》（四），第 758 页。

轴，皆有一种虽处陋室但志向高远的情愫。乾隆帝感叹“志与青年异”，此时心境已经有所变化，不能再追求自己个人的“安”，而要考虑百姓的“安”。在《随安室》一诗中乾隆帝也发出类似的感慨：“昔诚容膝易，今觉作君难。”[1]乾隆帝在《顺义县行宫作》[2]中写道：

记我书室名，是处欣随安。
明窗受暖曦，市语隔烦喧。
染翰藻思抒，习静道心存。
惬适以为佳，奚必居深山。

和少年时的读书空间相比，作为帝王所处的随安室，已经更多的是一个独处和静思空间。身处随安室中，可以“隔烦喧”，可以通过“习静”来获得“道心”。如此惬适，又何必居住在深山中呢。颐和轩随安室通过方窗中宣石山与方琮山水贴落的组合，营造出了一处方寸之间的山林之景，能在咫尺之间，获得林泉之趣。

嘉庆帝在《随安室叠丙辰韵》中阐释：“皇父以随安题室，义蕴渊微，盖安以存心，言随以应事，言惟心体湛然，斯能泛应曲当。”[3]认为其皇父对随安室的命名非常具有深意，心灵与身体宁静湛然，这样就能广泛应对一切事物。此外在《初冬随安室》中嘉庆帝有句：“南窗向暖坐随安，蓬户于茅念始寒。”[4]随安室空间之狭小让嘉庆帝感到如“茅室蓬户”，正如乾隆帝所提的“容膝”之所。这让人联想到刘禹锡在《陋室铭》中的名句：“山不在高，有仙则名。水不在深，有龙则灵。斯是陋室，惟吾德馨。”空间虽小但重要的是居住者道德之高尚。这种简洁狭小、具有封闭感的空间和紫禁城中众多华丽庞大的建筑空间相比，是供乾隆帝私人独处与心灵安放之重要场所。

唐代诗人刘禹锡曾在一首诗中强调了一门之隔的内外两个世界：“门前洛阳道，门里桃花路。尘土与烟霞，其间十余步。”[5]颐和轩的明间开阔敞亮，宝座居中，时刻象征着帝王的权力中心。而从东面木板墙的小门即进入相对黑暗而狭窄的私人空间，再向南通过又一道窄门，则进入更为私密的随安室中。在乾隆帝的许多建筑空间中都是如此，虽也就“其间十余步”，但开阔的中心明间与两侧空间中一个又一个窄门后的独处世界天壤之别。在唐诗中，这一道道窄门隔开了“洛阳道”与“桃花路”，隔开了“尘土”与“烟霞”。但至于乾隆帝，虽身处“桃花路”与“烟霞”所代表的静室之中，但心中依然不能像少年和旁人那样安逸，依然还要在内心深处观望自己的同时，在烟霞中继续关心“洛阳道”与“尘迹”，关心百姓与天下。在随安室这样小的空间中能有大的哲思，就像方寸间的山水景观能有江山万里之感。方窗景观和随安室一起，蕴含着乾隆帝内心所能抵达的一切，从个人之安到万民之难，从世间万物到宇宙烟霞。

乾隆帝在一生所写的诸多诗文中，多次表达过对小中现大的哲思。在《怀远斋》中乾隆帝写道：“方寸

1 《乾隆御制诗文全集》（五），第 219 页。
2 《乾隆御制诗文全集》（一），第 706 页。
3 《清仁宗御制诗初集》，第 205 页。
4 （清）颙琰：《初冬随安室》，《清仁宗御制诗初集》，第 387 页。
5 （唐）刘禹锡：《题寿安甘棠馆二首》，《刘禹锡集》，上海人民出版社，1975 年，第 232 页。

不为小，万里讵云遥。何须称芥纳，至理原自昭。”[1]将方寸、须弥芥子的问题同时讨论。须弥芥子是佛教术语，是不可思议的解脱法门，寓意极小的空间中可以包含寰宇。在南巡时乾隆帝非常喜欢小有天园，因为想到画家能“收千里于咫尺者”，于是在圆明园思永斋一带“命匠氏叠石成峰”，仿建了一个更为微观的小有天园，感慨“吾于是知天地间之景无穷，而人之心亦无穷。境有异，而人之心无有异”[2]。其假山虽是微观，不可攀登，但景观有林泉之态，遂也能“使目击道存，会心不远”[3]。都在比喻就近得到领悟，小中现大。乾隆帝在一首诗中提到“咫尺会心处”[4]，颐和轩随安室中的方窗景观正可谓乾隆帝方寸之间的“咫尺会心处”。

六 结 语

本文探讨了宁寿宫颐和轩随安室中的一处方窗景观。这处景观虽然没有文献记载，但通过综合判断可知该景观的主题为早春，其贴落画的绘制者为方琮，其制作顺序为先安置宣石山再补画贴落画，且该景观制作于乾隆三十七年到乾隆四十二年之间。

这处综合景观的形式虽有其渊源但确是乾隆朝的新变，是乾隆帝热衷的众多的视觉游戏的一部分，却并非利用西方线性透视，而是拓展了中国传统空间的表达方式。该方窗景观体现了乾隆帝独处时较为隐秘的视觉经验，是乾隆帝在休憩、静思时，可以借以凝神遨游的山水载体。

方窗景观不大，但气象恢宏，其视觉形象具有皇权、圣山的象征性，是一处微观宇宙。正如乾隆帝所说，方寸中“自可含万象”。就像其所在的“容膝”之所随安室一样，都是“即小喻大”。

[作者单位：故宫博物院书画部]

1 （清）弘历：《怀远斋》，《乾隆御制诗文全集》（六），第254页。
2 （清）弘历：《小有天园记》，《乾隆御制诗文全集》（十），第369页。
3 （清）弘历：《小有天园记》，《乾隆御制诗文全集》（十），第369页。
4 （清）弘历：《暮春静明园杂咏》，《乾隆御制诗文全集》（一），第734页。

碧瓦朱甍贻胜国
——故宫御花园历史沿革和园林景观探析

Historical Evolution and Landscape Analysis of the Imperial Garden in the Forbidden City

贾慧果

Jia Huiguo

内容提要：

故宫御花园不仅是紫禁城中现存四大花园中最大的一座宫廷园林，更是平地造园的典范，始建成于明永乐十八年（1420），历经明清两代帝王的不断改建及修缮，园林景观也发生了一定的变化。本文通过对历史文献、御制诗文及清宫老照片等史料进行考证，梳理了御花园的历史沿革，考证了御花园的植物历史景观，并分析了御花园园林景观的特点，提出了恢复部分植物历史景观的构想。

关键词：

御花园　建筑　植物　园林景观

ABSTRACT:

The Imperial Garden in the Forbidden City stands as a remarkable example of a flat garden, and is the largest among the four surviving gardens in the complex. Constructed in 1420 during the Yongle reign of the Ming dynasty, it has witnessed numerous alterations and renovations commissioned by emperors from Ming and Qing dynasties, resulting in changes to its landscape. With reference to historical documents, imperial poetry and the old photographs of the Qing palace, this paper examines the historical evolution of the imperial garden, studies the vegetation present during different historical periods, analyzes the distinctive landscape features of the Imperial Garden, and proposes restoration of certain historical vegetation.

KEYWORDS:

Imperial garden, architecture, plants, garden landscape

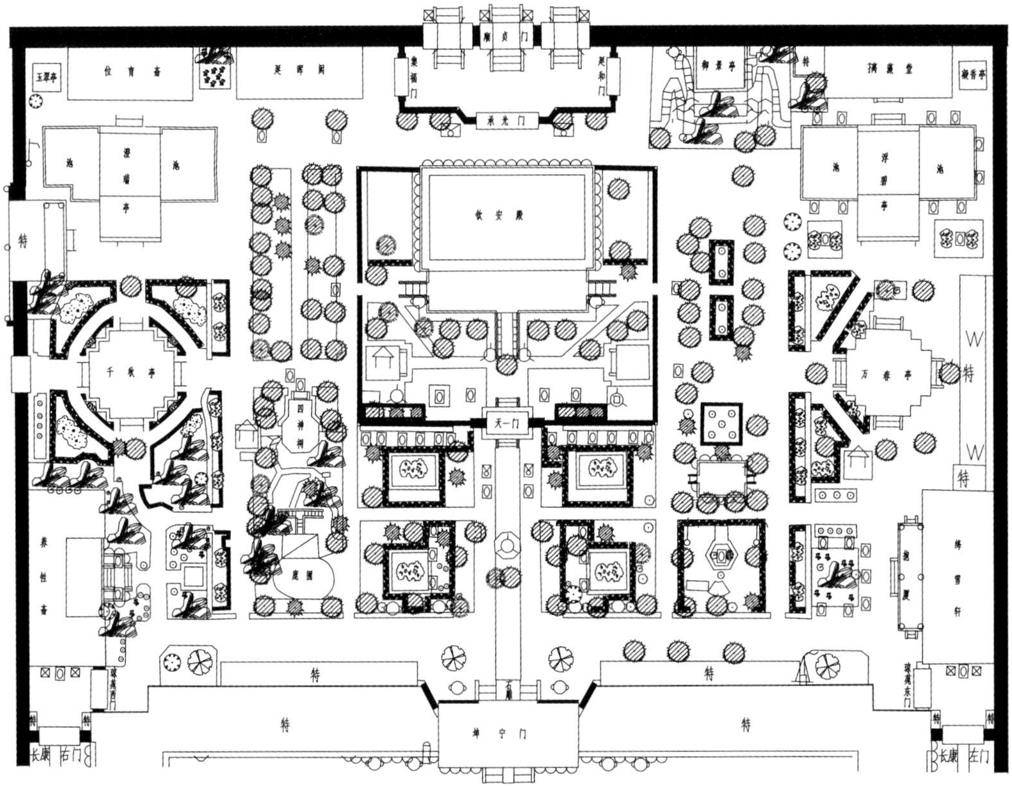

图1 御花园现状平面图

御花园位于紫禁城中轴线最北端，作为一座皇家园林，其面积较小，东西长140米，南北宽80米，面积仅11200平方米，但却是紫禁城中面积最大的一座园林。园内以钦安殿为中心，建筑基本呈东西对称分布，主要有浮碧亭与澄瑞亭、堆秀山和御景亭与延晖阁、万春亭与千秋亭、摛藻堂与位育斋、绛雪轩与养性斋、凝香亭与玉翠亭，以及延晖阁南侧的四神祠等。御花园始建成于明永乐十八年（1420），后在此基础上，历经明嘉靖、万历两朝及清雍正、乾隆、咸丰、同治、光绪时期渐次营造和修缮，最终形成现在的基本格局〔图1〕。

“御花园在紫微北，碧瓦朱翚贻胜国。假山复道相属连，额悬堆秀石岩侧。弯环百磴拂松萝，移步登峰已造极。凝眸延望万万家，市廛富庶聚京邑……”[1]登上堆秀山，御花园的美景尽收眼底，亭台轩阁精巧别致，奇花异树葳蕤茂盛，又有青翠崇山、珍禽异兽……由明时的“宫后苑”至清代的“御花园”，历经600年的风霜，御花园仍显示出其独特的宫廷园林特点。

一 御花园的历史沿革

明代，御花园被称为宫后苑，是坤宁宫的后花园。明刘若愚《酌中志》记载了其布局：“坤宁宫之后，则宫后苑也，钦安殿在焉，供安玄天上帝之所也，有门曰天一之门。……曰承光门、集福门、延和门。苑

1 （清）颙琰：《御制诗初集》卷一一《堆秀山即景》，《清代诗文集汇编》459册，上海古籍出版社，2010年，第230页。

内曰万春亭、千秋亭，曰对育轩、清望阁，曰金香亭、玉翠亭，曰乐志斋、曲流馆，曰四神祠、观花殿，万历十一年拆去垒垛石山子，券门石匾曰堆秀。上盖亭一座，名曰御景亭。东西两处鱼池二，其东曰游碧亭[1]，西曰澄瑞亭……东南曰琼苑东门，西南曰琼苑西门。”[2]〔图2〕可见明时的宫后苑与清代御花园的格局基本相同，仅个别建筑无存，某些建筑格局及名称被改动。

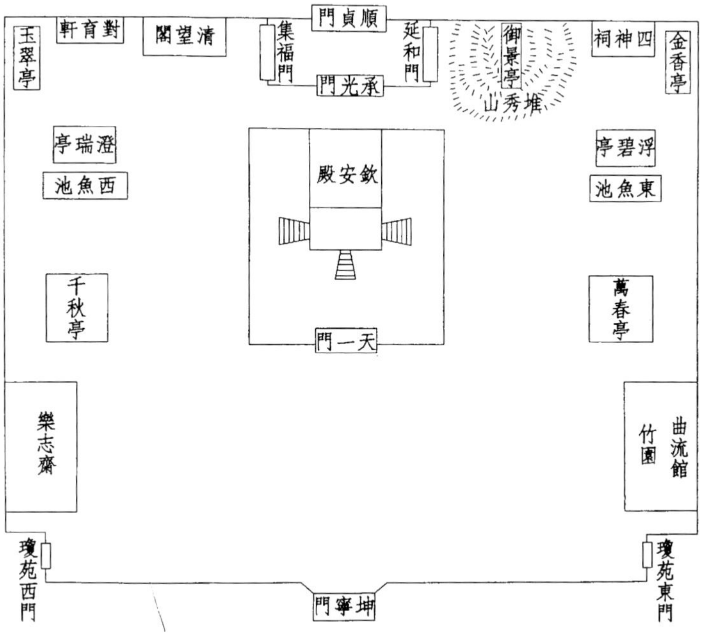

图2　琼苑图

引单士元《明北京宫苑图考》，紫禁城出版社，2009年

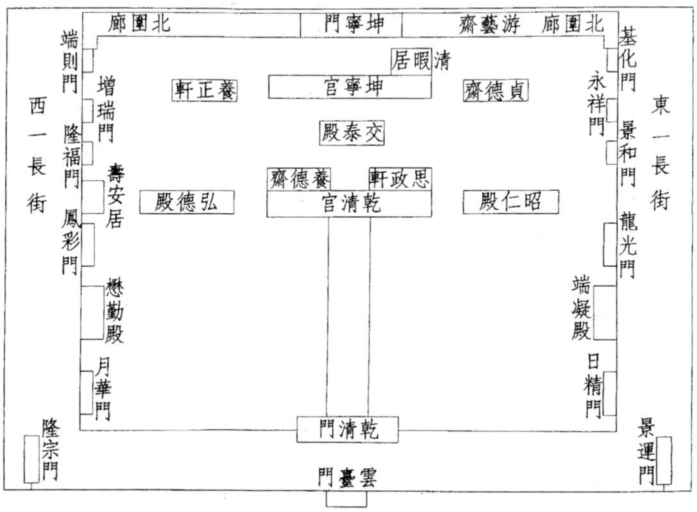

图3　乾清坤宁两宫图

引单士元《明北京宫苑图考》，紫禁城出版社，2009年

（一）明嘉靖年间

明嘉靖十四年（1535）以前，坤宁宫后有围廊，钦安殿后的门名为坤宁门：“明宫室坤宁宫北有围廊曰游艺斋，与御园相接，其钦安殿后顺贞门，即坤宁门，今改围廊为坤宁门，而界御园于外，则钦安之奉玄武神，更为严肃矣。”[3]〔图3〕由此可知坤宁宫后原有廊，与御花园并没有明显的界限，花园附属于坤宁宫，嘉靖时期为使得钦安殿供奉玄武大帝更为严肃，将坤宁宫后的围廊改为门，名为坤宁门，最终使御花园界于坤宁宫外成为独立的空间，而“钦安殿后坤宁门，嘉靖十四年秋更名曰顺贞门”[4]。同时《明实录》亦载，嘉靖十四年十月丙午，初，上又以文祖建钦安殿祀真武之神，诏持（特）增燎垣、作天一门，及大内左右诸宫，益加修饬，至是皆告成[5]。可知嘉靖十四年在钦安殿外增加了矮垣，钦安殿由此成为一个独立的院落，供奉玄天上帝则更显庄重。嘉靖十四年及十五年，对万春亭等建筑添匾额：“钦安殿曰天一

1　疑浮碧之误，参考朱偰：《明清两代宫苑建置沿革图考》。

2　（明）刘若愚：《酌中志》，北京古籍出版社，1994年，第147页。

3　（清）吴长元辑：《宸垣识略》，北京古籍出版社，1981年，第33页。

4　（明）刘若愚：《酌中志》，北京古籍出版社，1994年，第147页。

5　《明世宗实录》卷一八〇，台北“中研院”历史语言研究所校印，1966年，第3855页。

之门，嘉靖十四年添额，有万春亭、千秋亭。嘉靖十五年，添对育轩，嘉靖十四年，更玉芳轩。”[1]嘉靖十五年，建造四神祠[2]。

（二）明万历年间

图4 《十二月禁御图》之《大吕回星》中四神祠南承露台及假山
台北“故宫博物院”藏

万历年间，于御花园东北部构筑堆秀山并建造御景亭，《明宫史》载：“万历十一年春拆去（观花殿）叠垛石山子。券门石匾名曰堆秀。山上盖亭一座，名曰御景亭。”[3]除此以外，“万历十一年（1583）修后苑浮碧澄瑞二亭”[4]。万历十四年三月添盖四神祠牌。另据《明宫殿额名册》载：金香亭与园中清望阁、玉翠亭、乐志斋、曲流馆同于万历十九年毁[5]。而今，御花园中凝香亭为明代金香亭的旧址，延晖阁为明清望阁旧址，养性斋为明乐志斋旧址，绛雪轩为明曲流馆旧址，玉翠亭名称及位置没有变化。

（三）清雍正年间

康熙年间，御花园西部的澄瑞亭仍为方形亭，雍正时期在形制上进行了较大变动。雍正九年（1731），有大臣请旨在御花园千秋亭内设立斗坛，雍正帝认为千秋亭不适宜设斗坛，可做星坛，其后方亭适合作斗坛，《内务府活计档》载：“将做得御花园澄瑞亭改为佛亭，前接抱厦三间，内里桌张并陈设、装修烫胎小样一件呈览。”[6]于是澄瑞亭南部添建了三间抱厦，扩大了空间，遂用作斗坛。

1 （清）于敏中等：《日下旧闻考》卷三五，北京古籍出版社，1981年，第547页。
2 章乃炜等：《清宫述闻》，故宫出版社，2009年，第548页。
3 （明）刘若愚、（清）高士奇：《明宫史、金鳌退食笔记》，北京古籍出版社，1982年，第17页。
4 朱偰：《明清两代宫苑建置沿革图考》，北京古籍出版社，1990年，第30页。
5 章乃炜等：《清宫述闻》，故宫出版社，2009年，第547页。
6 中国第一历史档案馆藏：《内务府活计档》第3338册。

（四）清乾隆年间

乾隆时期，御花园西部的养性斋及其周围环境进行了较大规模的改造与扩建。据《清宫内务府造办处档案总汇》记载，乾隆六年（1741），皇帝下旨命刘山久查看养性斋流杯亭水法漏水情况[1]，可知这里曾经有一座流杯亭，现无基址。乾隆十九年（1754）对养性斋进行了改建："养性斋改建转角楼一座计十三间、大小月台二座，镶墁花斑石，安砌汉白玉栏板……成堆太湖石高峰点景，成做水法铜管吸筒等项工程，俱经完竣。"[2] 自此养性斋及其周围环境形成现在的基本格局，养性斋改建成为转角楼，斋前堆叠了黄太湖石假山、建造月台及成做水法铜管吸筒工程等，然而水法基址今已无存。

而四神祠南假山构筑时间早于乾隆十九年，据台北"故宫博物院"藏乾隆十三年（1748）宫廷画师绘制的《十二月禁御图》之《大吕星回》可见：四神祠南侧假山嶙峋，山南构筑有一座承露台，其西侧当时无养性斋及其周围假山〔图4〕。四神祠建于明嘉靖十五年（1536），推断四神祠后假山与承露台为同时期建造，或与嘉靖帝崇信道教、求仙有关[3]。

乾隆年间，除了对养性斋进行较大改建外，多是对园内建筑进行修缮。据《奏案》记载，乾隆十三年（1748）"拆盖绛雪轩五间，抱厦三间，八角井亭二座，四神祠一座，抱厦一间……拆修药栏门十座……什锦花池三座……成堆山石以及油饰彩画糊裱等项工程"[4]。可知除了修缮绛雪轩等建筑，还拆修了药栏门、药栏及三座什锦花池，据故宫藏清宫影像照片可知：清代御花园各建筑间以约1.6～1.7米高度的具有一定通透性的药栏分隔〔图5〕。而今绛雪轩至堆秀山前有三座什锦花池：绛雪轩前琉璃花池一座，内堆叠太湖石数块，植太平花，浮碧亭西南和东南方向各有一座牡丹花池，内置太湖石，湖石典雅、牡丹雍容，自成景致，可见这些景观于乾隆时期建成。

乾隆七年（1742），司库刘山久奉上谕勘察并收拾了堆秀山的山石状况、植物长势以及山上陈设[5]。乾隆八年（1743），又画御景亭水法纸样呈报皇帝，并"造御花园御景亭山上水法十三处，缠水管……"[6]按照乾隆帝的谕旨水

图5　千秋亭前的药栏门
故宫博物院藏

1　中国第一历史档案馆、香港中文大学文物馆合编：《清宫内务府造办处档案总汇》第9册，人民出版社，2005年。

2　中国第一历史档案馆藏：《奏案》05-0136-065。

3　中国古典园林中营建承露台的思想源自汉武帝在建章宫建造仙人承露台承接甘露拌玉石碎屑服用以求长生不死的故事。

4　中国第一历史档案馆藏：《奏案》05-0097-011。

5　《清宫内务府造办处档案总汇》第10册载：于乾隆七年三月初三，司库刘山久来说面奉上谕，此山上小石子俱各拆去漏水，本山石甚好，其山上树有款式者留下，无款式者去了，有应添树之处添些松树，将拆下锡片并锡亭台等，着刘山久熔化锡做管子用，其铜龙吸筒管子、铜滕二件交造办处库贮，再将拆出破坏琉璃亭子、塔、牌楼、砖城等件交器皿库收贮。

6　中国第一历史档案馆、香港中文大学文物馆合编：《清宫内务府造办处档案总汇》第12册。

法有“瀑布泉或做水连并挂水”[1]等形式。由此可知当时堆秀山上的水法形式多样，蔚为壮观，而今仅存山脚下两处水法。另外，乾隆帝还为钦安殿加盖抱厦，并御书“统握院枢”匾额挂于殿内正中[2]。

（五）清嘉庆年间

嘉庆时期，主要对养性斋进行了较大的整修。嘉庆二十一年（1816）总管内务府奏折显示整修养性斋，包括：“拆修擎檐廊，改修内外檐装修，拆修楼前月台一座，台面改墁金砖。”[3]可知经这一次拆修养性斋的月台及台面改墁金砖，养性斋的“曲水流觞”流杯亭水法被拆除了，还“修做药栏、板墙、藤萝树架，添堆、拆堆点景山石”[4]，养性斋处湖石景观更加丰富。另外，《内务府奏销档》载：“嘉庆二十三年，修理澄瑞亭。”[5]

（六）清咸丰以后

咸丰八年（1858）二月，因千秋亭西边水房着火，牵连旁边千秋亭，千秋亭因此进行了修缮[6]。据《内务府活计档》[7]载咸丰时期对浮碧亭安装窗户、板墙等，式样依照斗坛（澄瑞亭）布置，万春亭修缮后供奉关帝像[8]，而千秋亭自明嘉靖时改建后，一直供佛像[9]。

同治及光绪时期，御花园没有进行较大的变动，仅局部增添山石，对某些年久失修的建筑进行了整修。同治三年（1864），养性斋药栏内北面再次构筑假山叠石及营造水法：“花园养性斋药栏内北面堆码太湖石高峰一座，面阔二丈三尺，进深一丈二尺，折高一丈二尺，安水法锡里水箱一个，水海一个，锡钴三个，红铜水管十一个，安砌泄水石沟一道，以及安砌山石……”[10]现水法无存。同治十年（1871），内务府查得因火灾千秋亭“仅存基址下座石料”[11]。同治十一年九月，《内务府奏销档》记载，经朝臣捐资，千秋亭等处修缮完毕[12]。此次修缮还包括对钦安殿及万春亭油饰脱落进行了修整，缺少的木植瓦片进行了补配。光绪十二年（1886），因花园内“四神祠、延晖阁、万春亭几间殿渗漏等情及浮碧亭鱼池内踏跺石走错”[13]，遂对这些建筑进行了整修。

清代，据清宫老照片显示堆秀山的南侧，还有一座体量矮小的轩，轩内壁以竹嵌成，精致典雅，名为“禊赏”〔图6〕，另有一座集卉亭[14]，禊赏轩和集卉亭现今无存，仅留存精美的汉白玉栏板基座。集卉亭基

1 中国第一历史档案馆、香港中文大学文物馆合编：《清宫内务府造办处档案总汇》第10册，人民出版社，2005年。
2 范暄、张雅平：《钦安殿的建筑特色及其形成原因》，《中国紫禁城学会论文集·第八辑》，故宫出版社，2014年，第277页。
3 章乃炜等：《清宫述闻》，故宫出版社，2009年，第549页。
4 中国第一历史档案馆藏：《奏销档》470-001，《奏请于名单内钦派一员查验修理养性斋楼座等项工程折》。
5 章乃炜等：《清宫述闻》，故宫出版社，2009年，第549页。
6 章乃炜等：《清宫述闻》，故宫出版社，2009年，第549页。
7 中国第一历史档案馆藏：据《内务府活计档》682-115：“御花园浮碧亭见新，前后隔扇两边安窗户，前抱厦两边安木板墙，挑换台阶石，殿内按地坪一座，佛龛一座，式样俱照斗坛，万春亭、千秋亭俱见新，殿内俱按佛龛供案一切活计著缓于明年兴修。”
8 章乃炜等：《清宫述闻》，故宫出版社，2009年，第547页。
9 章乃炜等：《清宫述闻》，故宫出版社，2009年，第549页。
10 中国第一历史档案馆藏：《内务府奏案》，档号05-08-006-000808-0011。
11 中国第一历史档案馆藏：《奏销档》740-109，《内务府奏为修理御花园千秋亭等处事折》。
12 章乃炜等：《清宫述闻》，故宫出版社，2009年，第549页。
13 中国第一历史档案馆藏：《奏销档》810-064，《内务府奏为估修御花园内四神祠等处事折》。
14 朱偰：《北京宫苑图考·北京宫阙图考》，大象出版社，2018年，第194页。

图6 堆秀山南禊赏轩
故宫博物院藏

图7 集卉亭基址处的汉白玉栏板基座

址处留存有扇形栏板十分精美，外壁雕刻“凤穿牡丹”，内壁雕刻喜鹊与菊花、骏马与翠竹、仙鹤与苍鹿、白鹭与芦苇、莲花等寓意长寿与吉祥的图案〔图7〕。

二 御花园植物历史景观

明清时期御花园内古柏参天、翠竹掩映，具有丰富的植物景观。《酌中志》赞叹其园林景致：“奇花异卉，禽声上下，春花秋月，景色可人。”[1]《钦定日下旧闻考》记载御花园：“有鱼池假山，奇花异树。”[2]《国朝宫史》亦载：“园中奇石罗布，嘉木郁葱，古柏、藤萝，皆数百年物。”[3]

（一）御花园历史遗存植物

御花园中古松柏广布全园，以常绿松柏树构成四季常青的植物景观。现存古树名木111株，包含桧柏、侧柏、白皮松、楸树和龙爪槐5个树种，古柏104株，古松3株，龙爪槐2株，楸树2株，除古树以外尚有乔木42株，以侧柏和桧柏为主，共计30株，花灌木以牡丹、榆叶梅和丁香为主，宿根花卉以芍药、萱草为主，藤本有紫藤和地锦两种，花木景观较为丰富（表一）。

1 （明）刘若愚：《酌中志》，北京古籍出版社，1994年，第147页。
2 （清）于敏中等编纂：《钦定日下旧闻考》卷三五，北京古籍出版社，1983年，第546页。
3 （清）鄂尔泰等编纂：《国朝宫史》，北京古籍出版社，1987年，第215页。

表一 御花园植物现状一览表

植物名称	古树名木（株）		除古树以外的乔木（株）	植物名称	灌木（株）	藤木（株）	宿根花卉（墩）	竹（m^2）
	一级	二级						
桧柏	39	33	9	太平花	1			
侧柏	4	28	21	榆叶梅	5			
白皮松	3	0	2	佛手丁香	3			
楸树	2	0	1	牡丹	368			
龙爪槐	1	1	1	金银木	1			
油松			4	紫薇	15			
玉兰			1	月季	17			
二乔玉兰			1	紫藤		7		
杏			1	地锦		20		
青桐			1	厚萼凌霄		10		
				芍药			160	
				萱草			100	
				早园竹				2
				箬竹				20
合计	49	62	42		410	37		

图8 钱维城绘画堆秀山景致和摛藻堂古柏图
故宫博物院藏

由此可见，古柏占园中古树比例高达94%，是形成御花园植物历史景观的重要组成部分；树龄三百年以上的古树有49株，一百年以上的古树有62株，可知园中古树不是构园时一次栽植，明、清两朝均有栽植，树龄最长的古树为摛藻堂西“遮荫侯”古柏，清乾隆帝和嘉庆帝分别赋诗《御花园古柏行》和《古柏》述说其为历史的见证，清宫画师钱维城描绘了其风采〔图8〕。其次，园中古柏集中分布于堆秀山前和延晖阁南，形成两片葱郁的古柏林，乾、道、咸三帝时常登延晖阁远眺，乾隆帝赋诗《延晖阁春望》有句：“北户景山秀堪揖，南墀古柏俨成行。”[1]描摹了古柏茂盛的长势；另外，古柏及古白皮松集中栽植于钦安殿，景色幽深静谧，增添了院内的佛教意涵。据许埜屏《御花园的树和花》载：“天一门前原也栽种了四棵白皮松，前后错落，中间两棵树池周围用龙纹雕石护板砌筑，如今东边一棵已换成嫩稚葱郁的油松……中华人民共和国成立以后（御花园）没有补植过常绿松柏，仅在养性斋前植梧桐两株，两棵龙爪枣和两棵白玉兰。”[2]可知，御花园常绿松柏树多为明清遗存植物，某些松柏因胸径小未被列入古树。

（二）史料记载的御花园植物历史景观

清代，堆秀山至绛雪轩一带是御花园植物景观最为丰富的区域，堆秀山前的桃，浮碧亭旁的玉兰、牡丹竞相绽放，绛雪轩前海棠娇艳、梅影疏斜、萱草碧绿……清宫档案、文献及皇帝御制诗文记述了明清时期御花园缤纷锦绣的花木景观。

乾隆年间，御花园是宫中庆祝花朝节的场所，花木上皆系绿色彩条迎春：“堆秀山前景物芳，更逢晴日霭烟光。负冰锦鬣游文沼，试暖文禽远画堂。彩燕缤纷先社日，青幡摇曳引韶阳。莫嫌花事迟追赏，通闰应知春倍长。”[3]可知花朝节时浮碧亭鱼池内锦鲤游戏、鸳鸯戏水，山前花枝上青幡摇曳。花朝节前乾隆帝还会探查玉兰绽放情况：“去岁花朝花未开，临蹊探觅频徘徊。今岁花朝花已放，却因望雨多惆怅。试问与花何无缘，锦苞玉靥空鲜妍……”[4]

乾隆帝《仲春御花园作》云：“秾春何处归来早，堆秀山前绛雪轩。已许游蜂依蕊簇，未教新燕傍枝翻。周阿玉树斜临榭，放溜金波曲抱源。渴望甘膏疏宴赏，休言树背有丛萱。”[5]诗中指出堆秀山前栽植玉兰、萱草，“玉树”即指玉兰[6]，栽植于浮碧亭鱼池旁，萱草因其“宜男”的寓意被植于明清宫廷苑囿，《明宫词》云：“借问皇家何种此，太平天子要宜男。”[7]乾隆帝《上苑初春》载：“堆秀山前桃始华，延晖阁畔柳丝斜。晴光摇飏金城晓，花色分明玉砌霞。琼苑初停青帝辔，瑶台欲绽鼠姑芽。却将底事消几暇，沦茗翻书趣转赊。”[8]说明清代堆秀山前春季桃花娇艳、牡丹雍容（牡丹别名为鼠姑），延晖阁畔柳丝摇曳。

清代，绛雪轩前曾栽植海棠，据《清宫述闻》载：“庭前古海棠数株，以此得名。”[9]轩内楹联：“树将暖旭轻笼牖，花与香风并入帘”及“花初经雨红犹浅，树欲成阴绿渐稠”[10]，描摹了轩前海棠繁花似锦的园林美景。乾隆帝赋诗《绛雪轩海棠》三首感慨海棠娇艳情态，乾隆三十一年（1766）赋诗有句“当轩列古树，春来发琼蕤。绛雪乃旧名，名实相称宜。绿叶扶红葩，原觉饶丰姿”[11]，说明当年海棠已是百年古树。现轩前海

1 （清）弘历：《御制诗三集》卷九《延晖阁春望》，《清代诗文集汇编》322 册，第 377 页。
2 许埜屏：《御花园的树和花》，《紫禁城》1984 年第 2 期。
3 （清）鄂尔泰等编纂：《国朝宫史》，北京古籍出版社，1987 年，第 215 页。
4 （清）弘历：《御制诗初集》卷二〇《花朝》，《清代诗文集汇编》319 册，第 333 页。
5 （清）鄂尔泰等：《国朝宫史》卷一二《宫殿二》，北京古籍出版社，1987 年，第 215 页。
6 （清）李渔《闲情偶寄》载：“世无玉树，请以此树当之。”所以玉兰被称为玉树。
7 （明）朱权等：《明宫词》，北京古籍出版社，1987 年，第 224 页。
8 （清）弘历：《御制诗初集》卷五《上苑初春》，《清代诗文集汇编》319 册，第 135 页。
9 章乃炜等：《清宫述闻》，故宫出版社，2009 年，第 547 页。
10 （清）鄂尔泰等编纂：《国朝宫史》卷一二《宫殿二》，北京古籍出版社，1987 年，第 127 页。
11 （清）弘历：《御制诗三集》卷五六《绛雪轩海棠》，《清代诗文集汇编》323 册，第 301 页。

棠无存，琉璃花池内栽植一株太平花，为1900年后由圆明园分株移植而来[1]。绛雪轩前栽植太平花的历史可追溯至康熙年间，四川向清廷进献太平花，命栽植于绛雪轩外，《清宫词》为证："御园春满海棠遮，绛雪轩前一片霞，昨日西川新奉进，琼枝赐号太平花。"[2]

嘉庆时期，绛雪轩还露地栽植梅花，北方冬季寒冷梅花易受冻害，档案记载嘉庆元年至十九年为使梅花安全越冬奉宸院为其制作罩棚："通面宽二丈四尺，分三堂，进深三尺五寸，连顶高七尺四寸，前面连门子满安竹拍，西山安元光窗……"[3] 嘉庆帝亦赋诗《绛雪轩》："丹禁花最盛，绛雪颜轩盈。玉砌净无滓，毡棚护寒英。迎腊舒蓓蕾，先春逗素馨。总蒙恩泽久，万汇群长生。"[4]表明绛雪轩前植梅及搭毡棚护梅过冬。

乾隆时期，御花园还栽植有辛夷和柳树，《御花园首夏》为证："一阵香风递玉墀，却缘锦绽墨辛夷。几余点翰消繁虑，幸似去年倚槛时。梦春破夏日方永，委砌筛帘絮正纷。最是常年添闷处，底教触目总成欣。"[5]同时，园中还栽植宿根花卉——芍药，乾隆帝赋诗《芍药》："墨辛夷开香满庭，井栏底用护花铃。东风却未曾吹得，欲撷芳菲意转停。"[6]当时，园中还栽植藤萝、杏及桃树，《咏御花园藤萝》指出："禁松三百余年久，女萝施之因亦寿。每携春色见薰风，似顾杏桃开笑口。"[7]表明藤萝攀爬在古柏（松）上，营造出"古柏藤萝"景致。

明代，钦安殿前还有竹园，嘉靖朝首辅夏言《钦安殿》云："钦安殿前修竹园，百尺琅玕护紫垣。"[8]清高士奇《清吟堂集・神武门内御园》载："小苑傍城阴，蒙茸花木深。枣垂红纂纂，竹动碧森森。"[9] 表明清初御花园花木茂盛，曾栽植有竹、枣。据《清宫述闻》记载1990年时钦安殿垣外仍有细竹数丛[10]。

（三）清宫老照片记载的御花园植物

清末，照相技术传到宫廷，清宫留存的老照片记录了溥仪、婉容及端康皇太妃等在御花园品赏牡丹等花木的情景，可见养性斋至四神祠的假山处花木配置丰富，栽植地锦、梅花及牡丹等〔图9〕，当时浮碧亭南至万春亭、坤宁门北一带广植牡丹和丁香〔图10、图11〕，堆秀山前花池内栽植玉簪、牡丹〔图12〕，钦安殿东南墙外有葡萄架及丁香〔图13〕，千秋亭北周围栽植牡丹、桃〔图14〕，千秋亭东花池栽植牡丹、四神祠后假山上攀爬地锦〔图15〕、钦安殿庭院栽植牡丹〔图16〕、万春亭西北及西栽植翠竹与牡丹〔图17〕，集卉亭南栽植榆叶梅〔图18〕，堆秀山上树木茂盛，栽植有1株白皮松、十几株柏树〔图19〕，现仅存白皮松。钦安殿墙外栽植有白皮松、竹子和连翘〔图20〕。

---

1 《太监谈往录》载："圆明园总管殷福寿，略通文字……庚子之后，他在圆明园中发现了一种奇花，类似木香，又像茉莉，春夏开花甚香。进上而不知其名，慈禧太后名曰'太平花'……大内和颐和园中的太平花，皆是圆明园中分出来的。"

2 夏枝巢：《清宫词》，国立"北京师范大学"文学院，1941 年，第 6 页。

3 嘉庆元年十二月十七日及嘉庆十九年十月二十三日内务府奏案，《内务府档案》05-08-006-000009-0044 号、05-08-006-000294-0035 号，中国第一历史档案馆藏。

4 （清）颙琰：《御制诗初集》卷一六《绛雪轩》，《清代诗文集汇编》459 册，第 300 页。

5 （清）鄂尔泰等编纂：《国朝宫史》卷一二《宫殿二》，北京古籍出版社，1987 年，第 215 页。

6 （清）弘历：《御制诗二集》卷九《芍药》，《清代诗文集汇编》320 册，上海古籍出版社，2010 年，第 287 页。

7 （清）弘历：《御制诗初集》卷三一《咏御花园藤萝》，《清代诗文集汇编》319 册，上海古籍出版社，2010 年，第 481 页。

8 章乃炜等：《清宫述闻》，故宫出版社，2009 年，第 543 页。

9 章乃炜等：《清宫述闻》，故宫出版社，2009 年，第 541 页。

10 章乃炜等：《清宫述闻》，故宫出版社，2009 年，第 543 页。

图9　养性斋假山及栽植的梅花、地锦
故宫博物院藏

图10　御花园钟乳石东侧的油松、牡丹、丁香
故宫博物院藏

图11　端康皇太妃、婉容等在浮碧亭西南的牡丹圃内
故宫博物院藏

图12　堆秀山前至绛雪轩前牡丹、玉簪
故宫博物院藏

图13　堆秀山前牡丹花圃，钦安殿东墙外的葡萄架、丁香、牡丹
故宫博物院藏

图14　千秋亭北的牡丹、桃
故宫博物院藏

图15 千秋亭东花池栽植牡丹、四神祠后假山上攀爬地锦
故宫博物院藏

图16 钦安殿庭院栽植牡丹
故宫博物院藏

图17 万春亭西北及西栽植翠竹、牡丹

图18 集卉亭南榆叶梅

图19 清末堆秀山及山上茂盛的树木
故宫博物院藏

图20 钦安殿南墙外栽植的竹子、连翘和白皮松

（四）御花园安摆盆栽及盆景

御花园内草木繁茂，不仅栽植露地花木，还会根据季节变化于园内摆放兰花、梅花、葡萄等盆景和盆花，丰富园中植物景观。据《清宫述闻》载："乾隆时，三月御花园花卉、葡萄出窖，九月入窖。栽藕亦在三月……当时园中，花以牡丹、盆兰最盛。"[1]可知当时园中不仅栽植牡丹、莲花，还摆放盆兰、盆栽葡萄。另外，据嘉庆帝《三友轩联句》载"绛雪霏微香有片"[2]说明于绛雪轩品赏香片梅，嘉庆帝《绛雪轩观梅》描摹香片梅花开盛景："东皇布令生意勃，一夜春风花竞发。冰姿点雪护芳蕤，婆娑影浸瑶台月。绛绡别种映轩前，霞裾云佩来仙阙。庾岭韶华信遍敷，孤山丰韵情难歇。红红白白各绚奇，重绯叠素光清越。伫临上苑赏万葩，何须羯鼓相唐突。"[3]并赋诗有句"几缶奇桩香片梅，半才吐萼半全开"[4]说明品赏的为梅桩盆景。

三　御花园园林景观的特点

（一）平地起园，掇山理水

御花园的叠山理水别具一格，以"外师造化，中得心源"[5]为原则，讲究"师法自然"，力求通过堆叠假山、凿池为水营造自然中的山水意境。位于东北部的堆秀山北倚宫墙，高约10米，山石玲珑剔透、瘦漏生奇，危岩耸立、形貌苍古，山上栽植花木，形成崇山峻岭的态势，山南构洞，内为砖砌穹隆式石雕蟠龙藻井，洞门上镌刻满汉文"堆秀"二字，山前东西两侧营造蟠龙喷泉，为园中现存唯一"水法"。东西两侧磴道蜿蜒而上，直达山顶御景亭。整个堆秀山呈现出"千岩竞秀、万壑争流，草木蒙笼其上，若云兴霞蔚"[6]的山水园林景观意境。

养性斋至四神祠南的这组黄太湖石假山，体量较小，但占地面积较大，山势绵延逶迤，空间富于变化，数仞拔地而起，参差有致，掇山构洞、迂回曲折，高低错落、花木扶疏……意在营造"多方景胜，咫尺山林"[7]的意趣。

园中除了两处较大的叠石假山，在天一门外、千秋亭西北、绛雪轩等处还陈设有许多的置石，这些赏石或因形态奇绝而特置、对置，或因丰富景观而散置，使御花园极富诗情画意。天一门前特置有海参石、诸葛拜北斗石、云盆等，天一门东西两侧对置有珊瑚石、钟乳石等，绛雪轩前特置有木变石、琉璃花池内散置有太湖石数块宛若微型"狮子林"等，而千秋亭西北侧绿地内散置有数块太湖石，以红墙为纸，一石拔地而起，周围散点数石，参差错落，顾盼呼应，妙趣横生。

御花园为平地造园，没有可以因借的自然山水景致，只能凿池为水营造水景。"曲水流觞"是中国古典园林常用的造景典故，康、乾时期，养性斋前尚有流杯亭，是宫中举行"曲水流觞，修禊赏乐"诗意雅兴的地

1 章乃炜等：《清宫述闻》，故宫出版社，2009年，第542页。
2 （清）颙琰：《御制诗三集》卷一七《三友轩联句》，《清代诗文集汇编》461册，第536页。
3 （清）颙琰：《御制诗初集》卷九《绛雪轩观梅》，《清代诗文集汇编》459册，第201页。
4 （清）颙琰：《御制诗三集》卷一七《三友轩联句》，《清代诗文集汇编》461册，第536页。
5 （宋）郭思编，杨伯编著：《林泉高致》，中华书局，2016年，第45页。
6 朱碧莲、沈海波译注：《世说新语》，中华书局，2011年，第142页。
7 （明）计成著，李世葵、刘金鹏编著：《园冶》，中华书局，2011年，第154页。

图21 御花园内“小河”

方，康熙十八年（1679）康熙帝御赐内阁大臣及侍卫宴，于绛雪轩观花，在养性斋浮杯取饮并赋诗：“春深内苑里，珍席宴群臣。蝶向双檐舞，花飞复阁新。和羹期上佐，调鼎协洪钧。萧鼓欢无极，芳年醉此辰。”[1]

澄瑞亭与浮碧亭下各有一座金鱼池，是园中最主要的理水处，明清时期这里金鱼游戏、莲花摇曳，别有一番风致。晚清时期，慈禧太后游赏御花园，经常来到浮碧亭，品赏盛开的睡莲及水中金鱼，悠闲自在。而园内由汉白玉修筑的“小河”——自浮碧亭起，由北向南流经万春亭至绛雪轩前，再向西至坤宁门前经鹿囿、养性斋假山前，然后向北经千秋亭最后到达澄瑞亭，宛若一条蜿蜒曲折的银河绵延不断贯穿于整个花园〔图21〕，这种平地造园且布局对称的园林理水方式，别具一格，使整个园林富于生机与活力。

（二）奇花异树，草木贲华

园中广植柏树和松树，暗含皇家希冀江山永固的思想，更培植有许多珍奇造型“异树”，成为园中造景的主题。坤宁门至天一门甬道上的“连理柏”、万春亭四门前、天一门内及千秋亭北的六株“人字柏”，这七株“木连理”集中分布于一个皇家御苑，实属罕见。南朝宋何法盛《晋中兴书》卷三“征祥说”载：“王者德泽纯洽，八方同一，则木连理。连理者仁木也。或异枝还合，或两树共和。”[2] 因而“木连理”是仁木，代表了君王德行高尚，是祥瑞的象征，暗含了明清帝王追求儒家“仁”的思想以及寄予天下一统的美好愿望；同时，园中点缀具有美好寓意的花木，表现了皇家的审美意趣，东部堆秀山前玉兰、牡丹，绛雪轩前海棠的花木配置，彰显帝王祈愿“玉堂富贵”的思想，绛雪轩前太平花表达清宫期许天下太平的思想。可惜某些花木自身生理特点或因养护不当，如绛雪轩前海棠、堆秀山前桃、养性斋梅及园中枣、柳、李、葡萄、兰、莲已难觅踪迹，但园中玉兰、牡丹、芍药、太平花、丁香、萱草仍娇艳绽放。同时，通过摆放梅、兰等盆景、盆花丰富花木景观，彰显了清帝崇尚文人高洁品行的审美情趣。

1 （清）玄烨：《御制文初集》卷三四《春日内苑赐宴诗》，国家清史编纂委员会：《清代诗文集汇编》191册，上海古籍出版社，2011年，第412页。

2 黄小峰：《不死之物——枯木怪石的世界》，《宫·帝王的花园（下）》，故宫出版社，2017年，第86页。

（三）珍禽走兽、禽声上下

中国古典园林的原始形态为“囿”“圃”“台”，圃内栽植花木，而囿内则豢养野兽禽鸟，后世的历代皇家园林，园中豢养兽、禽成为园林造景的要素之一。

明清紫禁城的御花园，不仅建筑精美、花木繁茂，园内亦辟有豢养野兽、珍禽的区域。清末花园西部四神祠后假山南部的承露台南被改建为“鹿囿”用于豢养梅花鹿，据清宫留存老照片可以看出，清末时鹿囿内饲养鹿〔图22〕，古代鹿被视为神物、瑞兽，象征吉祥幸福和长寿，是君王贤明品格的象征。

图22 清晚期御花园鹿囿中的鹿

故宫博物院藏

花园东部绛雪轩前绿地内建造有“鹤圈”[1]〔图23〕，用来豢养仙鹤，鹤自古被赋予长寿、吉祥和高雅的象征。园中豢养鹿、鹤寄予了明清宫廷“鹿鹤同春”的美好寓意。观赏兽、禽是帝后、妃嫔及太后宫中重要的休闲活动，嘉庆

图23 绛雪轩前绿地内集卉亭基址及“鹤圈”旧址

1 现鹤圈旧址处为一块太湖石赏景，此湖石本为圆明园赏石，1959 年放置于此处。

年间，内务府要为御花园攒造鹤食桶和粘补鹤食盆[1]，嘉庆皇帝曾赋诗《禁中鹤》："蓬阆遨游几岁年，来栖紫禁态蹁跹。自甘粱稻无他志，亿载添筹阿阁前。"[2]吟咏了紫禁城中仙鹤翩翩起舞的曼妙舞姿。花园东、西部浮碧亭及澄瑞亭下，栽莲养鱼，帝后、太后及妃嫔游赏御花园，园中林木葱茏，珍禽兽鱼，流水潺潺……自然产生简文帝入华林园游赏时的深远意境："会心处不必在远。翳然林水，便自有濠、濮间想也，觉鸟兽禽鱼自来亲人。"[3]

五 结 语

本文通过探查御花园的相关史料，分析出御花园建筑布局自建园之初形成，后因明、清历朝帝王对花园功能需求的变化，局部建筑渐次更改，主要集中在明嘉靖、万历两朝和清乾隆时期，园中山水格局主要是明万历和清乾隆年间形成。同时探查了明清时期御花园的植物种类，植物景观形成于明代建园之初，以柏树为主、松树为辅构成四季常青的园林景观，园中栽植奇花异卉、摆放盆花盆景形成四季观花的植物美景，彰显了明清帝王的审美境界。然而，朝代更迭，时至今日御花园中部分植物历史景观无存，因此人们不能完整地领略明清时期园中的美好意境，可谓一件憾事。对于御花园中消失的明清时期植物历史景观曾被部分恢复，2000年恢复浮碧亭玉兰景观，并于千秋亭东南栽植开紫色花的二乔玉兰（代替辛夷），2007—2008年更新园中牡丹、芍药品种……但绛雪轩前仍可恢复栽植西府海棠和梅花，玉翠亭和凝香亭后可栽竹、鱼池内可植莲，堆秀山前可栽植桃树或摆放碧桃盆景，园中可摆放葡萄、兰花……如果能恢复这些植物历史景观，将使人们更加充分感受明清时期御花园作为一座宫廷园林的独特魅力！

[作者单位：故宫博物院修缮技艺部]

1 嘉庆元年六月二十八日内务府奏案，《内务府档案》，05-08-006-000004-0078号，中国第一历史档案馆藏。

2 （清）颙琰：《御制诗初集》卷一五《禁中鹤》，《清代诗文集汇编》459册，第287页。

3 朱碧莲、沈海波译注：《世说新语》，中华书局，2011年，第119页。

清代广东透明珐琅研究*

A Study of Guangdong Transparent Cloisonné in the Qing Dynasty

郭福祥

Guo Fuxiang

内容提要：

透明珐琅是广珐琅家族中一个比较小的门类，以往学术界的关注点基本集中在广州画珐琅上，对透明珐琅关注甚少，认识一直比较模糊。本文在实物调查和文献梳理的基础上，对广东透明珐琅的起源、技法和工艺、市场、制作商号等基本问题进行了初步探讨，希望能厘清清代广东透明珐琅发展的历史脉络，实质性地推进对这一广东特有珐琅门类的认知，为将来进一步深入研究奠定基础。

关键词：

广东　透明珐琅　起源　胎体处理　施做方法　装饰

ABSTRACT:

Transparent cloisonné is a relatively small category within the Guangzhou-style cloisonné family. Previously, academic attention has focused primarily on Guangzhou's painted enamel, with little attention paid to transparent cloisonné. Knowledge about it has remained vague. Based on physical examination and literature review, this article preliminarily explores the origins, techniques, craftsmanship, market, and production workshops of transparent cloisonné of Guangdong. It aims to clarify the historical context of its development in the Qing dynasty (1644-1911), substantively promote the understanding of this cloisonné category unique to Guangdong and lay the foundation for further in-depth research in the future.

KEYWORDS:

Guangdong, transparent cloisonné, origin, body treatment, enameling method, embellishment

* 本成果得到故宫博物院“英才计划”和北京故宫文物保护基金会学术故宫万科公益基金会专项经费资助。

一 缘 起

近些年来，对岭南特色工艺广珐琅的研究引起学术界的广泛关注[1]。但梳理关于广珐琅的学术成果，会发现对广珐琅的研究主要集中在铜胎画珐琅方面，而对于广珐琅中的另一个重要门类透明珐琅基本没有涉及，实是广珐琅研究领域的一个缺环。究其原因，一方面相比于广东铜胎画珐琅，广东透明珐琅实物存世数量极少，应用范围亦相当有限，因此受关注度不高；另一方面文献资料亦相当缺乏，往往和其他类别的珐琅资料混杂在一起，难以作出明确的区分。迄今为止，关于清代广东透明珐琅的论述都显得相当笼统，历史面貌模糊不清[2]。而要想对清代广东珐琅历史面貌有比较全面的认识，弄清清代广东透明珐琅的历史脉络则是必须要面对且不可回避的问题。

在清宫收藏的广州钟表中，有一些钟表的钟体上装饰有大面积的色彩鲜艳、纹饰繁缛的透明珐琅，这成为清宫广州钟表的重要特征之一。故而广东透明珐琅的历史和发展状况一直受到钟表研究界的关注，笔者对清代广东透明珐琅的兴趣正是源于对清宫广州钟表的研究。在收集资料的过程中，笔者发现有关广东透明珐琅的文献极少，地方文献更是几乎不见。同时对这些广钟上装饰的透明珐琅的认识也存在着制作时间、地点、作坊和制作工匠不明确等问题，这成为制约广州钟表研究走向深入的关键因素之一。

鉴于广东透明珐琅的相关文献和实物遗存状况，笔者认为对广东透明珐琅的研究路径应放在寻找代表性和关键性的实物证据上面，并以此为基础对广东透明珐琅的历史脉络加以梳理，以获得进一步的认识。笔者近些年来对收藏于国内各大博物馆尤其是故宫博物院和台北"故宫博物院"的透明珐琅藏品，以及流散在世界各国的广东透明珐琅作品，进行了认真细致的调查，从而对广东透明珐琅作品的制作风格及其演变有了更多的认识，可以进行更加详细的说明。加之近年来两岸故宫研究人员对清代宫廷珐琅研究亦取得可喜进展[3]，为进一步探讨广东透明珐琅技术来源方面的问题提供了线索和可能。本文就是以这些实物为基本依据，并结合相关研究成果和文献资料梳理而成。基本的思路是，根据胎体、技术和装饰风格对现存实物加以分组，探讨其前后递进关系，从而确立广东透明珐琅历史发展大致的时间纵向坐标。同时，探讨广东透明珐琅的不同市场及其影响，建立起广东透明珐琅的空间横向坐标。

---

1 对清代广珐琅比较早的讨论，见杨伯达：《从清宫旧藏十八世纪广东贡品管窥广东工艺的特点与地位：为〈清代广东贡品展览〉而做》，《清代广东贡品》，香港中文大学文物馆，1987 年，第 10 — 38 页。近些年研究则有较大的突破，见许晓东：《康熙、雍正时期宫廷与地方画珐琅技术的互动》，《宫廷与地方：17 至 18 世纪的技术交流》，紫禁城出版社，2010 年，第 277 — 335 页；施静菲、王崇齐：《乾隆朝粤海关成做之"广珐琅"》，《"国立"台湾大学美术史研究集刊》2013 年 9 月第 35 期；张荣：《清宫旧藏广珐琅述论》，《广东省博物馆藏品大系：杂项卷一铜胎珐琅器与外销银器》，文物出版社，2020 年，第 261 — 274 页；王崇齐：《乾隆朝铜胎画珐琅制作地辨别的再思考》，《故宫博物院院刊》2021 年第 4 期。相关展览有：2019 年广东省博物馆举办的《臻于至美：广珐琅特展》，并出版有同名图录；2021 年广州十三行博物馆举办的《西风焕彩：新入藏铜胎画珐琅精品展》。

2 关于广东透明珐琅的讨论，多集中于有关广州钟表的论著中。商芝楠将广钟上装饰的透明珐琅称为"烧蓝片"，并指出"当时国内只有广东工匠能掌握烧蓝工艺"。参见商芝楠：《清代宫中的广东钟表》，《故宫博物院院刊》1986 年第 3 期。亦可参见郭福祥：《时间的历史映像：中国钟表史论集》，故宫出版社，2013 年，第 168 页；关雪玲：《准溯天文列贡珍：广州进贡钟表谈略》，《紫禁城》2006 年第 4 期。

3 王竹平：《康熙款与乾隆款浮雕珐琅金碗的制作及其关联性》，《故宫学术季刊》（台北），第三〇卷第四期（2013）；王翯：《西洋制作乾隆款画珐琅器物考》，《故宫博物院院刊》，2020 年第 7 期。

二 现存清代广东透明珐琅实物状况

所谓透明珐琅，即将透明釉料施于金属胎体之上，经烧制后形成一种可透视胎底，器物表面具有自然亮丽且明暗变化之视觉效果的珐琅艺术作品。这种技术最早出现于13世纪的意大利中部城市锡耶纳（Siena）[1]，此后逐步向世界各地传播扩散。大约在16世纪传播至印度次大陆、西亚和中亚的伊斯兰地区[2]。在中国这种珐琅一直没有引起关注，直到18世纪才有在地的制作实践，是各类珐琅中最晚传播到中国的品种。

中国的透明珐琅似乎从传入的时候起就有两条并行的技术路径和演变形态，即用于局部装饰和用于主体装饰，也就是文物研究界通常所说的软透明珐琅和硬透明珐琅。软透明珐琅基本是施用于金、银等贵重金属或铜累丝的局部装饰上，其制作地分布广泛，北京、江浙、广东等地区都有制作，技术一直延续至今，多以“烧蓝”名之。硬透明珐琅的釉料透明度更高，色彩更为艳丽，是以透明釉料为主要创作对象的装饰艺术，主要用于制作各种器物。硬透明珐琅在胎体上直接铺排大面积的釉料，烧制过程中由于釉料和胎体在温度变化过程中伸缩比率不一致，很容易出现变形而导致残次品。故硬透明珐琅制作难度高，技术复杂，制作不易，在清代只有广东可以制作，这也是中华人民共和国成立后文物界一度只将这种硬透明珐琅称作“广珐琅”的原因。本文所探讨的广东透明珐琅即这种硬透明珐琅。

就笔者目前掌握的资料，清代广东透明珐琅作品存世量很少，即使是在藏品极为丰富的故宫博物院和台北“故宫博物院”，其庋藏数量也相当有限。而国内其他博物馆和海外博物馆的收藏则更为零散稀少，数量多以个位数计。

故宫博物院是目前所知收藏广东透明珐琅器物最多的博物馆，其来源基本上是清宫旧藏的遗存，总数量在200余件。主要由三个部分组成：

一是珐琅类器物中被称为“广珐琅”的部分，共76件。其中除3件把镜实为画珐琅，1件珐琅鼻烟盒为欧洲制作外，可以确定为广东透明珐琅作品72件。包括蓝珐琅贴金红绿色花卉璎珞纹五供1套5件（朝冠耳三足炉1件、烛台2件、花觚2件）〔图1〕、蓝珐琅葫芦式瓶1对、蓝珐琅贴金折枝花卉八宝纹九子圆盒1对〔图2〕、蓝珐琅贴金八宝五福捧寿纹九子攒盘1对〔图3〕、蓝珐琅贴金喜字八宝及暗八仙纹方胜式瓶1对〔图4〕、蓝珐琅贴金八宝及暗八仙纹面盆1对〔图5〕、蓝珐琅贴金喜字八宝纹面盆1件〔图6〕、蓝珐琅贴金喜字扳指1盒10件〔图7〕、绿珐琅贴金喜字扳指1盒10件〔图8〕、蓝珐琅嵌骨质博古图把镜1件〔图9〕、蓝珐琅斜方格十字暗花纹带扣15套〔图10〕（每套含带扣1件、带环2件）、蓝珐琅暗花吉庆平安纹带扣13套〔图11〕（每套含带扣1件、带环2件）、蓝珐琅贴金蝙蝠葫芦纹攒盒1件、蓝珐琅贴金八宝纹攒盒1件、各式银胎錾花珐琅小水丞1套5件（绿珐琅2件、蓝珐琅3件）。这些广东透明珐琅器物多为陈设品和实用器，并成对制作。

1 Isa Belli Barsali, European Enamels, pp90-97, Paul Hamlyn, London, 1966.

2 许晓东：《再论六世班禅进献乾隆帝七十寿礼之产地》，《宫廷与异域：17、18世纪的中外物质文化交流》，厦门大学出版社，2017年，第130－136页。亦可参见赖依缦：《清代藏传佛教高僧大德入贡法器考》，《故宫学术季刊》（台北）第三四卷第三期2017年。

图1 蓝珐琅贴金红绿色花卉璎珞纹五供
朝冠耳三足炉，口径10厘米，底径8厘米，高27.5厘米
烛台，口径5厘米，底径8.5厘米，高25厘米
花觚，口径12.3厘米，底径7.3厘米，高21.3厘米
故宫博物院藏

图2 蓝珐琅贴金折枝花卉八宝纹九子圆盒
口径34.5厘米，高15.5厘米
故宫博物院藏

图3 蓝珐琅贴金八宝五福捧寿纹九子攒盘
口径36厘米，高10.7厘米
故宫博物院藏

图4 蓝珐琅贴金喜字八宝及暗八仙纹方胜式瓶
宽20厘米，厚10厘米，高36.5厘米
故宫博物院藏

图5 蓝珐琅贴金八宝及暗八仙纹面盆
口径47.3厘米，底径20.3厘米，高13厘米
故宫博物院藏

图6 蓝珐琅贴金喜字八宝纹面盆
口径40厘米，底径22.2厘米，高10厘米
故宫博物院藏

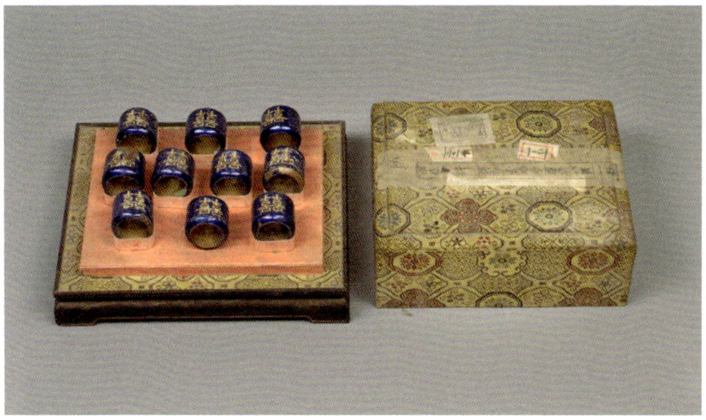

图7 蓝珐琅贴金喜字扳指1盒
每件上口径2.8厘米，下口径3厘米，高2.5厘米
故宫博物院藏

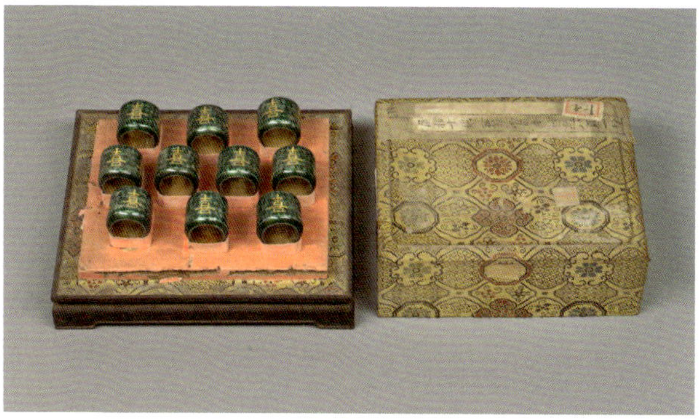

图8 绿珐琅贴金喜字扳指1盒
每件上口径2.8厘米，下口径3厘米，高2.5厘米
故宫博物院藏

图9 蓝珐琅嵌骨质博古图把镜
长25厘米，宽11.5厘米
故宫博物院藏

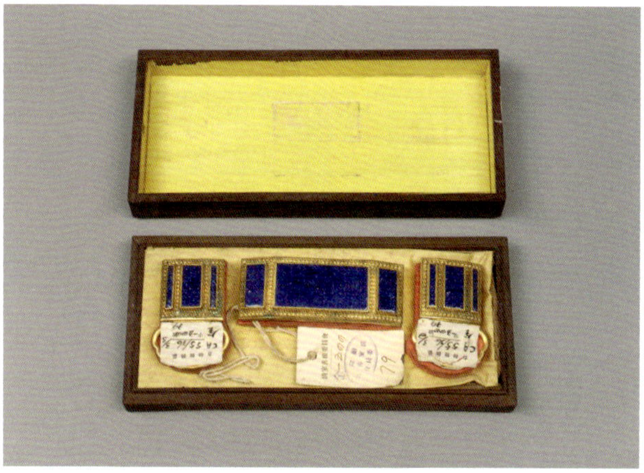

图10 蓝珐琅斜方格十字暗花纹带扣
带扣长10.2厘米，宽3.5厘米 带环长6.5厘米，宽3.5厘米
故宫博物院藏

其中占比最大的扳指、带钩都是成批成盒地制作，进入宫廷后则存放在“赏用库”内，说明这些透明珐琅小器物有些是宫廷准备用来赏赐的。

二是生活用具类物品中的鞘刀、把镜、粉盒等，共约90件。这类作品多是成批量制作，同类作品间体量、胎质、形制、纹饰、技法基本相同。其中鞘刀14件，钢制刀身，染绿色象牙把，铜镀金鞘口、鞘首、带环，鞘身为铜胎施蓝色透明珐琅，珐琅底层为暗花方格十字纹，上层为贴金八宝纹，侧面贴金连续花叶纹装饰带〔图12〕。把镜70余面，椭圆形镜面，镜框和镜背都是画珐琅装饰，只有镜把部分为铜胎蓝色透明珐琅，铜胎錾刻水波纹，蓝色透明珐琅表面贴金或描金花卉纹，贴金或描金装饰稍欠细腻〔图13〕。粉盒4件，长方形或椭圆形，以镀金铜条为框，各面均镶嵌蓝色透明珐琅。盒盖圈口平分为左右两个部分，镶嵌珍珠和红色料石，中间用合页连接，均可开合。较为特别的是，粉盒侧面和盒盖部分透明珐琅上面的番莲花纹不再用贴金方法装饰，而是以彩色画珐琅

图11 蓝珐琅暗花吉庆平安纹带扣
带扣长7.1厘米，宽5厘米 带环长7厘米，宽6厘米
故宫博物院藏

图12　蓝珐琅贴金八宝纹鞘染牙柄鞘刀
宽2厘米，长30厘米
故宫博物院藏

图13　铜胎画珐琅背蓝色透明珐琅把镜
长38.2厘米，宽12.5厘米
故宫博物院藏

图14　铜镀金广珐琅跑人转花自开门钟
宽33厘米，厚33厘米，高83厘米
故宫博物院藏

图15　铜镀金广珐琅倒球水法钟
宽40厘米，厚36厘米，高99厘米
故宫博物院藏

替代。从现状来看，其中的把镜有的是单个放在锦匣里，再5个一组置于木匣之中，显然是同时制作。有的上面还拴有使用后再次回缴的黄条，可知在宫廷中亦作为赏赐或配给后宫人等使用。以此推断，数量较多的鞘刀亦可能存在同样的情况。

三是钟表类器物中的广珐琅钟，50余件。这是广东透明珐琅中最引人注目的部分。透明珐琅是清代广钟中最具代表性和标志性的装饰手法。广钟上的透明珐琅一般是根据钟表的造型，将钟表外壳面分解成不同的部分，每个部分单独烧制透明珐琅器物或珐琅片，然后再组合、拼接和镶嵌到各个部位。一件外壳嵌满透明珐琅的广钟，有的要烧配几十个大小不同、形态各异的构件和珐琅片，呈现出广东透明珐琅最为丰富的样态。广钟上的透明珐琅装饰除了体量较大的平面珐琅片以外，还有曲面形的珐琅片、葫芦形的器物、圆筒形的立柱等，可以拼接出造型各异体量庞大的作品，可视为广东透明珐琅最高水平的标准器〔图14、图15〕。

台北“故宫博物院”收藏的广东透明珐琅器物总数在35件左右。其中最引人注目的是一组28件的金胎内填透明珐琅作品，包括一件为“康熙御制”款浮雕珐琅金碗和27件“乾隆年制”款的金胎浮雕珐琅五供、碗、盖碗、钟和提篮[1]。此外，在其官网上还可以看到7件银胎内填珐琅器，包括一对银胎蓝色内填珐琅长颈瓶，一

1　前揭王竹平：《康熙款与乾隆款浮雕珐琅金碗的制作及其关联性》。

对银胎绿色内填珐琅长颈瓶，一套3件银胎蓝绿色珐琅贴金花炉、瓶、盒[1]。

中国国内的一些博物馆也有零星的广东透明珐琅收藏。如在中国国家博物馆展陈的广东透明珐琅作品有“广造烧蓝桃式挂表”和“烧蓝缠枝莲铜面盆”，其名虽曰烧蓝，但从胎体、釉质、技术、装饰手法看，实则是成熟时期典型的广东透明珐琅作品。广州博物馆收藏有10余件广东透明珐琅作品，包括“铜镀金嵌珐琅卷帘转人钟”“铜镀金嵌珐琅葫芦式转人转花钟”“铜镀金珐琅瓶式变字转花开花钟”“铜镀金嵌珐琅花瓶式钟”等嵌有广东透明珐琅的广钟，以及“铜錾胎透明珐琅鎏金鼎”“铜胎透明珐琅八宝勾莲纹面盆”[2]等生活用具。广东省博物馆收藏的“铜镀金嵌珐琅葫芦式转花转水法钟”和“铜胎鎏金透明珐琅花篮座钟”[3]，其上装饰的也都是广东透明珐琅。南京博物院收藏的“铜镀金嵌珐琅人敲时乐钟”[4]也镶嵌的是广东透明珐琅。沈阳故宫博物院收藏的“画珐琅画洋人长圆把镜”“透明珐琅把镜”柄部都为广东透明珐琅装饰。上述国内博物馆的广东透明珐琅收藏以广钟和生活用具居多，无论是时代、品类，还是纹饰、技法都和故宫博物院所藏的广东透明珐琅作品颇为相似，基本上是由清宫广东透明珐琅收藏释放出去的。

国外博物馆和机构等也有零星的广东透明珐琅收藏。在英国皇室收藏中有一对18世纪20年代至40年代，广州生产的蓝色地透明珐琅和画珐琅相结合的大瓶，高50多厘米，是广东向欧洲出口的外销产品[5]。英国维多利亚和阿尔伯特博物馆（The V&A Museum）收藏有3件广东透明珐琅作品。包括一件蓝色透明珐琅贴金银花卉纹面盆，直径49.53厘米，高11.43厘米，外底有描金“广东天源”款[6]。另有两件造型、大小、技法相同的贴金银花透明珐琅和画珐琅相结合的盖盒，其中一件为蓝色地透明珐琅，另一件为绿色地透明珐琅[7]。美国大都会艺术博物馆网站上公布有2件19世纪的广东透明珐琅作品，分别为透明珐琅贴银花画珐琅花篮和透明珐琅贴金银花盖罐[8]。越南顺化皇家古物博物馆陈列的明命帝（Minh Mang）阮福晈（Nguy n Phúc Ki u，1791—1841）收藏的1件购自荷兰的蓝色地透明珐琅和画珐琅结合的高足盖碗，也是具有一定代表性的广东透明珐琅作品。香港中文大学文物馆亦收藏有个人捐赠的广东透明珐琅作品，如蓝色地透明珐琅和画珐琅结合的开光庭院人物透明珐琅瓶1对、透明珐琅花卉纹方座杯1件等。

广东透明珐琅在一些私人收藏家尤其是香港藏家中亦有收藏。香港中文大学“总相宜：清代广州金属胎画珐琅特展”中的透明珐琅展品就多来自这些私人收藏。如承训堂收藏的透明珐琅嵌宝石带扣1对、透明珐琅杯盘1套。世德堂收藏的透明珐琅冰梅纹罐。其乐轩收藏的透明珐琅绿地贴金花盖碗、透明珐琅蓝地贴金花盏托、透明珐琅绿地贴金盘、铜胎透明珐琅蓝地贴金银花小罐、透明珐琅蓝地贴金银花卉盘、透明珐琅表盘画珐琅钟。另有私人收藏的透明珐琅绿地贴金银花卉盏托、透明珐琅画珐琅高足盖碗及杯1对、绿地透明珐琅画

1 https://digitalarchive.npm.gov.tw/ITWaterFall. 检索日期：2021 年 12 月 18 日。

2 广东省博物馆编：《臻于至美：广珐琅特展》，岭南美术出版社，2020 年，第 14、43 页。

3 广东省博物馆编：《臻于至美：广珐琅特展》，岭南美术出版社，2020 年，第 16、44 页。

4 南京博物院编：《精准与华美：南京博物院藏钟表精品》，凤凰出版社，2013 年，第 158 — 161 页。

5 John Ayers, Chinese and Japanese Works of Art in The Collection of The Majesty the Queen, Volume 3, p961. Royal Collection Trust, 2016.

6 https://collections.vam.ac.uk/item/O497209/basin-unknown/. 检索日期：2021 年 12 月 18 日。

7 https://collections.vam.ac.uk/item/O495397/box-unknown/；https://collections.vam.ac.uk/item/O493884/lidded-box-unknown/. 检索日期：2021 年 12 月 18 日。

8 https://www.metmuseum.org/art/collection/search/40806；https://www.metmuseum.org/art/collection/search/40779. 检索日期：2022 年 3 月 10 日。

珐琅盘、蓝地透明珐琅贴金银花卉画珐琅庭院人物瓶、浅绿地透明珐琅贴金银花卉画珐琅庭院人物瓶1对。

此外，在一些拍卖公司或古董商店网站上也偶有广东透明珐琅作品出现。如荷兰Oriental Art Auctions公司拍卖过一件菱花形绿地透明珐琅贴金银花画珐琅庭院人物盘[1]。英国伦敦Timothy Langston古董店收藏1对蓝地透明珐琅贴金银花画珐琅庭院人物瓶，高39厘米，被定为1840年左右生产[2]；伦敦Lots Road Auctions公司2019年9月22日拍卖一件直径达41.5厘米的蓝地透明珐琅贴金银花画珐琅风景人物盆[3]；美国马里兰的Capitoline Auction Gallery于2017年4月15日拍卖一件30厘米高蓝地透明珐琅贴金银花画珐琅庭院人物花觚[4]；等等。

以上是笔者收集到的世界各地博物馆、机构和私人收藏的广东透明珐琅作品的情况，共280余件。这虽然不是现存广东透明珐琅作品的全部，但应该囊括了其中最主要的部分。这些实物有其自身发展演变的内在逻辑脉络，是我们讨论广东透明珐琅纵向历史的基础。同时，透过故宫博物院和台北"故宫博物院"以及中国国内有关博物馆的藏品，可以建立起广东透明珐琅与宫廷和国内市场的关系脉络。同样，通过国外博物馆、机构和私人的收藏，可以考察广东透明珐琅与世界不同市场之间的关联。下面的讨论将以这些现存实物为基础，结合相关档案和文献记载展开。

三 清代广东透明珐琅器物分组及讨论

本部分旨在前述实物资料调查收集的基础上，将现存的广东透明珐琅实物按照胎体、装饰、技法等要素进行分类、比较，以类型学的方法将其分为不同组别，归纳分析出各个组别器物的共同特征，进而总结出广东透明珐琅可能的历史演进及其面貌变化。每一组内不同作品的具体制作细节或存在差异，但在整体风格、样式和技术方法上又具有明显的共性，可以视为同一时期具有相同风格样式的作品。

在梳理现存广东透明珐琅实物过程中，笔者首先关注的是作为透明珐琅制作基础的胎体，有金胎、银胎和铜胎之别，而且这三种胎体似乎有一个逐步递进的过程，可以作为区别广东透明珐琅的第一层级要素。其次是在同一种胎体上，透明珐琅的技术和装饰又有明显的阶段性演变，可以作为区别广东透明珐琅的第二层级要素。根据这两个层级要素的变化演进关系可以将现存广东透明珐琅实物分为四组，分别讨论如下：

第一组器物：现藏于台北"故宫博物院"的28件金胎浮雕透明珐琅作品

这组器物包括一件"康熙御制"款金胎浮雕透明珐琅碗（故珐270）〔图16、图17〕，以及27件与此康熙款金碗做法、纹饰相同的"乾隆年制"款金胎浮雕透明珐琅作品。其中"乾隆年制"款作品包括碗2对（故珐117-118、故珐253-254）〔图18、图19〕、盖碗6对（故珐122-126、故珐280-281、故珐286-290）〔图20、图21〕、提篮2对（故珐130-131、故珐545-546）〔图22、图23〕、金盅1对（故珐120-121）〔图24、图25〕和1组五供（故珐975-979）。本组这些作品胎体都是金胎。具体做法是在金胎外侧先浅雕花卉和卷叶纹，再在其四周刻

1 https://www.orientalartauctions.com/object/artchin05864-a-chinese-canton-enamel-dish. 检索日期：2021 年 12 月 18 日。

2 https://www.timothylangston.com/shop/objects/ceramics/a-pair-of-19th-century-canton-enamel-vases/. 检索日期：2021 年 12 月 18 日。

3 https://www.lotsroad.com/lot-details/66634/canton-enamel-18th19th-century. 检索日期：2021 年 12 月 18 日。

4 https://www.artfoxlive.com/product/575155.html#prettyPhoto. 检索日期：2021 年 12 月 18 日。

图16 “康熙御制”款金胎浮雕透明珐琅碗（故珐000270）
口径11.8厘米，高4.8厘米
台北“故宫博物院”藏

图17 “康熙御制”款金胎浮雕透明珐琅碗底部款识

图18 “乾隆年制”款金胎浮雕透明珐琅碗（故珐000253）
口径11.6厘米，足径6.1厘米，高5.3厘米
台北“故宫博物院”藏

图19 “乾隆年制”款金胎浮雕透明珐琅碗底部款识

图20 “乾隆年制”款金胎浮雕透明珐琅盖碗（故珐000287）
口径10.9厘米，高9厘米
台北“故宫博物院”藏

图21 “乾隆年制”款金胎浮雕透明珐琅盖碗款识

图22 “乾隆年制”款金胎浮雕透明珐琅提篮（故珐000130）
口径长14.6厘米，宽13.4厘米，高11.8厘米
台北“故宫博物院”藏

图23 “乾隆年制”款金胎浮雕透明珐琅提篮款识

图24 “乾隆年制”款金胎浮雕透明珐琅盅（故珐000120）
口径9.5厘米，足径5厘米，高6厘米
台北“故宫博物院”藏

图25 “乾隆年制”款金胎浮雕透明珐琅盅款识

弦纹以为地。弦纹地以透明珐琅覆盖，花叶纹饰的花瓣用红、蓝、紫色透明珐琅料填充，花叶用绿色透明珐琅料填充，花叶边缘和叶脉不填珐琅。透过透明珐琅可见胎地的雕刻纹饰，胎体金色与彩色珐琅相互映衬，绚烂华丽，光彩夺目。这些浮雕透明珐琅作品从纹样特征以及做法观察，具有相当的一致性，应是一起批量制作的。

目前对这批器物最为详尽的研究，当数台北“故宫博物院”王竹平的《康熙款与乾隆款浮雕珐琅金碗的制作及其关联性》一文。在此文中，王竹平根据清室善后委员会《故宫物品点查报告》所编的千字文号，回推这些金胎浮雕透明珐琅器的原存地点，除了余字号的金胎五供存放在毓庆宫，其余的5件金碗、12件金盖碗、4件金提篮和2件金钟皆为列字号，都收存于乾清宫端凝殿库房的宫廷珐琅专藏中，并配有乾隆朝特制的楠木匣，典藏意图明显，是清廷自制域外风格工艺品的重要组成部分。

王竹平的研究有以下几点值得关注：一是透过康熙款浮雕透明珐琅金碗所用金胎上4组法国巴黎金匠行

图26 “康熙御制”款金胎画珐琅碗（故珐000269）
口径12厘米，足径6.3厘米，高4.6厘米
台北“故宫博物院”藏

图27 “康熙御制”款金胎画珐琅碗款识

会的戳记，尤其是课税标章和纯度标章，明确其所用金胎制作于公元1777年的巴黎，从而推知该碗施釉连同落款的完成时间应不早于乾隆四十二年（1777），排除了该件康熙款浮雕透明珐琅金碗为康熙朝制品的可能性，其“康熙御制”款当是乾隆时期档案所载“加前朝款”的例证。二是通过这组金器外表胎地处理方式、釉色现存状况、化学成分检测等的对比将康熙款浮雕透明珐琅金碗与乾隆款浮雕透明珐琅金器做出了明确区分，并结合前述巴黎金匠行会戳记，得出康熙款浮雕透明珐琅金碗主体为法国巴黎制作，碗底白珐琅料和落款为中国工匠后加，而乾隆款的浮雕透明珐琅器物皆为中国制作的推论。三是通过清宫相关档案和实物的梳理，厘清了此组金胎浮雕透明珐琅器制作的背景和大体脉络。根据造办处活计档记载，乾隆四十年（1775）十一月乾隆帝指令太监胡世杰，将包括金胎西洋珐琅碗在内的10件康熙款和雍正款的画珐琅器，交给粤海关监督德魁照样各成做1件，并指示“不要广珐琅，务要洋珐琅，亦要细致烧乾隆年制款”[1]。两年以后的乾隆四十二年（1777）十一月，粤海关将新做成的10件乾隆年制款珐琅器呈交，原来做样的10件珐琅器也一并交回。乾隆帝御览后，指示将原做样的10件珐琅器交回乾清宫原处，而对新做的珐琅器则配匣盛装，同时特别指示“新到珐琅器十件内金胎珐琅碗一件，交图明阿代去，照样烧造一件，俱配盖，成一对”[2]。根据档案信息，王竹平从台北“故宫博物院”的珐琅器收藏中核查出，那件乾隆四十年做样的康熙款金胎西洋珐琅碗即现藏康熙御制款金胎画珐琅碗（故珐269）〔图26、图27〕，而依照此碗由粤海关新制作的1对乾隆年制款金胎珐琅盖碗之一即现藏乾隆年制款画珐琅盖碗（故珐101）〔图28、图29〕。虽然两条档案中提到的珐琅器都是画珐琅，但通过器形和花卉纹样的对比，可知此组金胎浮雕透明珐琅作品中碗的原型正是那件康熙御制款金胎画珐琅碗（故珐269），盖碗、盅等的原型即乾隆年制款画珐琅盖碗（故珐101），而所有这些作品的共同原型则是康熙御制款金胎画珐琅碗（故珐269）。“也就是说院藏康熙御制款金胎画珐琅碗，可谓是乾隆朝金胎

1 中国第一历史档案馆、香港中文大学文物馆合编：《清宫内务府造办处档案总汇》（以下引述该档案简称《总汇》）第38册，乾隆四十年十一月“行文”，人民出版社，2005年，第664页。

2 《总汇》第40册，第470页，乾隆四十二年十一月“记事录”。

图28 “乾隆年制”款画珐琅盖碗（故珐000101）
口径12.09厘米，足径6.38厘米，高8.8厘米
台北“故宫博物院”藏

图29 “乾隆年制”款画珐琅盖碗款识

图30 乾隆款铜胎画珐琅菊纹壶（故116545）
口径6厘米，底径6厘米，高9.6厘米
故宫博物院藏

图31 乾隆款铜胎画珐琅菊纹壶款识

浮雕珐琅系列最原始的创意源头。”[1] 四是乾隆时期制作于法国的那件康熙款浮雕透明珐琅金碗（故珐270）是具有重要意义的作品，它很可能是清宫所有金胎浮雕内填珐琅器的创意源头。“浮雕珐琅技术在康熙时期尚未自西洋传入，很可能是迟至乾隆朝才借由这件法国制造的康熙款浮雕珐琅金碗在清宫获得认识并随之应用与开发出同样花色的27件乾隆款金胎浮雕珐琅系列作品，特立于其他清宫内填珐琅器。”并谨慎地推定该碗的制作年代很有可能在乾隆四十二年（1777）到四十八年（1783）之间[2]。

王翯在故宫博物院收藏的一件乾隆款铜胎画珐琅菊纹壶底部发现了法国著名珐琅画师Joseph Coteau（1740—1801）的签名〔图30、图31〕，证实清宫确实存在发样向欧洲定制珐琅的情况，乾隆帝“不要广珐

1 前揭王竹平：《康熙款与乾隆款浮雕珐琅金碗的制作及其关联性》。
2 前揭王竹平：《康熙款与乾隆款浮雕珐琅金碗的制作及其关联性》。

琅，务要洋珐琅”的要求得到了切实贯彻。以此为线索，辨识出和此壶一起在法国制作的其他器物[1]。此成果与王竹平的研究相互呼应。最近王濡等又通过科技方法对该壶进行检测，发现该壶胎体上同样有巴黎金匠行会的打印戳记，确认此壶金胎的制作时间是1783年，也就是乾隆四十八年。并在此基础上重新修正这批法国制珐琅器到达清宫的时间可能为乾隆四十九年（1784），其在宫廷内的原始收藏地点是宁寿宫[2]。

王竹平和王濡的研究虽各有侧重，但都明确了中国和欧洲之间，尤其是中国和法国之间在珐琅制作上存在的交流和互动，而这些交流和互动似乎与广东的透明珐琅技术引入有直接关系。这里在二人研究的基础上，对广东透明珐琅出现与此组器物的相关问题再做进一步的探讨。

自乾隆四十年起，乾隆帝传旨粤海关仿制10件前朝画珐琅，至乾隆四十九年粤海关先后共呈进了两批，每批的种类、数量都一样。其中乾隆四十二年制作完成的归于乾清宫收藏，乾隆四十九年完成的纳入宁寿宫收藏。通过档案和两岸故宫现存实物的核对比较，表明两批复刻作品的制作者均能够很好地领会乾隆帝的意图，按原样复刻而没有走样。但在那件金胎珐琅碗上却出了问题。

乾隆四十二年的档案显示，第一次由粤海关仿制后金胎珐琅碗变成了金胎珐琅盖碗，并且做了1对，根据对应实物可知这对盖碗是画珐琅作品[3]。此批成品完成后，所有新作10件及做样10件珐琅器也都回到了乾清宫。这是没有什么疑义的。

第二批依此制作的珐琅器，活计档是这样记载的：乾隆四十九年（1784）十一月“十二日员外郎五德、库掌大达色、催长金江、舒兴将粤海关监督穆腾额送到西洋珐琅钵盂一件、西洋珐琅杯盘一分、西洋珐琅花篮一件、西洋珐琅卤铫一件、西洋画珐琅仿成窑花样盖罐一对、西洋画珐琅包袱式盖罐一件、西洋画珐琅壶一件、西洋珐琅碗一件、做样珐琅碗一件，持进交太监鄂鲁里呈览，奉旨：将做样珐琅碗一件，仍交粤海关监督穆腾额照样烧造珐琅碗一对，务要照做样珐琅碗花纹颜色一样烧造。其钵盂、杯盘、花篮等俱交宁寿宫。钦此。于五十年四月二十六日粤海关送到珐琅碗一对，做样珐琅碗一件，呈进交宁寿宫，做样碗交乾清宫讫”[4]。其中的1件就是王濡发现有“Coteau”签名款的乾隆款铜胎画珐琅菊纹壶，而且所有10件器物在档案中都标明是西洋珐琅，据此推断这批珐琅器都是由法国巴黎工匠依样制作的。王濡和杨勇都尝试从两岸故宫的藏品中找到与其对应的实物。二人核定的实物中有9件重合，都是画珐琅作品，所不同的还是在西洋珐琅碗上。王濡将此批中的西洋珐琅碗确定为台北“故宫博物院”的那件康熙款浮雕透明珐琅金碗（故珐270），而杨勇没有确认其所对应的实物[5]。这里值得注意的是档案中有这样一个细节，即此批珐琅器运回宫廷时，同时随有1件做样珐琅碗，乾隆帝在御览这些新做珐琅器时指示“将做样珐琅碗一件，仍交粤海关监督穆腾额照样烧造珐琅碗一对，务要照做样珐琅碗花纹颜色一样烧造”。粤海关依样做好的1对珐琅碗和这件做样碗于乾隆五十年四月二十六日送到宫中，新做的1对珐琅碗交宁寿宫，做样珐琅碗交回乾清宫。也就是说，其间

---

1 王濡：《西洋制作乾隆款画珐琅器物考》，《故宫博物院院刊》2020 年第 7 期。

2 王濡最新的研究，参见王濡、刘瀚文、翟毅：《西洋制作乾隆款画珐琅器物考补证》，发表于 2021 年 10 月 27—29 日由法国国家科研中心和故宫博物院联合举办的 “清代珐琅与欧洲的交流互动：中法联合实验室国际研究合作项目（2017—2021）结项国际研讨会”。蒙其允许先行在此引用，特此致谢。

3 前揭王竹平：《康熙款与乾隆款浮雕珐琅金碗的制作及其关联性》。

4 《总汇》第 47 册，第 638 页，乾隆四十九年十一月 “行文”。

5 杨勇：《养心殿体顺堂铜胎珐琅器的初步分析——兼谈一组西洋造珐琅器》，《故宫博物院院刊》2022 年第 9 期。

有1只原收存于乾清宫的珐琅碗被送到粤海关，又经过粤海关将其送往法国巴黎做样。巴黎活计完成后，这件做样珐琅碗又随新制的珐琅一起送回宫中，然后又再次被送到粤海关做样。在此过程中，依照此件珐琅碗至少制作了3只基本一样的仿制品，一件为法国巴黎制作，两件为广东粤海关制作。前已述及，乾隆四十年发出所有做样的10件珐琅器均已经随着粤海关的第一批复刻品送回乾清宫，那么这件做样的碗是什么时候因何送到粤海关并到达法国的呢？为什么送到法国的只有这一件实物样？这只样碗究竟是画珐琅碗还是浮雕内填透明珐琅碗？由于档案的缺失，我们现在还无法获得确实的答案，只能在现有材料基础上做一些推测。

可能的情形是，乾隆四十年乾隆帝指令将10件前朝珐琅器送往粤海关照样制作1套，要求"不要广珐琅，务要洋珐琅"。按照乾隆的要求，粤海关一面按照实物在广州当地募工制作。同时将这10件器物画样，委托法国商人带往欧洲，让法国工匠另做1套。因此才出现乾隆四十二年和乾隆四十九年有2套相同器物进呈宫廷的结果。如同十年前制作《平定准噶尔回部战图》[1]一样，法国方面对此项活计高度重视，募聘巴黎著名珐琅工匠Joseph Coteau等参加制作。出于谨慎，法国方面在1777年也就是乾隆四十二年按照接到的图样先试制了1件金胎珐琅碗运回中国，希望获得中国方面更具体的意见，以使整个工程获得双方满意的结果。但不知什么原因，也可能是对图样的理解有偏差，法国工匠将原本是画珐琅的金碗变成了錾刻内填透明珐琅的做法。这件錾胎透明珐琅金碗——也就是台北"故宫博物院"现藏的故珐270号的金胎透明珐琅碗——运回中国，进呈乾隆帝。因和当初做样的康熙画珐琅金碗完全不同，使乾隆帝感到西洋工匠并没有领会其意图，于是再次将原做样的画珐琅碗送到广州粤海关，转交巴黎，让法国工匠照原样制作画珐琅碗。直到乾隆四十九年（1784）法国工匠将此批珐琅器全部完成，这件做样珐琅碗才和新做10件画珐琅器一起回到中国宫廷。这样就可以理解都是法国巴黎制作，为什么1777年康熙款浮雕透明珐琅金碗和1784年Coteau款铜胎画珐琅菊纹壶的制作间隔了这么久，也可以理解原本已经回到乾清宫的做样珐琅碗为什么又出现在后来呈进的活计之中。但也有相应的问题，如果按照这样的推理，在清宫珐琅器收藏中就应该至少还有3件按照康熙御制款金胎画珐琅碗制作的画珐琅碗，且其中1件应该是法国巴黎制作。希望未来通过文物梳理和文献发掘，使此疑问得到解决。

再回到这组金胎浮雕内填透明珐琅器的制作。新到西洋制作的金胎浮雕内填透明珐琅碗应该引起了乾隆帝的兴趣，并引发了后续金胎浮雕内填珐琅器的系列制作。这批浮雕内填透明珐琅器的具体制作情况，迄今没有看到相关的档案记载。只有一则乾隆五十一年制作木匣的活计档似乎与此有关。乾隆五十一年（1786）十一月"初一日员外郎五德、大达色、库掌金江、催长舒兴、笔帖式福海来说太监厄勒里交：金胎珐琅盖碗十件（木座）、白瓷金花卤铫一件、白瓷金花有盖茶缸一件、白瓷金花碟二件，（俱宁寿宫）传旨：配匣四件盛装。钦此。于十一月初六日将金胎珐琅盖碗十件，配匣一件盛装，做得合牌插盖匣一件呈览，奉旨：照样准做。钦此。……于十一月十八日将金胎珐琅盖碗十件，配得楠木插盖匣一件盛装，随撤下红木

1 《平定准噶尔回部战图》是乾隆时期中法文化和工艺交流的重要事件，该战图于乾隆三十年（1765）发往法国雕刻铜板，其间雕刻好的铜板和每幅印刷的200件铜版画分批次运回中国，直到乾隆三十八年（1773）才结束。参见聂崇正:《清朝宫廷铜版画〈乾隆平定准部回部战图〉》，《故宫博物院院刊》1989年第4期。

座十件，呈览，奉旨：金盖碗交宁寿宫，撤下木座做材料用。钦此。于本日交讫”[1]。根据王竹平对台北“故宫”相关藏品保存盒匣情况的梳理，以及杨勇对宁寿宫所藏金胎珐琅器变迁的研究，参考《故宫物品点查报告》中的记录，可以推断档案中的10件金胎珐琅盖碗就是台北“故宫博物院”所藏的编号故珐122-126、故珐286-190的10件金胎浮雕内填透明珐琅盖碗。从现有档案推测，该系列制作在乾隆五十一年（1786）已经完成。这些作品最初都是放在宁寿宫，后来又有过调整，将这类金胎浮雕内填珐琅器统一归入乾清宫端凝殿的珐琅专藏中[2]，因此才会出现在台北“故宫博物院”收藏的金胎浮雕内填透明珐琅器都是列字号的现象。从现存实物观察，可知27件乾隆款金胎浮雕内填透明珐琅作品都是依据1777年法国巴黎制作的那件康熙款金胎浮雕内填透明珐琅碗制作的。据此，也可以将这组器物依据款识分为“康熙御制”和“乾隆年制”两个类型，“康熙御制”器物只有1件，制作于法国巴黎，为“乾隆年制”器物制作的原始样本。

图 32　乾隆年制款浮雕珐琅金提篮（故珐 000545–000546）原装木盒上款铭
图片选自施静菲、王崇齐《乾隆朝粤海关成做之“广珐琅”》，载《台湾大学美术史研究集刊》第35期，页178。

另一个关键问题是，当时的宫廷是如何认定这些浮雕内填透明珐琅器产地的呢？是广东粤海关，还是北京造办处？台北“故宫博物院”现存这组器物的包装提供了相关信息。在其收藏的1对乾隆年制款浮雕珐琅金提篮（故珐545-546）的原装木盒上有“乾隆年制金胎广珐琅花篮一对”的楷字款铭[3]〔图32〕，可以很明确地知道当时宫廷认定此类金胎浮雕内填透明珐琅为广东制作，是广珐琅的一个类别。据此我们可以将技法和风格与此一致的台北“故宫博物院”藏27件乾隆款金胎浮雕透明珐琅作品全部认定为由粤海关制作的广东透明珐琅。

至此，我们可以获得这组金胎浮雕透明珐琅器的相关信息：从乾隆四十年开始的复制前朝画珐琅作品过程中，因偶然的因素，其中金胎画珐琅碗由法国工匠将原本是制作画珐琅的要求改为用浮雕内填透明珐琅制作，并引发了后续一系列此类珐琅的制作。这些作品都是在金胎上錾刻出花纹，花纹四周刻弦纹为地，不同部分填充不同颜色的透明珐琅，形成可以透视胎地、色彩艳丽的新珐琅品种。这些珐琅都是为宫廷特制，制作时间在乾隆四十二年至五十一年之间，是现在可以见到最早的广东透明珐琅作品。

第二组器物：收藏于故宫博物院和台北“故宫博物院”的银胎浮雕透明珐琅作品

此类器物是先在银制胎体上錾刻出花纹，再填烧透明珐琅，在种类上属于錾胎内填珐琅。根据笔者的调查，这类银胎浮雕内填透明珐琅器物应该是一种技术试验型产品，制作量不多，迄今为止只在故宫博物

1　《总汇》第 49 册，第 320 － 321 页，乾隆五十一年十一月“广木作”。此条档案由故宫古器物部杨勇研究馆员告知，并提示可能和广东透明珐琅制作有关，特此致谢。

2　前揭杨勇：《养心殿体顺堂铜胎珐琅器的初步分析：兼谈一组西洋造珐琅器》。

3　施静菲、王崇齐：《乾隆朝粤海关成做之“广珐琅”》，《“国立”台湾大学美术史研究集刊》第 35 期，2013 年 9 月，第 120、178 页。

图33 广珐琅暗花菊瓣式水丞
口径3.5厘米，底径3.8厘米，高3.5厘米
故宫博物院藏

图34 广珐琅暗花海棠式水丞
口径4.2厘米，底径3.5厘米，高3.5厘米
故宫博物院藏

图35 广珐琅暗花圆水丞
口径4厘米，底径3.6厘米，高3厘米
故宫博物院藏

图36 广珐琅夔纹圆水丞
口径3.4厘米，底径3.7厘米，高3.5厘米
故宫博物院藏

图37 广珐琅暗桃蝠纹方水丞
口径3厘米见方，底径5厘米见方，高3.5厘米
故宫博物院藏

图38 广珐琅水丞之原包装盒

图39 银胎蓝色内填珐琅长颈瓶1对（故珐000172-000173）
口径7厘米，腹径13.2厘米，底径89.1厘米，高19厘米
台北“故宫博物院”藏

图40 银胎绿色内填珐琅长颈瓶1对（故珐000639-000640）
高22.5厘米
台北“故宫博物院”藏

院和台北“故宫博物院”有极少的收藏，数量只有寥寥12件。其中故宫博物院收藏5件，为一套小水丞，包括广珐琅暗花菊瓣式水丞〔图33〕、广珐琅暗花海棠式水丞〔图34〕、广珐琅暗花圆水丞〔图35〕、广珐琅夔纹圆水丞〔图36〕、广珐琅暗桃蝠纹方水丞〔图37〕（故118399-118403）。5件水丞每件都配有如意头式铜鎏金匙，风格一致的雕花木座。同装于一四花瓣式紫檀木罩盖盒中，由于紫檀木盒盖顶部为玻璃，故盒内还配有一同样形状外糊锦缎的罩盖内匣，为宫廷原包装〔图38〕。台北“故宫博物院”藏7件，包括银胎蓝色内填珐琅长颈瓶1对（故珐172-173）〔图39〕、银胎绿色内填珐琅长颈瓶1对（故珐639-640）〔图40〕、银胎内填珐琅贴金炉瓶盒1套3件（故珐877-879）〔图41〕。其中蓝色内填珐琅长颈瓶1对各配雕花木座，现共装于一紫檀木立式拉道匣内，匣内卧囊根据器形和底座特别制作，敷贴黄绫，亦为宫廷原包装。从现存包装的状况看，如此之精细显然是为统一存放而精心设计制作的。

图41 银胎内填珐琅贴金炉瓶盒1套（故珐000877–000879）
炉腹径15.1厘米，高14.8厘米　瓶腹径7.2厘米，高12.6厘米　盒径7.4厘米，高4.8厘米
台北“故宫博物院”藏

通过对此12件银胎浮雕透明珐琅器物的胎体处理技法和釉面装饰特点的对比观察，可以将其再细分为两个类型：

第一种类型包括故宫博物院的5件小水丞和台北“故宫博物院”的4件长颈瓶。这些器物在许多方面显示出其共性。在胎体浮雕处理方面，皆是在胎上先雕刻出主纹饰，再在主纹饰四周刻画更为细密规律的线条为地。地纹线条的布局形态也很多样化，或呈放射状，或呈网格状。虽然整个器物的胎体都被纹饰所覆盖，基本不留空白，但纹饰主次分明，繁而不乱。其胎体上纹饰雕刻方式与前1组金胎器物是一样的。在纹饰内容方面，融入了宫廷常用的纹饰形态和寓意。如4件长颈瓶器身上的主纹饰中为番莲花纹，其器足、口沿、中部颈肩部分则装饰有蕉叶纹、云纹、如意纹、卷叶纹等。5件小水丞造型不一，纹饰也各不相同，器身主纹饰或为夔纹，或为花卉纹，或为寓意福寿的蝙蝠与寿桃相结合的图案等，口沿处则装饰蕉叶纹、夔纹、如意纹、凤纹等。在釉料施作方面，以蓝色和绿色两种透明釉料为主，在图案上直接填充透明珐琅料。每一件器物以一种颜色的透明珐琅为主，再在局部装饰部分填另外颜色的透明珐琅，不同色块之间形成鲜明对比。如台北“故宫博物院”的1对蓝色内填珐琅长颈瓶在腹部和颈部等主要部分填蓝色透明珐琅，器足、口沿和中部颈肩部分的蕉叶纹、卷叶纹、云纹等则填绿色和香色珐琅料作为局部装饰。而另1对绿色内填珐琅长颈瓶的腹部和颈部主要部分填绿色透明珐琅，器腹下部、口沿和中部颈肩部分的蕉叶纹、云纹等部分则填蓝色珐琅料。故宫博物院的小水丞中桃蝠纹方水丞通身全部覆盖绿色透明珐琅，其余4件或以蓝色珐琅为主局部辅以绿色珐琅，或以绿色珐琅为主局部辅以蓝色珐琅，而在凸起的纹饰边缘则不填珐琅釉。

通观这些器物，发现每件器物底胎上錾刻的纹饰和组合都不一样，似乎制作者在有意通过底纹的变化观察成品后的视觉效果。这些器物上所施釉料的透明度都很好，色彩鲜明，透过釉料清晰可见胎地上的雕刻纹饰，说明釉料的品质很好。但大部分器物上的珐琅似乎牢固度不够，脱落严重，也可以从另一个侧面说明这些器物的试验性质。

第二种类型为台北“故宫博物院”收藏的银胎内填珐琅贴金炉、瓶、盒一套。这3件器物与第一种类型器物相比，最明显的变化是在原来透明珐琅做法基础上多了贴金折枝花卉的装饰，可以看作在第一种类型珐琅基础上演化出的新风格。器物珐琅表面成组分布的贴金折枝花卉纹是其显著特征。基本做法是先在胎体上錾刻底纹，按照设计需要填充不同颜色的透明珐琅焙烧，然后将剪切好的金箔或金片花卉纹粘贴于透明珐琅表面，再罩透明珐琅釉焙烧。贴金花卉的花朵、树叶、枝条都是提前准备好，装饰时根据器物具体情况进行随机组合即可。由于有贴金花卉的固结作用，总的来看这类器物的透明珐琅保存状况都比较好。

比较这两类银胎透明珐琅器，可以很直观地感受到它们之间存在承继和发展的关系。有些元素很明显是直接承自第一种类型器物的，如底胎浮雕纹饰，香炉腹部之地纹与前述广珐琅夔纹水丞的地纹是相同的，都是方形网格状结构。而香炉之盖、腿以及瓶、盒的胎地所雕刻细密机镂纹与前述绿色内填珐琅长颈瓶颈肩部的一圈机镂纹是一样的。珐琅釉色彩也是以蓝、绿两色为主，填涂方式以蓝色作为主要色彩施于器物主要部分，绿色作为辅助色彩施于底足、口沿、颈肩等局部，这也与第一种类型器物的釉料施作方式相同。但两者也存在明显不同，一是第二种类型器物的底胎浮雕纹饰变得简单，往往只有一种，不再有主次纹饰之分。二是第二种类型器物在主体蓝色透明珐琅上面装饰贴金折枝花卉纹，使器物的整体观感发生质的改变，金碧辉煌，富丽异常。而这两点又恰恰为后面的第三组器物所继承。

第三组器物：各类装饰金银片花纹的铜胎透明珐琅作品

这组器物占已知透明珐琅器物的最大宗，是广东透明珐琅最成熟的作品。在铜胎之上施透明珐琅釉，在珐琅层之间或之上贴金银片装饰为其最基本的特征。这类珐琅绝大部分作品现收藏于故宫博物院，共200余件。广东省博物馆、广州博物馆、承德避暑山庄博物馆、沈阳故宫博物院、南京博物院等博物馆也有部分收藏，产品种类和形态与故宫所藏基本相同，都是原属于清宫收藏的一部分。另外在海外博物馆和私人收藏中也有零星收藏。这里主要以故宫博物院所藏具有代表性的典型器物为例加以说明。

和前两组器物相比，这组器物的类型显然更为丰富多样。有属于生活用具的各式攒盒、面盆、盖碗、盏托、把镜，属于宗教供器的五供，属于随身佩戴用品的扳指、带钩、鞘刀，属于陈设器的钟表，等等（见图1—图15）。其中最值得关注的是钟表上的广东透明珐琅，是广钟最具标志性的装饰。所有这些器物，在胎体材质、胎地处理、珐琅施作技法、金银片装饰等方面都具有高度的一致性。

在胎体材质方面，使用的材料都是红铜，按需要打造成各种器物造型或切割成各种形状的叶片以备使用。

在胎地处理方面，有两种方式。一种是胎地光素，不做雕刻处理，另一种是在胎地上雕刻成列的细密水波纹。采用哪种胎地处理方式，是根据所做器物的不同要求决定的，也与后面将要讲到的珐琅施作技法有很大关系。从现存实物看，绝大多数的面盆以及扳指、带钩、鞘刀等随身佩戴之小物件的胎地都是光素的，其他类器物的胎地则多雕刻水波纹。

在透明珐琅料颜色选择方面，作为主体大面积施用的只有蓝色和绿色2种，其他如红色、紫色、香色等则多作为花叶上局部点缀装饰使用。因此广东铜胎透明珐琅按颜色分基本上就只有蓝色和绿色2种〔图42〕。

在透明珐琅施作技法方面，有透胎和不透胎之分。

透胎者，先在铜胎表面手工錾刻呈带状分布的一条条水波纹，直接在其上铺填蓝色或绿色的透明珐琅釉烧制，烧制完成后就成为透过釉面可以清晰显现底胎錾刻纹饰的单色透明珐琅。然后再在单色透明珐琅上面粘贴金银片，根据纹饰需要，在局部的金银片上点缀不同颜色透明珐琅釉，再次烧制。最后再通体罩烧一薄层无色透明釉。这种透胎透明珐琅由于胎地纹饰錾刻深浅不一，使透明珐琅釉料薄厚不同，随着观看角度或光线变化，珐琅表面会产生一种或深或浅或明或暗的绚丽效果〔图43〕。这种做法是铜胎透明珐琅最通行的做法，在故宫诸多盒、瓶、五供和广珐琅钟表上都是这种透胎透明珐琅。

图42　透明珐琅贴金八宝系袱纹瓶
口径6.9厘米，腹径12.9厘米，足径5.9厘米，高22.5厘米
故宫博物院藏

不透胎者，先在光素胎体上直接烧制一层深色珐琅层，冷却后将银片按事先设计好的图案或固定搭配的网格状图案粘贴附着在其上面，然后整体铺设透明珐琅釉封烧。经过这样的处理，底胎被隐藏了起来，因此就不用再錾刻水波纹，只要光素即可。而那一层银片即起到与在錾刻胎地上直接罩透明珐琅釉焙烧相似的效果和作用。后面的制作程序基本一样，在上面粘贴金银片，填色，罩无色透明釉烧制。如前面所述，在故宫藏品中绝大多数的面盆以及扳指、带钩、鞘刀等随身佩戴之小物件多采用这种做法〔图44〕。在广珐琅钟表上，绝大部分

图43　铜镀金珐琅瓶式钟上的透胎珐琅（局部）
故宫博物院藏

图44　绿珐琅贴金喜字扳指
上口径2.8厘米，下口径3厘米，高2.5厘米
故宫博物院藏

图45　铜镀金嵌珐琅瓶式开花变字转花钟
宽30厘米，厚22厘米，高83厘米
故宫博物院藏

的绿色珐琅片也是用这种方法制作的。有的同一件器物上兼有这两种做法，如故宫博物院收藏的铜镀金嵌珐琅瓶式开花变字转花钟〔图45〕，其底座部分透明珐琅为透胎，而瓶身部分的透明珐琅是不透胎的。再如由香港其乐轩收藏的一件贴金银箔透明珐琅盖碗，其外部为绿色透胎透明珐琅，内里则是绿色不透胎透明珐琅。与之相配的碗托正面为绿色透胎透明珐琅，背面则是绿色不透胎透明珐琅，现亦为私人收藏〔图46、图47〕。

在金银片装饰方面，金银片装饰构成了此组铜胎透明珐琅的基本要素。在胎地、珐琅层之间以及珐琅表面装饰一层或多层金银片，形成细密纹样。制作时可以在不同珐琅层之间粘贴多层金银片，反复叠烧，从而形成一种极为繁复、纹饰层叠、精细华丽且具有立体感的风格，呈现出奢华气派的艺术效果。一般情况下在珐琅层之间粘贴的纹样饰片多为银片，金片则多粘贴于透明珐琅最上层，且为凸显金的本色，在金片上往往只罩一层薄薄的无色透明釉。因此在广东铜胎透明珐琅器物上，金色装饰显得十分突出，成为此组铜胎透明珐琅的一个显著特征〔图48〕。

通过以上说明，可以总结出此组铜胎透明珐琅的共同特征：铜胎。有透胎和不透胎两种基本做法。透胎者胎地錾刻水波纹，直接填透明珐琅釉。不透胎者不錾刻胎地，而是先罩一层深色珐琅层，再填透明珐琅。透明珐琅之间装饰细密的金银片花纹。珐琅颜色以蓝色和绿色为主。

图46　绿色透明珐琅碗托（正面）
长16厘米，宽10.5厘米，高2.3厘米
私人收藏

图47　绿色透明珐琅碗托（背面）

在文物界，这种铜胎透明珐琅一直被认为是广东生产的，但又拿不出直接而有说服力的证据。笔者在此次研究和实物调查过程中发现了相关线索，也许可以使这一问题得到初步的解决。英国V&A博物馆收藏有一件铜胎蓝色透明珐琅贴金银花盆〔图49〕，宽沿，深腹，体量巨大，直径达50厘米。典藏信息显示，该盆于1884年3月2日的佳士得陶瓷拍卖会上拍卖，由Whitehead先生购买并捐献给V&A博物馆。在该盆外底部，有金彩正方形双方框楷书“广东天源”四字款〔图50〕，可以确定该盆为广东的作坊生产。而此盆为典型的不透胎透明珐琅器物。通体施蓝色透明珐琅。盆内里底部中间和外圈、上部宽沿的里外圈口处分别用金花叶片组成四圈金色装饰带，各金花叶带之间贴银片和金片，上点红色、绿色、香色珐琅釉，形成繁密的番莲花纹饰。盆外通体贴银片，番莲花纹，罩蓝色透明珐琅。该盆所有这些特征都与故宫博物院及其他博物馆收藏清宫原藏的此组铜胎透明珐琅器物的特征高度一致。依据此件作品的款识信息，我们可以将与此盆具有同样特征和同等水平的此组铜胎透明珐琅作品都初步

图48　铜镀金卷帘白猿献寿钟
宽64厘米，厚29厘米，高104厘米
故宫博物院藏

图49　铜胎蓝色透明珐琅贴金银花盆
口径49.5厘米，高11.5厘米
英国V&A博物馆藏

图50　铜胎蓝色透明珐琅贴金银花盆“广东天源”款识

确定为广东生产。鉴于此盆和故宫博物院所藏几件铜胎透明珐琅面盆的高度相似性，以及其正方形双方框楷书“广东天源”四字款的款识方式与前面第一组金胎透明珐琅器物上的正方形双方框“乾隆年制”款形式相似，我们也可以更进一步推测，这个广东天源号作坊极有可能也是为宫廷制作铜胎透明珐琅器物的作坊之一。

关于这组器物，以下的信息也值得关注。

一是这种铜胎透明珐琅似乎是突然之间就在广东出现，并很快达到它所能达到的最高水平，原因何在？在此我们注意到这组铜胎透明珐琅和前述第二组器物银胎透明珐琅第二种类型的关联。前面已经述及，金胎内填透明珐琅是最早的透明珐琅作品。特点是在胎上錾出底纹和主纹饰，在主纹饰上施红、绿、紫等透明珐琅，纹饰由不同的珐琅色块组合而成。很快透明珐琅的制作就转移到银胎之上，形成了前后关联递进的两种类型。特别是第二种类型的一组炉瓶盒器物，在单色透明珐琅表面出现贴金片装饰，层次感明显丰富，其技法直接为后来的铜胎透明珐琅所继承。可以说，铜胎透明珐琅直接使用了经过金、银两种胎体上实验而逐步成熟起来的技术和装饰手法。也就是说，金胎和银胎透明珐琅的制作为后来铜胎透明珐琅的大规模利用打下了基础。这样，及至使用铜胎制作透明珐琅之时，技术和装饰方法各方面均已经相当成熟，只不过是换了一种胎体制作而已。这可以解释为什么铜胎透明珐琅没有经过实验的过程，从一开始就达到了很高水平。不过如果仔细观察，这种新胎体上初期施作的例子也不是没有踪迹可循。故宫博物院收藏的一对铜胎广珐琅葫芦式瓶〔图51〕，胎体錾刻水波纹，通体填烧蓝色透明珐琅，但无任何装饰，在一定程度上可以将其看作这种过渡形态的作品。

图51 铜胎广珐琅葫芦式瓶
口径4厘米，底径10厘米，高28厘米
故宫博物院藏

二是装饰纹样题材深受宫廷审美和风尚影响。如番莲花纹、八宝纹、暗八仙纹等，都是宫廷各类器物上常用的纹饰，在此组器物中也是使用最广泛的纹样题材。

三是多向市场初步呈现。如香港其乐轩收藏的金盖钮透明珐琅罐、香港中文大学文物馆藏透明珐琅贴金银箔方座杯、香港承训堂收藏的透明珐琅贴金银箔杯碟等，在珐琅釉和金银片施作技法上与前述清宫收藏中的器物一致，但在具体装饰纹样和造型风格上又有差异，也应该归入这一组器物中。就上述几件作品的装饰风格看，极有可能是为东南亚宫廷或贵族制作，纹样和造型的变化显然是因为市场因素而产生。说明早期广东铜胎透明珐琅的市场主要面向国内的同时，也出现了面向海外的倾向。

第四组器物：铜胎透明珐琅和画珐琅相结合的作品

本组器物最明显的特点是在同一件器物上既有透明珐琅又有画珐琅，一般是在器物中心部位设计出大面积的开光，开光内用画珐琅绘制人物故事场景，四周则围

图52 铜透明珐琅彩花嵌珠石长方盒
长8厘米，宽5厘米，高2.5厘米
故宫博物院藏

图53 蓝色地透明珐琅开光西洋人物高足盖碗
越南顺化宫廷文物博物馆藏

以透明珐琅。画珐琅画面色彩丰富而细腻，周边装饰有贴金银片的透明珐琅具有晶莹剔透质感，二者形成鲜明反差，既突显了画珐琅的丰富色彩，也体现出透明珐琅的华贵和灵动。这组器物散布于世界各地，多为海外博物馆、机构和私人收藏。国内博物馆和私人藏家即使有收藏，也都是海外回流。说明这组透明珐琅器物当时的去向主要是海外市场。

这组器物按照画珐琅的内容以及透明珐琅的做法差异，还可以再细分为两个类型。

第一个类型包括故宫博物院的4件铜透明珐琅彩花嵌珠石盒〔图52〕、越南顺化宫廷文物博物馆的1件蓝色地透明珐琅开光西洋人物高足盖碗〔图53〕，以及私人收藏的1对蓝色地透明珐琅开光西洋人物高足盖碗及碗碟〔图54〕。

其中故宫的4件珐琅盒是在透明胎珐琅上加烧画珐琅装饰。观察这几件小盒，其做法是先在胎体上通体錾刻水波纹，在水波纹基础上再錾刻出所要绘制画珐琅部分的番莲花纹饰的轮廓。填烧珐琅时，先通体填蓝色透明珐琅釉焙烧，成为典型的铜胎透胎单色透明珐琅。再在透明珐琅之上按照预先刻好的番莲花纹饰轮廓加烧一层画珐琅。这种在透明珐琅上加烧画珐琅的做法是一种新的现象，似乎是出于宫廷的要求，但未有进一步的发展，在清宫收藏中就只留下了这几件小盒。

然而这种思路却给广东当地的透明珐琅制作提供了新的方向，以此为基础发展出了新的风格，并成为拓展海外新市场的重要手段。此类型另外的3件作品可以说是透视这种风格转变的代表性作品。其中蓝色地透明珐琅开光西洋人物高足盖碗及碗碟1对，碗托、盖碗的碗身、碗盖都有两个开光，开光内为画珐琅西洋风景和人物，其余部分为透明珐琅。越南顺化宫廷文物博物馆的蓝色地透明珐琅开光西洋人物高足盖碗与此对盖碗在造型、纹饰、做法上都一模一样，应出自同一作坊同一工匠之手。观察其制作细节，发现其透明珐琅

图54　蓝色地透明珐琅开光西洋人物高足盖碗及碗碟1对
盖碗高22厘米，碗碟直径21.2厘米
私人收藏

部分的做法与前述第三组器物中的透胎透明珐琅相同，都是在胎体上錾刻水波纹，填透明珐琅，再贴金银片装饰。而在开光部分，则是按照通常铜胎画珐琅的做法，不錾刻胎体，直接在胎体上施白色不透明珐琅，然后绘画人物风景。在同一件器物上，将制作流程、技术、装饰都不相同的透明珐琅和画珐琅，按照各自的工艺要求制作出来，并完美地结合在一起，形成了广东透明珐琅的新风格。开光内画面的内容都是与远程海洋贸易有关的人物、船只和场景，是否意味着这样的作品是为海外市场制作的呢？事实上确实如此，这可以从越南顺化宫廷文物博物馆那件盖碗的流传过程得到印证。此件盖碗的拥有者是越南阮氏王朝的第二代君主阮福晈。阮福晈在位期间对欧洲科技和工艺极感兴趣，曾经派人赴欧洲学习，建立起宫廷造办机构。同时也向广州学习珐琅技术，创建皇家御用珐琅作坊。根据越南方面的记载，这件盖碗是明命帝派往欧洲的使团从欧洲购买，带回献给明命帝的[1]。这一信息非常重要，据此这3件珐琅盖碗的制作时间，最保守也可定在明命帝在位的1820—1841年之间。鉴于其由使团购买于欧洲再带回越南的背景，且盖碗作为广东外销商品从中国运销至欧洲亦需要时间，那么这几件珐琅作品的实际制作时间应该还会更早。同时也说明这几件盖碗是为欧洲市场制作的，而且确实已经销售到欧洲。这几件盖碗可以说是广东透明珐琅从早期国内市场比较成熟的作品向晚期外销式产品的过渡之作，具有连接早晚期风格的重要意义。

第二个类型作品的器形包括瓶、盒、觚、罐、盘、碗、杯等，相对比较丰富。体量大小不等，笔者目前

1　越南顺化皇家古物博物馆展示此件盖碗的说明牌。感谢许晓东副馆长提供展览现场和说明图片。

所知最高大者为香港中文大学文物馆所藏开光庭院人物透明珐琅瓶，高达79.5厘米〔图55〕。此类作品散见于欧美各博物馆和私人收藏，国内市场少见，是西方收藏广东透明珐琅的最主要品类，也是广东透明珐琅外销欧美市场的最主要类型。

这一类型仍是透明珐琅和画珐琅相结合的做法，其与本组第一个类型最显著的区别在于透明珐琅部分的胎地做法和画珐琅部分的绘画内容方面。这一类型器物的铜胎胎体都非常轻薄，透明珐琅部分无法再像前面那样在胎体上錾刻花纹，因此采取了直接在胎体上先填一层深色釉，再做透明珐琅和金银片装饰的不透胎透明珐琅做法。金银片的装饰纹样题材都是秉承非常中国的“有图必有意，有意必吉祥”的传统，花卉纹减少，吉祥图案增多。如轮螺伞盖花罐鱼肠的八宝图案、暗八仙图案，蝙蝠和钱纹结合寓意“福在眼前”、戟和磬结合寓意“吉庆”、老鼠和葡萄结合寓意“多子多福”等等，分布于器物不同部分，将整个器物变成了美好寓意的承载物。画珐琅部分仍然是在胎体上施白色不透明珐琅，然后彩绘画珐琅。但和本组第一个类型的器物不同，开光部分绘制的内容同样非常中国化，基本是与中国古代戏曲有关的人物场景，尤以《西厢记》中的情节最为常见。

总体来看，这第二个类型的器物制作不如前三组和本组第一个类型的器物那样精细。表现在胎体轻薄，手持没有厚重质感，珐琅层间银片组成的网格纹铺排简单，不甚细致。所用金片纯度也明显不足，金黄色浮浅，有的甚至用黄色透明釉填盖在银片上，以替代原本该使用金片的地方。无论是透明珐琅的金银片装饰纹样和组合，还是画珐琅所绘制的人物、场景和内容，都以中国风格和题材为主，并且非常程式化，几乎没有什么创新。之所以出现这种现象，应该与制作者出于成本的考量有关，同时也与当时作为买方的西方人之喜好和关注点有关。

笔者目前所见到这一类型铜胎透明珐琅和画珐琅相结合的作品，在制作技术、水准和风格上都相当一致。那么这个类型作品到底是什么时期制作的？有没有制作者的相关信息呢？在此仅以2件代表性实例所显示的信息加以说明。一是英国皇室收藏的1对蓝色地透明珐琅和画珐琅相结合的大瓶，高达50厘米〔图56〕。这对大瓶无论是透明珐琅做法、金银片装饰、吉祥图

图55　开光庭院人物图珐琅瓶
口径16.5厘米，高79.5厘米
香港中文大学文物馆藏

图56　蓝地透明珐琅开光庭院人物图珐琅瓶
高50厘米
英国皇室收藏

图57 蓝地透明珐琅贴金银花卉画珐琅庭院人物盖罐
口径4.5厘米，底径10厘米，高32.5厘米
私人收藏

图58 蓝地透明珐琅贴金银花卉画珐琅庭院人物盖罐款识

案，还是画珐琅中的庭院人物，都是典型的广东外销透明珐琅作品。根据皇家典藏图录的信息，该对大瓶的生产时间在1820年至1840年。据此，可以推断这类透明珐琅和画珐琅相结合的器物在19世纪上半叶就已经出现。这类器物中有个别做工显得更为粗糙，其生产时间可能会更晚。二是私人收藏的1件蓝地透明珐琅贴金银花卉画珐琅庭院人物盖罐〔图57〕，也是比较典型的广东外销透明珐琅作品。在这件作品侧面下部蓝色透明珐琅上，各有一很小的罩无色透明珐琅的银片，上写楷体"兆记"二字款〔图58〕，很显然这是制作此件作品的作坊字号。将作坊字号做得如此之小，又放在如此不起眼的位置，说明制作者并不是以此为自己的作坊做广告，更有可能是为了将自己作坊与其他作坊的产品区别开来，也是一种品质的保证和自信。这也从另一个角度提示我们，当时在广州制作这种透明珐琅器物的作坊可能不止一家，"兆记"是其中之一。

根据上面的讨论，笔者将广东透明珐琅四个不同组别中各因素的具体情况列为下表。

清代广东透明珐琅器物分组情况表

器物组别	类型	代表器物种类	胎体材质	胎体处理方式	透明珐琅施作方法	金银片装饰	款识	制作时间推测	主要消费市场
第一组	第一类型	碗	金	錾胎，錾纹有主次	主花纹填红、绿、蓝等色，地填无色	无	康熙御制	1777—1783	清宫
	第二类型	碗、盅、花篮、五供	金	錾胎，錾纹有主次	主花纹填红、绿、蓝等色，地填无色	无	乾隆年制	1777—1786	清宫
第二组	第一类型	水丞、花瓶	银	錾胎，錾纹有主次	以蓝或绿色为主，局部填另外颜色	无	无		清宫
	第二类型	炉、瓶、盒	银	錾胎，錾纹无主次	以蓝或绿色为主，局部填另外颜色	釉层表面贴金片饰	无		清宫
第三组	第一类型	钟表、把镜、瓶、盒、五供	铜	錾胎，錾纹无主次	蓝色或绿色透明珐琅，金银片局部点其他颜色	釉层之间和釉层表面贴金银片	无		清宫和国内
	第二类型	钟表、扳指、带钩、鞘刀	铜	无錾胎	蓝色或绿色透明珐琅，金银片局部点其他颜色	釉层之间和釉层表面贴金银片	广东天源		清宫和国内、东南亚

（续表）

器物组别	类型	代表器物种类	胎体材质	胎体处理方式	透明珐琅施作方法	金银片装饰	款识	制作时间推测	主要消费市场
第四组	第一类型	小盒、盖碗	铜	透明珐琅部分錾胎，錾纹无主次；画珐琅部分无錾胎	蓝色或绿色透明珐琅，金银片局部点其他颜色	釉层之间和釉层表面贴金银片	无	1820—1841	外销，主体为欧美
	第二类型	瓶、盒	铜	无錾胎	蓝色或绿色透明珐琅，金银片局部点其他颜色	釉层之间和釉层表面贴金银片	兆记	1820—1840	外销，主体为欧美

通过表格，可以清晰直观地了解四组广东透明珐琅器物之间前后递进逐步演变的过程，进而梳理出清代广东透明珐琅的大致历史脉络和面貌。

第一，在胎体和器物类型方面，胎体有金、银、铜等材质，器物类型多为实用器和陈设器。其中金胎、银胎透明珐琅器物总体数量少，器物造型多为碗、花篮、盖碗、五供、水丞、花瓶等，基本是用于收藏和陈设，集中存放。有的器物外包装一直保存到现在，原状基本没有改变过。铜胎透明珐琅器物数量最大，类型多样，造型丰富。生活用具的各式攒盒、面盆、盖碗、盏托、把镜，宗教供器的五供，随身佩戴的扳指、带钩、鞘刀等，尤其是在广州生产的钟表上，广泛采用透明珐琅装饰，珐琅制作技法成熟，成为广东透明珐琅装饰工艺的标志性产品。以上透明珐琅器物主要客户为宫廷，现多收藏在与清代宫廷关系密切的博物馆。但铜胎透明珐琅和画珐琅结合的器物主要针对国外市场，这类器物种类比较单一，多为瓶、盒等陈设器用，现多收藏在国外博物馆或个人手中。

第二，在工艺技术方面，胎体处理和装饰方法经历了前后递进的发展过程。具体而言，在胎体处理上，经过了金胎錾胎且錾纹有主次之分—银胎錾胎且錾纹有主次之分—银胎錾胎且錾纹无主次之分—铜胎錾胎且錾纹无主次之分和铜胎不錾—铜胎透明珐琅部分錾胎，画珐琅部分不錾—铜胎透明珐琅和画珐琅均不錾胎的变化过程。在釉色和装饰上，经过了金胎主纹饰施色釉而地施无色透明釉—银胎全器施颜色透明釉—银胎全器施颜色透明釉上贴金片装饰—铜胎施颜色透明釉贴多层金银片装饰—铜胎透明珐琅贴多层金银片装饰和画珐琅相结合的变化过程。逐步演进的规律是很明显的。

第三，在消费市场方面，前后期有较大的变化。前期主要面向国内市场，特别是因应宫廷之需求。产品主要以通体施透明釉的纯正透明珐琅器物为主，其高峰生产时段很短，大致从1777年到1820年，持续40多年。后期国内市场需求大幅减少，广东透明珐琅主要转向西方市场，以外销为主。这种外销透明珐琅将已经非常成熟的广州画珐琅技法融合进来，产生针对欧美市场的新风格。这一阶段的产品器物造型、装饰纹样、绘画题材都呈现出更为浓郁的中国特色。可能出于成本的考虑，这种外销的透明珐琅，其工艺虽然保持下来，但品质有所下降。生产高峰大致从1820年至1840年，零星产品的产销有可能晚至清末。

清晚期以后，广东透明珐琅迅速衰落，产业萎缩，相关信息亦多湮没，无从得知。导致现今除一定数量的实物遗存外，广州透明珐琅的历史资料极少留存下来，不免使人产生“乌衣朱雀今何在”之感。

四 结 论

透明珐琅是广珐琅家族中一个比较小的门类，以往学术界的关注点基本集中在广州画珐琅上，对透明珐琅关注甚少，认识一直比较模糊。本文在实物调查和文献梳理的基础上，对广东透明珐琅的起源、技法和工艺、市场、制作商号等方面进行了初步探讨，希望能厘清清代广东透明珐琅发展的历史脉络，实质性地推进对这一广东特有珐琅门类的认知，为将来进一步深入研究奠定基础。

透明珐琅是几种珐琅品类中最晚引进中国的。就现有资料推断，引进的契机缘于乾隆帝通过粤海关依样向西洋定制画珐琅器过程中，法国工匠偶然地偏离主顾要求，将原本应该是画珐琅的金胎碗做成了内填透明珐琅，由此引发了乾隆帝命粤海关仿烧的系列制作，开启了广东透明珐琅从乾隆四十二年（1777）到晚清一百余年的发展史。

透明珐琅引进后，在广州经过短暂的金胎和银胎阶段，迅速进入铜胎阶段，并很快就达到技术和品质的高峰。所有这些都是在很短的时间内发生的，广东透明珐琅没有在本地长时间地孕育，而是通过外来技术引进和转移的方式迅速崛起，快速完成了本土化的过程。相比于康熙、雍正时期西方画珐琅技术引进中国时，有一个比较长的逐步渗透、不断提升的过程，广东透明珐琅则提供了另外一种技术转移模式。在人类技术发展史上，这种由偶然事件引发的技术和文化播迁的情况不胜枚举，甚至是常态。透明珐琅引入中国，发展成为广东特有工艺的历史，为世界不同地区间技术交流和转移提供了一个很好的例证。

广东透明珐琅的出现和发展与清代宫廷的推动密不可分，也是宫廷和地方互动的结果。其最早的作品即对当时法国为清宫制作的内填透明珐琅碗的仿制，并形成了清宫此类器物最早的收藏系列。通过此例，可以发现清宫廷在推动域外新工艺引进，尤其是在广东外来工艺的引进方面，发挥了重要作用。同时，也可以看到以广州为中心的岭南地区在清代中国与外来工艺文化交流中所发挥的桥梁和纽带作用。广东透明珐琅是清代宫廷、广东地方和西洋之间在工艺文化方面相互交流和相互影响的一个具体生动的个案。

广东透明珐琅的产品形态和具体面貌呈现出阶段性的明显区别，同时也显示出不同阶段之间的内在联系。在金胎阶段，广东透明珐琅基本是按照宫廷的要求，对法国制作的金胎内填透明珐琅碗的仿制，器形虽根据宫廷收藏的需求而有所变化，但纹饰做法基本不变，都有“乾隆年制”款识。在银胎阶段，虽然胎体錾刻花纹方式沿袭金胎的做法不变，但珐琅釉变成以单色透明珐琅为主。同时，宫廷常用纹饰被引入透明珐琅制作，还出现了粘贴金片这种新的装饰手法。银胎透明珐琅存世数量极少，可能只是一种过渡性的试验产品。在铜胎阶段，胎体錾刻方式改变，只錾单一水波纹或不錾胎，但单色珐琅釉为主和粘贴金银片装饰延续下来，并向更为繁复细密的方向发展。铜胎阶段又可分为前后两期。前期是广东透明珐琅发展最成熟和艺术水平最高的阶段，仍和宫廷保持密切联系，广泛应用在各种宫廷器物上，但已有向民间和海外拓展的倾向。后期则在前期的基础上，将成熟的透明珐琅和更为成熟的广州画珐琅相结合，呈现出新的风格，这种新风格完全是为了适应海外市场而出现的。这也是广东透明珐琅形态最为显著的变化，揭示出广东透明珐琅市场由国内转向国外的历史性转变。

本研究还发现了广东透明珐琅制作作坊的相关资料。在英国V&A博物馆所藏铜胎蓝色透明珐琅贴金银花

图59 透明珐琅盒
口径5.8厘米，足径3.5厘米，高4.3厘米
香港其乐轩收藏

图60 透明珐琅盒款识

盆的底部，有金彩正方形双方框楷书“广东天源”四字款。这种正方形双方框四字款的做法与广东为宫廷制作的珐琅款识做法有颇多相似之处，值得关注。而在1件私人收藏的蓝地透明珐琅贴金银花卉画珐琅庭院人物盖罐上，发现了极小的楷体“兆记”款。同样的“兆记”款在香港其乐轩收藏的透明珐琅盒内里〔图59、图60〕以及网络上发布的1件铜胎画珐琅烟膏盒上也都有发现，可知这个“兆记”珐琅作坊可以制作透明珐琅、画珐琅以及透明珐琅和画珐琅相结合的作品。从这些产品形态来看，其产品出口到欧洲、东南亚等地，其珐琅生产似乎持续了相当长一段时间。尽管我们现在还无法得知这两个作坊的更详细信息，但其字款的发现为进一步追寻广东透明珐琅制作的作坊和工匠情况提供了线索。

另外，对广东透明珐琅历史的考察还可以推动其他相关类别文物的研究。如可以借助此次研究的成果，将装饰有广东透明珐琅的广钟制作时间大致界定在乾隆四十二年（1777）至嘉庆二十五年（1820）。而这些代表清代广钟外观装饰最高水准的作品，实际上是在只有半个世纪左右的时间段内生产的。因此，广珐琅钟虽然极具广东特色，但也只是几百年广钟历史上一个阶段性的类别而已，这也促使我们对广钟的历史进行重新审视和研究。

本文只是在现有材料基础上，对广东透明珐琅出现和发展演变的大致历史脉络作出初步考察，尚有其他一些问题有待进一步研究。比如关于广东透明珐琅的装饰风格，在其成熟时期，也就是本文所说的第二组第二个类型和第三组器物上，珐琅层之间及其表面上所粘贴金银片的形态和风格，有些与中国传统的掐丝珐琅和清朝时新发展起来的画珐琅的风格很不一样。这种风格到底从何而来？笔者一直觉得有可能是受到印度和伊斯兰文化的影响，但尚需更确实的证据。再如乾隆四十五年（1780），六世班禅向乾隆帝进贡来自域外的金胎绿珐琅盖罐、金胎绿珐琅带座盖碗、银胎绿珐琅海螺3件绿色透明珐琅器物，这些绿色镶宝石透明珐琅应产自印度[1]。乾隆帝命造办处仿制，整个仿制过程用了两年多时间[2]。当时正值透明珐琅为乾隆帝所知，也正是广东透明珐琅发展的初期。此项活计虽由造办处负责，但仿品的珐琅部分是在哪里完成等具体细节尚不清晰。是在宫廷造办处还是在广州粤海关？或者另有他处？这涉及清代透明珐琅是否只在广东一地生产的问题。如果不是，是否可以对不同产地的产品做出区分？希望将来发现更多的材料，使这些问题得到解决，以使我们对清代广东透明珐琅历史有更为深入全面的认识和了解。

五 附记和感谢

笔者曾几次到与中国珐琅产业渊源甚深的北京市珐琅厂观摩考察。在其所属的中国景泰蓝艺术博物馆展厅，意外发现北京珐琅厂在20世纪80年代曾经开发过透明珐琅产品，命名为“银晶蓝”。展厅中展示有当时的产品，并配有专门的介绍：“银晶蓝是珐琅厂20世纪80年代初研发的景泰蓝第二代产品，是技术人员潜心钻研，反复试验，经过8年的努力，研发出的新一代产品。它与景泰蓝不同：一是工艺，二是材料。银晶蓝掐丝是用银丝，点蓝用的釉料是透明银蓝料，胎体采用无缝焊接胎型，水压成型时压出底纹，以增强釉与胎的密着力。银晶蓝产品色彩透明度好，色泽润而鲜艳，既有传统景泰蓝艺术风格，又能与日本‘七宝烧’相媲美。它的制作难度大，掐丝所用银丝软且窄，技术水平要求高；点蓝比景泰蓝着色难度大，操作要求精、细、平，在晶莹清澈中泛出胎底折光的地儿纹，凸显光泽度高，立体感强的艺术效果。银晶蓝制作难度大，成本高，其售价比景泰蓝制品高两倍[3]。”通过与珐琅厂了解研发情况的老职工交流，得知这一产品是当时珐琅厂技术人员学习日本七宝烧中的银胎掐丝透明珐琅技术研发出来的。该项技术曾在1983年获得中国工艺美术百花奖优秀新产品一等奖，1987年获得国家轻工部科学技术进步二等奖，1988年获得国家科学技术进步三等奖。可惜的是，这一新品种由于制作成本高、难度大、成品率低，最终没有发展起来，几年以后就不再生产了。

由此笔者想到清代的广东透明珐琅。广东透明珐琅和北京市珐琅厂的银晶蓝有相似之处，但要比银晶蓝复杂得多，可以想见清代制作透明珐琅作品的作坊和工匠要克服怎样的困难，付出多少心力，才能完成一件高水平的作品。根据笔者个人的认识，就制作技术、复杂性和成品率而言，透明珐琅是各类珐琅中烧制难度最大的一种。而要得到清代广东透明珐琅成熟时期那样的作品，既錾刻胎体，又在釉层间粘贴多层金银花片的高水平之作，难度就更大。

广东透明珐琅是一种已经消失的技术。笔者在研究广钟和广东透明珐琅过程中，曾与对广钟有浓厚兴趣的广东当地企业家交流，并通过他们携手广东当地的珐琅制作者，尝试恢复广东透明珐琅烧造技术，复原这种广州特有的非物质文化遗产。并借由复原实践，解决研究过程中的疑难问题。现在复原工作已取得一定进展，但北京市珐琅厂“银晶蓝”研发、生产及停产的兴衰史提醒我们，要使广东透明珐琅技术再现往昔的辉

1 前揭许晓东：《再论六世班禅进献乾隆帝七十寿礼之产地》。

2 秦风京：《从清宫档案中探寻乾隆款“金胎绿珐琅嵌宝石靶碗”仿器的制作与流传》，《历史档案》2007年第4期；许晓东：《清宫旧藏印度珍宝》，《故宫博物院院刊》2013年第6期。

3 中国景泰蓝艺术博物馆展览说明。

煌，还有相当长的路要走。

本文在研究和写作过程中，与香港中文大学文物馆许晓东副馆长多有交流，并蒙其提供相关学术成果、台北“故宫博物院”以及私人收藏的信息。故宫博物院古器物部王翯副研究馆员、杨勇研究馆员，允许我先期引用他们还未发表的研究成果。我的宫廷历史部生活科各位同事，尤其是关雪玲、滕德永、万秀锋三位研究馆员，为我关注、搜集文物库房中未被注意到的广东透明珐琅实物的信息，使我对广东透明珐琅现存实物的调查更为全面。果海英为我收集海外博物馆中广东透明珐琅的收藏信息和相关资料。在此一并致谢！

[作者单位：故宫博物院宫廷历史部]

乾隆帝的雅趣
——三希堂壁瓶插花之商榷

The Qianlong Emperor's Refined Taste: A Discussion on the Flowers in Wall-mounted Vases of the Studio of Three Rarities

王翯

Wang He

内容提要：

2015年养心殿大修之前，三希堂东墙上悬挂的十一件壁瓶中皆插满珠宝玉石制作的瓶花，但笔者根据嘉庆七年所立《养心殿西暖阁陈设档》透露的信息推断，这个场景在历史上很可能从未出现过，即壁瓶内未曾插过宝石瓶花，而是体现文人雅趣的鲜花。继而笔者考证大修之前的场景是1962年故宫业务人员根据档案恢复，但并未完全遵照记载。再从壁瓶在清代宫廷内的使用，以及乾隆帝对文人情趣的向往追求等方面来考察，三希堂壁瓶内插仅具装饰属性，体现富贵奢华的宝石瓶花，这种可能性可谓微乎其微。

关键词：

壁瓶　瓶花　三希堂　陈设档　乾隆帝

ABSTRACT:

Before the overall renovation of the Hall of Mental Cultivation *(Yangxin dian)* in 2015, the eleven ceramic vases mounted to the east wall of the Studio of the Three Rarities *(Sanxi tang)*, each filled with a tight bouquet of flowers made of precious stones, jade, and pearls. According to the information revealed in the *Furnishings Records of the Western Warm Chamber of the Hall of Mental Cultivation* completed in the seventh year of the Jiaqing reign (1796-1820), however, this scene was historically unlikely to have occurred; that is, these vases had rarely or never been used to hold flowers of precious stones but fresh flowers reflecting the elegant taste of literati. Further investigation indicates that the pre-renovation installation was created by curatorial staff of the Palace Museum in 1962 based on archives with modifications. Examining the traditional use of wall-mounted vases in the Qing imperial court and the pursuit of literati charm by the Qianlong Emperor (r. 1736-1795), the possibility that decorative flowers of precious stones representing extravagance and wealth were used in the Studio of the Three Rarities was extremely small.

KEYWORDS:

Wall-mounted vases, bottled flowers, Studio of the Three Rarities *(Sanxi tang)*, Furnishings Records, the Qianlong Emperor (r. 1736-1795)

图1 三希堂内景

三希堂〔图1〕位于紫禁城养心殿西暖阁，以曾为乾隆帝御用书房并藏有稀世之珍的书法作品而著称于世。悬挂于三希堂内东墙上的陶瓷壁瓶数量众多，别致的装饰手法在其他宫殿中鲜见，平添了许多生机和情趣，令人印象深刻。在2015年养心殿大修之前，三希堂壁瓶内皆插满珠宝玉石制作的瓶花（俗称“金枝玉叶”，为与鲜花、通草瓶花等相区别，下文皆以“宝石瓶花”指代）于内，未见有人对此提出异议。但是，笔者在查阅清宫陈设档时发现，在三希堂历史上可能从未出现过如此场景，即墙上所挂壁瓶内并没有插过宝石瓶花，而是四季应时的鲜花。本文由陈设档提供的线索入手，利用故宫博物院院史档案溯源三希堂原装陈列之历程，以御制诗文、陈设档为切入点考察壁瓶在清宫的应用，最后从文人雅趣角度分析判断乾隆帝在三希堂悬挂壁瓶的真实意图，从而探究三希堂壁瓶插花在历史上的真实场景。

一 档案分析

（一）渗漏原因

在嘉庆七年的陈设档中，提及三希堂壁瓶时，记载如下“东墙上挂：乾隆款磁（瓷）挂瓶十四件，缺釉十件，渗漏四件[1]”。记录如此具体、明确，应是登记人员对存在问题的真实描述，那么，渗漏现象只可能是壁瓶当中有水，才会产生和被发现，而壁瓶里有水，显然是为了插放鲜花，保鲜、延长花期准备的。清宫旧藏用珠宝玉石等制作的像生瓶花，多以铜丝作为枝干，再用绿色绢布、丝线等包裹，使其更加形象生动，如果将其插入水中，不仅没有意义，相反会加速损坏。此外，清宫造办处曾专设“花儿作”用来制作通草花卉，将其装入各种花瓶内装饰宫殿四处，当时的制作手法无从得知，但从现在非遗传承来看，此工艺类似于制作干花，会进行脱水处理，亦无瓶中蓄水的必要。因此，如果壁瓶中有水的推论正确的话，那么只可能是为供养鲜花而准备，而与宝石、通草等工艺瓶花无关。

在清宫造办处活计档中，详细记录着三希堂壁瓶的制作时间和经过：

> 乾隆三十年三月初三日匣裱作催长四德、笔帖式五德来说，太监胡世杰传旨：养心殿西暖阁三希堂对玻璃镜东板墙上，着画各式磁（瓷）半元（圆）瓶样十四件呈览，准时发往江西照样烧造送来，钦此。

1 陈设档即《养心殿西暖阁陈设档》，嘉庆七年十一月立。

于本月初十日催长四德、笔帖式五德将画得养心殿西暖阁各式半元(圆)磁(瓷)瓶十四件纸样一张持进交太监胡世杰呈览，奉旨：着烫合牌样呈览，钦此。

于三十一年正月初八日催长四德、笔帖式五德将做得合牌磁(瓷)半元(圆)瓶样十四件持进交太监胡世杰呈览，奉旨：准照样发往江西，将花纹、釉水往细致里烧造，钦此。[1]

在故宫博物院的收藏中，有大量一直存放于库房未曾使用的乾隆款陶瓷壁瓶，虽已历经二百余年的时光，看起来宛如全新一般。可是，乾隆帝特别要求三希堂的这十四件壁瓶"将花纹、釉水往细致里烧造"，为何到了嘉庆七年就已经"十件缺釉、四件渗漏"了呢？究其原因，可能是日常维护摘取时意外造成的磕碰，但更有可能的原因，是在冬天里壁瓶中有水造成的损伤。据专家考证，乾隆帝可能并不在养心殿居住[2]，即使皇帝住在养心殿，亦有可能在冬天离开紫禁城，总之，三希堂内不太可能保证在冬天里始终处于温暖的状态，而冬天的北京，没有采暖的房屋，白天的温度都会在零摄氏度以下，那么，如果有水留存在壁瓶里的话，很有可能凝结成冰，继而对瓶体造成损害，日积月累最终造成瓶体的渗漏。大致从宋代开始，在书房、居室中供养瓶花，已成为文人雅好之一，即使在寒冷的冬天亦不例外，元初仇元在其诗中即云"挂瓶水满梅花活，折鼎汤鸣芋子香。布被蒙头画眠熟，不知门外雪洋洋"。[3]明代文人为了保证冬天的瓷瓶不被冻裂，会采取在瓶中水掺入硫黄的方法[4]，笔者尚未查找到宫廷内相应的预防措施，但可以推断，瓶中水冰冻极有可能是造成三希堂壁瓶渗漏的原因之一。

（二）现状溯源

故宫博物院古建专家傅连仲先生在其文《清代养心殿室内装修及使用情况》中谈及三希堂壁瓶之时，说"现这些遗迹仍然存在"[5]，言下之意似乎是现今的场景就是清宫遗留下来的样貌。但是，在流传至今的清宫陈设档中，关于三希堂壁瓶的记录，分别有嘉庆七年的《养心殿西暖阁陈设档》[6]、同治二年的《养心殿西暖阁现设》[7]、宣统二年的《养心殿西暖阁现设》[8]，均明确记录壁瓶数量为十四件。可在2015年养心殿大修之前，在三希堂东墙上悬挂的壁瓶只有十一件，加上临窗悬挂的两件，也不过十三件，足见今人所见并非原貌。可以作为辅证的是，大修之前从三希堂撤下的壁瓶参考号多以"留平"开头，可见这些壁瓶是从原沈阳故宫、承德避暑山庄等处收藏中挑选出来的，亦非原来之物。再者，笔者查阅《故宫物品点查报告》发现，尽管宣统二年（1910）依然有记载证明，十四件壁瓶挂在三希堂东墙上[9]，但是在民国十四年（1925）清室善后委员会点查养心殿之时，除"二三二银挂瓶一对、瓷挂瓶二对""二八三 小银挂瓶一对""五九三 半面小银挂瓶一对""一五二一 绣花挂瓶四面"[10]外，并没有对

1 中国第一历史档案馆、香港中文大学文物馆合编：《清宫内务府造办处档案总汇》第29册，人民出版社，2005年，第713页。
2 王子林：《养心殿新证》，《故宫学刊》2016年第2期。
3 （清）顾嗣立编：《元诗选·二集·山村遗稿·题小阁》，中华书局，1987年。
4 如（明）文震亨《长物志》卷二《花木·瓶花》中"冬月如硫磺于瓶中，则不冻。"，清粤雅堂丛书本。
5 傅连仲：《清代养心殿室内装修及使用情况》，《故宫博物院院刊》，1986年第2期。
6 《养心殿西暖阁陈设档》，嘉庆七年十一月立。
7 《养心殿西暖阁现设》，同治二年立。
8 《养心殿西暖阁现设》，宣统二年二月十四日立。
9 《养心殿西暖阁现设》，宣统二年二月十四日立。
10 清室善后委员会编：《故宫物品点查报告》第六辑第三编第四册卷一《养心殿》，线装书局，2004年。

十四件瓷挂瓶的记载，可推断当时已无此景观，具体原因尚待研究。

1956年养心殿经过修缮、重新布陈之后对外开放[1]，据当时参与布陈的故宫博物院耆老杨臣彬先生回忆[2]，因为没有找到相关档案依据，三希堂并没有悬挂壁瓶，故此，在1956年《养心殿正殿陈列品目录》[3]中，涵盖三希堂内全部陈设品，但没有壁瓶的记录。在1962年《养心殿改陈计划定案》[4]中可发现，当时故宫博物院业务人员参考陆续发现的清宫陈设档[5]、起居注等档案和有关书籍后，提出对养心殿的改陈计划，其中对三希堂"拟充实乾嘉时期陈设与挂件……恢复早期的室内气氛"[6]。于是，在1971年的《养心殿宫廷史迹陈列目录（西暖阁、三希堂、梅坞）》[7]中，三希堂陈列品目录里出现了十三件壁瓶，即东墙上悬挂十一件，临窗悬挂两件，但并未记录瓶中是否有宝石瓶花，在后续档案中也未查找到相关内容。根据以上档案提供的信息可推知，2015年养心殿大修之前，三希堂内悬挂的壁瓶应是1962年故宫博物院业务人员根据文献记载恢复的，但是，并没有完全按照原始记录恢复。杨臣彬先生在1956年后不再参与宫殿布陈工作，故现今已无从得知当时业务人员的布陈理念，笔者揣测其初衷是为了方便观众欣赏室内陈设而进行了改动，同时，为了壁瓶不至显得过于单调，特别挑选宝石瓶花插入其中。

二　壁瓶在清代宫廷的收藏与使用

（一）瓷壁瓶与其他材质、工艺壁瓶

在清代，壁瓶被称为"挂瓶"和"轿瓶"，宫廷中很早就已使用，造办处档案显示，至迟在雍正二年已经可以见到宫廷内使用瓷壁瓶的记录[8]，雍正五年赏赐西洋国王物件目录中，已出现"扇式磁（瓷）挂瓶二件"的记录[9]，且其他材质、工艺壁瓶的制作，至迟在雍正朝也已经开始[10]。时至乾隆朝，从清宫旧藏来看，乾隆帝应是十分喜爱壁瓶，故宫博物院收藏清宫流传至今的壁瓶共八百余件，陶瓷和其他材质、工艺壁瓶各占其半，在陶瓷壁瓶中有近五十件为其他朝制品，余下则全部是乾隆年制款识，其他材质、工艺壁瓶包括玉、漆、铜胎掐丝珐琅、铜胎画珐琅等种类，虽均无款识，但从工艺特点、瓶上御制诗文等方面判断，大部分亦是乾隆时期制品。尽管玉、金、铜等材质壁瓶亦可插鲜花，但从御制诗文上考察，乾隆帝似乎对瓷壁瓶更加青睐，专有《咏瓷挂瓶》诗一首，其云"依然

1　故宫博物院档案管理系统，档案管理编号：19560082Z，档案名称：《养心殿复原陈列开放报导》。

2　感谢杨臣彬先生女儿故宫博物院研究馆员杨丹霞老师代为询问，并转达杨先生回复。

3　故宫博物院档案管理系统，档案管理编号：19560087Z，档案名称：《养心殿正殿陈列品目录》。

4　故宫博物院档案管理系统，档案管理编号：19620013Z，档案名称：《养心殿改陈计划定案》。

5　故宫博物院档案管理系统，档案管理编号：19620015Z，档案名称：《报请审阅"养心殿改陈计划定案"及"清代养心殿的用途和它室内情况"》。

6　同上。

7　故宫博物院档案管理系统，档案管理编号：19710003Z，档案名称：《军机处养心殿陈列目录》。

8　"雍正二年十一月初三日 珐琅作 怡亲王交朱磁（瓷）挂瓶一件，王谕：镶金口、金足。遵此。"中国第一历史档案馆、香港中文大学文物馆合编：《清宫内务府造办处档案总汇》第1册，人民出版社，2005年，第301页。

9　中国第一历史档案馆、香港中文大学文物馆合编：《清宫内务府造办处档案总汇》第2册，人民出版社，2005年，第549页。

10　如"雍正六年八月二十日 珐琅作 二十日据圆明园来帖内称，八月十八日郎中海望画得太平如意庆长春瓶花样一张，随桃式挂瓶样一张呈览。奉旨：尔等酌量造办，钦此。于九月二十七日做得珐琅桃式挂瓶一件，随象牙茜色长春花一束……郎中海望呈进，讫。"中国第一历史档案馆、香港中文大学文物馆合编：《清宫内务府造办处档案总汇》第3册，人民出版社，2005年，第263页。

胆槌式，却异汝官珍。动挈路搴秀，静悬屋盎春。制惟日趋巧，道不易还淳。红紫随时阅，何曾着点尘。”[1]

所谓“轿瓶”就是轿中的挂瓶，供皇帝在御辇中欣赏，排解旅途烦闷之用。在清宫造办处档案中可以看到，制作的轿瓶多为瓷质[2]，乾隆帝御制诗文亦可为之佐证，如“官汝称名品，新瓶制更嘉。随行供啸咏，沿路撷芳华。挂处轻车称，簪来野卉斜。红尘安得近，香籁度帷纱”。[3]又“无碍风尘远路，载将齐鲁芳春。本是大邑雅制，却为武帐嘉宾。宿雨朝烟与润，山花野卉常新。每具过不留意，似解无能所因”。[4]此二诗虽皆名为《咏挂瓶》，但细品其中内容，应是乾隆帝在出巡途中所作，且所咏挂瓶应为瓷瓶，瓶中之花应为鲜花。御辇内的空间比三希堂更为狭小，瓷壁瓶恰如御制诗“随行供啸咏，沿路撷芳华”所言，给乾隆帝带来精神上的愉悦。

（二）陈设与搭配

清宫档案显示，紫禁城内除三希堂外，寻沿书屋、阅是楼、漱芳斋、静怡轩、惠风亭、延春阁等处均陈设有壁瓶，其中有瓷壁瓶，亦有金嵌松石、锡胎、铜胎画珐琅等不同材质、工艺壁瓶。值得关注的是，除养性殿三希堂有可能照搬模仿外[5]，其他各处陈设壁瓶或为单件[6]、或为成对[7]，再无类似养心殿三希堂集中悬挂十余件壁瓶的记载，可见此处的装饰手法是乾隆帝的精心设计。

漆壁瓶受木胎易渗漏所限，掐丝珐琅或画珐琅壁瓶虽是铜胎但多为拼接而成，皆不能蓄水养花，其他材质、工艺壁瓶亦是有各种各样的局限，瓷壁瓶则因一体成型、防渗漏等优势更适合与鲜花组合搭配。但是，从清宫造办处档案来看，瓷瓶与鲜花的搭配并非绝对，有为瓷瓶配做宝石瓶花的记录[8]，亦有直接记载为瓷壁瓶制作“凌绢花”的记载[9]。

相比造办处活计档，清宫陈设档更能说明三希堂壁瓶插花问题。陈设档的一大作用是为了防止宫廷内的偷窃行为，故记载极为详细，尤其是较为贵重的财产。宝石瓶花虽然小巧玲珑，但多是采用象牙、珊瑚、玛瑙、翡翠等贵重材质所制，在登记造册之时，如有其存在，必被记载。但是，前文已述，留存至今的有关三希堂陈设档案分别为嘉庆七年、同治二年、宣统二年所立，皆只记录壁瓶状况，未见有其中插花的记载，而在别处插有宝石瓶花的宫殿，陈设档会详细记载所插瓶花及其特点，如“铜珐琅挂瓶一件：内插天竺花一支（红豆不全），玻璃桃花一

---

1 《清高宗御制诗集三集》卷五六《咏瓷挂瓶》。

2 如：“乾隆七年九月二十三日司库白世秀、副催总达子来说：太监高玉交御制诗一首，传旨：将此诗交于唐英烧造，在轿瓶上用其字并宝尔酌量收小其安诗地方，并花样亦酌量烧造。钦此。于本年十二月十七日司库白世秀、副催总达子将唐英烧造得御制诗轿瓶十二件持进交太监高玉呈进。讫。”中国第一历史档案馆、香港中文大学文物馆合编：《清宫内务府造办处档案总汇》第 11 册，人民出版社，2005 年，第 76 页。

3 《清高宗御制诗集初集》卷一一《咏挂瓶》。

4 《清高宗御制诗集二集》卷三《咏挂瓶》。

5 “乾隆三十九年十二月十二日员外郎四德、库掌五德、笔帖式福庆来说：太监胡世杰传旨：养性殿三希堂着照养心殿三希堂现挂半元（圆）磁（瓷）挂瓶样一分（份）再颐和轩照蕴真斋现挂磁半元挂瓶样画样一分呈览，准时发往江西烧造。钦此……”中国第一历史档案馆、香港中文大学文物馆合编：《清宫内务府造办处档案总汇》第 37 册，人民出版社，2005 年，第 447 页。

6 如景福宫北里间“西墙挂：乾隆年制五彩瓷小挂瓶一件”。详见陈设档《景福宫》，道光十八年钞本。

7 如寻沿书屋明殿“南边见柱挂：乾隆年制五彩瓷小挂瓶一对”。详见陈设档《寻沿书屋》，年代不详。

8 如：“雍正五年正月初五日镶嵌作太监张玉柱传做：象牙茜（嵌）色福寿瓶花一件，记此。于五月初十日做得象牙茜（嵌）色瓶花一件，随青磁（瓷）瓶紫檀木座，太监吕进朝持去交太监张玉柱收。讫。”中国第一历史档案馆、香港中文大学文物馆合编：《清宫内务府造办处档案总汇》第 2 册，人民出版社，2005 年，第 652 页。

9 “乾隆六年十一月初十日广木作首领太监李久明来说，太监高玉等交汝釉兽面双环尊一件、哥窑挂瓶一件……传旨：哥窑挂瓶配花……钦此。于十一月十六日司库刘山久、白世秀将哥窑挂瓶一件配得凌绢花一束持进交太监高玉等呈进。奉旨：着安在寿康宫。钦此”中国第一历史档案馆、香港中文大学文物馆合编：《清宫内务府造办处档案总汇》第 10 册，人民出版社，2005 年，第 252 页。

枝(花叶不全)”[1]。

综上所述,似可得出以下结论:第一,相较于其他材质、工艺壁瓶单纯的装饰属性,瓷壁瓶可以蓄水供养鲜花带来勃勃生机,因此更受乾隆帝的喜爱;第二,尽管造办处活计档案显示有为瓷壁瓶制作瓶花的记录,但是通过对三希堂陈设档案的检索可知,并未有相应的记录显示壁瓶中曾经插有宝石瓶花。

三 文人雅趣

书斋之名号、陈设、收藏,无不体现主人的学养、嗜好、情趣,历来为文人所重视,以文人自居的乾隆帝亦不例外。乾隆十一年(1746),乾隆帝将养心殿西暖阁内“温室”更名为“三希堂”,在其所撰《三希堂记》中细陈原因“内府秘籍王羲之《快雪帖》、王献之《中秋帖》,近又得王珣《伯远帖》,皆稀世之珍也,因就养心殿温室易其名曰三希堂……则吾今日之名此堂,谓之为希贤希圣希天之意……”故三希堂得名,一是因为收藏三件书法稀世之珍,二是取“士希贤、贤希圣、圣希天”[2]之意,旨在勉励自己不断精进。乾隆帝御笔亲书“三希堂”为匾悬于室内,其下左右分别悬挂对联“怀抱观古今”[3]“身心托豪素”[4],集古人诗句成联乃风雅之举,亦能体现文人的学识与境界,“怀抱观古今”与“希贤希圣希天”相呼应,而“身心托豪素”则表达了乾隆帝对三件稀世墨宝的珍爱,对联与三希堂含义巧妙呼应,可见乾隆帝匠心独运。虽为斗室,却有不少陈设,根据嘉庆七年所立《养心殿西暖阁陈设档》所载,三希堂里间除壁瓶、匾额、对联和“三稀”之外,还有八套《三希堂法帖》以及“紫檀木玻璃折镜一件,豆瓣楠痰盆一件,斑竹边棕股扇一柄(朱圭字画),青白玉葵花痰盆一件(有缺,系粘),紫檀木长方盒一件,碧玉葵花木瓜盘一对(有缺,紫檀木座),紫檀木玻璃方胜盒件(内盛青白玉子母葫芦一对、青白玉异兽一件、青白玉蝉一件、青白玉狮子一件、青白玉凤一件),坐褥下青玉靶嵌玻璃红皮鞘刀一把……”[5]大大小小共百余件陈设之物,除礼制规定必有陈设如痰盆、鞘刀外,皆为汉玉、册页等文人所好之清玩清供,器物品质虽非常人之所及,但与一般宫殿内纯属装饰只求彰显荣华富贵之物,有着本质上的区别,似可看出乾隆帝欲借陈设之物营造一个与“怀抱观古今”“身心托豪素”相契合的整体氛围。

乾隆帝特意叮嘱制作三希堂壁瓶务必“将花纹、釉水往细致里烧造”其意似乎是欲将壁瓶作为三希堂内装饰的亮点,因此,壁瓶所呈现的面貌必须和三希堂整体装饰、陈设主题和谐一致,才能起到点睛之笔的作用,而在瓶中插四季应时鲜花恰是文人书房的基本要求。早在宋代,瓶花已成为文人的雅好之事,体现着个人情趣和艺术品位。时至明代,高濂在《遵生八笺》中的《瓶花三说》《高子书斋说》,张谦德之《瓶花谱》,袁宏道之《瓶史》等著作都对文人书房中陈设瓶花提出了明确、具体的标准和要求。如《瓶花三说》中讲“若书斋插花,瓶宜短小,以官哥胆瓶、纸槌瓶、鹅颈瓶、花觚……各窑壁瓶;次则古铜花觚、铜觯、小尊罍、方壶、素温壶、扁壶,

1 《端凝殿·自鸣钟陈设档案》,宣统二年九月二十九日立。
2 语出(宋)周敦颐《通书·治学》,意即士人希望成为贤人,贤人希望成为圣人,圣人希望成为知天之人。
3 语出(晋)谢灵运《斋中读书》。
4 语出(晋)颜延之《五君咏·向常侍》。
5 《养心殿西暖阁陈设档》,嘉庆七年十一月立。

图2 《清人画弘历古装像》轴（局部）
故宫博物院藏

俱可插花”[1] 又如《高子书斋说》载“高子曰，书斋宜明净不可太敞，明净可爽心神，宏敞则伤目力……床头小几一，上置古铜花尊或哥窑定瓶一，花时则插花盈瓶以集香气……壁间当可处，悬壁瓶一，四时插花”[2]。

从清宫旧藏《清人画弘历古装像》轴〔图2〕中即可看到乾隆帝对以上文人追求的认同，画中描绘他着汉装执笔写字的场景，其左侧有内插梅花的瓷瓶置于桌面小几之上，旁边还有内插玉兰的古铜花尊置于落地几上，瓶尊中的梅、兰洁净、素雅，体现着乾隆帝的高雅情趣。陈设档显示，乾隆帝在三希堂与壁瓶对应的西墙上挂玻璃镜[3]，显然是他精心设计的装饰效果，意图呈现花团锦簇的繁华世界，狭小的空间内却有鲜花相伴、香气扑鼻，在此间欣赏稀世书法作品，应该是乾隆帝的真实欲求。鲜花与宝石瓶花所表达的境界殊为不同，从文人雅趣上来说，前者显然是高高在上，更加符合乾隆帝的精神追求，而后者虽然奢华艳丽，却与皇帝意愿南辕北辙，也与整体环境氛围格格不入。

四 小 结

三希堂壁瓶插花问题，长期以来一直未受到重视，从表面上看可能是因为问题过小所致，但细究原因，很可能是人们固化在内心的一个错误认识，即皇家宫廷必然是珠光宝气、金玉满堂之地，壁瓶插“金枝玉叶”无可厚非。但是，本文通过陈设档、点查报告、乾隆御制诗等诸多因素来考察，三希堂乃御用书房，在养心殿西暖阁开辟这样一间斗室，乾隆帝虽贵为九五之尊，追求的并不是庄严和奢华，而是充满文人情趣的一处所在。因此，笔者推断至少在乾隆时期，养心殿三希堂壁瓶之内所插应为四季应时鲜花，而不是所谓的“金枝玉叶”即宝石瓶花。

[作者单位：故宫博物院器物部]

1 （明）高濂：《遵生八笺》之一六卷《燕闲清赏笺》之下卷《瓶花三说》，明万历刻本。
2 （明）高濂：《遵生八笺》之七卷《起居安乐笺》之上卷《高子书斋说》，明万历刻本。
3 《养心殿西暖阁陈设档》，嘉庆七年十一月立。

乾隆兰亭大玉山递藏考述

A Textual Research on the Ownership of the "Jade Mountain Illustrating the Gathering of Scholars at the Lanting Pavilion" from the Qianlong Reign

马骁　陈东

Ma Xiao　Chen Dong

内容提要：

美国明尼阿波利斯美术馆收藏的"兰亭集序大玉山"被誉为"海外最大玉山"，有学者主张这件文物来自圆明园。本文在解读玉山上诗文、款印基础上，结合清宫档案、绘画资料，追溯其递藏情况，指出它原是避暑山庄烟雨楼藏品，在1900年左右由北京带往美国。这一发现对于研究本土流散文物和清宫原状陈列具有重要意义。

关键词：

兰亭大玉山　避暑山庄　烟雨楼　明尼阿波利斯美术馆　圆明园

ABSTRACT:

The Jade Mountain Illustrating the Gathering of Scholars at the Lanting Pavilion collected by the Minneapolis Institute of Art in the United States is known as the largest jade mountain overseas. Some scholars assert that this cultural relic comes from the Old Summer Palace (Yuanming yuan). Based on the interpretation of the poems and seals on the jade mountain, combined with the Qing palace archives and painting materials, this paper traces its ownership across different historical periods and points out that it was originally housed in the Mist and Rain Pavilion (Yanyu lou) in the Mountain Resort in Chengde, which was brought to the United States from Beijing around 1900. This discovery holds immense great significance for the study of cultural relics lost overseas and provides insight into the original display of the Qing palace rooms.

KEYWORDS:

JadeMountainIllustratingtheGatheringofScholarsattheLantingPavilion, MountainResortinChengde,MistandRainPavilion(Yanyulou),Minneapolis Institute of Art, Yuanming yuan

位于美国明尼苏达州明尼阿波利斯市的明尼阿波利斯美术馆（Minneapolis Institute of Art）[1]藏有一件来自中国的巨型玉雕工艺品——“兰亭集序大玉山”（Jade Mountain Illustrating the Gathering of Scholars at the Lanting Pavilion）[2]。有研究海外流失文物的著作、文章在介绍这件国宝级藏品时，以肯定口吻将它与圆明园联系[3]，更有甚者认为是1860年第二次鸦片战争期间法国军人自圆明园内掳掠，后于1874年被出售给沃克艺术中心创始人之一的托马斯·巴洛·沃克（Thomas Barlow Walker）。

关于这件玉器的历史沿革，迄今未见专文研究，不加考证而致谬论流传，难免贻误大众。本文搜罗并整理国内外相关史料，通过文字、图像与实物对照，厘清兰亭大玉山制作时间、陈设地点、流散经过，辨析文物身上的信息讹误，对其入藏明尼阿波利斯美术馆的过程予以梳理。

一 兰亭大玉山概况

据美术馆展品说明显示，兰亭大玉山〔图1〕通高57.2厘米，宽97.5厘米，重约290千克，陈列于210号展厅。通体以浅绿（Light green jade）为底色，带黄褐色沁，质地细腻温润，具油脂光泽。

玉山利用整块致密坚硬的玉料雕刻而成，采用传统山水画构图法则，以巨石重叠的主峰为中心，沿四周开琢丘陵台地、清溪飞瀑、亭榭人物。正面有一处依山傍水的沟谷，方亭筑于乔松下，两人凭栏憩息，童子侍侧。对面是源自深山的小溪绕石横流，汀畔数人抚膝盘坐，似在阔论高谈。左右两侧盘桓而上，地势险绝，峰峦连亘，古木掩映，人物各具形态，做策杖、攀登、列坐、眺望、沉思等状，场景之间各自成趣，又彼此呼应。再往上是隐现于林霭深处的重檐楼阁，层层叠叠的山峰巍峨又神秘。山子表面有不同程度损伤，人物头部、身体可见明显凹陷、断裂、缺失情形，面容难辨。近似锯齿形的下侧边缘有轻微磕碰，其他部位也存在一定修补痕迹。

玉山前后有两处乾隆帝的题记〔图2〕，一文一诗。正面峭壁处玉工特地保留了宽阔平滑的玉面，镌刻乾隆帝御临王羲之《兰亭集序》全文，末尾署款“乾隆甲辰暮春月上浣御临”，钤印二方“比德”“朗润”，均朱文，正上方有一白文大方印“八徵耄念之宝”。背面玉璧相对狭窄，镌乾隆御制五言律诗一首：

和阗山玉巨，凿作稧修辰。
逸少为文会，永和之暮春。
屡经订书迹，兹喜见图真。
借问图中者，谁诚称玉人。

---

1 明尼阿波利斯美术馆的中译名存在多种写法，有文章翻译为“明尼阿波利斯艺术博物馆”，本文统一写作“明尼阿波利斯美术馆”。

2 便于叙述，后文简称“兰亭大玉山”。

3 例如，徐家智先生《圆明园艺术珍品与耶稣会士郎世宁——17至19世纪中西文化交流之一例》一文即持有该观点。其后一些科普和学术类的畅销书纷纷沿用此说。

图1 清 乾隆兰亭大玉山正、背、侧面

明尼阿波利斯美术馆藏

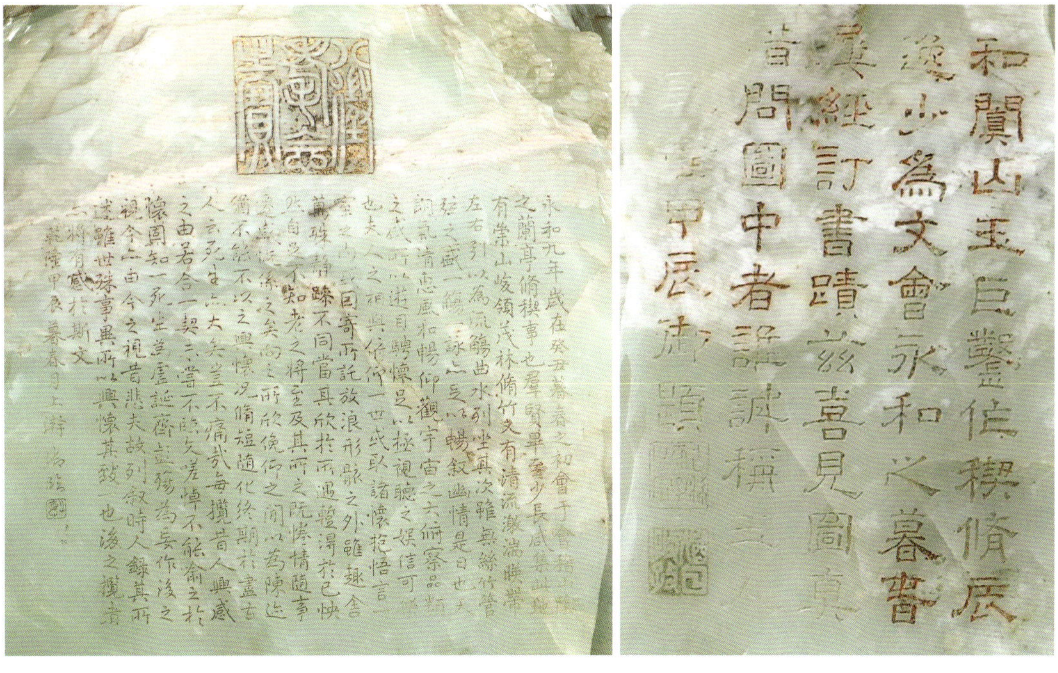

图2 兰亭大玉山正面（图左）及背面（图右）题记

款署“乾隆甲辰御题”，印二“古稀天子之宝”“犹日孜孜”，朱、白文各一方。侧面山岩上琢一“古希天子”圆印。正背面诗、文、款、印俱填朱红，部分朱漆掉落，显露出原有的玉质本色。

二 兰亭大玉山的来源

（一）工艺特征

由乾隆帝御制诗可知，兰亭大玉山以产自新疆地区的和阗山玉制作，同时摹写了中国历史上久负盛名的文人聚会——兰亭雅集。

和阗山玉，又称“山料玉”。清宫根据开采地点不同，将和阗玉划分成“山玉”和“水玉”。“和阗山产玉，其小者，自山随水而下，因采之于河，多良品；至寻尺以上，则凿山取之，号为山料，品逊水玉”[1]。古时文人推崇玉制品，素有“以玉比德”的传统，玉器象征的高贵、典雅、纯洁都极符合官僚士大夫阶层的文人精神与美学追求。受限于原料出产地，清以前甚少有大型玉山问世。乾隆二十年至二十四年（1755—1759），清军平定天山南北，拓地二万里，稳定了包括和阗地区在内的西北边陲。军事远征的硕果之一，是向钟情玉器、向往文人品格及精神境界的乾隆帝提供了一片优质且辽阔的产玉基地。自此，源源不断的玉料得以开采、进贡至帝国腹地，并日渐制度化。乾隆帝以自己的审美取向影响内廷玉器造作，亲自筹划并指导设计制作，促进了玉器行业的进步，创造了一系列以体积、雕工取胜的陈设观赏性玉山。在兰亭大玉山之前，宫中已成功制作秋山行旅、丹台春晓、大禹治水等颇具“乾隆工”特色的巨型玉山和玉瓮。

兰亭雅集，是东晋永和九年（353）暮春之际，书圣王羲之与谢安、孙绰等名流四十一人在会稽山阴之兰亭行修禊古礼、饮酒赋诗的一次活动，这是中国文化史上的重要事件。聚会中，王羲之为众宾客创作的《兰亭集序》书法、文辞俱佳，成就显赫；曲水流觞也得到进一步发展。后世皇家与私人园林多以此为母题建造可供园居者寄情魏晋风流的庭院景观。

乾隆年诞生的大型玉山通常是“绘画”同“玉雕”结合的产物。比如大禹治水玉山以“内府所藏《大禹治水图》”[2]为粉本，秋山行旅图玉山“图稿金廷标所成”[3]。至于兰亭大玉山，乾隆帝并未言明依据何样绘画而成，但明清两朝的兰亭修禊图大多有一种固定模式：同时具备“方亭”和“乔木”两种元素，四方亭形制朴雅，在大树掩映下跨溪而建，亭内、岸边相应布置人物〔图3、图4〕。所以，这件玉山仍可能是以某件绘画为底本，由玉工将兰亭雅集场面雕刻其上，以示乾隆帝的追慕之情。

兰亭大玉山浓厚的文人意趣是由高超的治玉工艺显现出来的。山料玉质地不比水玉，但经由技艺卓绝的工匠们扬长避短的处理，显露出艺术之美。此件作品雕琢精细，线条流畅，化解了板滞的弊病，山峰前后交错，加强空间立体感，将山势险峻、道路崎岖、树干遒劲、溪流湍急、人物闲适、空间静谧表现得生动传神。通体碾磨抛光，色泽圆润。虽以玉制，却可见山水画浑厚的皴法和平远、深远、高远“三远法则”，极具

1 （清）弘历：《咏和阗玉兰亭修禊图》诗注，《清高宗御制诗五集》卷七，钦定四库全书版。
2 （清）弘历：《题密勒塔山玉大禹治水图》诗注，《清高宗御制诗五集》卷三五，钦定四库全书版。
3 （清）弘历：《和阗玉关山行旅图》诗注，《清高宗御制诗三集》卷九一，钦定四库全书版。

图3 明文徵明《兰亭修禊图》卷（局部）
故宫博物院藏

图4 明许光祚《兰亭图并书序》卷（局部）
故宫博物院藏

画韵。玉山腹背按照乾隆帝笔迹大量刻琢诗文，字字工细，不失书法笔意。这些都是乾隆时期宫廷玉器的典型特征[1]。

（二）文献记载

清代，掌管宫禁事务的内务府于康熙初年增设下属机构“造办处”，专司御用器物的设计、制作、修理和保管工作。与皇家生活息息相关的绯绣、家具、书画、匾联、造像、玉器、仪仗等多由其经办。因此，记录造办处大小事务的《活计档》是探寻玉山来源的首选资料。

通过查找，兰亭大玉山重要线索主要出现在乾隆五十二年（1787），此年九月，苏州织造将新做成的“青白玉兰亭记山子一件”送往热河（现河北省承德市）呈览：

(乾隆五十二年)九月初九日，苏州送到青白玉兰亭记山子一件，随四敛紫檀木雕山石树木座一件。

于初十日早，回明尚书福长安，安在烟波致爽殿内呈览。奉旨：将前后面大小字俱填朱。钦此。

于十一日早，总管吕进忠传，奉旨：将玉山子安在烟雨楼东青阳[杨]书屋门口亭子中，将宝座撤去，安在居中，伺候呈览。钦此。

随据太监鄂鲁里传旨：将玉山紫檀木座下皮尺寸摸一纸样，周围放一寸金边，通高二尺五寸五分，交内务府大臣金简找好汉白玉石，着黄兆画海水江牙座样预备呈览，准时凿做。钦此。[2]

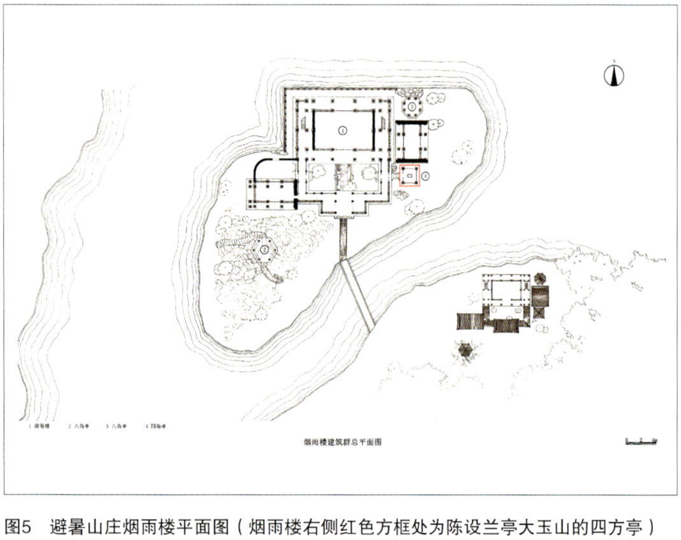

图5 避暑山庄烟雨楼平面图（烟雨楼右侧红色方框处为陈设兰亭大玉山的四方亭）
引自《中国古建筑测绘大系・承德避暑山庄和外八庙》

这是乾隆年宫廷档案中唯一一件既被冠以“兰亭记”之名，又属于“大玉山子”行列的玉制品，它被陈设在避暑山庄烟雨楼，搭配“紫檀木”和“汉白玉石”两种不同材料的底座。

烟雨楼〔图5〕地处避暑山庄湖洲区北部的青莲岛上，四面环水，写仿自浙江嘉兴南湖烟雨楼，始建于乾隆四十五年（1780），于次年告成，内有宫门、烟雨楼、四方亭、青杨书屋、对山斋、朗润亭、翼亭、值房等建筑。玉山陈设地是楼东南邻湖的四方亭内〔图6〕，其“青白玉”

1 徐琳：《“乾隆工”玉器的工艺特征》，《故宫博物院院刊》2019年第6期。

2 乾隆五十二年各作成做活计清档。见中国第一历史档案馆、香港中文大学文物馆合编：《清宫内务府造办处档案总汇》第49册，人民出版社，2005年，第835页。

图6 烟雨楼与青杨书屋四方亭 笔者自摄

材质、“兰亭记”主题，“前后文字俱填朱”的工艺都与明尼阿波利斯美术馆藏品一致，那么两者是否属同一件物品呢？

18世纪末，在著名的英国马戛尔尼使团访华游览避暑山庄过程中，烟雨楼的兰亭记玉山作为沿途主要观赏对象之一，被擅长绘画的使团成员以速写形式记录下完整形象，借此可进一步确定它和美国藏兰亭记玉山之间的关系。

（三）图像与实物比对

乾隆五十八年（1793），英王乔治三世派出以乔治·马戛尔尼（George Macartney）〔图7〕为正使、乔治·伦纳德·斯当东（George Leonard Staunton）〔图8〕为副使的使团访问中国。在承德觐见、外交斡旋期间，马戛尔尼等专门向乾隆帝提出了一个私人请求：“敝使此来颇不易，意欲一穷中国之名胜而后归，不知热河之御园能赐予敝使一观否？”[1]得到乾隆帝应允后，清廷为使团核心成员十二人提供了一项史无前例的参观避暑山庄的待遇，并以事先制定好的观光路线安排游览活动：“……英吉利国使臣一同进惠迪吉门，于山口骑马，由北岸行走至卧碑马头，坐船至烟雨楼瞻仰……”[2]

图7 乔治·马戛尔尼

图8 乔治·伦纳德·斯当东

1 ［英］马戛尔尼著，刘半农译：《乾隆英使觐见记》，中华书局，1916年版，第23页。

2 中国第一历史档案馆、承德市文物局合编：《清宫热河档案》第7册，中国档案出版社，2003年，第329页。按：这段行程安排是英使抵达承德前就制定好的，从马戛尔尼、斯当东等事后回忆录看，当天活动仍然依照这个路线进行。

图9 威廉·亚历山大重绘的烟雨楼大玉山图（印刷件）
大英博物馆藏

游园中，副使斯当东注意到："湖边的一个亭子里，陈设着一个巨大且美丽的玛瑙，安放在大理石基座上。这块玛瑙有四英尺长，雕刻成一幅风景画，上面刻有皇帝写的诗句。"[1]"湖边亭子"即烟雨楼东南、青杨书屋南侧临湖方亭。当时英国人对于中国玉制品的认识还很片面，曾将乾隆帝赏赐给他们的玉如意翻译为"玛瑙权杖"（A Scepter of Agate），"巨大的雕刻有风景图画的玛瑙"其实就是中国语境下的"玉山"。马戛尔尼使团密切关注清王朝的文化艺术、风土人情，对于这件做工精巧的工艺品，不吝笔墨绘制成图，直观记录下玉山全貌。

此图后来经威廉·亚历山大（William Alexander）重绘，从上至下由三部分组成：玉山、紫檀木座、汉白玉石座〔图9〕[2]，其组合形式与《活计档》记载吻合。因停留时间有限，玉山雕刻细节未能被尽数描绘，但画家眼光敏锐独到，捕捉到的特征仍显著而准确。

通过图像对比〔图10〕，可知英使团绘制的烟雨楼玉山与明尼阿波利斯美术馆所藏者特征高度重合：山子正立面构图、山体形态轮廓的立体化表现、山石线条纹路的棱角走向基本一致；中上方均向外凸出一块类似"寿星额"的峭壁，平面处镌刻竖行排列的文字，上方钤一枚醒目的朱红色方形印章；右下角依山点缀大树一棵，单檐的亭式建筑构筑于树荫之下，间有人物，装点四周。

形象、细节相同且镌刻兰亭记的巨型玉山没有第二件，据此判定明尼阿波利斯美术馆珍藏的这件玉山是避暑山庄烟雨楼旧藏。

图10 烟雨楼大玉山图与明尼阿波利斯美术馆藏玉山对比

1 George Leonard Staunton,An Authentic Account of an Embassy from the King of Great Britain to the Emperor of China,Printed by W.Bulmer & Co.for George Nicol,1797,p.242.
2 作者威廉·亚历山大（William Alexander）并未跟随马戛尔尼前往承德，此图应是他根据随行人员的草图和描述重新创作的。

三　兰亭大玉山的制作过程及藏处变迁

（一）制作及陈设

现有资料中，兰亭大玉山的较早记录载于乾隆五十一年（1786）九月二十八日《活计档》，苏州织造四德向内务府造办处来文，声明现做活计内有“青白玉兰亭记山子陈设一件”[1]，说明玉山已处于制作之中。半年后，乾隆五十二年（1787）三月，乾隆帝对玉山的制作进行了催促。

> 十三日，员外郎五德、大达色、库掌金江、笔帖式福海来说，太监鄂鲁里传旨：“苏州现做玉兰亭记山子陈设一件，为何至今还未做得？两淮大禹开山尚且做得，在途解送来京，着传与舒寄信催问。”[2]

玉山工期过长，显然引起乾隆帝不满。谕旨中他以大禹开山（即故宫博物院藏大禹治水玉山）为例，后者体量庞大且做工更为复杂，尚能以较快速度完成任务，批评了苏州织造的办事效率。

同年七月二十七日，苏州加快进度再次送来“活计成数单”，汇报玉兰亭记山子“七月中旬完工，差人解送来京”。正在承德避暑的乾隆帝特谕：“传与四德，将此玉山子变法送至热河来呈览。”[3]

九月初九，姗姗来迟的兰亭大玉山随同雕刻山石树木纹的紫檀基座终于从苏州运抵承德。次日安在避暑山庄寝宫烟波致爽殿呈览，乾隆帝验收后传旨：“将前后面大小字俱填朱。”十一日早晨，又奉旨将玉山陈列在烟雨楼东跨院青杨书屋的亭子内，撤下亭中旧有宝座。紧接着，为使玉山更加适观，乾隆帝命人选取上好汉白玉料凿做海水江崖纹石座〔图11〕：“将玉山紫檀木座下皮尺寸摸一纸样，周围放一寸金边，通高二尺五寸五分，交内务府大臣金简找好汉白玉石，着黄兆画海水江牙座样预备呈览，准时凿做。”[4]

图11　烟雨楼四方亭内由黄兆设计制作的汉白玉石座　笔者自摄

黄兆，是乾隆年间供职造办处的牙匠，乾隆十四年（1749）经粤海关监督硕色挑选，由广东派送至北京当差，此后供奉内廷逾四十年。牙匠为造办处匠役之一，主要负责牙雕制作，也参与一些其他材质的雕刻活计。

1　乾隆五十一年各作成做活计清档。前揭《清宫内务府造办处档案总汇》第49册，第248-250页。
2　乾隆五十二年各作成做活计清档。《清宫内务府造办处档案总汇》第50册，第40页。
3　乾隆五十二年各作成做活计清档。《清宫内务府造办处档案总汇》第49册，第828页。
4　乾隆五十二年各作成做活计清档。《清宫内务府造办处档案总汇》第49册，第835页。

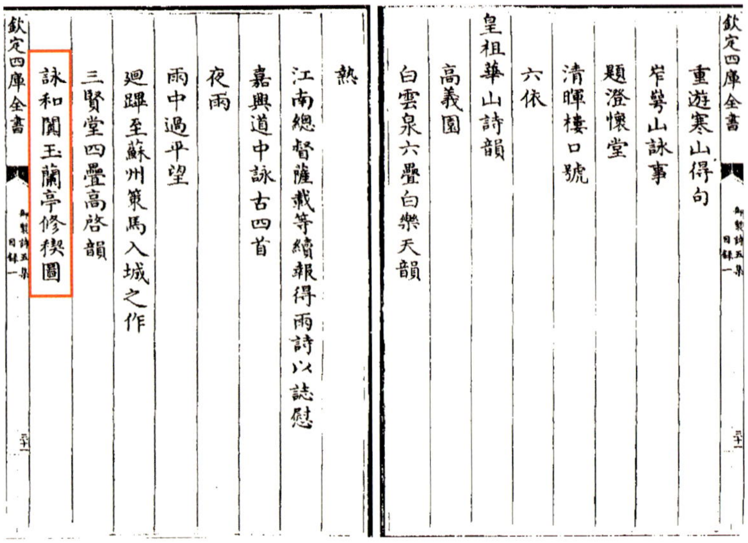
欽定四庫全書
御製詩五集 目錄一
重遊寒山得句
岝㟧山詠事
題澄懷堂
清暉樓口號
六依
皇祖華山詩韻
高義園
白雲泉六疊白樂天韻

欽定四庫全書
熱
江南總督薩載等續報得雨詩以誌慰
嘉興道中詠古四首
夜雨
雨中過平望
廻蹕至蘇州策馬入城之作
三賢堂四疊高啓韻
詠和闐玉蘭亭修禊圖

图12 《咏和阗玉兰亭修稧图》在《清高宗御制诗五集》中的序列

根据上文，兰亭大玉山是乾隆五十二年（1787）才制作完成，但上方却有乾隆四十九年（1784，甲辰）题诗，似乎彼此矛盾。检索《清高宗御制诗五集》可知，这首诗原名《咏和阗玉兰亭修稧图》，诗作前方有《回跸至苏州策马入城之作》《三贤堂四叠高启韵》二诗，诗作后方是《重游寒山得句》《岝㟧山咏事》二诗〔图12〕。结合御制诗集以作品创作时间先后编排顺序的体例来看，此诗写于第六次南巡途经苏州期间。笔者推测，当时乾隆帝吩咐苏州织造准备玉山开凿工作，预先交付诗稿，以便工匠刻字，才出现前后时间不一的情况。乾隆四十九年（1784）很可能是玉山制作之始，这也不怪乎三年后，苏州迟迟未能交工，导致乾隆帝催问。

（二）迁运始末

乾隆五十二年（1787）九月，兰亭大玉山作为烟雨楼露天陈设被安放在青杨书屋南侧四方亭内，从此陈列时间超过百年。

嘉庆二年（1797）十二月《如意洲分下环碧烟雨楼等处陈设铺垫漆木器皿等项清档》记载：“四方亭一座，中设玉山子一座（紫檀座，系放）。”[1]光绪十一年（1885）十二月《陈设档》也有完全相同的记载：“四方亭一座，中设玉山子一座（紫檀座，系放）。”[2]这段时期，兰亭大玉山陈设状态保持稳定。但在光绪三十四年（1908）左右由热河都统衙门整理的陈设档案中，玉山已不见踪影，仅余“四方亭一座”[3]。玉山是何时离开烟雨楼的呢？

笔者带着疑问继续查询档案，终于在《清宫热河档案》里找到了答案。光绪十四年（1888）三月，清廷大规模召回热河行宫陈设，运走玉器1074件、玉炉瓶盒10份、瓷器1094件、雕漆盒114件[4]。其中，《环碧陈设档》里裁撤“玉山子一件（随座，人物不全）”〔图13〕指代的便是兰亭大玉山。

之所以有此判断，缘于清宫档案两大特点：一是官员在编纂避暑山庄《陈设档》时，往往将多个景区合并一册，并以首个景区作为该册总名；例如，环碧和临芳墅、烟雨楼三个景区的陈设档合并一册，就以“环碧”为名，简称《环碧陈设档》，实则包含烟雨楼部分。二是，运送记录中，选中的陈设品多依照撤运前原

1 中国第一历史档案馆，承德市文物局合编：《清宫热河档案》第8册，中国档案出版社，2003年，第520页。
2 引自《清宫瓷器档案》。
3 （清）热河都统衙门编：《避暑山庄陈设清册》第33册，国家图书馆藏本。
4 中国第一历史档案馆，承德市文物局合编：《清宫热河档案》第17册，中国档案出版社，2003年，第213-263页。

始档册中的登记位置排列顺序，故将玉山前后的陈设品名称与原始档册逐一对照，就能锁定位置。此份《环碧陈设档》撤运记录中，“玉山子一件（随座，人物不全）”条目的前后分别是“玉山子一件（随座）、玉瓮一件（随座）”和“翡翠瓷花觚一件（随座）、玉双耳有盖扁瓶一件（随座）”[1]，查证光绪十一年《陈设档》，前者与烟雨楼后廊陈设对应，后者与青杨书屋宝座床上陈设对应，两者之间，仅四方亭内有“玉山子一件”，故可确定该“随座，人物不全”的玉山子正是四方亭内的兰亭大玉山。

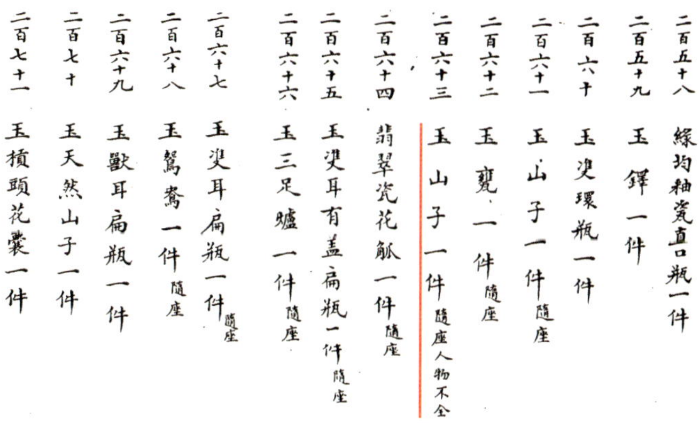
二百五十八 緣均釉瓷直口瓶一件
二百五十九 玉鐸一件
二百六十 玉叜環瓶一件
二百六十一 玉山子一件 随座
二百六十二 玉覔一件 随座
二百六十三 玉山子一件 随座人物不全
二百六十四 翡翠瓷花觚一件 随座
二百六十五 玉叜耳有盖扁瓶一件 随座
二百六十六 玉三足爐一件 随座
二百六十七 玉叜耳扁瓶一件 随座
二百六十八 玉鴛鴦一件 随座
二百六十九 玉獸耳扁瓶一件
二百七十 玉天然山子一件
二百七十一 玉桃頭花囊一件

图13 光绪十四年环碧烟雨楼裁撤档案中“兰亭大玉山”的位置
引自《清宫热河档案》17

综合而言，兰亭大玉山入藏烟雨楼的起止时间是乾隆五十二年（1787）九月至光绪十四年（1888）三月，长达101年。运回北京后，信息缺乏，陈设地点无考，可能被慈禧太后挪至紫禁城、西苑、颐和园等地的某座宫殿安放。

（三）流失海外

据明尼阿波利斯美术馆介绍，玉山是世纪之交（around the turn of the century），由美国驻北京使馆的秘书赫伯特·斯奎尔斯（Herbert G. Squires）〔图14〕（1859—1911）带回美国。1912年，赫伯特去世不久这件玉山被拍卖，木材商托马斯·巴洛·沃克（Thomas Barlow Walker）以4000美元买下了它，信息真实性待考[2]。

赫伯特·斯奎尔斯，美国外交官、军人。1898年被任命为美国驻北京使馆秘书，在华期间大肆聚敛中国古董珍玩，卸任时带走的艺术品装满数节火车车厢。1901年赫伯特回国被指控“在北京抢劫大量赃物”。官方经过调查否认了他的罪行，认为收藏是“通过合法途径积累而来的”[3]，但针对他的质疑始终没有停止过。此人官运亨通，之后相继担任美国驻古巴、巴拿马公使。

图14 赫伯特·斯奎尔斯

赫伯特·斯奎尔斯在北京任职时恰逢19世纪、20世纪之交，经历了义和团运动和庚子事变的动荡局面，八国联军掠夺北京宫苑各

1 中国第一历史档案馆，承德市文物局合编：《清宫热河档案》第17册，中国档案出版社，2003年，第223页。

2 The curious history of Mia’s beloved jade mountain, now starring in "Power and Beauty"，https://new.artsmia.org/stories/the-curious-history-of-mias-beloved-jade-mountain-now-starring-in-power-and-beauty，查阅时间：2022年5月22日。

3 “MR.SQUIERS'S CURIOS，State Department Offcials Do Not Believe He profited by the Sales of Loot at Peking”，《纽约时报》，1901年9月4日。

图15 托马斯·巴洛·沃克

图16 陈列在沃克家中的兰亭大玉山，原照片被镜像。
引自明尼阿波利斯美术馆官网

陈设品，兰亭大玉山很可能就是这期间流出宫禁，经由第三方渠道被他收购，最终带往美国。

托马斯·巴洛·沃克〔图15〕（1840—1928），美国木材大亨，热衷于艺术品收藏。1912年在赫伯特死后举行的拍卖会上，他斥资购下这座玉山。随着收藏品日益增多，沃克在明尼阿波利斯建立了自己的博物馆——沃克艺术画廊（the Walker Art Gallery），同时面向公众开放。在一张未注明日期的老照片中，被沃克视为最珍贵财产之一的兰亭大玉山摆放在他家中展览馆餐桌的核心位置，周围环绕着餐具与鲜花〔图16〕。沃克于1928年去世，1939年该画廊重组为沃克艺术中心（the Walker Art Center），成为美国现代重要博物馆之一。由于沃克艺术中心定位转向现当代艺术，连同这件玉山在内的一批古代玉器被出售给明尼阿波利斯美术馆，由馆方收藏至今。

行文至此，兰亭大玉山的制作过程及收藏经历可整理如下（表一）：

表一 兰亭大玉山历史沿革

年号纪年	公元纪年	事件
乾隆四十九年前后	1784年	交付苏州制作
乾隆五十二年三月	1787年	历经三年左右尚未完工，致使乾隆帝催问
乾隆五十二年七月中旬	1787年	制作完成
乾隆五十二年九月初九	1787年	运抵热河
乾隆五十二年九月初十	1787年	安在烟波致爽殿内呈览，奉旨将前后面大小字俱填朱
乾隆五十二年九月十一日	1787年	奉旨将玉山安在烟雨楼东青杨书屋门口亭子中。随后传令内务府配做海水江崖纹汉白玉石座
光绪十四年三月	1888年	由承德运至北京

（续表一）

年号纪年	公元纪年	事件
光绪二十六年左右	1900年	流散出宫，被嗜好收藏的美国驻北京公使馆秘书赫伯特·斯奎尔斯收购
光绪二十七年	1901年	被赫伯特带往美国
	1911年	赫伯特去世
	1912年	玉山被美国木材商人托马斯·巴洛·沃克买下
	1927年	沃克艺术画廊成立
	1939—1940年	沃克艺术画廊重组为沃克艺术中心，后来玉山被出售给明尼阿波利斯美术馆

据上考述，兰亭大玉山在1860年火烧圆明园28年后才运往北京，自始至终都没有被圆明园收藏过，即便是明尼阿波利斯美术馆的官方藏品介绍也没有这种说法。但在近年刊行的著述中，屡见“圆明园说”。有观点认为，一些国外卖主“常常声称他的拍卖品来自圆明园，以抬高身价”[1]，或许这正是讹传的源头之一。

（四）复原展示

原状陈列的目的之一，是通过展现文物在历史上的完整状态，最大限度再现宫廷生活场景，并带给观众以感性的认识。其设计过程应“以严格的史实作为依据，以科学、认真的态度进行考证”，确保展陈的真实性、可信性、历史性和艺术性[2]。而完整状态，顾名思义，涵盖它原始的外观和原始空间载体。清宫典藏的陈设器物，时常搭配匣、盖、座、架等配件，有些还是造办处奉旨以紫檀、花梨、楠木等名贵材料量身定做。器物与这些配件合为整体，相辅相成，方为“原始的外观”。

因而要重现乾隆时期的玉山，就必须注重文物之间的联系，连同紫檀木和汉白玉的两块底座一起复原。光绪十四年（1888），兰亭大玉山及雕刻山石树木纹的紫檀座都被运至北京，后者遗失于战乱，下落不明，复原中可参考故宫博物院现存器物中同等纹饰的木座。而那件由牙匠黄兆精雕的汉白玉石座仍然遗留原处，保存完好，现场多角度拍照测量后进行三维建模。

玉山各部分的比例关系依据马戛尔尼使团手稿显示，底座的面阔尺寸要比山子略大：紫檀座大于玉山，汉白玉座大于紫檀座，由上往下逐级加宽，设计意图可能是让外观更有层次感，更协调。明尼阿波利斯美术馆公布玉山宽度是97.5厘米，现场测得汉白玉石座顶部长110厘米，也是符合这个规律的。紫檀座缺乏长、宽、高尺寸的精确性，但可以估一中间值。三部分叠加效果如图17所示[3]。

完整状态的兰亭大玉山通高在150厘米左右[4]，玉器的温润而泽、紫檀的古朴端庄、汉白玉的坚固厚重，

1 徐家智：《圆明园艺术珍品与耶稣会士郎世宁：17至19世纪中西文化交流之一例》，《故宫博物院院刊》1993年第1期。

2 卫东风、曾莉：《改造与整顿时期中国博物馆展览活动案例分析》，《中国博物馆》2008年第4期。

3 明尼阿波利斯美术馆公开的玉山图片可能受拍照灯光影响，正背面存在一定的色差。

4 玉山高57.2厘米，汉白玉石座高81.3厘米，共138.5厘米。紫檀木座缺少数据，根据马戛尔尼使团绘制的木座大小比例，结合清宫其他木座的尺寸，推测应有十几厘米高。三者相加可能在150厘米左右。

图17 兰亭大玉山复原效果图（图左为南侧立面、图右为北侧立面） 笔者自绘

使其造型、配色富有变化，又和谐统一。即使挑剔如英使团，也不得不为它的艺术魅力所折服。

四 结 语

乾隆年间的制玉热潮代表了中国古代玉器生产的巅峰。宫廷赏玉好古风气的兴起、和阗与内地运输通道的开拓，以及玉器加工技术的提升建构了兰亭大玉山问世的基础。

作为这阶段深具典范性的“苏作”工艺品，兰亭大玉山集诗、文、画、印等艺术于一体，独具审美意涵。乾隆帝不惜以昂贵的人力、时间和工料成本为代价，跨越千里将玉料送至苏州——这一全国制玉业聚集、工雕水平首屈一指的城市，让各路玉匠历时三年充分酝酿、雕琢、打磨，确保了成品质量。玉山的文人主题、加工精度和大体积一一呈现出“乾隆工”玉器的特点，它凝聚了宫廷和地方官员的智慧，反映了造办处各单位间紧密分工、相互协助的成熟运作模式。

兰亭大玉山是乾隆朝避暑山庄陈设一改康熙时简朴之风，日趋富丽的主要例证。它在完工后，一反大内宫殿陈设惯例，被运往热河烟雨楼收藏，可见当时的巨型玉雕并不囿于紫禁城，同样兼顾北京周边重要皇家园林。避暑山庄以其“第二政治中心”地位，见证了乾隆时期繁荣的制玉活动。

兰亭大玉山于光绪年运京，继而流散海外，迁运遭遇犹如清王朝和避暑山庄兴衰的晴雨表。而文物标签上与圆明园产生的“误会”，表明了学界既往存在的信息短板——对于某些来自中国的、引人注目的清宫藏品，在证据欠缺或存疑的前提下经验性地断定为圆明园文物，这是今后的学术研究及文物追查工作中需要尽量避免的。

综上，兰亭大玉山象征了清帝国的富庶，体现了乾隆朝玉器的高品位、高水准。它对于研究乾隆时期宫廷玉器的制作情况，研究避暑山庄清代盛期的原状陈列，判断圆明园流失文物的是非真伪都具有不可忽视的价值。

本文创作过程中，承蒙故宫出版社宫廷历史编辑室主任王志伟老师审阅稿件，提出了宝贵的修改意见。格拉斯哥大学博士候选人赵浩扬老师为笔者提供了有关兰亭大玉山的图文资料和翻译帮助。北京服装学院的李伯尧同学贡献了玉山和明清绘画渊源的观点。特此致谢。

[作者单位：马骁，自由学者；陈东，承德市文物局]

清代夯筑工具述略*

A Brief Account of Rammed Earth Construction Tools in the Qing Dynasty

何川

He Chuan

内容提要：

清代以来，夯筑工具随夯筑技术的成熟应用而得到发展，硪、夯、杵等夯具形成相对固定形制并有与之对应的夯筑用途。本文以实物为范例从夯筑工具的三种主要分类类型论述其形制特征，并结合清代历史档案、方志、笔记、外销画等文献资料，略述夯筑工具的使用情况。

关键词：

硪　夯　杵　工具　清代

ABSTRACT:

Since the Qing dynasty (1644-1911), rammed earth construction tools have developed along with the mature application of related techniques. Implements such as tamper, rammer, and pestle have taken on relatively fixed forms suited to their corresponding purposes in such construction. Using actual objects as examples, this article discusses the morphological characteristics of the three primary classifications of such tools. It also briefly outlines their use based on contemporary historical archives, local gazetteers, notes, exported paintings, as well as other historical literature.

KEYWORDS:

tamper, rammer, pestle, tools, Qing dynasty (1644-1911)

* 本成果得到了故宫博物院 2019 年度科研课题“故宫古建筑修缮工具研究”（课题编号：KT2019-12）和北京故宫文物保护基金会学术故宫万科公益基金会专项经费资助。

一 引 言

关于夯筑工具的记载最早见于《诗经·大雅·文王之什》，其曰："其绳则直，缩版以载，作庙翼翼。捄之陾陾，度之薨薨，筑之登登，削屡冯冯。百堵皆兴，鼛鼓弗胜"，诗中所述"版"为夯土筑版，而"筑"则为夯土所用工具。《左传·宣公十一年》曰："分财用，平板干，称畚筑，程土物，孔颖达疏：'畚者，盛土之器；筑者，筑土之杵'"，"筑"即为后代所用夯、硪、杵等工具的古制称谓[1]。又《史记·黥布列传》曰："项王伐齐，身负板筑，以为士卒先，裴骃集解引李奇曰：'板，墙板也；筑，杵也'"，《广雅》亦曰："筑谓之杵"，《周易·系辞下》曰："断木为杵，掘地为臼"，先秦时期夯筑工具多用"筑""杵"。唐诗《筑城词》有："筑城处，千人万人抱把杵"，宋《营造法式》卷三《筑基》记载："筑基之制，每方一尺，用土二担，……先打六杵，二人相对，每窝子内各打三杵，次打四杵，……然后碎用杵碾蹑令平，再攒杵扇扑"，唐宋时筑基夯土所用工具仍有"杵"，夯筑方法也始见于官修则例。明《河防一览》卷四《造滚水石壩》记载："其地钉桩须搭鹰架用悬硪钉下，石缝须用糯汁和灰砌缝使水不入"，《吴江水考增辑》卷二记载："挑土一尺，即用硪锤平，再加再锤"，《续纂淮关统志》卷一三记载："刘家窑前所造石洞改建石闸一座，……两河通身坡崖泼水夯硪"，硪、夯等夯筑工具频繁出现于明代河工、堤工做法记载中。清工部《工程做法》卷四七《歇山硬山各项土作做法》记载有夯筑二十四把小夯灰土、夯筑二十把小夯灰土、夯筑十六把小夯灰土等做法，还提及了硪、夯、拐等夯筑工具的高、旋、平的使用方法，另在《河工器具图说》《海宁石塘图说》《修防琐志》《泰西水法》等文献中绘有各类夯筑工具形制。夯筑工具随同夯筑技术的专业化而得到不断发展[2]，到明清时期，夯筑工具使用更加细化。

关于夯筑方面的既往研究主要集中于夯筑工艺、夯土遗址科学保护及夯歌等，尤少见到对夯筑工具专门研究的相关报道。其中，敦煌研究院、兰州大学、西安建筑科技大学等机构研究人员对夯土工艺、夯筑操作方法及其质量性能评价有系统且发散性的研究[3]，研究中兼论及夯筑工具的形制特征与使用方法。而关于夯筑做法历史研究主要是围绕《营造法式》《工程做法》及历史档案中有关河工、土工、石工等夯筑文献的整理、论述，并结合夯土遗址的科学保护讨论夯筑能效影响因素[4]。在夯歌的相关研究中，各地方研究人员对夯工匠作传统有所梳理，论述夯歌与夯筑、夯具、夯工的作用关系[5]。另外，考古发掘出土有史前、商、秦

---

1 李庚善：《中国古代夯筑技术概论》，江苏人民出版社，2015 年，第 29 30 页。

2 张贺君：《古代夯具述论》，《河南科技大学学报（社会科学版）》2006 年第 5 期。

3 此类文献如张虎元等：《中国古代土工建造方法》，《敦煌研究》2008 年第 5 期。裴强强：《传统夯筑工艺夯筑质量及影响因素研究》，《岩石力学与工程学报》2020 年第 S2 期。陆磊磊等：《黄土高原地区传统民居夯筑工艺调查研究》，《建筑与文化》2014 年第 8 期。

4 此类文献如裴强强：《〈营造法式〉筑基、筑城、筑墙之制初探》，《敦煌研究》2021 年第 5 期。乔迅翔：《宋代建筑基础营造技术》，《古建园林技术》2006 年第 4 期。王其亨：《清代陵寝建筑工程小夯灰土做法》，《故宫博物院院刊》1993 年第 3 期。

5 此类文献如王群雅：《慈利打硪号子的艺术特征及传承现状研究》，《大众文艺》2019 年第 21 期。赵丽娜：《洛阳市吉利区硪工号子生存现状与演唱形式调查研究》，《成功（教育）》2020 年第 1 期。汤洁：《孟州土硪号子探究》，《艺术评论》2012 年第 7 期。

汉、南北朝、宋辽、元、明、清等不同历史时期的夯具[1]，考古报告中对夯具的材质、尺寸、形制等均有所描述，在夯土层遗址中发现夯层、夯窝、夯眼等夯具使用痕迹[2]，亦可从侧面了解当时夯具的使用情况。

二 夯筑工具的类型与形制

从夯筑对土壤机理所产生的影响上看，夯筑是对黄土或灰土加压破坏其自然结构所保持的毛细现象[3]，从而形成的密度较大的夯土，使其既具有一定的防潮功能，又达到较高的强度。夯筑工具则是实现夯筑技术的必需中介物，实际上夯筑技术即利用夯筑工具把土逐层夯实捣实的操作过程。清代以来，随着社会生产力水平的不断发展与提高，夯筑技术在土工、石工、河工、堤工等多个领域得到广泛应用，夯筑工具也得到不断发展，在前代铜铁夯、木石夯、束集夯等复合式文化形态的夯具基础上，不同类型的夯具逐渐形成固定形制。从材质上分，可分为木质、石质、铁质等；从使用人数上分，可分为单人夯、双人夯、多人夯等；从重量上分，可分为大夯、中夯、小夯等；从构造上分，可分为夯、硪、杵等；从功用上分，可分为筑基、签桩、筑版等，本文主要从构造划分类型分别予以论述。

（一）硪类

硪，通"碢"，亦称石硪，《说文》云："硪，石岩也"，即岩石所制之夯具，硪作为夯具使用在明清时期文献开始频繁出现，宋以前的石质夯具仍多以石夯头和木柄构成配合使用。石硪有地硪与云硪之分，云硪又有天硪[4]、水硪[5]之名，云硪"錾石如础厚数寸，比地硪轻一二十斤，打硪兵夫用十二名，硪肘鸡腿俱用杂木，全恃盘硪之人盘得结实，硪夫在梯上用以签桩，桩高则硪自空而下有似云落，故曰云"[6]〔图1、图2〕。签桩所用之云硪在重量上略轻于地硪，其"重百斤或八九十斤，高一尺二三寸，长一尺四五寸，上圆而稍锐，底方而稍凸宽，一尺两端各錾小眼四安握把便于举硪，是为硪鼻，上錾大孔，方径五寸，通两边以穿索"[7]，签桩时"架上十人共举石硪，上桩之颠二人握硪两鼻对面合夯，左右各四人分掣八索同起同落，架下二人或扶或倚使桩无偏欹"[8]〔图1、图2〕。而地硪"有墩子束腰灯台片子等名，四者之中墩子束腰宜于平地，灯台片子宜于坦坡，比云硪重二三十斤，下大上小，凡筑堤坝用以连环套打始得保锥，又墩硪最重豫东用之，

1 此类文献如洛阳博物馆：《孟津小潘沟遗址试掘简报》，《考古》1978年第4期。中国科学院自然科学史研究所主编：《中国古代建筑技术史》，科学出版社，2000年，第48页。张驭寰：《中国城池史》，百花文艺出版社，2003年，第351页，第356页。上海博物馆考古研究部：《上海市普陀区志丹苑元代水闸遗址发掘报告》，《文物》2007年第4期。山西大同市博物馆：《大同北魏方山思远佛寺遗址发掘报告》，《文物》2007年第4期。

2 此类文献如湖北省文物考古研究所：《云梦楚王城发掘简报》，《文物》1994年第4期。琉璃河考古队：《琉璃河遗址1996年度发掘简报》，《文物》1997年第6期。《中国古代建筑技术史》，科学出版社，2000年，第30页，第40页。

3 杨鸿勋：《从盘龙城商代宫殿遗址谈中国宫廷建筑发展的几个问题》，《文物》1976年第2期。

4 （清）葛士濬：《皇朝经世文续编（上）》，台联国风出版社，1964年，第352－353页。

5 （清）包世臣：《包世臣全集（第二册）》，黄山书社，1991年，第95－96页。

6 （清）完颜麟庆：《河工器具图说》，浙江人民美术出版社，2015年，第204页。

7 （清）李辅燿撰，袁镇嵩绘：《海宁念汛大口门二限三限石塘图说》，清光绪七年刊本（影印本）。

8 《海宁念汛大口门二限三限石塘图说》，清光绪七年刊本（影印本）。

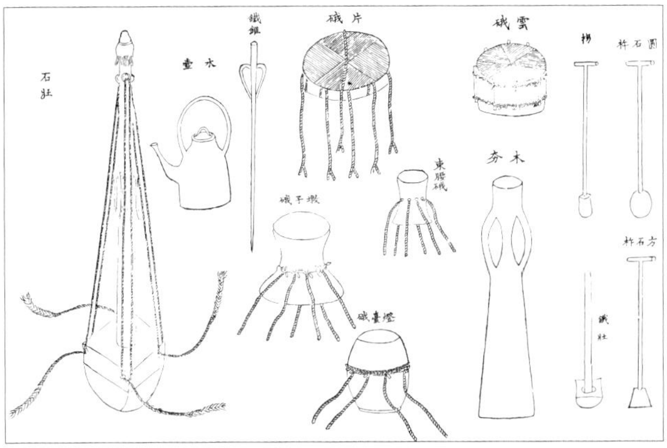

图1 上夯桩图

引自《海宁念汛大口门二限三限石塘图说》

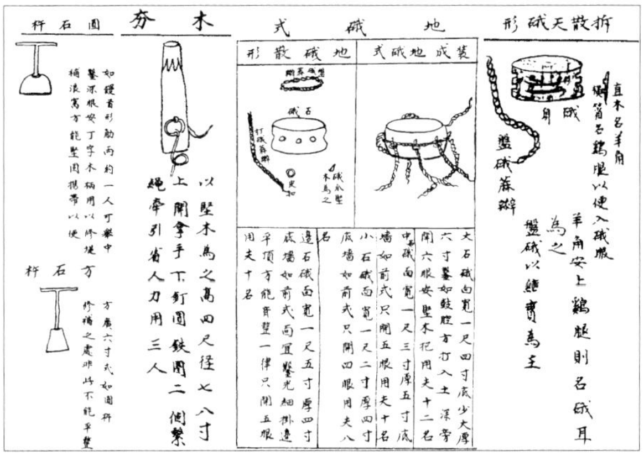

图2 桩架夫器具图

引自《海宁念汛大口门二限三限石塘图说》

图3 《河工器具图说》中的夯具

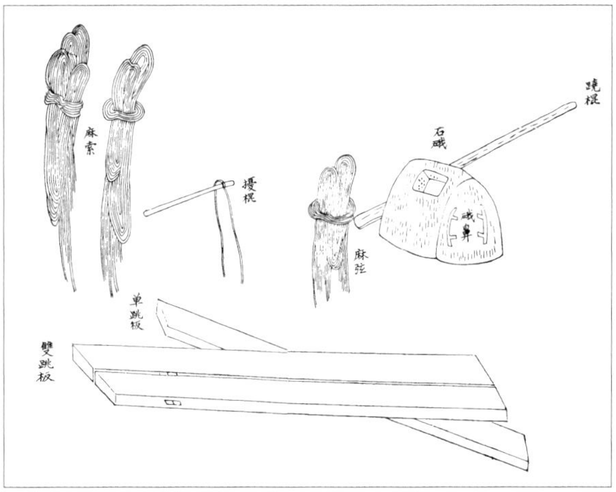

图4 《修防琐志》中的夯具

灯硪稍轻淮徐用之，腰硪片硪最轻高实用之"[1]〔图3、图4〕。筑基与签桩打硪方法类似，皆是提绳举硪砸打[2]。地硪根据尺寸与重量又分为大硪、中硪、小硪，"大石硪面宽一尺四寸，底稍大厚六寸，錾如鼓墙方入土深，旁开六眼，用夫十二名；中石硪面宽一尺三寸，厚五寸，底墙如大石硪式，止开四眼，用夫八名；边石硪面宽一尺五寸，厚四寸，底墙如大石硪式，旁开五眼，用夫十名，面宜光而广稍薄，平顶挂边方平正。又一说大硪重二百四十斤，用夫十六名或十二名，中硪重一百六十斤，用夫十名，小硪重一百二十斤，

1 《河工器具图说》，第102页。

2 "以石径尺高尺，平其下端，四围缀绳五六尺者，八九人持其一，曳之升降，令撞土坚，用与夯同"，（清）陈锦：《补勤诗存（卷二二）银海回澜集》，清光绪三年橘荫轩刻光绪十年增修本（影印本）。"硪有腰子硪、灯台硪、片子硪等名三者，之中以腰子硪为最，每架硪头应重七十余斤方为合式，但硪固取其重，然其追地又在撒手，谚云起得高落得平，便是会打硪人，如撒手少有不匀，则东倒西歪不能平平，落地必有打不着之处"，（清）徐端：《安澜纪要（卷上）》，清道光刊本（影印本）。

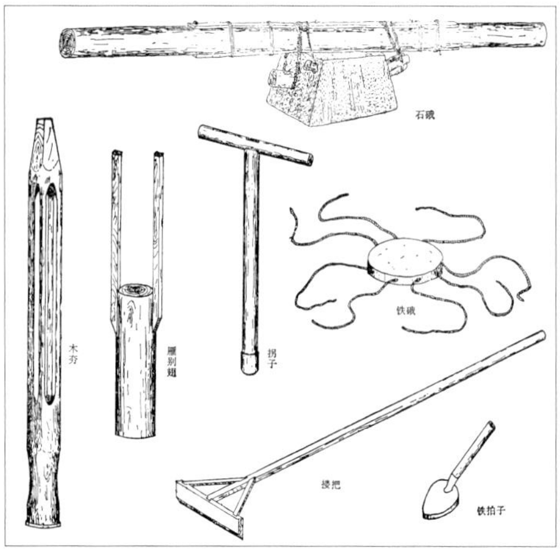

图5 土作工具

引自《中国古建筑瓦石营法》，刘大可，中国建筑工业出版社，1993 年

图6　洛汭成

引自《钦定书经图说》，（清）孙家鼐等编，清光绪三十一年内府刊本（影印本）

用夫八名"[1]，另有一说与此相仿[2]。而石硪重量亦有具体算法[3]，石硪用夫数量"大约以每名摊重十三四斤不等"算定。此外，硪另有铁质，"硪质向专用石，近更有以铁铸者，取其沉重又硪面平整"[4]，永定河沿线堤工"铺土一尺泼水，用铁硪打筑至七寸"[5]，湖南筑堤"置备铁硪一二盘或石硪三四盘，周围錾成鼻孔可以穿绳，众夫执绳每硪五六人或十人同声齐举"[6]，但铁硪的使用远不及石硪普及，仅有少数工程实践。

（二）夯类

《篇海类编·通用类·大部》云："夯，捷夯，大用力"，《字汇》又云："夯，大用力，又以肩举物"，夯为宋代后起字，《说文》中无载，其本义为用大力肩扛重物之义，后引申指用力扛起重物向下砸实、砸实地基的工具等字义。夯分为木夯、石夯、铁夯，又可分为大夯、小夯、雁别翅夯〔图5、图6〕，筑基用木夯最多，"凡筑室必先平地，平地必须加夯，大者长七八尺，围二三尺不等，不独河工然也，工次木夯长四尺，旁錾两鼻，俾有把握，填垫獾洞鼠穴，以夯夯之，可期坚实，又有四鼻者形制较秀，俗名美人夯，然其用实逊耳"[7]〔图3〕。木夯多以双人、四人使用，根据夯筑需要也有十余人使用的大木夯，"北人以大木丈余，平其两端，中錾数十孔，众手举以实土曰夯，增一人不为多，去一人不为少"[8]。木夯多以榆木、枣木等硬杂木制，上有握柄下有绳提，"其物以坚木为之，约高五尺，围圆上四寸下八寸，上实五寸以下錾空二尺留四柱以容手，下实二尺六寸沿边安铁环以系绳，四人一手握柱一手提绳以筑地

1　（清）李世禄：《修防琐志》；任继愈主编：《中国科学技术典籍通汇技术（技术卷第四分册）》，河南教育出版社，1994 年，第 659 页。

2　"大硪重二百四十斤，用桩手十六名或十二名，中硪重一百四五十斤，用桩手十名，小硪重一百二十斤，用桩手八名；大硪径各高一尺一寸，重二百十余斤，上眉二寸下眉一寸，上下十六眼，径一寸，中档六寸；小硪，径各高一尺"，《修防琐志》，第 735 — 736 页。

3　"石硪有二式，如面底相同不分大小者，量明中径尺寸即以中径自乘，乘后用七五折折之，再用高乘得积，又用青石见方一寸重三两为法因之得两，再用每斤十六两为法除之得斤；如硪面底不同大小各别形，如鼓墙者将面腰底各量围圆尺寸，将三周相并，用三归归之牵得一周之长，自乘得数，又用圆率十二除之，再用高乘得积，又用石方寸重三两因之得两，再用每斤十六两为法除之得斤重之数"，《修防琐志》，第 700 — 702 页。

4　《河工器具图说》，第 102 页。

5　（清）周家楣、缪荃孙编纂：《光绪顺天府志（第四册）》，北京古籍出版社，1987 年，第 146 — 147 页。（清）陈琮编纂：《乾隆永定河志》，学苑出版社，2013 年，第 409 页。

6　（清）陈宏谋撰：《（乾隆）湖南通志》，成文出版社，1968 年，第 158 页。

7　《河工器具图说》，第 104 页。

8　（清）陆世仪：《复社纪略（卷二）》，清抄本（影印本）。

图7　大版谓之业

引自《尔雅音图》，（晋）郭璞撰，清嘉庆六年艺学轩影宋本（影印本），1801

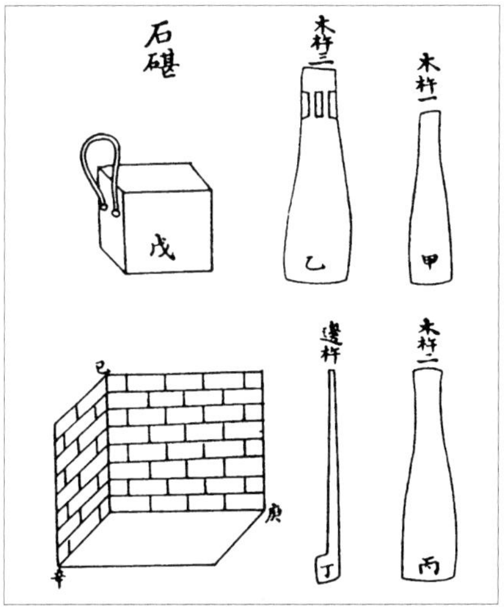

图8　《泰西水法》中的夯具

脚，以一步土至三四步土为率”[1]。铁夯一般夯头为铁质并安有木柄，并另有铁壮、铁创之称，“铁壮方不及尺，厚数寸，上方下圆中孔安木柄，凡筑打灰土用之”，“一人以铁夯按块锤之，夯高二尺五六寸，周盈尺，顶上左右两耳以便两手提执”[2]，铁夯使用亦少见于工程实践，“此具久不用，然尚存壮夫名目”。石夯亦有石壮、石创之称，“其制琢石为首，上方下圆，四隅有眼各系麻辫，上安木柱长六尺，柱顶有四铁圈紧对，壮隅以绳拌紧，柱腰四面有木鼻，用时四人对立各执其一，再以四人提辫齐提齐落，然后用夯及木榔头扑打，则灰土成矣”[3]。

（三）杵类

《说文》：“杵，舂杵也”，本义为舂米的棒槌，《新书・春秋》记载：“古人舂筑时，以歌相和，以杵声相送”，后也指夯筑时所用的夯杵。杵分为木杵、石杵、铁杵，杵类夯具通常具形较小、重量较轻。石杵“琢石为首，受以丁字木柄，俾一人可举，两手可按用以平治土堤，填筑狼窝甚便，至方圆则各肖其形，各适其用耳”，在版筑时亦用杵夯土〔图7〕。铁杵、木杵与石杵形制相似，适合一人举用，通常用于小面积的边缝夯杵与夯窝等。拐即铁杵的一种，“拐系铸铁为首，形如悬胆，重二斤受以丁字木柄，长二尺二三寸，与铁杵仿佛，每逢两桩并缝用拐捣筑以期坚实”，另“凡底与墙之交砧杵或不及焉，则以边杵筑之”[4]〔图8〕。杵类夯具是硪类、夯类夯具的技术补充，虽夯筑力度逊于另两类夯具，但其为边缘角缝夯筑的必需工具。

1 （清）李光庭：《乡言解颐》，中华书局，1982 年，第 57 页。

2 （清）张德彝：《航海述奇》，湖南人民出版社，1981 年，第 99 — 100 页。

3 《河工器具图说》，第 162 页。

4 ［意］熊三拔撰：《泰西水法（影印本）》，国家图书馆出版社，2013 年，第 109 页。

图9 清末民国至新中国成立初期夯具 作者自摄

（四）夯筑工具基本形制

夯具一般由夯体与执夯两个部分构成，夯体是夯具的作用部分，即与被夯筑物体直接接触的部分，执夯是夯体与工夫的连接物，夯体的起落均是由工夫通过执夯来操作进行的。夯体由夯身、夯头、夯面等三部分构成〔图9〕（表一）[1]，夯头是指夯体中直接砸击物体的部位，即夯体的最底端部分。夯面是指夯体中与夯头相对的另一个面，石夯与石杵的握柄榫眼就开在夯面上，石硪"于一面鋻起状如五乳者，俗曰乳硪，名甚不雅，然用以敲拍灰礓尤为得力"[2]，此乳硪即在夯面一端鋻出凸起状，夯面即夯体的最顶端部分。夯身是指夯头与夯面之间的夯体部分，石硪的墩子、束腰、灯台即夯身的不同形式，石硪与石夯的硪眼、夯眼均于夯身上凿出，执夯也安装、束系于夯身上。执夯是指安装于夯身上，用于移动夯体和稳定夯体的手执部分。执夯分为握柄与绳辫两类，握柄一般为木质棒杆且直接安装于夯面或夯身榫眼上，绳辫一般为麻质编绳且一端束系于夯体上。夯具通常配有握柄和绳辫中的一类执夯，也有同时具备两类者。

1 作者实地走访、网络搜集自北京、河北、山西、山东等地共51具夯筑工具，其中有石硪8具，石夯体7具，石夯8具，木夯24具，木石杵4具，年代最早为道光二十五年，最晚为1960年代前后使用。

2 《河工器具图说》，第102页。

表一　夯具基本信息

序号	类型	形制	夯头尺寸（cm）	夯高（cm）
1	石硪	五乳硪，夯面有五个圆形凸起，夯身四角有象鼻硪眼	边长20	22
2		夯面有帽冠状凸起，夯身有硪眼8个	直径39	18
3		鼓形，夯面有榫眼，夯身有象鼻硪眼4个	直径30	28
4		束腰硪，夯面下凹，夯身束腰有硪眼8个	直径34	30
5		束腰硪，夯面下凹且中心凸起，夯身束腰有硪眼10个	直径37	22
6		片子硪，青白石制，夯身有象鼻硪眼4个	直径33	15
7		鼓形，夯面榫眼与夯身榫眼形成象鼻硪眼	直径40	24
8		片子硪，花斑石制，夯身有硪眼8个	直径35	12
9	石夯（夯体）	上圆下方，夯身四角有象鼻榫眼，夯面有方形榫眼	边长36	29
10		上圆下方，夯面有方形榫眼，夯身有包袱角式雕刻	边长18	20
11		花斑石制，上圆下方，四角各有夯眼	边长23×21	30
12		雁别翅式石夯夯体，夯身有榫窝	直径25	50
13		方柱形，夯身有铁箍一道，夯身上部四角有象鼻榫眼	边长30×18	49
14		方柱形，夯身有通夯眼及通榫窝，夯身有“民国□□年造”刻字	边长23	43
15		花斑石制，六棱形夯身，夯身有通夯眼，夯身两面各有“道光二十五年”及“十月二十九日”刻字	边长20	30
16	石杵	圆头杵，夯面榫眼安装握柄	直径13	60
17			直径14	65
18		方头杵，夯面榫眼安装丁字握柄	边长15	40
19	木杵	柏木制，夯身枣核状	直径12	91
20	石夯	上木下石，上部为木质夯身，下部为石质鼓形夯头，夯头四角有象鼻榫眼以系绳，夯身与夯头榫接并有钉扣、绳带紧固	直径28	122
21		与20基本相同，夯头为圆球体	直径30	125
22		与20基本相同，夯头为上圆下方	边长29	120
23		与20基本相同，夯头为上圆下方	边长32	130
24		与20基本相同，夯头为方块形	边长33	165
25		夯体与2形制相同，夯面榫安木制硪柄	边长23	125
26		雁别翅式，夯体与10基本相同，夯面无榫眼并刻有“黄”字	边长22	150
27		雁别翅式，夯体与12基本相同	直径25	155
28	木夯	榆木制，夯身有铁箍三道，夯身凿空有四个握柄	直径30	157
29		与28基本相同	直径32	166
30			直径30	165
31		榆木制，夯身上部凿空有握柄四个，夯身束腰并有榫眼一对	直径16	111
32		榆木制，与31基本相同，夯身另榫安有握柄一对	直径15	128
33		与32基本相同	直径16	110
34			直径16	120

（续表一）

序号	类型	形制	夯头尺寸（cm）	夯高（cm）
35	木夯	上方下圆，夯身束腰，夯身上部凿空有四个握柄	直径12	113
36			直径14	103
37			直径18	115
38			直径27	110
39			直径19	115
40			直径25	110
41			直径17	119
42			直径16	118
43		与35基本相同，夯身无束腰	直径25	140
44		枣木制，夯身中部凿空有握柄三个	直径18	122
45		夯身上下为方形，中部凿空有四个握柄，夯身有五星刻纹	边长41	145
46		与45基本相同，夯身有“王记”刻字	边长35	125
47		榆木制，木制握柄另钉于夯身	直径33	127
48		榆木制，夯身凿空有四个握柄，握柄上下各有铁箍	直径10	161
49		与48基本相同	直径18	166
50			直径10	160
51			直径12	165

硪类夯具的执夯有单独的配套结构，由盘硪绳、夯辫、拉硪绳、硪肘等部分组成。盘硪绳穿绕于硪眼并盘结于夯身四周，其为夯体与拉硪绳、夯辫的连接附件。根据石硪执夯人数配有数条拉硪绳与夯辫，拉硪绳可直接系扣于盘硪绳上，也有借由硪扣与盘硪绳连接，而夯辫则与拉硪绳构成绳扣或硪扣连接。但拉硪绳与夯辫并非一定配套使用，可省去拉硪绳而以夯辫直接与盘硪绳扣结。云硪通常还在夯身硪眼上安装硪肘以握抓，各地方对石硪握柄亦有硪鼻、硪耳、硪爪、硪手的称谓，硪肘由插木、立木组成，俗称鸡腿、羊角。

夯杵类夯具的执夯亦有不同配置，木夯通常直接在夯身上掏凿执夯握柄，夯身处中上端构成二处或四处握柄，或在夯身上开榫眼另外安装握柄，有些木夯夯身上还会安装铁箍、铁扣等铁活来紧固夯体。石夯的执夯通常是安装在夯面或夯身榫眼、榫窝处的木质握柄，由于石夯的重量较大，有些石夯的夯身还会拴系夯辫以便多人执夯。

三　夯筑辅助工具

除专用于砸打夯土的工具，另有在夯筑过程中起到辅助作用的工具，其可分为挖土、运土、平土、质检等工具。挖土、铲土工具为锹，“锹或以铁或以木为之，用以取沙土，锻铁为首，谓之铁锹，土工利用

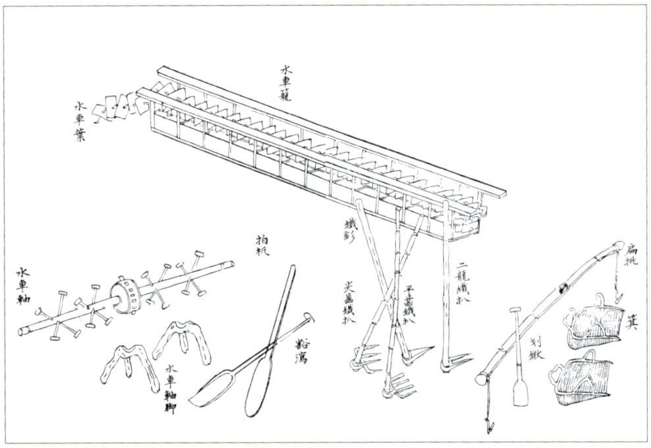

图10 土夫器具图
引自《海宁念汛大口门二限三限石塘图说》

图11 筑土堰图
引自《海宁念汛大口门二限三限石塘图说》

图12 土工工具
引自《Essai sur l'architecture chinoise》（中国建筑彩绘笔记）（影印本），18世纪，法国国家图书馆藏

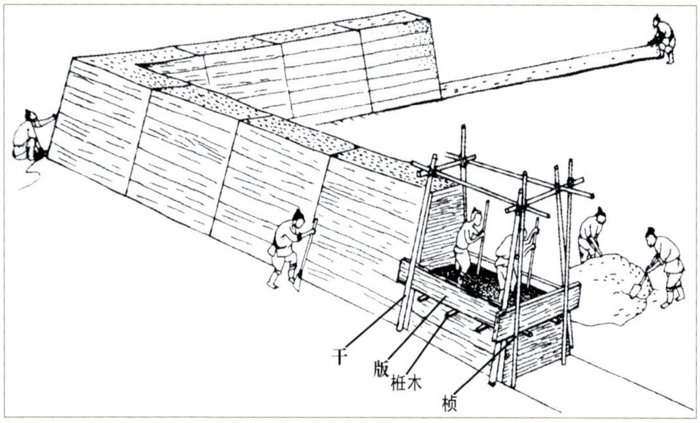

图13 版筑示意图
引自《中国古代夯筑技术概论》，李庚善，江苏人民出版社，2015年

之器”[1]，另有挖土、刨土的镢头（现名铁镐），“掘也，持之刨挖”〔图10、图11、图12〕。而运土工具有扁担、箩筐、簸箕、土车、轮车等。运土时，一人肩挑木质或竹制扁担，扁担两头各挑有箩筐或簸箕，以锹铲土装入其中并肩抬起运，如此往复于土车或轮车以运土。夯土的质检工具为铁锥和水壶，“铁锥长四尺上粗下尖，其粗处上有铁耳，便于手握，修筑堤工每坯试锥一遍，用木榔头下打拔起后以水壶贮水灌入，锥孔不漏为度，若一灌即泄名曰漏锥，半存半泄名曰渗口，存而不泄名曰保锥”[2]。此外，版筑辅助工具还有桢、干、橛子、草绳、版等，其中版是版筑的模具，桢、干、橛子、草绳等则是用来固定版的〔图13〕。

四 夯筑工具与夯筑技术的关系

夯筑根据夯筑材料的不同可分为素土夯筑即以素黄土夯筑、灰土夯筑即以石灰与黄土的混合灰土夯筑、

1 《河工器具图说》，第100页。
2 《河工器具图说》，第98页。

图14 打硪（1958年） 魏守忠摄

图15 打夯（1960年） 作者自藏

图16 签桩（1924年）
引自《甘博的摄影集》，1908年至1932年，杜克大学图书馆藏

混合夯筑即以黄土及碎砖瓦石等混合材料夯筑，而不同的构筑物各有不同的夯筑做法，被夯物的特征与性状也影响夯具的选择，夯具与夯筑做法既有共性，又存在一定的差异。从夯筑力度上，夯具的重量及用夯工夫数量决定了夯筑强度，一般地，从材质上铁夯>石夯>木夯，从形制上硪>夯>杵，从用夫数上多人夯>双人夯>单人夯。“堤身先宜坚实，此间筑堤仅用木器浮夯，通体虚松，遇水易溃，皆因有木夯而无石铁硪之故”[1]，除材质与形制因素外，在使用上亦需得当，硪“辨分长短，以长为佳，缘长则抛得起落得重，自增坚固。再硪夫必须对手，倘十人中有一二人不合式者，其筑打之迹形如马蹄，硪虽重亦不保锥”[2]，如若夯筑操作不当，即便多人用重夯亦不能夯筑坚实。从用途上，特定的工程做法需要选用合适的夯具进行夯筑，如石工铺筑“打夯既宜坚实又忌用力过猛，猛则震动石缝，此土之所以不宜硪而宜夯，要在细细加工……石后不宜硪而用夯，石上并不宜夯而用榔头拍板，盖细而又细矣”[3]，土工筑基地硪、木夯、拐杵并用，“大硪排底，头夯充开海窝，每窝打夯头筑银锭……起平夯打高夯取平旋，满筑拐眼，落水起高夯高硪至顶步平串硪，此夯筑法也。每槽用夯五把，雁别翅四夯头筑打取平，落水撤渣子复筑打后，起高硪一遍顶步平串硪一遍，此平基法也”[4]，河工亦需铁杵、木夯、云硪，“器具有方船……铁杵、木夯、云硪、云梯等项”[5][6][7]〔图14、15、16〕。

1 （清）陈宏谋撰：《（乾隆）湖南通志（第三册）》，成文出版社，1968年，第156—158页。
2 《河工器具图说》，第102页。
3 （清）徐端撰：《安澜纪要（卷上）》，清道光刊本（影印本）。
4 （清）李斗：《扬州画舫录》，中华书局，2007年，第253—255页。
5 （清）康基田：《河渠纪闻》，中国水利工程学会，1936年，第82—85页。
6 （清）傅泽洪：《行水金鉴》，商务印书馆，1948年，第66—68页。
7 （清）黄之隽，（清）赵宏恩监修：《乾隆江南通志（第三册）》，广陵书社，2010年，第101—102页。

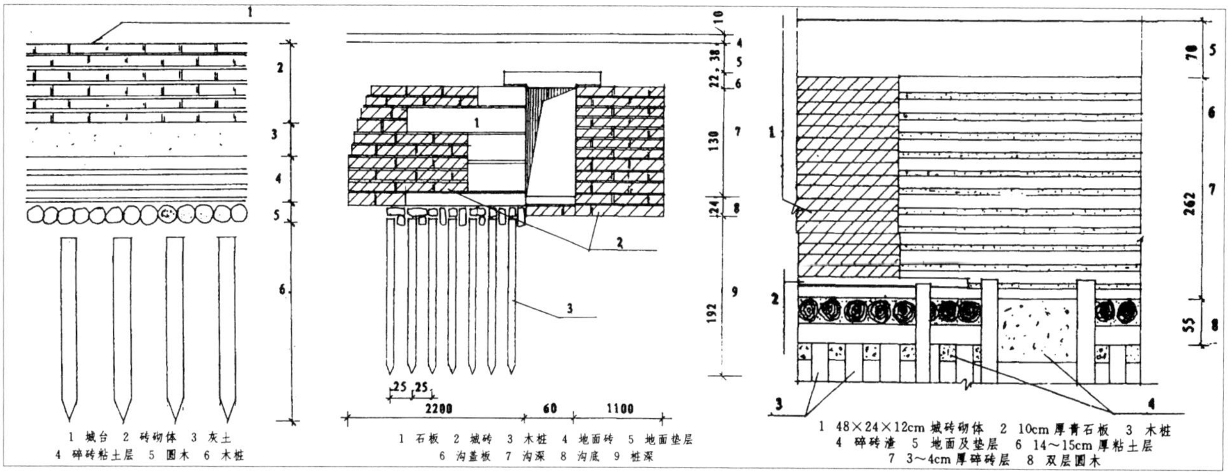

图17 签桩基础

由左至右为：西华门墩台基础、箭亭西雨水沟基础、慈宁宫东侧基础，引自白丽娟、王景福，《北京故宫建筑基础》，《中国紫禁城学会论文集（第一辑）》，1996 年

从故宫的基础做法可看到不同的夯筑做法，亦可推知不同基础营造做法的夯具使用情况。东华门、西华门、慈宁宫、箭亭等处均有筑基的签桩做法出现〔图17〕[1,2,3]，其基本夯筑主要构造由下至上有木桩层、碎砖层、灰土层，木桩层的地桩即由石硪或铁硪筑下。地桩下端砍成尖头状并缠套有铁丝桩头，签桩时搭桩架用硪逐次打下，桩丁长度由五尺至丈余不等，硪的石、铁的高密度材质与多人执手的操作构造才可满足筑打要求。而从太和殿三台、北上门、南三所大门、保和殿东庑、东一长街、永康左门、徽音门、上驷院、螽斯门等处可见碎砖层做法基础〔图18〕，此做法与《营造法式》所载筑基之制类似，即一层用黄土、一层用碎砖瓦石等层层相隔筑打。从基础遗存来看，黄土层与碎砖层各层之间均平整平齐、无明显凹凸不平，即在保证夯筑质量的同时，每层筑打完毕都保持了相对水平的平面。由此可推知，碎砖层基础应是由木、石夯与石、铁硪交替使用筑打完成，夯的作用面更小，筑打力度更加集中，而石硪、铁硪作用面更大，虽然筑打力度不及夯集中有效，但其用于筑基找平极大提高了劳动生产效率，两类夯具是筑打平而实的工具保障。从景运门、延春

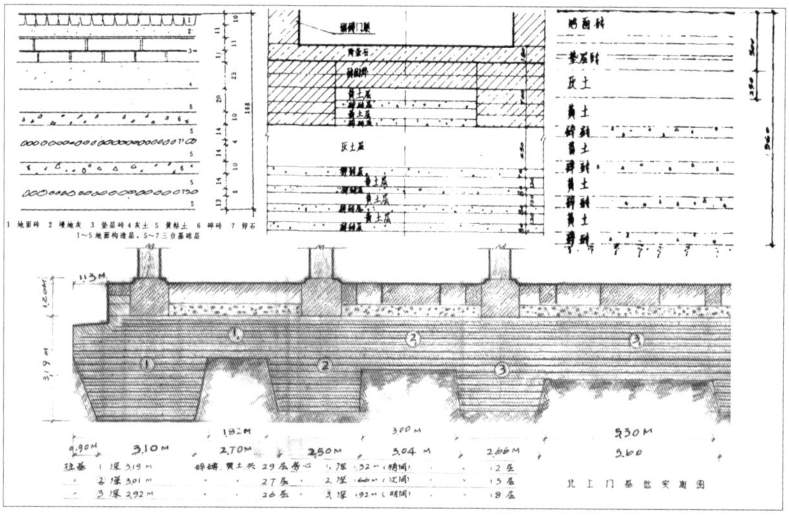

图18 碎砖基础

图上由左至右为：太和殿三台基础、螽斯门基础、太和殿广场地面基础，图上引自白丽娟，《故宫的基础工程》，《古建园林技术》，1996年第2期

图下为：北上门基础，故宫博物院供图

1 白丽娟、王景福：《北京故宫建筑基础》，《中国紫禁城学会论文集（第一辑）》，紫禁城出版社，1996 年。

2 白丽娟：《故宫的基础工程》，《古建园林技术》1996 年第 2 期。

3 白丽娟：《浅谈故宫古建筑基础》，《故宫博物院院刊》1993 年第 3 期。

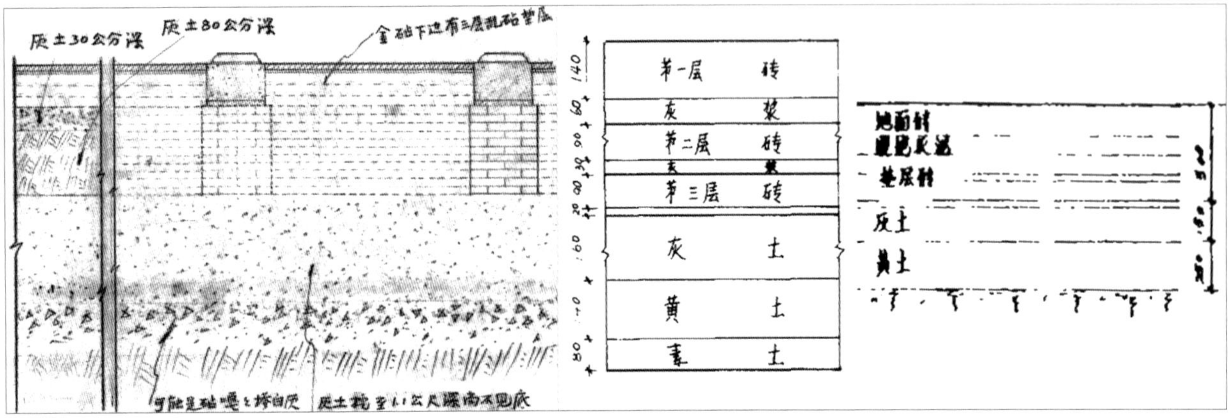

图19　灰土基础

由左至右为：延春阁基础、隆宗门广场基础、保和殿东庑基础，故宫博物院供图

阁、隆宗门等处所见灰土层做法〔图19〕，即《工程做法》卷四七所载歇山硬山各项土作做法中用白灰、黄土筑打基础，夯筑时除以硪排底、以夯筑打海窝、银锭、沟梗，还另用杵拐筑拐窝，即用拐子旋转下压使得灰土上下层之间形成榫卯式结构[1]，清代陵寝灰土基础亦筑打拐眼[2]，硪、夯、杵在灰土层夯筑中均有功能性使用。

五　结　语

夯具是人类认识自然并改造自然环境过程中所创造的重要物质文化财富，具有历史、艺术与科研价值，同时印证了人类社会发展的轨迹，不同时代的夯具也留有历史时代的工具特征。清代以来，随着生产力水平的不断提高，夯筑技术在不同领域均有广泛应用，木夯、石夯、铁夯在夯筑实践中得到不断发展。从操作本质上，夯筑是利用夯具自重与夯夫下砸的压力对夯筑物进行砸实加压，土工、河工、石工等工次所用夯具根据夯筑技术做法的不同稍有区别，硪、夯、杵各有不同形制、尺寸、重量以满足签桩、筑基、筑堤等使用要求。民国至新中国成立初期，传统夯具仍有大量使用实例，但随着各类机械化夯具的普及与应用[3]，传统夯具逐渐不再使用。

建筑基础的坚实筑造是建筑营造的前提保障，而基础筑造由夯筑构造结构与工艺做法来实现，夯筑工具则是夯筑工艺做法实际操作的具体体现，可以说夯筑工具本身即建筑营造历史发展的侧写。历史文献夯筑做法的记载与筑基遗址的遗存实物都充分体现了传统夯筑工具的使用科学性，夯筑工具不仅是建筑基础营造研究的参考依据，也是解读夯筑技术与质量的重要角度，其可为传统夯筑做法的科学评价和优化提供依据。

[作者单位：故宫博物院修缮技艺部]

1　单士元：《夯土技术浅谈》，《科技史文集（7）》，上海科学技术出版社，1981 年，第 119 — 123 页。

2　王其亨：《清代陵寝建筑工程小夯灰土做法》，《故宫博物院院刊》1993 年第 3 期。

3　1955 年至 1959 年，山东、上海、广西、江苏、湖南、江西、陕西、河北、河南、湖北等地生产、使用半机械化和机械化运土、夯土、水利工具，并编著相关工具介绍刊物，如山东省水利厅编著有《水利施工夯实、运土工具》（一）（二），于 1958 年由山东人民出版社出版。

清出于明而胜于明
——清宫印刷技艺全面发展及其历史意义*

Blue from indigo plant is deeper than its origin: The Comprehensive Development of Printing Techniques in the Qing Imperial Palace and Its Historical Significance

朱赛虹

Zhu Saihong

内容提要：

本文基于对明清内府刻书实物的长期考察和比较，在中国传统印刷技术史大背景下，以众多实例勾勒出清内府印刷技术既“清沿明制”又不断创新变革并达到古代印刷技艺巅峰的发展样貌及其历史意义，兼论其机构设置、组织管理、人才配备等方面都远超明代的时代特点。

关键词：

雕版印刷　套版印刷　活字印刷　聚珍版　铜版画　木版画　铅印　石印

ABSTRACT:

Based on long-term investigation and comparison of engraved block-printed books from the palace workshops in the Ming (1368-1644) and Qing (1644-1911) dynasties, against the backdrop of the history of traditional Chinese printing techniques, this article outlines the development pattern and historical significance of printing techniques in the Qing Imperial Court through multiple examples. While “adopting the Ming system”, the techniques in this period also continued innovating, improving, and reaching the pinnacle of ancient printing craftsmanship. The paper also discusses how the Qing Court surpassed the previous dynasties in aspects such as institutional setup, organization, management, and personnel.

KEYWORDS:

block printing, stencil printing, movable type printing, Movable Type Edition *(juzhen ban)*, copperplate engraving, woodcut printing, lead seal, carved stone printing

* 本研究成果得到“万科—奉先殿研究性保护项目”资助。

一 相关研究回顾

出于文治需求，明代统治者首创在内府专设出版机构，以便就近出版政府主持编纂的御制和钦定诸书，这一做法十分有效，且为其后有更多文治需求的清政府所接受。在同样经历了两个半世纪左右的发展历程，同样受到官、私、坊等几大系统刻印技术的影响之下，清内府印刷技艺不仅较明代有长足发展，且呈现出更多样化的发展样貌。

学界对清内府印刷技术的研究，除个案研究外，有《康雍乾三朝中央机构刻印书研究》[1]、《西风东渐铜版画》[2]、《异军突起的清宫木版画》[3]、《清前中期西洋铜雕版印刷术的两度传入》[4]、《论清代宫廷铜版画对清代民间年画的影响》[5]、《清康熙内府铜活字铸造初探》[6]、《权力、技术与图像——十七八世纪铜版画在清宫的影响及境遇》[7]、《铜版上的中国 国际视野中的清宫铜版画与欧洲"中国风"版画研究》[8]等等，不一而足，促使相关研究不断细化和深入。而对于清内府印刷技术的综合考察与研究，仍有很大空间。

本文基于对明清内府刻书实物的长期考察和比较，结合学界已有成果，又力图在中国传统印刷技术史大背景下，以众多例证勾勒出清内府印刷技术既"清沿明制"又不断创新变革而呈现出多样化的发展样貌及其历史意义，兼论其机构设置、组织管理、人才配备等方面都远超明代的时代特点。

二 清内府印刷技艺全面发展

民国时期故宫博物院图书馆的专门委员陶湘，曾在《清代殿本书始末记》[9]一文中，称赞殿本书"其写刻之工致，纸张之遴选，印刷之色泽，装订之大雅，莫不尽善尽美"。这一评价是基于他嗜书藏书的雅好，且清代武英殿刻本即是其收藏特色之一，更偏爱其中的开化纸印本，凡开化纸本必收，而不问内容，人送雅号"陶开化"。爱之深，感悟亦相对透彻，笔者经过多年来眼观手触殿本实物，对这一评价颇为赞同。

（一）臻于完美的单色雕印

据学者统计，明代内府刻本有明确书名可考的共计320种[10]，而清代内府刻书的数量至少为该数字的一倍

1 曹红军，南京师范大学博士论文，2006年12月。

2 聂崇正，《中国版画全集》第6册《清代宫廷版画》，《中国美术分类全集》，紫禁城出版社，2008年。

3 朱赛虹，《中国版画全集》第6册《清代宫廷版画》，《中国美术分类全集》，紫禁城出版社，2008年。

4 伍玉西，《兰台世界》2010年第3期。

5 王洋，《耕耘录：吉林省博物院学术文集》（2003－2010），吉林人民出版社，2010年。

6 艾俊川，《中国出版史研究》2019年第2期。

7 李军，《美术》2021年第11期。

8 洪潇亭，《新美术》2022年第3期。

9 见《武进陶氏书目丛刊十五种》，陶湘辑，民国二十二年至二十五年铅印本。

10 参见马学良：《明代内府刻书考》，上海古籍出版社，2021年。

以上[1]，其中单色雕印刻本最多，是内府印书的主流。

1.版刻多样化，南北风格兼有。因清内府刻书上承明内府之余绪，故顺治朝刻书风格与之相似。字体正方，横细竖粗，结构呆板，人称“匠体”；字大如钱，行格宽疏。武英殿修书处成立后，因康熙帝喜好明代书法家董其昌的字体，书手以圆秀、工整的楷书字体上版，工整秀丽，时称“软字”，如《佩文斋书画谱》《御选古文渊鉴》等书即为此种字体。作为对称，将方体字称为“硬体字”，如《历朝闺雅》即以此种字体印成。还有一种仿宋字，笔力遒劲，结构秀丽。当时扬州、苏州等诗局也是内府的书籍承刻单位之一，刻行过著名的《全唐诗》《全唐文》，康熙帝的《御制诗集》等。这些书籍以细楷字精刻，字迹秀丽匀净，其风格接近于康熙时期的武英殿刻本，被誉为“康版”。其后的乾隆帝，喜好元代赵孟頫的字体，故赵体字风行一时，这种字体笔画圆润遒劲，清丽整齐。嘉庆以后，欧（阳询）体字又渐渐流行。版式多宽大，左右双栏。康熙朝以后，多为四周双栏，且多为白口，双鱼尾。每半页8至10行不等，每行20字左右，小字双行加倍。书前多冠有《御制序》，按皇帝御笔或大臣奉敕敬书手书上版，序后等处钤有“体元主人”“万几余暇”“稽古右文”“惟精惟一”等鉴藏宝玺。

2.材质多样化，制作更加考究。清内府书籍印书采用的白纸有连四纸、棉纸、连史纸等。其中以连史纸印制者质量、效果最佳，用于各个主要殿堂的陈设。如《御选古文渊鉴》等书，纸质细腻，薄而不透，洁白绵韧，无帘纹，有白玉般润目之感。还有些书籍如《昭代箫韶》等选用略呈黄色的竹纸；《御制盛京赋》汉文本为竹纸，而清文本则用连史纸，同函存放。根据不同用途级别，同一种书籍以白、黄两种纸张印制，装潢成不同规格，如白纸书配黄绫面、黄绫套，黄纸书配瓷青杭细面、瓷青杭细套。装订形式多为丝线四眼线装，少数书籍为包背装或蝴蝶装。书衣有古色纸、洒金纸等，还有明黄、瓷青等色的绸、绢、绫等丝织面料，并配有丝质包角和书签，各书还配有各种精美的盒、函、夹等护书用品。内在、外在诸项版本特征叠加在一起，一望即知出自清内府。

清内府刊刻书籍中，有不少旷日持久的大工程，如《乾隆版大藏经》（简称《乾隆藏》，以《千字文》为序，始“天”终“机”，共724字。每字一函，每函十卷，加上《目录》，共7245册，分装725函。字体工整，笔锋秀丽，镌刻精湛，如出一人。佛像图版以白描手法绘刻，庄严而不失生动，反映出版画艺术的高度造诣。所用版片，特选直隶、山东出产的优质梨木，全部是无结节、无拼凑的整板，共79000余块，均两面刻字。负责监造的人员有80余人，还募集各种优秀工匠860余人，专事刻字、刷印和装帧，历时6载完成。前后共刷印150余部，颁赐京师等地各大禅院。

（二）近乎完善的套印本

彩色套版印刷技术是我国古代诸项印刷技术中较为精细、复杂的一种，一书而用数书之费，花费自然就大，虽然在明代望族刻书中曾经流行，但明内府刻书中尚未见到，却在清宫得到较多应用。大部分为朱墨两色套印，如《朱批谕旨》《御制冰嬉赋》等；三色套印本未见；四色套印本有《御选唐宋文醇》《御选古文

1 参见故宫博物院图书馆和辽宁省图书馆编：《清代内府刻书目录解题》，紫禁城出版社，1995年。

渊鉴》两种，五色套印本有《御选古文渊鉴》《劝善金科》两种，共近30种，加上雍正至宣统历年时宪书中的套印本80余种，计110余种。套色数量与明代闵氏刻本相同。四色、五色套印本出自康熙、乾隆两朝，嘉庆朝以后则仅见两色印本。

1.套印技法与明代相似，更趋于精细。如康熙年间所刊《御选古文渊鉴》中每页黑色版框左右栏线的上下两端，各有一约0.5厘米长的红色标记“｜”“｜”与之重合；在朱墨套印本《钦定词谱》中，也可以见到红色的直角形印记“└”“┘”叠印在版框的左、右下角上。很明显，它们是用分版印刷法印成的，红色符号就是为了对准另一块印版所作的标记。另外，红色覆在黑色上面也依稀可见，由此得知是先印好墨色版，再印红色版；黑色版起了使其他印版对齐、定位和套准的作用。现代有关书籍中有将此版称为“标准版”或“关键版”的，或称作“轮廓版”的。从其所指，知与古法的原理相同。在明代闵氏三色套印本《唐诗绝句类选》中，也可见版框下角上有叠印的标记，不仅有红色，而且还有蓝色，表明先后印过三块版；在五色套印本《刘子文心雕龙》中，其版框下角也可依稀辨出红、粉等色的标记，可知明代就已采用分版印刷的方法了，而且很普遍，这说明清内府在套印技法上与前代相比并无突破，只是技法上稍加精细。

2.与明代套印本用色尚无规律相比，清内府套印各色之用途已形成定式。正文用墨，句读用红。还利用红色鲜明的特性，在人名、地名和注、释引书等处做专名号；或用来印皇帝的朱批，使之醒目。在《度数表》（即三角函数表）中，书口处以红色印度数，以便于翻检、查找和对照。在《钦定词谱》中，还有一种用途，即以虚实朱圈分别平仄：平用虚圈○；仄用实圈●；字本平而可仄者上虚下实◒；字本仄而平者上实下虚◓，便于阅者识读。遇有评注、批语之书，而评注者又不止一位，则另加蓝、绿等色，用以分辨各家手笔[1]。如《御选古文渊鉴》中，圣祖御评用黄，高宗御评用朱，诸臣品题用蓝[2]，条理明朗，分次井然。有时评注的方式有多种，亦以各色区分，如《御制唐宋诗醇》中，诸子等注用蓝，而对于其中有“援据正史杂说用资考订疏解者，与古今人评诗之语义，则另作绿笔书”，以便阅者“灿若列眉”[3]。这些均是缘于“闵本”的传统，但清内府套印本中的正文与圈点等符号、御评、诸臣评注各专用一色，不重复使用。御评则非黄即红，均为专用色彩，主次分明，且各书基本相同，形成了一定的规律。

3.有了新的探索和进步，套印水平得以居同时代之首。《劝善金科》一书，以红、蓝、绿、黄、黑五色套印而成：戏目采用单行大绿字；宫调用双行小绿字；曲牌用单行大黄字；科文与服色以小红字旁写；曲文用单行大黑字；韵白则以小黑字旁写；曲文中每句、每读、每韵、每叠、每格等皆以小蓝字旁注以区别；南腔、北调则各以小红圈一一圈出。与同期出现的套印本相比，此书套色数量最多，但套色位置准确，印制精良；各色纯正匀净、清晰悦目，既有提示、助读的作用，还美化了版面，兼具艺术欣赏性，成为清代前期彩色套印技术发展水平的杰出代表。如果与道光年间广州涿州卢坤所刻《杜工部集》六色套印本相比，其中明王世贞的评语用紫，王慎中用蓝，清王士禛用朱，邵长蘅用绿，宋荦用黄，正文用墨，用色之多堪称套印本之最，但若细观，仅字行之间各色圈点就多达4种，过于密集纷繁，以致出现不同颜色圈点叠印和交错的现

1 参见清王奕清等奉敕撰《钦定词谱》凡例，清康熙五十四年（1715）内府刻朱墨套印本。

2 参见清圣祖玄烨选、徐乾学等奉敕编注《古文渊鉴六十四卷》凡例，清康熙四十九年（1710）内府刻四色套印本。

3 参见（清）弘昼、梁诗正等编《御选唐宋诗醇四十七卷目录二卷》凡例，清乾隆十六年（1751）武英殿刻四色套印本。

象；再从用纸、墨色、颜料等各方面综合来看，都明显逊于清"内府本"。

4.就内容与形式结合而言，清"内府本"恰到好处。套色印刷技术主要有两方面的作用：其一，使段落、字句分明，词意显赫，使所要强调的局部醒目，在多方面起着助读作用；其二，由于在白纸黑字的书籍中增加了富于美感的色彩，又使它们在客观上具有艺术欣赏性，即在实际效用之外增添了观赏意义。这种令读者赏心悦目，"精神为之一振"的作用是其他印刷方式所不具备的。闵氏曾将套印技术广泛应用于各类书籍：上起周易，下迄传奇，经、史、子、集无所不涉；而清内府却只将其用于诗赋、文集、剧（曲）本等少数几类书籍，内容范围大大缩小。内府刻书则有强烈的政治目的，何种内容的书采用何种方法印制，均需奉旨而行。经史之书，文字大多奥曲艰深，阐述发人深思之哲理，研读时需全神贯注，凝神静思，并做理性的思考，因而采用了墨色印本，利于视觉和神思的集中；而诗词、曲谱等少数文学艺术体裁的书籍，多合辙押韵，抒发种种思想感情，吟诵时需抑扬顿挫，欣赏品味，并可作丰富的联想，此类书籍则较多地采用富于艺术性的套色方法来表现。

清内府套印本除具有单色雕版印本的优良品质和风格特征外，还叠加了套印本的特征。如多初印本，无行格，套印位置准确，未见有叠印和偏差现象。选用上等徽墨和银朱、红花水、白芨、雄黄、靛木、广胶等上好颜料，并定量配制，保证了套印书墨色如漆，其他各色纯正、匀净。虽年代久远，仍不洇不渝。成为古代套印技术巅峰时期的代表作。

（三）推陈出新的清宫木版画

与明内府版画插图多用于佛经不同，清宫版画又异军突起，掀起了一个发展高潮。从清宫木版画的题材看，大部分是因袭传统，同时根据统治的需要，也有新的拓展。

1.传统题材继续发展。农业题材版画插图有《御制耕织图》《农书》《授时通考》《授衣广训》等；手工业题材有《钦定武英殿聚珍版程序》和《墨法集要》；经解、史传故事有《钦定书经传说汇纂》《养正图解》等；图谱或谱录则有《律吕正义后编》《皇朝礼器图式》《大清会典》《西清古鉴》《皇清职贡图》《御纂医宗金鉴》等；园林、山水题材有《御制避暑山庄三十六景诗》《圆明园四十景诗》《盘山志》《南巡盛典》等；还有寺观、佛像等宗教题材等。《钦定古今图书集成》则综合了该书所涉及的各类作品。

2.版画题材创新。康熙五十六年完成的《万寿盛典初集》，首次以木版连环画反映清代宫廷庆典盛况，说明纪实性题材开始进入版画领域，此举具有开创意义。该书共一百二十卷，厘为宸藻、圣德、典礼、恩赉、庆祝、歌颂六大部分，仿纪事本末体式。木刻插图置于"庆祝"部分之首，即第四一、四二两卷，均为双面连式。所绘起自北京西郊畅春园，止于紫禁城西华门，前后相连，首尾呼应，共计148页。各页画面接续，总长度五十多米。整个画幅宏伟，构图严谨，人物密致，景物繁复，详尽描绘了遐迩臣庶迎銮呼祝的盛大场面。与《万寿盛典初集》所具有的开创性相比，乾隆五十七年成书的《八旬万寿盛典》，则基本上是仿效之作，卷数相同，书名、内容相近，卷七七至八〇的版画内容、表现方式以及画风都显得雷同，只在细部构图方面有所不同。

3.画面规整细致，法度严谨，具有浓厚的庙堂气息。《万寿盛典初集》和《八旬万寿盛典》场面宏大，构图繁复，其构图布局主用传统的俯瞰透视法，在人物配景方面，受西洋画风影响比较明显。虽然无法细绘人物表情，但通过装束和身形的变化，体现画中人物的千姿百态。有击鼓吹奏、表演弹唱、悠然观赏、伫立攀谈、现场制作、挑担叫卖、捧觞候驾、翘首以待等各色百姓，有骑马张望、佩刀执鞭或奔走或站立的众多官差，有沿街缤纷多姿的店铺招幌、亭阁楼台，还有前呼后拥的恢宏仪仗场面。其构思之缜密，写绘之精细，已达到无以复加的程度。从《耕织图》《授衣广训》《皇清职贡图》等作品技法来看，人物形象逼真，身形比例准确。大部分作品中的人物姿态、造型与表情及衣折飘举，线条的运用圆熟流畅、细腻、秀劲，使画面看起来秀逸清隽，细巧疏爽。我国传统线描技法，如铁线描、游丝描、竹叶描等，都有约略表现，这表明其时运用白描的技法已娴熟至极，入于化境，全凭线条的变化多端就能表现出人物神态。《皇朝礼器图式》等器物作品，物形摹写准确到位，纹饰绘刻细腻工致，婉劲有力。《墨法集要》《养正图解》等图中配景道具，如竹林、水月、岩石等，多能布置得宜，动静有法。枝叶花朵的摇曳，河溪水流的涌动，岩石的突兀峥嵘，也都通过线条的粗细、疏密、虚实、远近、整齐、错落等方法，在刻画中表露出来。《御制避暑山庄三十六景诗图》《御制圆明园四十景诗》等书，大都据实写绘，以平稳的构图，客观描绘皇家园囿建筑风貌和景致，但显得比较拘谨。

4.殿版画的多重价值。虽然有些作品一味称颂，不能自由挥洒，但在描写山川风物、寺观园林、各阶层人物形象和配景方面，可称生动活泼，绘刻俱佳。《南巡盛典》因跨越数省，所绘异地山川风物园林较多，刻画既婉丽繁复，又明净挺秀，较为生动。《万寿盛典初集》《皇朝礼器图式》《大清会典》《西清古鉴》《皇清职贡图》中的器物、人物等，多据实景、实物和人物摹绘，也带有程度不同的纪实色彩，一些器物、武备等还标注尺寸，以便制作，故此类作品文献史料价值和科技史价值不言而喻。还有很多版画已超越了对书籍内容的简单图解，成为可以独立欣赏的艺术佳品。这些多姿多彩的插图，除本身的艺术价值外，还有着与书中诗赋等文字相结合所产生的更为表情达意的互补作用，与其所依托的书籍内容共有其学术等方面价值。

（四）最大的铜活字印刷工程

以铜活字印书，自明弘治以后始盛，但明内府并未采用。其后的两个世纪中，铜活字印本不断出现，而最大最著名的一部则是清内府编印的《古今图书集成》。书中有大小两号字：大者约一厘米，用于正文；小者减半，用于作注。笔画横轻直重，字体清秀端正，为标准的正方宋字。全书版式整齐，印刷清晰，纸墨精良，装潢富丽，书中插图亦镌印精美。《古今图书集成》共印制60余部，有开化纸和黄纸两种。每部5000册，目录20册，计5020册；盛于楠木匣内，共525匣。除用于宫中各处收藏，南北七阁除收贮《四库全书》外，各收藏此书一部。还颁赐皇室贵胄和在朝显官。乾隆朝纂修《四库全书》，赏给江浙地区进呈书500部以上者各一部。清内府铜活字本还有康熙时的《律吕正义》《御制钦若历书》《御制数理精蕴》《御定星历考原》，数量不多，部部皆为时代的精品。

（五）最大的木活字印刷工程

尽管以木活字印书早在元明时期就有，但明内府并未采用。清内府不仅采用这一技术，而且一跃进入世界前列，其在印刷史上的特殊意义有以下六大方面：

1.任务紧迫繁重，活字印刷事半而功倍。乾隆三十八年（1773），清高宗根据安徽学政朱筠的建议，从明代初年修的大型工具书——《永乐大典》中，挑选了一部分世所罕见的宋元古籍，重新翻印，以广流传。为达到省时而又节约的目的，特诏户部右侍郎、总管内务府大臣、《四库全书》副总裁金简办理此事。金简总结了历史经验，根据胶泥活字、铜活字等材料的利弊，提出了以枣木活字印书的办法。金简将制作木活字所需各项工料成本做了核算，并与当时通行的雕版印刷方法加以比较。证明这种方法成本低廉。乾隆帝对此大为嘉许，并嫌"活字版"不雅驯，赐以"聚珍"之名。

2.比宫外机构的活字印本印制精细。摆印中实际采用雕版加活字的方法印书，除正文和版心书名、卷次、页码以及校刊人姓名用活字版摆印以外，其余整个界栏和普通版刻一样，是在一块整版上刻成的，金简称这种方法为"套格"。因此，有的书如《后山诗注》等出现文字与上下边栏或界行相重合的现象。总的来看，内府活字本比起外间活字本要精细。但是，若将内府活字本与其雕版印本相比，后者更为美观、生动。所以在《武英殿聚珍版书》134种完成后，只用木活字印了9种书，而没有再大量使用。

3.在技术方法上，摆印过程已接近于现代铅印活版车间的制字、排架、拣字、拼版、打校样、拆版、还架等一系列工作程序。

4.传统木活字技术得到广泛传扬。负责印制工程的金简，事后编撰《武英殿聚珍版程式》一书，继承和总结了宋明以来活字印刷的成果和经验，第一次从理论上概括总结了木活字制作、摆印的全部工艺流程，是继宋沈括《梦溪笔谈》、元王祯《造活字印书法》之后论述活字印刷最详细的专著，简明扼要，图文并茂，通俗易懂，成为我国印刷技术方面具有里程碑意义的重要文献之一。该书刊行后，各地纷纷仿效，推动了清代刻书事业的发展，而且已被译成德、英、日等多种文字，广泛流播海外，为推动我国出版、印刷事业的发展，传播人类文明做出了不可磨灭的贡献。

5.亡佚之书得以再传。《武英殿聚珍版书》共收书138种，内含雕版印刷4种。以作者朝代论，汉至唐人著作24种，宋人著作最多达90种，金至清人著作20种。其中有80余种书是汉唐以来稀见的名家撰写的亡佚之书。清代学者从《永乐大典》这部大类书中将它们一点点辑出，重新整理成书，比如，汉代刘珍的《东观汉记》、晋代杜预《春秋释例》、宋代吴缜《五代史记纂误》等等，均借助活字印刷技术得到广泛传播。

6.示范作用及广泛传播。武英殿聚珍版在丛书之外，还有单行版本数种，《千叟宴诗》《大事记》《平苗纪略》等等。乾隆四十二年（1777），清廷准奏将《武英殿聚珍版书》发往东南五省各一份，情愿刊印者，任其翻版通行。从此，江苏、浙江、江西、福建等地各种各样的聚珍版书越来越多。这些派生的版本都不是聚珍版，而是刻版。各地所刻年代不一，品种也不完全一样。为便于区别，人们将外地刻本统称为"外聚珍本"。至于单独刻行的，就更多了。清廷的书籍出版，对全国都有引导性示范作用。

（六）不同印刷技艺搭配使用

铜活字与木版插图结合，如《古今图书集成》文字部分以铜活字摆印，8000余幅木版画穿插其间，多直接引自各书。与该书所分6汇编、32典、6109部相应，图绘内容极其丰富，涉及地理、谱录、工技、农艺、水利、经济、军事、医学、卜筮、草木虫鱼、园林建筑、边裔、神怪仙佛等各个方面，多精雕细琢之作。

雕版文字与版画结合，康熙《万寿盛典初集》文、图皆用雕版印刷，与其他比较特殊版本的应属“聚珍版套印本”，如《万寿衢歌乐章》，将木活字和套印两项技术结合应用，具有创新意义。《御制避暑山庄三十六景诗》，有木版插图本，还有戴天瑞指画彩色插图本，插图质地为绢，经托裱折叠后装入书册。还有朱墨两色《时宪书》，局部抄与刻结合，即墨色部分是刻印的，书前有一页朱色则是工楷抄写的。因朱色部分不多，直接抄写比换版套印要省工省时。

两种以上技法合用，充分发挥各种技法之长，对书籍内容更有相得益彰之效。有些作品只是少量使用，大约是创新性试验结果。

（七）引进铜版印刷术

铜版印刷术在十八世纪初传入清廷。第一个把铜版制作法演示给康熙帝的是意大利画家马国贤。铜版工艺复杂，内府用铜版镌印的几种印本，有《平定两金川得胜图》《平定台湾战图》《平定安南战图》《平定苗疆战图》，还有《平定伊犁回部得胜图》等，已有多位学者专论。

（八）引进铅印技术

道光朝鸦片战争后，武英殿刻书数量不断减少[1]，质量逐渐下降，加上内外战事，朝廷便越来越多地借助外力印刷书籍，两次采用外来的铅印技术。如同治、光绪年间，由总理各国事务衙门承办铅印了七省《方略》、历朝《圣训》和六朝《御制诗文集》等书。内府印制的铅印本有200余种，约占内府总出版数量的百分之二十。与铜版印刷术直接进入宫廷不同，铅印法是先传入沿海地区，广泛流传开来以后，才被内府采用。

铅印法自同治朝开始试用。同治十二年（1873），剿平“粤匪”“捻匪”两种《方略》纂成，大臣请用总理各国事务衙门集字板刷印成书，以节经费。“集字板”即现在所说的铅印，较传统活字摆印机械化程度高，效率也高。同治一朝共印了3部铅印本，到光绪朝铅印本达到150余种，宣统朝有50余种。这说明清末内府也以西洋的机器印刷逐渐取代了传统的手工雕版印刷，与整个社会潮流相一致。

（九）引进石印技术

西洋的石印术随传教士来华而传入中国，而且也是先传入沿海地区，广泛流传开来以后，才被内府采用。石印技术简便易行，设备简单，与雕版和铅印相比，费用最省。但石印原料、石版、油墨都要进口，所以，内府用石印法印成的书不到20种，仅及铅印本数量之零数。有《钦定书经图说》《宗室王公世职章京爵秩袭次全表》《钦定大清会典》《钦定古今图书集成》等。

1 朱赛虹：《清晚期武英殿修书处“修书”与“非修书”职能的消长——基于清宫档案的考察》，《中国出版史研究》2015年第2期。

三 清内府印刷技术优势及特点

清宫印刷技艺的发展繁荣，来自多种因素之合力。除了社会安定、经济发达、文事昌盛、统治者高度重视等有利条件外，还有以下主要优势：

管理架构相对简单 清内府有七司、三院和武英殿修书处等30余个附属机构，垂直管理，更加有效。总裁、副总裁由皇帝特简，多由皇室郡王、大学士、六部尚书或侍郎兼任，或派充。其官衔、品级很高，他们往往是皇帝最信任的朝廷重臣，督办一切事务，沟通上下。

出版地点更加近便 与明代内府刻书机构基本设在宫外相比，清代主要刻书机构设在西华门内武英殿，内设监造各作坊和校刊管理部门，附近还有御书处、造办处等，功能齐全，就近管理和刊刻更加快速便利。

清统治者参与度高 清统治者文化素养更深厚，对各种技艺的鉴赏水平更高，对文治更加渴求，更懂得利用多种表现手段为歌颂升平服务。对于先进文化、知识和技术以及一切有利于统治的方面，无论是纵向还是横向，以前各代还是各省各国，皆能敞开怀抱广泛吸纳，也能随时就编纂、刊刻、制作各环节下旨[1]。上行下效，从而影响到全国。

各类人才集群的优势 清内府各类人才济济，如康熙时期《耕织图》的绘者焦秉贞，《万寿盛典初集》画稿首任绘制主持者宋骏业，继任主持者王原祁，绘制者之一王翚；《避暑山庄三十六景诗图》《圆明园四十景诗图》的绘制者沈喻，《皇朝礼器图式》绘制者门应兆、冷鉴、刘墀、苏廷楷、章佩瑜、余鸣凤，《皇清职贡图》绘者门庆安、徐溥、戴禹汲、孙大儒，等等，都是皇帝颇为赏识的宫廷画家，彼此间还有师徒传承或父子相承关系。同时，皇室还以其特殊地位和权力，用“科派”和“雇募”形式，征调各地优秀的技术工匠。著名刻工朱圭，吴人，清初选入养心殿供事，善绘事，苦心剞劂，其作品均为版画史上精品和名作，鬼斧神工，还有梅裕凤等。绘、刻、印俱出高手，成为支持清宫版画艺坛的中坚力量。

优厚的财力物力 印刷技术的发展，除技艺水平外，还需要较高的物质要求和巨资投入，这直接影响作品的技艺水平。宫中刻书材料皆为同类中之首选，都从全国各地采办、征调和进贡而来，经费每年从国库定期拨给，所有大小刻印工程皆能实现。

其他有利因素还有很多，未能尽述。特定的环境，优越的条件，造就出代表清代乃至古代印刷技术最高水平的众多精品，它们足以见证中国传统印刷技术到达过的巅峰！

[作者单位：故宫博物院研究室]

1 参见中国第一历史档案馆、故宫博物院编：《清宫武英殿修书处档案》，故宫出版社，2014 年。

“群臣请镌，皆未许允”
——乾隆御制诗文集版本新探*

A New Exploration of the Editions of Qianlong's Poems and Essays

杨国彭

Yang Guopeng

内容提要：

今人普遍著录乾隆帝御制诗文集是武英殿修书处刊本，实际上，史料中记载各书皆系臣工所刊。其潜邸旧作《乐善堂全集》以及后来删定的《乐善堂全集定本》虽由武英殿所刊，但是其版本情况需进一步厘清。诸集刊行后，在官方的支持下，各地曾进行了广泛翻刻。乾隆御集之所以由臣工承刊，其原因与乾隆帝“不欲与文人学士争长”的初志有莫大关系。

关键词：

乾隆帝　御制诗文集　乐善堂全集　武英殿修书处

ABSTRACT:

It is widely believed that the collected poems and essays by the Qianlong Emperor were collated and compiled by the Imperial Printing Office in the Hall of Martial Valor (Wuying dian). However, historical documents reveal a different perspective, indicating that all books were collated and compiled by ministers. While the collected poems and essays by the Qianlong Emperor prior to his accession to the throne, known as the *Complete Works of the Leshan Hall (Leshan tang quanji)*, and the abridged version were indeed compiled by the Hall of Martial Valor, further study is still necessary to examine their specific editions. Following the publication, these works received official permission for extensive reprinting throughout the country. The decision to have ministers to compile his works is closely tied to the initial aspirations of him of refraining from engaging in scholarly pursuits and vying for expertise with established scholars.

KEYWORDS:

the Qianlong Emperor, Collection of Poems and Essays, Complete Works of the Leshan Hall, The Imperial Printing Office in the Hall of Martial Valor

* 本成果得到故宫博物院“英才计划”和北京故宫文物保护基金会学术故宫万科公益基金会专项经费资助。

乾隆帝一生写下大量诗文作品。其在位六十年期间，共有"诗五集、文三集"付梓行世，即《御制诗》五集，收诗四万一千八百首；《御制文》三集，收文一千三百五十五篇。其退位后写诗七百五十首、文三十六篇，又被嘉庆帝分别辑为《余集》。全部诗文共成十集，合"十全"之数。其为皇子时，还著有《乐善堂全集》四十卷，后删订为《乐善堂全集定本》三十卷，由于是潜邸之作，向来不计入御制，但亦作为个人作品刊行于世。

对于乾隆御制诗文集的版本情况，学界一致认定是武英殿修书处所刊，如研究清代内府及武英殿刻书的两部专著——翁连溪《清代内府刻书研究》、项旋《皇权与教化——清代武英殿修书处研究》皆持此论[1]；文章方面，则有朱赛虹《清代御制诗文概析》一文做过专门考述，结论亦同[2]。《中国古籍善本书目》以及各公私机构也都著录各集为清内府或武英殿刻本。对于《乐善堂全集》版本情况，晏爱红《乾隆〈乐善堂全集〉版本改订考》一文作过分析，文章对《乐善堂全集》及《定本》的各种抄本及刻本作了一定梳理[3]。以上研究成果，可谓丰硕，然而关于乾隆帝御制诗文各集及《乐善堂全集》的版本情况，仍有诸多问题尚待细化和纠正。主要有三个方面，一是针对晏文所举例的《乐善堂全集》及《定本》的版本情况需做出澄清；二是并无史料证明武英殿修书处刊刻了乾隆御制诗文集，相反，官修典籍中明确记载御制集皆由臣工刊刻；三是包括《乐善堂全集》及《定本》在内的乾隆御制诗文集，地方官府进行过大量翻刻，后世研究中皆未将翻刻本与武英殿原刊本进行辨别区分，因此需加以纠正。

一　从《乐善堂全集》到《乐善堂全集定本》

雍正八年（1730）九月，弘历将自己的习作编为《乐善堂文钞》十四卷。至登基之时，诗文又有数倍积累，乾隆帝命"取前后诸编，亲加删定，合为一集"，于乾隆二年付梓刊刻，是为《乐善堂全集》，全书四十卷[4]。乾隆二十三年（1758），乾隆帝认为此集"卷帙颇繁，其中多有不甚惬心之句"[5]，于是亲加删定，命儒臣蒋溥重新编次，厘为《乐善堂全集定本》三十卷。

晏爱红《乾隆〈乐善堂全集〉版本改订考》举例了《乐善堂全集》的各种版本，但是文章提出的部分版本需做纠正和澄清。如文中称《乐善堂全集》有手抄本，系"雍正八年（1730）抄本，名《乐善堂文钞》，十四卷，故宫博物院图书馆善本室藏"。雍正八年，《文钞》初成，若有当年抄本留存，当系弘历底稿。作为他人生中第一部文集，宫中保存，必郑重其事。其在大内的历朝陈设档、民国间清室善后委员会编订的《北平故宫博物院物品点查报告》或者民国间北平故宫博物院编订的各类书目中必有所呈现。历代档案书目中渺无踪迹，可知该抄本并未传世。此外，文章在举例《乐善堂全集》现存初刻本时，指出有一部"雍正年残本，名《乐善堂全集》，原书四十卷，现存卷下6册，故宫博物院善本书室藏"。文章将此雍正刻本与"乾

1　翁连溪：《清代内府刻书研究》，紫禁城出版社，2013 年；项旋：《皇权与教化：清代武英殿修书处研究》，中国社会科学出版社，2020 年。
2　朱赛虹：《清代御制诗文概析》，《北京图书馆馆刊》，1999 年第 2 期。
3　晏爱红：《乾隆〈乐善堂全集〉版本改订考》，《清史研究》2005 年第 2 期。
4　（清）弘历：《乐善堂全集·御制序》，乾隆二年武英殿刻本。
5　（清）弘历：《乐善堂全集定本·上谕》，乾隆二十四年武英殿刻本。

隆二年武英殿刻本”及“乾隆二年江苏省刻本”并称初刻，殊为不妥。大凡初刻，当指首次发刻，既然雍正年间已是初刻，则乾隆二年焉能亦称初刻？且原书既已厘为四十卷，又何来“卷下6册”一说？这种混乱的描述，一定程度上反映了《乐善堂全集》复杂的版本情况。

（一）《乐善堂全集》的刊行与翻刻

首先需要指出的是，雍正八年弘历所自辑文集名为《乐善堂文钞》或《庚戌文钞》，改称《乐善堂全集》已是在乾隆帝即位之后，《乾隆实录》等官修史料中也偶称作《乐善堂文集》或《乐善堂集》。《全集》前有乾隆二年（1737）乾隆帝的御制序，后有乾隆元年（1736）鄂尔泰、张廷玉、福敏、邵基、梁诗正、顾成天六人的跋，显示此六人参与了《全集》的校对工作。该书于乾隆二年由武英殿修书处所刊。

《全集》刊成后，地方督抚有奏请翻刻者。乾隆四年（1739），乾隆帝对此谕示：“朕所制《乐善堂全集》及《日之（知）荟说》乃就朕所知见著为文辞，其能阐发圣贤之义蕴与否，究未能自信。年来颁赐廷臣，亦不过令其阅看，岂可与经史并列，令天下士子奉为诵习之资乎？今巡抚石麟、法敏先后奏请颁发二书，欲为翻刻流传，是不知朕心之甚矣。二臣既有此奏，恐他省踵至不少，朕之批示，不胜其烦，特降此旨，谕令共知之。钦此。”[1]

此谕显示，乾隆帝并不鼓励各省翻刻《乐善堂全集》，但也未做明确禁止。因此，该书仍有一些翻刻本行世。乾隆二十七年（1762），乾隆帝下旨追缴《全集》原本及各地翻刻板片，各省共缴板三副又旧板377片[2]。以此看来，《乐善堂全集》至少有四种翻刻本流传，据《上谕档》记载，缴回宫中的板片包括励宗万刊刻小本板片一千五十五块，原署两广总督托恩多缴回五百三十五块，两江总督高晋缴回一千二十三块[3]。今国家图书馆藏有一种巾箱本《乐善堂全集》，7行18字，白口，四周双边，匠体宋字，此本开本较小，似档案中所说的励宗万刊刻小本。其他各省之翻刻本，并无标识，因此不易互作区分。对比来看，各翻本雕刊细节多有不同，虽尽力摹刻武英殿本，但是刻工、用料，皆不及后者。

（二）《乐善堂全集定本》的刊行及翻刻

乾隆二十三年（1758）八月十五日，在协办大学士蒋溥的领衔下，《定本》删订完毕，其在奏折中说“俟发下之日，交武英殿刊刻。”[4]全书刊成后，乾隆帝颁赐中外，广为流布，各省纷纷对《定本》进行翻刻。目前所见《定本》，多为翻刻本，其刊刻细节有细微不同，唯武英殿原刊本相对较少见。

乾隆三十五年（1770）五月，乾隆帝又下旨对包括《定本》在内的四部御制著作序文进行更换，所有受赏汉大臣均奉旨缴回原书更换序文[5]。经对比，此篇序文并无大的改动，仅重新进行了书写，年款由

---

1 《清高宗实录》，乾隆四年二月。

2 《上谕档》，乾隆三十一年四月十九日第3条。

3 《上谕档》，乾隆三十一年四月十九日第3条。

4 （清）蒋溥：《恭奉〈乐善堂全集〉公同敬谨校阅折》，《乐善堂全集定本》，乾隆二十四年武英殿刻本。

5 《上谕档》，乾隆三十五年五月初三。

"乾隆丁巳"改作了"乾隆二年丁巳"。从乾隆帝谕令"随时缴出，不必督促"来看，他更换序文，似并无迫切的政治深意，或许仅出于对此前书法的不满意。

二　乾隆御制诗文集的刊刻

（一）奏折中关于乾隆御集的记载

自乾隆十二年《御制诗初集》成书后，御制诗每十二年编成一集，御制文成集时间则非定例。《诗集》前有臣工请刊折，《文集》前则为臣工刊书告成折，各集书末皆附臣工跋文。诗、文之初集前又分别有乾隆御制序。各臣工在奏折及跋文中，对编刊御集之事，有较明确记述。

1. 蒋溥刊《御制诗初集》《二集》

乾隆十四年（1749），乾隆帝即位后的第一部诗总集《御制诗初集》成书，前有大学士蒋溥刊书告成折。他在奏折中称自己"不揣愚陋，敬谨校录，择吉鸠材，寿诸剞劂"，书末跋文中又自称由他"敬刊"御集，可知《诗初集》实由蒋溥所刻。在乾隆二十五年（1760）的《诗二集》的刊成折中，蒋溥两次强调校刻之举并未得旨，皆是出于其本人的一厢情愿——"群臣请镌，皆未许允，臣溥不揣愚陋，辄自校刻以进""臣于入直之次，力请宣刻再四，陈恳终未得旨，因不揣愚陋，仍自敬谨抄录，寿诸剞劂"。在《诗二集》书末所附沈德潜跋文中也提到"内廷大臣咸请仍付剞劂，以慰天下之望若昭回，奉为训行者再三，陈恳未蒙俞允，大学士臣蒋溥仍自鸠工刊刻。"足证这两部诗集都是由蒋溥个人承担刊刻的。《上谕档》中还记载了两部书板的处置情况，乾隆二十六年（1761）蒋溥去世后，军机处大臣请旨：

> （蒋溥之子蒋檙）奏称御制诗集板片应缴何处。查御制初集诗板已奉旨赏给蒋溥，此次所有刻成板片应交何处收掌之处，请旨遵行。

乾隆帝批示："御制诗集板片俱著赏给蒋檙。"[1]此段记载证明两部诗集的版片一直存藏于蒋家，这也进一步印证了它们并非武英殿所刊，而是由蒋溥独自完成的。乾隆帝御批中的"赏"字，则表明御集板片的支配权，实由乾隆帝所掌握。

2. 于敏中刊《御制文初集》《御制诗三集》

乾隆二十八年（1763），《御制文初集》书成，前有于敏中的请刊折。他在其中提到"仰恳皇上俯允臣请，俾臣以次盥录，排类成编，上呈乙览，恭候训定。仍乞赐制序文，敬谨刊刻"，乾隆帝答允"如所请行"，证明于敏中承担了《文初集》之雕刊。乾隆三十六年（1771）成书的《御制诗三集》前也有于敏中奏折，其中说"奏请如前例编刊，幸荷俞俞"。此处所说的"前例"，当指蒋溥校刊御制诗集之例，则此集之刊，亦由于敏中完成。

---

1 《上谕档》，乾隆二十六年七月初九、十一日。

3. 梁国治、董诰刊《御制诗四集》《御制文二集》

完成于乾隆四十八年（1783）之后的《御制诗四集》以及乾隆五十年（1785）的《御制文二集》，前有大学士梁国治和侍郎董诰奏折，《诗四集》奏折说“臣等盥缮之余，陆续剞劂”，《文二集》奏折中说“恭依《初集》体例，排类为四十四卷，缮录进呈并请发下刊刻”。可知两部御集之刊，是由梁、董两位臣工负责的。

4. 王杰、孙士毅、董诰刊《御制诗五集》

刻于乾隆六十年（1795）以后的《御制诗五集》书前未刊录臣工奏折，但是在《四库全书》所录该集中却作了保留。该折是由大学士王杰、大学士孙士毅、尚书董诰共进的。文题为“奏为敬刊御制诗五集告成恭折进呈事”，称“兹臣等盥录之余，竭虑钻仰，末罄名言，刊次五集告成，谨随折恭进”。以此看来，该三名大臣承担了《五集》的雕刊。

5. 沈初等刊《御制文三集》

《御制文三集》书前无臣工奏折。文末有艾云尔、沈初等八人共进的跋文，文中对臣工敬刊御集之事，略无提及。根据《国朝宫史续编》的记载，此集实由尚书沈初领衔刊刻。

6. 彭元瑞、戴衢亨奉旨校刊《御制诗文集余集》

嘉庆五年（1800），嘉庆帝命臣工将乾隆帝去世前三年的诗、文，分别辑为《余集》，书前无序及奏折，书后附嘉庆帝及众臣工跋文。嘉庆帝在识语中称“命尚书彭元瑞侍郎戴衢亨敬司其事”，揆其语意，此二集仍由臣工刊刻。《国朝宫史续编》记载《御制诗文集余集》为“特命尚书臣彭元瑞、侍郎臣戴衢亨缮录校刊”，亦是一证。

（二）官修典籍中关于乾隆御制诗文集的记载

《国朝宫史》始编于乾隆七年（1742），先由鄂尔泰、张廷玉奉敕编纂；乾隆二十四年（1759）乾隆帝命蒋溥重加编订；乾隆二十六年，又命于敏中等帮同校录；乾隆三十四年（1769）十二月全书告成。《国朝宫史》成书之时，《御制诗初集》《二集》《御制文初集》俱已刊行，因此，书中记录了此三部御集的编刊情况。其余各集则记录在成书于嘉庆六年（1801）的《国朝宫史续编》中。奉嘉庆帝旨意，各集书名一律由“御制”改为“圣制”。其在两部《宫史》中的记载情况见（表一）：

表一

书名	负责校刊臣工	诗文时间及数量
御制诗初集四十四卷	尚书臣蒋溥恭请同内廷诸臣校录刊刻	自乾隆元年丙辰迄十二年丁卯一纪中为古今体诗四千一百五十首
御制诗二集九十卷	大学士臣蒋溥恭请同内廷诸臣校录刊刻	自乾隆十三年戊辰迄二十四年己卯一纪，通计八千首有奇
御制文初集三十卷	侍郎臣于敏中恭请分类编次并缮录刊刻	自乾隆元年丙辰迄二十八年癸未积至五百余首
圣制诗三集一百卷	协办大学士尚书臣于敏中等恭请缮录校刊	乾隆二十五年庚辰至三十六年辛卯圣制诗一万一千五百一十首有奇

（续表一）

书名	负责校刊臣工	诗文时间及数量
圣制诗四集一百卷	协办大学士尚书臣梁国治等恭请缮录校刊	乾隆三十七年壬辰至四十八年癸卯圣制诗九千九百首有奇
圣制文二集四十四卷	大学士臣梁国治等恭请分类编次缮校敬刊	乾隆二十九年甲申至五十年乙巳圣制文四百一十一篇
圣制诗五集一百卷	大学士臣王杰等恭请缮录校刊	乾隆四十九年甲辰至六十年乙卯圣制诗七千七百二十首有奇
圣制文三集十六卷	尚书臣沈初等恭请分类编次缮校敬刊	乾隆五十一年丙午至六十年乙卯圣制文一百二十六篇
圣制诗文余集二十二卷	特命尚书臣彭元瑞、侍郎臣戴衢亨缮录校刊	自丙辰环甲至己未春正凡诗七百五十首、文三十六首

此外，乾隆五十五年（1790）武英殿修书处刊成《钦定四库全书总目提要》收录了前四集御制诗，其中记录《初集》及《二集》"并大学士蒋溥所校刊"；《三集》"则大学士于敏中所校刊"；《四集》"则协办大学士尚书梁国治、侍郎董诰所校刊也。"[1]乾隆四十三年（1778）成书的《钦定国子监志》也记述了诗初、二集、文初集分别是蒋溥、于敏中"敬刊"的[2]。

以上官修典籍，俱经乾隆帝或嘉庆帝审定，所记内容足资为证。乾隆御制诗文集，均系各臣工所刊，当是确论。

（四）档案中关于乾隆御制诗文集的记载

档案中记载的情况，与官方典籍不同。首先是《武英殿修书处档案》记载各御制诗集板片均存贮于武英殿，如"御制诗初集（乾隆）六百九十五块（全）""御制诗二集，板九百九十二块（后库内，全）""三集（乾隆）一千八百四十三块（不堪十二块，朽四块）""御制诗四集，板一千八百八十一块（后库，全）""御制诗五集，板一千九百三十块（后库内，不堪四块）。"[3]其次是武英殿负责御制诗文集的颁发，如乾隆三十年（1765），浙江学政奏请敕发御制诗文集三部进行刊布，得旨"准其刊布，著向武英殿请领"[4]；嘉庆二年（1797）二月初五，闵浙总督魁伦在奏谢赏赐《御制诗五集》奏折中，提到"武英殿颁发恩赏《御制诗五集》全部到闽。"[5]

合并官修典籍和档案的记载，可以将御集的刊刻过程归纳为臣工请旨获允后自行刊刻，再上缴至武英殿修书处，由其收贮及刷印颁布。但仍有诸多疑问，如上谕档中已明确记载《诗初集》《二集》板片由乾隆帝赏赐给蒋檙，为何武英殿修书处仍存藏着其板片？再如，诸臣分别是在何处刊刻御集的？又是如何缴送至武英殿修书处的？乾隆四十八年以后的御制诗文集，皆由两位以上臣工共同编刊完成，他们在刊刻过程中是如何分工的？

1 《钦定四库全书总目提要》卷一七三，清武英殿刻本。
2 《钦定国子监志》卷五一，清文渊阁《四库全书》本。
3 《武英殿等处存贮书籍刻板清册档》，《清宫武英殿修书处档案》第9册，故宫出版社，2014年，第616－622页。
4 《清高宗实录》，乾隆三十年闰二月下。
5 （清）魁伦：《闵浙总督臣魁伦跪奏为恭谢天恩事》，台北"故宫博物院"藏。

由于史料阙如，上述问题仍难以得出明确结论。尤其是参与刊刻的诸臣工，皆未在其著作中留下校刊御集的相关细节，这为进一步探讨乾隆御制诗文集的刊刻细节带来了困难。尽管如此，我们依然可以根据臣工奏折以及官修典籍的明确记载，著录各集为各臣工所刊。

三 乾隆御制诗文集的翻刻

乾隆三十年（1765）闰二月二十一日，浙江学政臣钱陈群首先向乾隆帝提出翻刻御集，他在奏折中请求乾隆帝"敕发《御制诗初集》《二集》《御制文初集》各一部，交直省布政司照颁发经书之例，一体刊行"。[1]由此开启各省翻刻之端。乾隆四十一年（1776）十一月，浙江学政王杰又依照钱陈群之例，奏请敕发《御制诗三集》至各省进行刊刻。该奏虽获乾隆帝允许，但实际上，浙江之刊，实为王杰拟自行选工完成，并未动用公帑——"所有浙江省恭刻一部，臣请自行选工摹镌，敬加校对"。[2]且《诗三集》之翻刻本也远不如前两集常见；除浙江外，史料中也未见其他各省翻刻记录，这说明乾隆帝虽允王杰之请，但并未将此集广泛颁付各省翻刻。乾隆四十五年（1780），贵州巡抚兼布政使德隆奏请续刻各集。乾隆帝大不以为然，他批示"所奏殊可不必，该省前经颁赐御制诗文初集二集，多士等如果留心学问，已可领略大概。若弃庋高阁，即再发续刻全部，虽多亦奚以为？又何必为此渎请"。又对德隆是内务府举人出身，却强附文人的行为大加指责，并谕令中外知之[3]。各省请领翻刻御集之风，自此偃息。此后，虽偶有个别省份提出翻刊，但已非乾隆帝旨意。如乾隆五十三年（1788），乾隆帝颁赐《御制文三集》给各省督抚，直隶总督刘峩在奏谢折时说"臣拟敬谨摹刻，通颁各府州县学宫书院，并准其刷印，俾远近士子得以广为传诵。"[4]目前常见的翻刻本是《御制诗》初至三集，以及《御制文初集》，其他御集的翻本则不多见。

御集原刊本刻工极佳，内府刷印本多采用连四纸刷印，纸白墨润，极力展现御制集的端庄优美。各省翻刻本也极力摹刻原本神态，粗览之下，翻本与原本几无二致，但细致对比，仍可看出细微差别，其刻工细节皆不及原刊本，纸墨也较内府本略差。可惜各省翻刻本皆无标记，无从分辨各省翻刻本各有何特征。经笔者目验对比，故宫所藏乾隆御集（包括《乐善堂全集》及《定本》）为原刊本，其他公私机构藏本中，刻工细节有区别于故宫藏本者，当视为翻刻本。

四 乾隆帝的"初志"与臣工敬刊御集

乾隆御制诗文集之刊，显示有诸多不合常理之处。皇帝的御作，并未付诸皇家出版社——武英殿修书处梓行，而是皆由臣工敬刊，此其不合常理者一；其二是《御制诗初集》《二集》刊成时，蒋溥多次强调"请

1 （清）钱陈群：《奏为恩赏新刻御制文初集一部谢恩事》，档号：04-01-13-0034-008，中国第一历史档案馆藏。

2 （清）王杰：《奏请重刻御制诗三集事》，档号：04-01-38-0011-041，中国第一历史档案馆藏。

3 《清高宗实录》，乾隆四十五年八月上。

4 （清）刘峩：《直隶总督刘峩跪奏为奏明事》，乾隆五十三年二月初七，台北"故宫博物院"藏。

镌不允，辄自校刊”，这种说辞，实闻所未闻。试想，若无乾隆帝授意，蒋溥何来底稿校刻？乾隆帝若真的不许梓行，谁又敢私刊御集？其三是乾隆二十八年于敏中请刊《御制文初集》时，乾隆帝一改此前“请刊不允”的态度，公然批示“如所请行”。这些奇怪现象，无不与乾隆帝的“初志”有莫大关系。

乾隆四年（1739），《乐善堂全集》编成，乾隆帝自序述其成书缘起，其中尤其提到今后所作诗文“不欲与文人学士争巧，以转贻后世之讥”，意谓不以文辞为能事，所作诗文绝不同于文人墨客的风月吟诵。此句后被乾隆帝改为“不欲与文人学士争长”，并以此作为自己的“初志”，屡屡提及。乾隆十二年《御制诗初集》成书，为符初志，乾隆帝特意强调只命抄录，不付剞劂。他既已有言在先，为何蒋溥仍能从容刊刻两部御集？根本原因是乾隆帝所谓的“不付剞劂”，并非禁止刊行，而是指自己不颁付雕之旨，但臣下自行刊刻与否，则另当别论。是以蒋溥欣然会意，两次以个人名义刊书，均获默许。他在奏折中极力强调并未得旨，是为澄清此举绝无涉于乾隆帝初志。

自两部诗集刊行之后，乾隆帝对臣工请刊御集的态度稍做权变，乾隆二十八年于敏中请刊《御制文初集》时，乾隆帝答允“如所请行”，随后又于乾隆三十年应浙江学政钱陈群之请，敕发三部御集至各省进行翻刻。乾隆帝做此转变，主要原因或与《乐善堂全集定本》有关，该书由乾隆帝于二十四年“付诸剞劂”，又颁赐中外，极力刊布，借此取代《乐善堂全集》原本的传播[1]。但如此一来，被乾隆帝许为“不付剞劂”的御制诗文集，无疑会被潜邸旧作的声势所掩。为作平衡，乾隆帝一改此前“请刊不允”的态度，转而公开同意臣工请刊及各省翻刻。此外，乾隆三十一年，乾隆帝还提出武英殿及各省利用《乐善堂全集》旧板改刊御制诗文集，以防止“不知者误行刷印，转与新刊定本相混。”[2]可见，他的另一目的是借各省大规模翻刻御集之机，对《乐善堂全集》旧板进行彻底销毁。

尽管乾隆帝对待御集刊刻的态度做了改变，但“不欲与文人学士争长”的初志和“不付剞劂”的承诺并未改变，因此后续诸集仍由臣工敬刊。且自三部御集之后，乾隆帝不再敕发御集至各省翻刻，仅同意臣工自行刊刻。前者浙江学政王杰自刊《御制诗三集》，即是一例。乾隆四十三年（1778），刘墉奏请翻刻《御制新乐府诗》及《御制全韵诗》，并交各省刊布。乾隆帝谕示两部书“自行刊刻宣示，事属可行”，但敕发各省刊刻流布，则“殊可不必”，其原因仍是“朕从不肯以篇章之末，与海内文士争长”[3]，此段谕旨是乾隆帝对御集刊行态度的直白袒露；乾隆四十五年，他又公开拒绝了贵州巡抚德隆请颁刊布之请。直至嘉庆二年（1797），八十八岁的乾隆帝在《鉴始斋题句识语》中，对自己写诗的一生进行了回顾和总结，文中仍在强调“予初非以韵语一事与文人学士絜量多寡也”。[4]正因乾隆帝一生都秉持此志，各御集之刊，俱由臣工所首倡，这也就排除了武英殿修书处刊刻的可能性。

“不与文人学士争长”这一思想，贯穿乾隆帝写诗的一生，他极力避免自己吟诗作赋这一雅好被视作舞弄辞藻、徒事虚文之弊，为此，他多次强调自己的诗作皆是有裨于政教民谟者。他的这一态度，不仅决定了其

---

1 关于乾隆帝删订《乐善堂全集》的政治原因，仍可参见晏爱红《乾隆〈乐善堂全集〉版本改订考》。

2 《上谕档》，乾隆三十一年四月二十三日。

3 《清高宗实录》，乾隆四十五年八月上。

4 （清）弘历：《鉴始斋题句识语》，《御制文集余集》卷二。

诗文格调，同时也进一步夯实了各御制诗文集是由臣工承刻的结论。

四 余 论

通过分析乾隆御制诗文集的版本情况，带给我们两点启示：一是考察内府书籍时，不可流于惯性思维，一见“御制”“钦定”等字眼便视作内府或武英殿修书处所刊，未免有失偏颇。清代内府刊书情况十分复杂，其中臣工代刊的现象并不鲜见，这在康熙朝尤为常见，乾隆御制诗文集亦是其中典型一例。讨论清代内府刻书，必须细致探究其背后的政治背景和帝王思想后才能得出确定结论；二是在鉴别某书是否为内府或武英殿原刊本时，一定要详加对比，不可概将神似之书，武断为内府刻本。须知清代皇帝对地方官府及民间翻刻内府书籍，并不作禁止，尤其是雍正帝和乾隆帝，屡次颁发内府诸书给各省布政司，令其敬谨刊刻；坊间有愿翻刻者，也听其自便，因此民间翻刻内府书籍之风十分普遍。由于翻刻本的版本价值、文物价值以及艺术价值，都远逊于内府原刊本，因此，今人研究之时，宜作出甄别，避免著录错误。

[作者单位：故宫博物院图书馆]

清宫旧藏雕版之明代经板存废考*

A Study on the Preservation and Obsolescence of Ming Dynasty Scripture Plates in the Qing Court Collection

周莎

Zhou Sha

内容提要：

在故宫博物院清宫旧藏的雕版藏品中，有一类为书籍雕版。书籍雕版中的佛道经板，其刊刻年代多为明清两代。根据板片末端的牌记，故宫现藏雕版中最早的为嘉靖四十二年（1563）刊刻的《大乘诸品经咒》和《佛说高王观世音经》。目前故宫收藏的雕版，大宗为清代板片，明代板片较少。笔者根据清宫内务府活计档中发现的新材料，考证明代板片存量较少的原因，以期抛引玉之砖，求教清宫旧藏雕版研究之法。

关键词：

雕版　清宫　明宫　内务府造办处　玻璃厂

ABSTRACT:

In the Palace Museum's collection of woodblocks from the Qing court, the majority used for printing Buddhist and Daoist scriptures can be traced back to the Ming and Qing dynasties (1368-1911). According to the inscriptions found at the end of the carved boards, the earliest engraved plates from the collection of the Palace Museum are the *Mahayana Mantras and the Sutra Raja Agung Avalokitesvara Sutra* carved in 1563, the 42nd year of the Jiajing reign. The majority of the woodblocks in the Palace Museum's collection are from the Qing Dynasty, with fewer from the Ming Dynasty. With the assistance of the newly discovered materials found from the records of the Qing Imperial Workshops, the author conducts a textual research to investigate the factors contributing the scarcity of Ming dynasty plates, so as to elicit feedbacks and suggestions regarding the research methodologies employed in the examination of the Qing court's woodblock collection.

KEYWORDS:

woodblock, Qing Palace, Ming Palace, Imperial Workshops of the Imperial Household Department, Glass Factory

* 本成果得到故宫博物院"英才计划"和北京故宫文物保护基金会学术故宫万科公益基金会专项经费资助。

图1　《佛说高王观世音经》经板

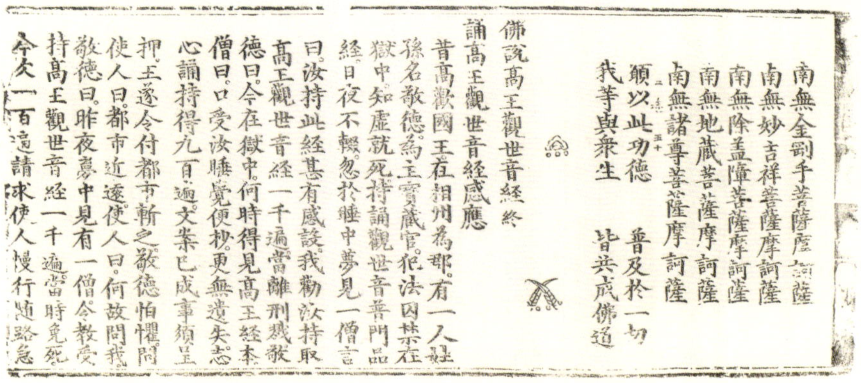
南無金剛手菩薩摩訶薩
南無妙吉祥菩薩摩訶薩
南無除蓋障菩薩摩訶薩
南無地藏菩薩摩訶薩
南無諸尊菩薩摩訶薩
願以此功德　普及於一切
我等與衆生　皆共成佛道
佛說高王觀世音經終
誦高王觀世音經感應
昔高歡國王在相州爲郡。有一人姓
孫名敬德。爲主寶藏官。犯法囚禁在
獄中。知慮就死。持誦觀世音普門品
經。日夜不輟。忽於睡中夢見一僧言
曰。汝持此經甚有感設。我勸汝持取
高王觀世音經一千遍。當離刑戮。敬
德曰。今在獄中。何時得見高王經本。
僧曰。口受汝。睡覺便抄。更無遺失。志
心誦持得九百遍。文案已成。事須呈
押。王遂令付都市斬之。敬德怕懼。問
使人曰。都市近遠。使人曰。何故問我。
敬德曰。昨夜夢中見有一僧。令教受
持高王觀世音經一千遍。當時免死。
今欠一百遍。請求使人慢行。随路急

图2　《佛说高王观世音经》经板刷印样张

一　故宫藏明代板片简述

故宫博物院藏品众多，历来为世人所瞩目。在众多珍贵的藏品中，有23万余件是清宫旧藏的雕版，此雕版包括书籍版、文书版、图样版等。以书版为例，其中又包括经部、史部、子部、集部四大部类的内容。所藏藏品多样，但多为清代板片，明代板片较少。其中，故宫现藏雕版中时间最早的板片为佛经，根据板片末端的牌记，刊刻时间为嘉靖四十二年（1563），经名是《大乘诸品经咒》和《佛说高王观世音经》〔图1、图2[1]〕。在《大乘诸品经咒》经板上〔图3、图4[2]〕，经文结束末端有“大明嘉靖四十二年”的牌记。〔图5〕

另外，据《故宫博物院藏品大系》[3]一书所公布的资料，故宫已知现存的明代雕版如下表（表一）。现故宫收藏的明代书板时间最早的为北京国子监刊刻的“十三经注疏”书板，始刊于明万历十四年（1586），至明万历二十一年（1593）刊刻完毕。部分经板现保存于故宫图书馆。

1　故宫博物院编：《故宫博物院藏品大系：善本特藏编·18，内府雕版（上）》，故宫出版社，2023年，第25页。
2　故宫博物院编：《故宫博物院藏品大系：善本特藏编·18，内府雕版（上）》，故宫出版社，2023年，第24页。
3　故宫博物院编：《故宫博物院藏品大系：善本特藏编·18，内府雕版（上）》，故宫出版社，2023年，第27页。

图3 刊有“大明嘉靖四十二年”的《大乘诸品经咒》经板

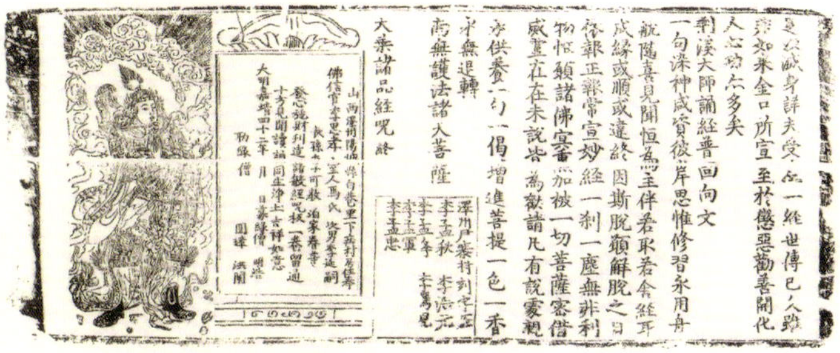

图4 刊有“大明嘉靖四十二年”的《大乘诸品经咒》经板刷印样张

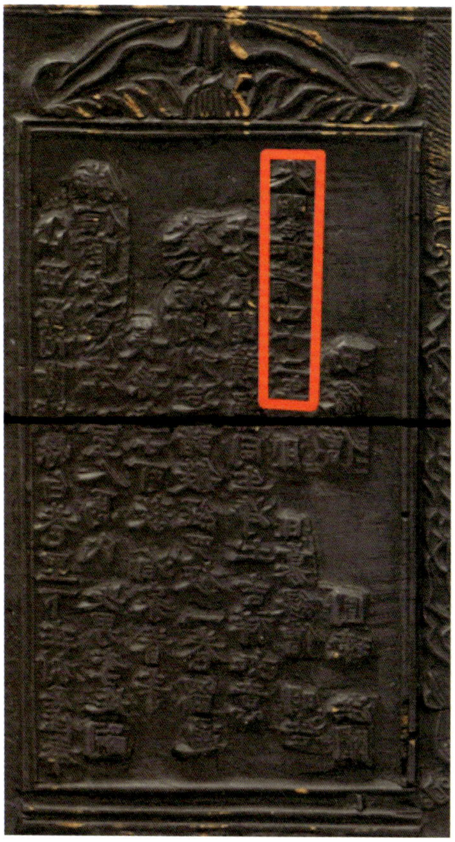

图5 牌记局部

表一 书籍雕版

序号	雕版名称	部类	雕刊信息	语言文字
			刊刻时代	
1	易疏・卷三・十一	经部	明代	汉文
2	易・释文・八	经部	明代	汉文
3	书疏・卷十三・九	经部	明代	汉文
4	诗疏・卷十九之一・九	经部	明代	汉文
5	语疏・卷四・八	经部	明代	汉文
6	孟疏・卷四下・七	经部	明代	汉文
7	魏书・魏志卷十八・九	史部	明代	汉文
8	隋书・卷十五・音乐志・第十七	史部	明代	汉文
9	宋史・卷二百十五・十九	史部	明代	汉文
10	大乘诸品经咒	子部	明代	汉文
11	佛说高王观世音经	子部	明代	汉文
12	道教版画	子部	明代	汉文

由上表可知，目前我们已知的明代板片书籍种类只有12种，其中佛经经板仅两种。相对于故宫的清宫雕版旧藏，要少很多。那么究竟是什么原因，导致明代板片数量较少呢？下面，笔者根据新发现的几则档案史料，试析明代板片其兴废缘由。

二 造办处档案及史料的记载

根据《内务府则例》规定：（造办处各作）所用金、银、铜、铁、钢、锡、铅、金银叶、绸缎、绫绢、绒线、丝线、布匹、毡毯、皮张、席片、各色木植、纸张、颜料、玉石、玛瑙、象牙、鳅角、玳瑁、蜜蜡、宝砂、硼砂、锦带、丝线带、黄白蜡、檀降香丁、糯米面、稻谷、煤炭、木柴、潮脑等项，一切材料均向本处钱粮库、广储司六库、营造司、武备院、织染局、稻田厂、工部、户部、药房、掌关防内管领处并三处织造衙门，行取应用[1]。

在玻璃厂烧造玻璃时所需用的原料方面，可分为两种，一种是煤炭，另一种是木材。在木材方面，清宫旧藏的经板，也充当了烧玻璃的劈柴。关于明代经板充当柴薪的记载，《清宫造办处档案》有详细的记载。

乾隆三年，各做活计清档中造办处活计库上面记述内容为：

初十日，内大臣海望谨奏为请旨事，据礼部来内开，本年（乾隆三年）九月二十六日奏为请旨事，（臣）等伏思臧经已经刊刻新板，将次告竣，其旧臧经板七万有奇，多模糊残缺，不堪刷印，似无庸堆贮旧库，应请旨交海望收领，此库内即可容放新刊经板等因具奏，奉旨，知道了。钦此。相应知会内务府总管海望遵照，派员赴库领取等因前来，（臣）随派员会仝[2]武英殿监造书板官员前往查看，得此经板系大明正统年间所刻，及今三百余年，木性已过，糟烂者甚多，若推去两面字迹，只剩五六分，原又兼糟圬，实不堪用。是以（臣）查得玻璃厂烧炼玻璃，每年办买木柴十六七万斤，每万斤连脚价需银二十一两，二年所买木柴及运价需七百余两。此旧经板七万余块，约合共重有三十六七万斤。依（臣）愚意，若将此经板运至玻璃厂，洁净堆放，烧炼玻璃，陆续焚化，可抵二年柴薪之用，如此旧经板得以洁净焚化，亦可节省二年柴价，如蒙俞允，（臣）令玻璃厂官员将经板运至玻璃厂，其应零运价银一百余两，向造办处支领，是否可行？伏候谕旨遵行，为此谨奏请旨。本日交奏事太监王常贵等传奏。奉旨，知道了。钦此。

根据此则档案，可知在乾隆三年（1738）时，清宫旧藏的明代宫廷中期刊刻的经板，有七万块左右，当作柴薪，焚烧之用。如此之众的数量木柴，若由清宫采办，需要花费700两有余，但以旧经板充当柴薪用，仅花费了运费100两有余，内务府造办处节约成本约600两。这则档案，也是明代板片存量少的依据之一。

除了以经板充当柴薪外，还将各省呈送的书板，亦充当柴薪，进行焚化。例如：

---

1 故宫博物院编：《故宫珍本丛刊》之《钦定总管内务府现行则例二种》第4册，海南出版社，2000年，第295－296页。

2 此处应为“同”字。

（乾隆三十九年二月）十四日，笔帖式海寿持来武英殿知会一件，内开：各省奏交《初学集》板片共二千九十八块，秤得重一千二百五十四斤，请照武英殿废板之例，劈碎交玻璃厂，作为烧柴应用等因，呈准在案，相应移咨造办处，派员赴殿领取，可也等因。回明额驸福大人英金、总管观石准行，记此于三月二十一日，保受领去武英殿劈碎板片一千二百五十四斤。[1]

乾隆四十七年（玻璃厂）三月十二日，掌稿笔式苏楞额，持来武英殿各处汉字印文一件内开：武英殿修书处为转交废板事，查乾隆四十五年十一月三十日起至四十六年十二月二十日止，由军机处陆续交来江西等省解到《夕堂绪论》等书板共八次，应销毁废板两万一千九百八十三块，查验俱系双面刊刻，仅厚四五分不等，难以铲刻应用。查向例凡外省解交武英殿板片，由本殿奏明交玻璃厂作烧柴应用。若有军机处奏交武英殿板片，据军机处原奏转交玻璃厂，作为烧柴应用。此项板片系由军机处交到之板，相应呈明，照例交造办处玻璃厂劈碎，作为硬木烧柴应用可也等因，回明大学士英廉准行，遵此。管理造办处大臣舒文、总管佛宁、永德、福克精额准行，记此。[2]

此档案说明了呈进书板板片的保存情况，以及刊刻面数，其板材质地之厚薄。因其板材较薄，加之双面雕刊，因此没有再利用板材刊刻的余地，故而作柴薪之用。此则档案则真实地记录了修书处主动提出申请，将废板报废的情况。

（乾隆四十八年）三月（玻璃厂）十二月，掌稿笔帖式和宁持来武英殿汉字印文一件内开：为移咨事，本处据刷书作库掌六达塞等呈称，查乾隆四十七年五月二十九日起至十二月十七日止，由军机处陆续交来山西等省解到《双栢庐》等书共四次，应销毁废板共一万六百二十五块，由本殿奏明，交玻璃厂作烧柴应用等因，前来回明侍郎福长安、中堂英廉、公尚书福隆安准行，遵此。管理造办处大臣舒文、总管佛宁、永德、福克精额准行，记此。[3]

综上三则档案记载，我们还可以进行数据统计。可以得知武英殿修书处，早有废板处理之例，即先劈碎，后交付玻璃厂。通过对数据的计算，乾隆中期，先后焚化书板35526块。此次焚烧的数量，远不及乾隆三年（1738）焚化明代经板之数目，只到其一半，故而，此三种书板，大约能充当玻璃厂的柴薪一年。

由上述档案可知，截至目前，有档案可查的，乾隆时期清宫至少烧掉10万余块雕版，作玻璃厂的柴薪之用。因而，通过上述档案，我们可以找寻规律。在清代宫廷的武英殿修书处工作之时，无论是书板，还是经板，若板材不宜再次利用，便可用为糟朽板材，充当柴薪。这样既可减少占用库房的面积，亦可节约内务府造办处采办柴薪之钱粮。因此，明代经板亦是如此例，执行焚化。故而，今天我们所见其明代所刊之版甚少，便是焚烧充薪的原因所致。

1 中国第一历史档案馆，香港中文大学文物馆合编：《清宫内务府造办处档案总汇》第37册，人民出版社，2007年，第463页。
2 中国第一历史档案馆，香港中文大学文物馆合编：《清宫内务府造办处档案总汇》第45册，人民出版社，2007年，第723页。
3 中国第一历史档案馆，香港中文大学文物馆合编：《清宫内务府造办处档案总汇》第46册，人民出版社，2007年，第826页。

三　玻璃厂地址的档案记载

由上所述，我们可以得知，在玻璃厂烧造器物时，需要使用明火烧灼原材料。燃料可以选取煤炭，也可以选用木柴。根据档案记载，清代烧造玻璃的惯例是以木材作为烧造玻璃器的主要燃料。选用木材做燃料，是否方便控制其烧造器物的温度，抑或是方便造型制作，还有待后续档案的发现。

提到木材，清廷入关后，相关库房存有明代书板或经板，其多已糟朽，没有原内容上的使用价值和再利用原材料的价值，因此，武英殿修书处才把废旧书板交给内务府再做安排，作为玻璃厂烧制玻璃用的燃料。我们在今天档案上，依然可以见到清廷如何处理这些废旧书板、废旧经板的案例，无一例外的就是作为燃烧来使用。这些事务，皆由内务府操办。

玻璃厂地点应与紫禁城相去不远，有仓房数间。能存贮数以万计燃料且能做活计的玻璃厂今天在哪呢？根据档案所述"玻璃厂官员将经板运至玻璃厂，其应零运价银一百余两。"若七万余块经板的运输费用是一百余两，那么35000余块经板的运输费是50余两，也就是3500块经板需要花费5两银子，用工费并不昂贵，比起重新采办木材的费用，要相对便宜很多。

根据清代宫廷档案，清代修书处在紫禁城西华门内迤东不远处，名为"武英殿修书处"。其大大小小的库房皆在此殿建筑范围内以及周边相邻的地点，如御书处、果房等。位置在其南或西北、西南。这样存放的好处是方便取用。在清代典籍上有明确的规定，午门、神武门皆为特定出入的宫城南门和北门。东华门则是走大行皇帝、皇后、皇太后等梓宫的专用之门；因此，作为皇帝出入御苑的西华门，则是内务府运送物资的唯一出入口。恰西华门与武英殿修书处各大库房距离不远，这就方便了搬运。档案中屡次提到的玻璃厂，到底位置在哪呢？

成书于乾隆年间的《日下旧闻考》[1]，对玻璃厂的地点做了详细记述。"康熙三十年，以慈宁宫之茶饭房一百五十有一楹为造办处。四十八年，复增白虎殿后房百楹所属，玻璃厂，在西安门内蚕池口之西，共房三十有六楹。"

由此可知，玻璃厂位置在皇城之内。位于紫禁城外迤西，西安门以东，今北京市西城区蚕池口地区，根据《乾隆京城全图》（以下简称《全图》）所绘，其建筑毗邻蚕池口教堂（今西什库教堂）。从《全图》上可以看出其建筑方位及建筑形制，玻璃厂厂房坐北朝南，由正房、面阔三间的房屋、西连排房组成。正房面阔四间，前出抱厦两间，面阔三间的房屋为两组相连，共六间；西侧连排房由南部面阔两间、中部面阔四间、北部面阔四间的硬山式房屋组成。在东侧有值房三间，南端有坐西朝东的房屋，因图中已残缺，故其形制不详。〔图6〕这一面积显然比在紫禁城养心殿的玻璃厂厂址要大很多，同时也更容易使用明火。

通过乾隆十五年（1750）的京城全图，我们可准确定位找到玻璃厂地址。位于皇城之内，与蚕池口教堂〔图7〕毗邻。蚕池口教堂建筑的前身，是在苏克萨哈府邸。在其府基础上兴建起来的教堂，地理位置离紫

1 （清）于敏中等编纂：《钦定日下旧闻考》卷七一，北京古籍出版社，1983年。

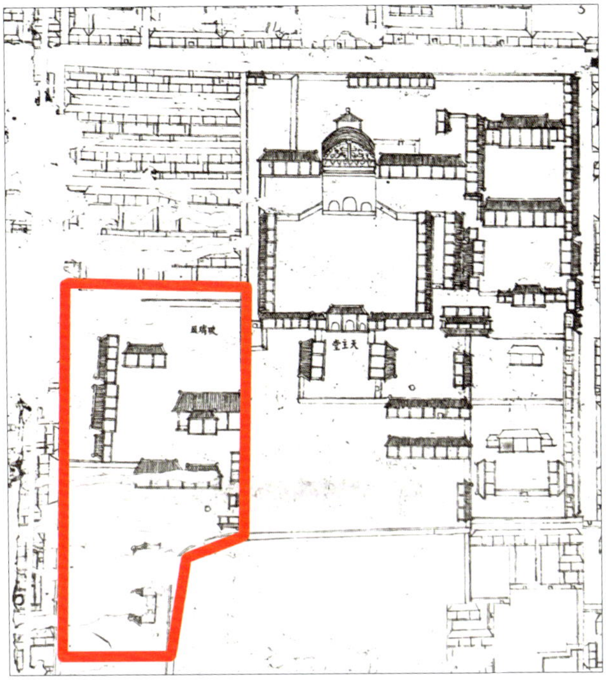

图6 玻璃厂

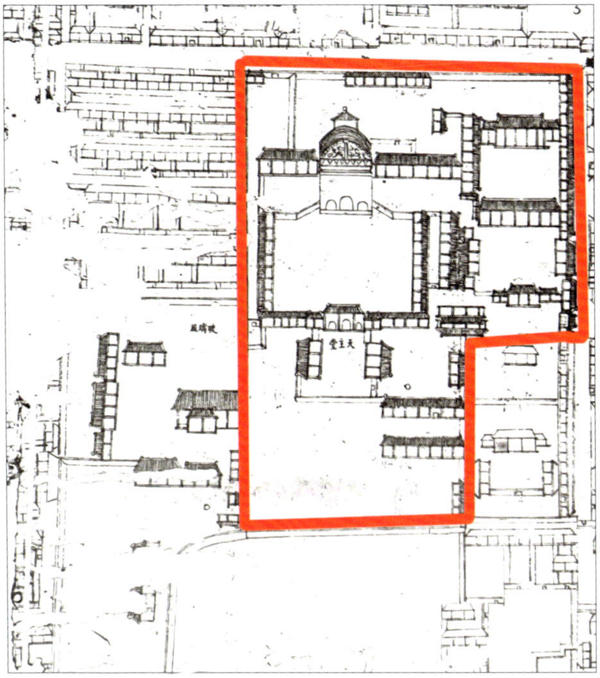

图7 蚕池口教堂

禁城的距离有很大的优势，其占地面积大，规模宏伟。

我们又可根据《清会典·嘉庆朝·钦定大清会典二·卷八十·内务府·御书处》条目，得知，养心殿造办处掌制造器用。“凡治器之作十有四，曰如意馆，曰金玉作，曰铸炉处，曰造钟处，曰炮枪处，曰鞍甲作，曰弓作，曰珐琅作，曰玻璃厂，曰铜鋄作，曰匣裱作，曰油木作，曰镫裁作，曰盔头作。”上述养心殿造办处共设有14作，其中有玻璃厂。众所周知，紫禁城内廷区域的养心殿在乾清宫西隅，地处禁宫之中，其玻璃厂虽设有窑房烧造玻璃，碾房碾细材料，具其物材等，但明火使用应很受禁宫局限。故而，玻璃厂后又选址禁城之外，皇城之内。这样选址，更加方便宫廷玻璃器用的烧造，同时也方便西洋工匠生活与工作。

从乾隆十五年的京城图可以看出，玻璃厂毗邻蚕池口教堂，几乎与蚕池口教堂融为一体。根据清代宫廷档案可知，玻璃厂的匠人早期多为西洋匠人，其厂址与西洋人生活区、精神信仰区合二为一，成为有机的整体，对于来到中国的西洋匠人来说，可以极快地适应环境，让他们更能深深地埋头于造器的工作之中。

四 结 语

综上所述，根据档案记载，至少不晚于乾隆时期，明宫旧藏的糟朽经板，被内务府造办处派工尽数挑出，送到今天的西什库教堂迤西偏南的清宫玻璃厂充当柴薪之用。这也就是为何我们现今看到的明代雕版少的原因。

诚如上言，一方面，宫廷造器废旧雕版或不堪使用的废板多为销毁。如清宫生活时打碎的陶瓷器在紫禁城内集中掩埋。也就是说，宫廷内的器用，全部要统一处理。因此，清宫旧藏的经板多受此观念影响，能废物利用的就用做他用，以节约成本。另一方面，从某种程度而言，受到中国传统孝道的影响，清廷统治者固然不会主动销毁本朝的器物，除去失去了使用功能与价值的书板，能销毁的雕版，多为前朝旧物。档案中提及的“明代经板”虽然记载笼统，但足以说明其制造时间，因而前朝旧物相当于我们今天的“废品回收利用”，这种做法从某种程度上看，既节约了成本，又腾出了很大占地空间，还十分环保。

由此可见，受现有档案材料所限，虽然我们不能得知清宫确切烧毁明代经板的明细账目和数量，但档案上记载了清宫玻璃厂两年烧去了7万余块经板，足以见其烧毁数量之大。明代众多单行本佛经经板，其中是否有《永乐北藏》的经板我们不得而知，但可以肯定的是，在清代中期，经板另作他用确为事实。这便是目前故宫旧藏清宫雕版中，明代板片不多之原因所在。

[作者单位：故宫博物院图书馆]

万历《会典·冠服》篇纪年考释*

An Annotated Chronology of the "Caps and Clothing" Chapter in the Wanli Edition of *The Collected Statutes (Huidian)*

温少华

Wen Shaohua

内容提要：

万历《会典·冠服》篇收录明初至万历年间各阶层冠服制度，为明代服饰研究必备之史料。先贤多对其纂修、版本、基本体例、史料价值等进行探讨，但从正德《会典》到万历《会典》体例变迁引起的纪年混乱问题，未受到研究者的充分关注，目前仍有未解之疑窦。本文就《大明会典》的体例特征及变迁展开讨论，综合《明实录》《明集礼》《诸司职掌》，以及正德《会典》等史料，考证万历《会典·冠服》篇中各制度前"某某年定"的意义。研究发现其意义分为两种，记述采编自诸书的内容时指原史书的成书或刊布时间；记述采编自各衙门文册的内容时指制度的制定时间。

关键词：

《大明会典》　冠服制度　纪年

ABSTRACT:

The "Caps and Clothing" chapter of the Wanli Edition of *The Collected Statutes (Huidian)* recorded the hat and clothing regulations of all social classes from the beginning of the Ming dynasty to the Wanli reign (1368-1620), which provides essential historical material for the study of Ming-dynasty costumes. Researchers have discussed its compilation, editions, basic outlines, and its value as historical evidence. However, the chronological confusion caused by changes in outlines from the Zhengde Edition to Wanli Edition has not received sufficient attention from researchers. Unresolved doubts remain. This article examines the characteristics and changes of *The Collected Statutes*. Integrating historical materials such as *Veritable Records of the Ming Dynasty (Ming shilu)*, *Collected Rites of the Ming Dynasty (Ming jili)*, *Handbook of Government Posts (Zhusi Zhizhang)*, Zhengde Edition of *The Collected Statutes*, it verifies the significance of the line "established in a certain year" preceding each regulations in the "Caps and Clothing" chapter of the Wanli Edition. The research finds two kinds of significance: when recording content collected from various books, it refers to the completion or publication time of the original history books; when recording content of each ministry's archives, it refers to the time when the regulations were formulated.

KEYWORDS:

The Collected Statutes of Great Ming (Daming huidian), regulations for caps and clothing, chronology

* 本文得到北京故宫文物保护基金会和万科公益基金会专项经费资助，系2022年国家社科基金后期资助暨优秀博士论文项目（项目编号：22FYSBO15，项目名称：明代皇室礼仪服饰研究）的阶段性成果。

万历《会典》卷六〇、六一为《冠服》篇，收录明初至万历年间从帝王到士庶各阶层冠服制度的沿革，其制度前多有“某某年定”等字样，长期以来明代服饰研究者多忽视其意义的多样性，将其直接理解为“制度的制定时间”，这在一定程度上造成了对冠服制度实际制定时间的误判。以皇帝皮弁服制度为例，万历《会典》中的“洪武二十六年定”制度在《明太祖实录》中收录于“洪武元年十一月甲子”条[1]。如果将“某某年定”理解为“制度的制定时间”，为何两种明代官修史书中同一制度的制定时间有近26年之距？

更重要的是，万历《会典·冠服》篇作为明修《礼部志稿》、清修《明史·舆服志》等史书的主要资料来源之一，这种编年形式直接影响了后诸书。相同皮弁服制度在《礼部志稿》中记载为“洪武二十六年定”[2]，在《明史·舆服志》中记载为“其制自洪武二十六年定”[3]。戴立强先生曾参照《明实录》对《明史·舆服志》中冠服制度的制定时间进行勘误[4]，但未探究其背后的根本原因在于《大明会典》自身体例发展过程中导致的万历《会典》体例的特殊性。

对于《大明会典》的关注，始于明清时期的公、私藏书目录以及私人笔记等史料，多是对卷册本数、残缺情况、纂修人员的著录，也有介绍其体例、渊源、纂修、版本者，如沈德符《万历野获编》、朱国祯《涌幢小品》、黄虞稷《千顷堂书目》、《钦定天禄琳琅书目》、《四库全书总目》等。20世纪以来，商传先生撰文《〈明会典〉及其史料价值》[5]分析了《明会典》的纂修过程、卷目、述例及史料价值，为专题研究的开山之作。但受篇幅所限，对编纂特点、体例发展等阙而未谈。此后，鞠明库发表数篇文章对《大明会典》展开研究[6]，其中《万历〈会典〉的编纂特色及其存在问题》一文中指出万历《会典》存在纪年混乱的问题，但未对纪年问题及其原因进行全面梳理。原瑞琴著《〈大明会典〉研究》[7]系统考察和论述了其纂修的社会学术背景、过程及版本流布、体例、内容、思想内涵、社会影响与学术价值等问题，在“《大明会典》自身体例的发展”中指出万历《会典》“解决了（弘治《会典》）将《诸司职掌》等颁降诸书条文列于事例之前而引起的先后失序问题”，但未提及这种做法造成了新的纪年混乱。

笔者在梳理明代冠服制度的制定脉络过程中，对照《明实录》、《大明令》、《明集礼》、《诸司职掌》正德《会典》等史书，发现万历《会典》的纪年问题有待进一步展开。故拟此小文，从万历《会典》对正德《会典》体例的承继与变革方面做些具体细节上的分析、比较，厘清“某某年定”意义的嬗变及其与体例的关系，以拾遗补阙。

---

1 （明）申时行等修，赵用贤等纂：《大明会典》，《续修四库全书·史部·政书类》第790册，上海古籍出版社，2001年，第202页；《明太祖实录》卷三六（下），“洪武元年十一月甲子”条。

2 （明）俞汝楫编：《礼部志稿》卷一八，（皇帝）皮弁服。

3 “皇帝皮弁服……其制自洪武二十六年定。皮弁，用乌纱冒之，……”，见《明史》卷六六《舆服二》。

4 戴立强：《〈明史·舆服志〉正误二十六例》，《辽海文物学刊》1997年第1期。

5 商传：《〈明会典〉及其史料价值》，《史学史研究》1993年第2期。

6 鞠明库：《〈四库全书〉缘何不收万历〈大明会典〉》，《河南图书馆学刊》2003年第3期；《万历〈会典〉的编纂特色及其存在的问题》，《图书馆杂志》2004年第12期；《〈诸司职掌〉与明代会典的纂修》，《史学史研究》2006年第2期；《试论明代会典的纂修》，《西南大学学报（社会科学版）》2007年第6期。

7 原瑞琴：《〈大明会典〉研究》，中国社会科学出版社，2009年。

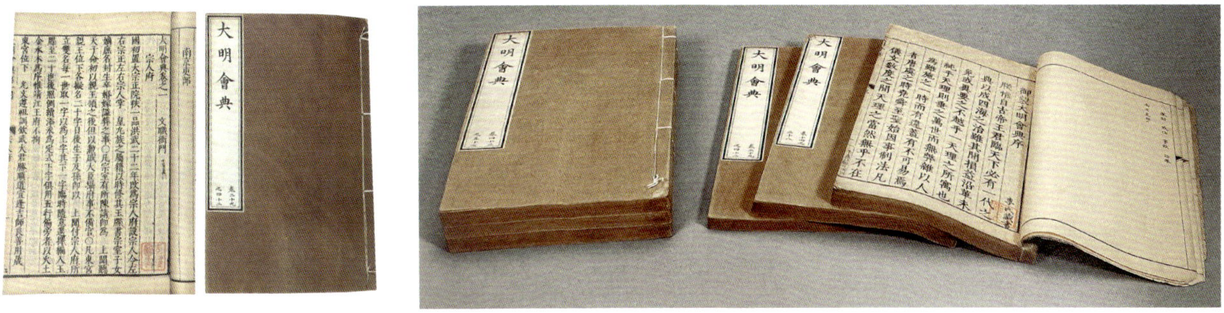

图1 万历《会典》明天启元年刻本（左：卷端及黄纸封面；右：外观）
故宫博物院藏 图片采自《故宫博物院藏品大系 善本特藏编-1 元明刻本》

一 《大明会典》的纂修历程及基本体例释读

考释“某某年定”的意义之前，首先简要分析《大明会典》的纂修历程、基本体例及资料来源。前者是理解正德、万历《会典》承继关系的基础，后者是影响“某某年定”意义嬗变的关键因素。

（一）《大明会典》的纂修历程

《大明会典》的编纂可追溯至天顺年间（1457—1464），为续《诸司职掌》〔（成书于洪武二十六年（1393）〕而编，但至明英宗去世未能成籍[1]，后于弘治、正德、嘉靖、万历朝先后编纂、重校、续纂和重修。弘治《会典》于弘治十五年（1502）成书，共一百八十卷，收录明建国至弘治十五年制度，未刊布。正德四年（1509）重校，正德六年（1511）刊布，共一百八十卷，通称正德《会典》，实为弘治《会典》的重校，并不增入内容[2]，后收录于《四库全书》。嘉靖《会典》经嘉靖年间两次续纂，补入弘治十五年至嘉靖二十八年（1502—1549）续定事例，增五十三卷，未刊布[3]。万历《会典》自万历四年（1576）重修，万历十三年（1585）成书，万历十五年（1587）刊行，补入嘉靖二十八年至万历十三年续定事例[4]，共二百二十八卷。

目前，已知存世的有正德《会典》和万历《会典》，流存海内外的版本较多。本文所引正德《会典》均为正德六年司礼监刻本（现藏于中国国家图书馆），万历《会典》均为万历内府刻本（上海古籍出版社影印本）。此外，故宫博物院藏有万历《会典》天启元年（1621）刻本〔图1〕。现将各《会典》的成书、刊布、收录范围及现存情况整理如（表一）。

---

1 “英宗睿皇帝复辟之时，曾命内阁儒臣，纂辑条格，以续《职掌》之后，未底于成”，见（明）申时行等修，赵用贤等纂：《大明会典》第789册，第4页上栏。

2 “《会典》成于弘治十五年，凡事例、年月、制度、数目等项，皆以本年为止。今奉旨重校，并不增入”，见（明）申时行等修，赵用贤等纂：《大明会典》第789册，第16页下栏。

3 “仍将弘治十五年以后，至嘉靖七年续定事例……续修附入”，见（明）申时行等修，赵用贤等纂：《大明会典》第789册，第9页下栏；“嘉靖年间，世宗皇帝曾命儒臣续修《会典》，自弘治十五年至嘉靖二十八年而止，已经进呈，未蒙刊布”，见第18页。

4 “嘉靖己酉以后六部等衙门见行事例，分类编集”，见（明）申时行等修，赵用贤等纂：《大明会典》，第789册，第20页上栏；“重修《会典》，稿成于万历乙酉，以后复有建设者，俱不及载”，见第22页上栏。

表一 《大明会典》的成书、刊布、收录范围及现存情况

		成书时间	刊布时间	收录范围	卷数	现存与否
弘治《会典》		弘治十五年	未刊布	明建国至弘治十五年	一百八十卷	否
正德《会典》		正德四年	正德六年	明建国至弘治十五年	一百八十卷	存
嘉靖《会典》	初次续纂	嘉靖八年	未刊布	明建国至嘉靖七年	—	否
	再次续纂	嘉靖二十八年	未刊布	明建国至嘉靖二十八年	增五十三卷	否
万历《会典》		万历十三年	万历十五年	明建国至万历十三年	二百二十八卷	存

注："—"表示未见记载，不详。

（二）《大明会典》基本体例及主要资料来源释读

《大明会典》的基本体例在弘治朝编纂时就已奠定，可概括为："以本朝官职制度为纲，事物、名数、仪文、等级为目。凡有籍册可考者，先后具载，其间因革损益，与现行制度不同者，亦存其旧。"[1]正德、嘉靖、万历《会典》均沿袭这一基本体例。

除了基本体例的承袭，各朝编纂《会典》的资料来源也基本一致。据明孝宗〈序〉载"敕儒臣发中秘所藏《诸司职掌》等诸书，参以有司之籍册"[2]可以看出，《会典》的资料来源主要有两处，一是已纂辑成籍的诸书（以下简称诸书），二是各衙门文册（以下简称"文册"）。在正德、万历《会典》卷首均有《纂辑诸书》及《开报文册衙门》。其中，《纂辑诸书》记载洪武朝13种史书，分别为《诸司职掌》《（皇明）祖训》《大诰》《大明令》《大明集礼》《洪武礼制》《礼仪定式》《稽古定制》《孝慈录》《教民榜文》《大明律》《军法定律》《宪纲》。《四库全书》收录正德《会典》时四库馆臣在所纂提要中亦称："大抵以洪武二十六年《诸司职掌》为主，而参以《祖训》……《宪纲》十二书"[3]。《开报文册衙门》中有详细列出各衙门名称。

以上为各朝编纂《会典》的主要相同之处。后随着编纂、续纂、重修，《会典》体例在细节之处也有诸多变化。由于弘治、嘉靖《会典》现不见原本，且据〈凡例〉可知二者体例与正德《会典》一致[4]。故以正德《会典》为代表与万历《会典》进行对比分析，以考证《会典》体例的变迁及"某某年定"意义的嬗变。

二 正德《会典》体例特征及纪年考释

服装史研究中正德《会典》的使用率明显低于万历《会典》，但由于二者一脉相承的紧密联系，且前者的体例特征和记述形式直接影响了后者，故在此首先考释正德《会典》的体例及"某某年定"的意义。

1 （明）申时行等修，赵用贤等纂：《大明会典》第789册，第14页上栏。

2 （明）徐溥等纂修：《大明会典》卷一八〇（明正德六年司礼监刻本，现藏国家图书馆）；《中华再造善本》工程编纂出版委员会编：《中华再造善本·续编·序》，再造善本续编，国家图书馆出版社，2009年，第3b－4a页。

3 《四库全书》史部十三；（明）徐溥等纂修《明会典（正德朝重校本）》"提要"。

4 "《会典》续纂，钦奉敕谕，体例一遵旧典"，见（明）申时行等修，赵用贤等纂：《大明会典》，第789册，第17页上栏。

（一）正德《会典》体例特征：冠“书名”于前

以命妇礼服制度为例，结合《凡例》，分析正德《会典》体例的主要特征。

正德《会典》卷五八,《冠服二》,命妇冠服·礼服：

诸司职掌

一品,冠用金事件,珠翟五个……八品、九品,霞帔用绣缠枝花,坠子与七品同,褙子绣枝团花。

事例

洪武五年定 命妇圆衫之制,以红罗为之,绣重雉为等第……其余不用绣雉。

○二十四年定 命妇冠服,公、侯、伯与一品同,大衫用真红色……七品绣云霞练鹊文。命妇入内朝见君、后,在家见舅姑并夫及祭祀,则服之。

○大袖衫,领阔三寸,两领直下一尺间缀纽子三……笏,以象牙为之,圆首方脚,长六寸四分,阔一寸五分,厚一分五厘。[1]

正德《会典》“命妇礼服”部分共收录4条制度，分别为“诸司职掌”及“事例”下的“洪武五年定”“二十四年定”“大袖衫”制度，其中“二十四年定”制度中除了形制，还记载了穿着场合。根据资料来源，4条制度明确分为两部分：

一是“诸司职掌”制度，记述特征是冠“书名”于前。据《凡例》载“凡纂辑诸书，各以书名冠于本文之上”[2]可知，此类制度均采编自诸书，记述时将相应“书名”记载于正文之上。经查，《诸司职掌·礼部·仪部》“冠服”部分收录相同内容[3]。此外，据皇帝衮冕、皮弁服等制度可知，同样是采编自诸书中的内容，采编自《诸司职掌》的内容列于首位，成书时间更早的《大明集礼》的内容也要列于其后[4]。

二是“事例”下的3条制度，记述特征是多冠“年份”于前，记载为“某某年定”，如“洪武五年定”“二十四年定”。据《凡例》载“采辑各衙门造报文册及杂考故实，则总名之曰事例”可知，“事例”下的制度均采编自文册及其他杂考故实，记述时“以年月先后，次第书之”。但年岁久远、无所考证的则不敢臆说，故“事例”中也有未记载年份的制度，如“大袖衫”制度[5]。

据此可知，正德《会典》体例主要具有以下特征：

第一，各条例内容根据资料来源分类，分为采编自诸书的内容和采编自文册的内容两部分，采编自诸书的内容在前，采编自文册的内容在后。制度内容未做细分，《冠服》篇中最直接的表现是形制制度和穿用制度未做区分。

---

1 （明）徐溥等纂修：《大明会典》卷五八《冠服二》，第 8a — 12a 页。
2 （明）徐溥等纂修：《大明会典·凡例》，第 2a 页。
3 《诸司职掌·礼部·仪部》，第 19a — 20b 页。
4 （明）徐溥等纂修：《大明会典》卷五七，《冠服一》，第 1a — 2b 页。
5 （明）徐溥等纂修：《大明会典·凡例》，第 2a — b 页。

第二，采编自诸书的内容，记述形式为冠“书名”于本文之上，如“诸司职掌”“大明集礼”“洪武礼制”等。由此可以看出，正德《会典》的编纂以诸书为首要内容，该部分不按诸书的成书年代为序依次记述，而是将采编自《诸司职掌》的内容列于首位，这体现了《诸司职掌》在正德《会典》中的独尊地位。

第三，采编自文册及杂考故实的内容，记述形式为总称“事例”，其下各制度以时间为序，依次记载为“某某年定”。

（二）正德《会典》纪年考释：制度的制定时间

正德《会典》中“某某年定”等字样仅出现于“事例”部分，即采编自“各衙门造报文册，及杂考故实”的内容。具体为：出自朝廷所降的则称“诏”“敕”；出自臣下所奏则称“奏准”“议准”“奏定”“议定”，或总称为“令”。而“岁久卷籍不存，不能详考者，则只书年号（如洪武初之类）。又不能详，则只书曰“初”、曰“后”。洪武初草创未定，及吴元年以前者，则总书曰“初”。其无所考见者，不敢臆说，宁缺而不备[1]。

“各衙门造报文册，及杂考故实”多属于明代档案，在史料类别中属直接史料，史料的即时性和准确性强。由于战乱等原因，明代档案大部分遗失。庆幸的是，以明代档案作为主要史料来源的编年体史书《明实录》保存完整，这在一定程度上弥补了直接史料的欠缺，对于考释“某某年定”的意义具有重要的参考价值。

梳理发现，正德《会典·冠服》篇中冠以“某某年定”等字样的制度共40条，均收录于“事例”部分。其中32条在《明实录》中亦有记载，除文武官常服的“三十年令”制度记载于《明太祖实录》“洪武十六年九月戊辰”条外，其余31条制度均于《明实录》相应年份有所记载（详见表二）。由此可见，正德《会典》中“某某年定”“某某年令”等指的是制度的制定时间。

表二　正德《会典·冠服》篇中“某某年定”制度在《明实录》中的收录情况

序号	正德《会典·冠服》篇		《明实录》
	冠服类别	“某某年定”	
1	皇后冠服・常服	洪武四年定	洪武四年五月癸丑
2	皇妃冠服【内命妇附】・常服	洪武四年定	洪武四年五月癸丑
3		五年定	洪武五年六月丁酉
4	东宫冠服・常服	洪武元年定	洪武元年十一月甲子
5	世子冠服・衮冕	洪武二十二年定	洪武二十二年九月戊寅
6	文武官冠服・朝服	洪武三十年奏准	—
7	文武官冠服・公服	洪武二十四年定	洪武二十四年六月己未
8		二十六年令	洪武二十六年八月庚寅
9	文武官冠服・祭服	洪武六年定	洪武六年闰十一月甲申
10		二十九年令	洪武二十九年七月丙子
11	文武官冠服・常服	洪武三年令	洪武三年三月丙申
12		二十二年令	洪武二十二年十二月己亥

1　（明）徐溥等纂修：《大明会典・凡例》，第2a－b页。

（续表二）

序号	正德《会典·冠服》篇		《明实录》
	冠服类别	“某某年定”	
13	文武官冠服·常服	二十三年令	洪武二十三年三月乙丑
14		二十四年定	洪武二十四年六月己未
15		三十年令	洪武十六年九月戊辰
16		景泰四年令	景泰四年十月己丑
17		天顺二年令	天顺二年二月庚戌
18	教坊司官冠服	洪武间令	—
19	命妇冠服·礼服	洪武五年定	洪武五年十一月壬子
20		二十四年定	洪武二十四年六月己未
21	命妇冠服·常服	洪武二十四年定	洪武二十四年六月己未
22	生员巾服	洪武二十四年定	洪武二十四年十月庚申
23	吏员巾服	洪武四年定	—
24		十四年令	—
25		三十年令	洪武三十年三月癸亥
26	士庶巾服【公使人等附】	洪武三年令	洪武三年八月庚申

序号	正德《会典·冠服》篇		《明实录》
	冠服类别	“某某年定”	
27	士庶巾服【公使人等附】	四年令	—
28		六年令	洪武六年四月癸巳
29		十四年令	—
30		二十二年令	洪武二十二年十二月己亥
31		二十三年令	洪武二十三年三月己丑
32		二十五年令	洪武二十五年七月壬午
33		二十六年禁	洪武二十六年三月丙辰
34	士庶妻冠服【婢使人等附】	洪武五年令	洪武五年二月庚子
35		成化十年禁	—
36	乐人巾服	洪武十二年令	洪武十二年十月乙亥
37		十四年令	—
38		二十一年令	洪武二十一年正月丁亥
39		二十五年令	洪武二十五年七月壬午
40		三十年令	—

注：“—”表示未见记载，不详。

三　万历《会典》体例特征及纪年考释

万历《会典》除了制度的更迭记载更为完备外，在体例细节上亦有所调整，正是这种调整使得“某某年定”的意义具有多样性。

（一）万历《会典》体例特征：冠“年分（份）”于前

同样以命妇礼服制度为例，万历《会典》相较正德《会典》未增加内容，但记述形式和顺序发生了明显变化。万历《会典》首先记载穿用制度，内容采编自正德《会典》“二十四年定”制度，但未记载其年份；其次记载形制制度，以时间为序依次为“洪武五年定”“二十四年定”“大袖衫”“二十六年定”制度，其中“二十六年定”制度为正德《会典》中的“诸司职掌”制度。

万历《会典》卷六十一《冠服二》，命妇冠服·礼服：

凡命妇入内朝见君、后……则服礼服。(穿用场合)

洪武五年定

凡命妇圆衫以红罗为之，绣重雉为等第……其余不用绣雉。

二十四年定

命妇冠服，公侯伯与一品同，大衫用真红色……七品绣云霞练鹊文。

〇大袖衫，领阔三寸，两领直下一尺间缀纽子三……笏，以象牙为之，圆首方脚，长六寸四分，阔一寸五分，厚一分五厘。

二十六年定

一品，冠用金事件，珠翟五个……褙子绣摘枝团花。[1]

由此可见，万历《会典》体例主要具有以下特征：

第一，“皆称年分，各条例内容皆类事编年”，即“从事分类，从类分年”。

“从事分类”，是指各条例根据制度内容再做细分，例如，将穿用制度与形制制度分类记述。其原因是，万历朝重修《会典》时认为原《会典》事例部分条例繁多，仅依编年记述不便观览[2]。这种“从事分类”的记述形式，在文武官常服部分体现得更为极致，除了最基本的常服制度外，还细分出了“常服制度（衣服宽窄）”“束带”“服色禁制”“致仕罢闲官员服色”4类，其间以“凡”字区隔[3]。

“从类分年”，是指各类制度根据时间记述，而不再根据资料来源来区分。其原因是，原《会典》中将《诸司职掌》的内容列于前，历年事例列于后，但《职掌》成书于洪武二十六年，而事例中有在洪武二十六年之前的，这样记述导致先后失序[4]。恰恰是这种以厘清时间顺序为目的的调整方式，造成了另一种编年的混乱。查照《明太祖实录》，正德《会典》中“洪武二十六年定”命妇礼服制度实际制定于洪武二十四年（1391）[5]。

第二，“皆称年分，不用书名”。

记述采编自诸书的内容时，不再“各以书名冠于本文之上”，而是与采编自文册的内容一样，记为“某某年定”。正如皇帝衮冕、皮弁服，以及命妇礼服制度中将正德《会典》中“诸司职掌”制度记载为“（洪武）

1 （明）申时行等修，赵用贤等纂：《大明会典》第790册，第247－248页。
2 （明）申时行等修，赵用贤等纂：《大明会典》第789册，第21页下栏。
3 （明）申时行等修，赵用贤等纂：《大明会典》第790册，第237－238页。
4 （明）申时行等修，赵用贤等纂：《大明会典》第789册，第20页上栏。
5 《明太祖实录》卷二〇九，“洪武二十四年六月己未”条。

二十六年定”。据《重修凡例》可知，万历《会典》中凡是《诸司职掌》旧文均称“洪武二十六年定”，采编自其他诸书的内容也以《诸司职掌》为例，如采编自《大明令》的内容称“洪武元年令”，采编自《大诰》的内容称“洪武十二年诰”[1]。关于这些“年分”的意义，于后文详述。

第三，《诸司职掌》在万历《会典》中地位明显下降。

万历《会典》中《诸司职掌》不再占据核心地位，而是作为诸书目之一存在。在记述顺序上，不再将《诸司职掌》相关内容列于首位，而是根据时间依次记述；在记述内容上，也改“照《诸司职掌》”为“以见行为准”[2]，打破了《诸司职掌》在旧《会典》中的独尊地位。

（二）万历《会典》中“某某年定”释义之一：诸书的成书或刊行时间

由于万历《会典》体例和记述形式的调整，“某某年定”等字样除了用于记述采编自文册的内容外，还用于记述采编自诸书的内容，其意义也根据资料来源的不同而分为两种。梳理发现，万历《会典·冠服》篇中标有“某某年定”等字样的制度共94条，其中，采编自诸书的制度有49条（如表三），采编自文册的制度有45条（如表四）。

采编自诸书的49条制度中，25条为原已载入正德《会典》的内容，24条为后补入的“永乐三年定”制度。原已载入正德《会典》的25条制度，涉及《纂辑诸书》中的《大明集礼》《洪武礼制》《诸司职掌》三部史书。

《大明集礼》成书于洪武三年九月，共五十卷[3]，现已不存。嘉靖八年（1529）十一月，礼部尚书李时等请求订正刊布，明世宗允准，九年（1530）六月书成，八月颁布[4]。目前《四库全书》所收录的《明集礼》共五十三卷，为嘉靖刊本。万历《会典·冠服》篇中采编自《大明集礼》的制度共12条，正德《会典》中均标以“大明集礼”，万历《会典》中则均标以“洪武三年定”。对照《明实录》可知，12条制度的实际制定时间为洪武元年二月壬子、十一月甲子、二年二月丁丑、三年二月甲子（表三：1～12）。可见，此处“年分”—“洪武三年定”与制度的制定时间不符，指的是《大明集礼》初修的成书时间。

《洪武礼制》为洪武十四年（1381）明太祖敕命编纂的国家典礼书之一，具体成书时间不详。万历《会典·冠服》篇中采编自《洪武礼制》的制度共2条，正德《会典》中记载为“洪武礼制”，万历《会典》中记载为“洪武三年定”。对照《明实录》可知，2条制度的实际制定时间为洪武元年十一月甲子、二十四年六月己未（表三：13～14）。由此不能判断此处“年分”—“洪武三年定”的意义。

《诸司职掌》成书于洪武二十六年三月，并刊行颁布[5]。万历《会典·冠服》篇中采编自《诸司职掌》的制度共11条，正德《会典》中记载为“诸司职掌”，万历《会典》中记载为“洪武二十六年定”，与《重修凡例》载“凡《职掌》旧文俱称洪武二十六年定”相符。对照《明实录》可知，11条制度的实际制定时间为洪武元年十一月甲子、二十四年六月己未（表三：15～25）。可见，此处“年分”—“洪武二十六年定”不是制度的

1 （明）申时行等修，赵用贤等纂：《大明会典》第789册，第20页上栏。
2 （明）申时行等修，赵用贤等纂：《大明会典》第789册，第20页下栏。
3 《明太祖实录》卷五六，“洪武三年九月乙卯”条。
4 《明世宗实录》卷一〇七，“嘉靖八年十一月壬子”条；卷一一四，“嘉靖九年六月庚午”条；卷一一六，“嘉靖九年八月丙戌”条。
5 《明太祖实录》卷二二六，“洪武二十六年三月庚午”条。

制定时间，而是《诸司职掌》成书或刊行时间。

后补入的24条“永乐三年定”制度（表三：26～49），均未收录于《明实录》。关于“永乐三年定”制度的出处，在北京市文物局图书资料数据中心藏明代早期彩绘稿本（后称为“稿本”，2015年整理出版，定名为《明宫冠服仪仗图》）中可见端倪。李之檀先生于《珍贵的明代服饰资料——〈明宫冠服仪仗图〉整理研究札记》中分析发现“稿本”中关于冠服制度的文字描述与万历《会典·冠服》篇中“永乐三年定”完全一致，查阅古籍可知，永乐三年（1405）明成祖议定明代冠服制度，礼部进呈书籍中有一部以图命名，即《冕服卤簿依仗图》，并由此推论，“稿本”内容主要部分来源于永乐三年礼部进呈给明成祖的《冕服卤簿依仗图》[1]。因此，推测此“年分”—“永乐三年定”是指《冕服卤簿仪仗图》的成书或刊行时间。

表三　万历《会典·冠服》篇中采编自诸书的“某某年定”制度

序号	万历《会典》			资料追溯						万历《会典》“某某年定”释义
	“某某年定”	身份等级	冠服	正德《会典》	《诸司职掌》	《洪武礼制》	《明集礼》	《明实录》	“稿本”	
1	洪武三年定	皇帝	常服	明集礼	—	—	卷三九冠服	洪武元年十一月甲子	—	《明集礼》的成书时间
2-9		皇后·皇妃·皇太子妃·亲王妃	礼服							
			常服							
10		士庶·公使人	巾服					洪武元年二月壬子 二年二月丁丑 三年二月甲子		
11		士庶妻·婢使人	冠服					洪武元年二月壬子		
12		教坊司官	巾服							
13	洪武三年定(令)	文武官	常服	洪武礼制	—	服色	—	洪武元年十一月甲子	—	不明（与《洪武礼制》的关系）
14			致仕闲罢官员服色					洪武二十四年六月己未		
15	洪武二十六年定(令)	皇帝	衮冕	诸司职掌	礼部冠服	—	—	洪武二十四年六月己未	—	《诸司职掌》的成书时间
16			皮弁服				卷三九冠服	洪武元年十一月甲子		
17-19		皇太子·亲王·世子	衮冕				—	洪武二十四年六月己未		
20		文武官	朝服							
21			祭服			服色				
22			公服			—				
23			常服							

1 李之檀、陈晓苏、孔繁云：《珍贵的明代服饰资料——〈明宫冠服仪仗图〉整理研究札记》，《艺术设计研究》2014年第1期。

（续表三）

序号	万历《会典》			资料追溯						万历《会典》“某某年定”释义
	“某某年定”	身份等级	冠服	正德《会典》	《诸司职掌》	《洪武礼制》	《明集礼》	《明实录》	“稿本”	
24	洪武二十六年定（令）	文武官	服色禁制	诸司职掌	礼部冠服	—	—	洪武二十四年六月己未	—	《诸司职掌》的成书时间
25		命妇	礼服							
26-49	永乐三年定	皇帝、皇太子、亲王、世子、郡王：衮冕、皮弁服、常服； 皇后、皇太子妃：礼服、常服； 皇妃、亲王妃：礼服； 世子妃、郡王妃、郡主：冠服		—	—	—	—	—	（一致）	《冕服卤簿仪仗图》的成书或刊行时间（推测）

注：“—”表示未见记载，不详。

《冠服》篇之外，万历《会典》中还有采编自《（皇明）祖训》《大诰》《大明令》《礼仪定式》《稽古定制》《孝慈录》《教民榜文》《大明律》《军法定律》《宪纲》的内容。

《皇明祖训》，初名《祖训录》，始纂于洪武二年（1368），六年（1373）成书、刊印。洪武二十八年（1395）重定，内容有所损益，更名为《皇明祖训》[1]。其内容汇编于正德《会典》时，冠“明祖训”或“皇明祖训”于前。以“宗藩禄米”制度为例，正德《会典》中记载为“皇明祖训”，万历《会典》中记载为“洪武六年定”[2]。可见，万历《会典》中未明确区分《祖训录》和《皇明祖训》，记载二者内容时“年分”以《祖训录》的成书、刊印时间为准。

《大诰》“则称洪武十二年诰”。据《明太祖实录》可知，《大诰》于洪武十八年（1385）成书颁行，《大诰续编》《大诰三编》则是洪武十九年（1386）成书颁示，《大诰武臣》于洪武二十年（1387）成书颁行[3]，统称《御制大诰》。其内容收录于正德《会典》时记载为“大诰”，于万历《会典》中则记载为“洪武初诏”[4]“大诰”[5]等，未使用“洪武十二年诰”。由此推测，“洪武十二年诰”不是《大诰》的成书或刊行年份，应为《凡例》误记，故于正文中实际未使用此“年分”。

《大明令》“则称洪武元年令”。据《明太祖实录》载吴元年（1367）十二月“《律》《令》成，命颁行。”[6]《皇明制书》中收录《大明令》时卷端记载：“洪武元年正月十八日，钦奉圣旨……兹命颁行四方。”[7]在此应以“圣旨”的日期为准，推测《大明令》的实际颁行时间应为洪武元年（1368）。此处“年分”—“洪武元年令”指的是《大明令》的颁行时间。

1 《明太祖实录》卷四一，“洪武二年四月乙亥”条；卷八二，“洪武六年五月壬寅”条；卷二四二，“洪武二十八年闰九月庚寅”条。
2 （明）徐溥等纂修：《大明会典》卷二八，第1a－b页；（明）申时行等修，赵用贤等纂：《大明会典》第789册，第668页下栏－669页上栏。
3 《明太祖实录》卷一七六，“洪武十八年冬十月己丑”条；卷一七七，“洪武十九年三月辛未”条；卷一七九，“洪武十九年十二月癸巳”条；卷一八七，“洪武二十年十二月乙亥”条。
4 （明）徐溥等纂修：《大明会典》，卷三二，第4a－5a页；（明）申时行等修，赵用贤等纂：《大明会典》第789册，第648页下栏。
5 （明）徐溥等纂修：《大明会典》，卷一四三，第10a－b页；（明）申时行等修，赵用贤等纂：《大明会典》第792册，第114页。
6 《明太祖实录》卷二八（上），“吴元年十二月甲辰”条。
7 《大明令》，《皇明制书》明万历七年张卤刻本，卷一，第4页。

《礼仪定式》于洪武二十年成书[1]。其内容收录于正德《会典》时冠“礼仪定式”于前，在万历《会典》则记载为“洪武二十年定”[2]或“洪武二十年令”[3]。可见，此处“年分”—“洪武二十年定（令）”是指《礼仪定式》的成书或刊行时间。

《稽古定制》于洪武二十九年（1396）颁行[4]。其内容收录于正德《会典》时冠“稽古定制”于前，在万历《会典》则记载为“洪武二十九年定”[5]。此处“年分”—“洪武二十九年定”指的是《稽古定制》的颁行时间。

《孝慈录》于洪武七年（1374）成书颁行[6]。其内容收录于正德《会典》“丧服”制度时列于“大明令”条之后，正文前冠“孝慈录”字样[7]。万历《会典》省去“大明令”制度，只在采编自《孝慈录》的内容后加注称“古礼……具载《大明令》，今省”[8]。因以《孝慈录》为定制，记载时未记载“年分”。

《教民榜文》，洪武二十一年（1388）户部尚书郁新等于奉天门早朝奉明太祖圣旨，将皇帝的敕谕或者经过皇帝批准的官府的告示、法令以及案例等榜文编辑成册，昭示天下，于洪武三十一年（1398）四月成书、刊布[9]。其内容收录于正德《会典》时前冠“教民榜文”，在万历《会典》中则记载为“洪武二十一年令”[10]，可见此“年分”—“洪武二十一年令”为《教民榜文》的初订时间。

《大明律》，吴元年十月，明太祖命中书省定律、令，十二月编成《律》《令》并颁行。又以“《律》《令》初行，恐民一时不能尽知法意”颁《律令直解》，以训释《律》《令》文意。洪武六年十一月，刑部尚书刘惟谦等以《律》《令》为基础，详定《大明律》并颁行[11]，后又修订。以“丧服”“五刑”制度为例，《大明律》中的内容收录于正德《会典》时记载为“大明律”[12]，于万历《会典》中则未记载年份[13]。

《军法定律》于洪武十五年（1382）三月颁布[14]，现未见其原文。正德《会典》中有两条内容前记载“军法定律”[15]，该内容于万历《会典》中分别记载为“又令”“军法定律”[16]，未记载“年分”。

《宪纲》初于洪武四年（1371）刊行，六年重刊颁布[17]，后因为官制有所不同而因时改动。据卷端明英宗敕谕可知，《宪纲》最终成书刊布时间为正统四年（1439）[18]。其内容收录于正德《会典》时记载为“宪

1 《明太祖实录》卷一八六，“洪武二十年十月丁卯”条。
2 （明）徐溥等纂修：《大明会典》卷五六，第1a页；（明）申时行等修，赵用贤等纂：《大明会典》第790册，第191页下栏。
3 （明）徐溥等纂修：《大明会典》卷七〇，第4b页；（明）申时行等修，赵用贤等纂：《大明会典》第790册，第332页下栏。
4 《明太祖实录》卷二四八，“洪武二十九年十一月己巳”条。
5 （明）徐溥等纂修：《大明会典》卷一六二，第20a页；（明）申时行等修，赵用贤等纂：《大明会典》第792册，第425页上栏。
6 《明太祖实录》卷九四，“洪武七年十一月壬戌”条。
7 （明）徐溥等纂修：《大明会典》卷八九，第10a－17b页。
8 （明）申时行等修，赵用贤等纂：《大明会典》第791册，第54页下栏－58页上栏。
9 明太祖钦定：《教民榜文》，《皇明制书》明万历七年张卤刻本，卷九，第1a－20a页。
10 （明）徐溥等纂修：《大明会典》卷一九，第31b页；（明）申时行等修，赵用贤等纂：《大明会典》第789册，第302页下栏。
11 《明太祖实录》卷二六，“吴元年十月甲寅”条；卷二八上，“吴元年十二月甲辰”条；“吴元年十二月戊午”条；卷八六，“洪武六年闰十一月庚寅”条。
12 （明）徐溥等纂修：《大明会典》卷八九，第18a－22b页；卷一二七，第1a－b页。
13 （明）申时行等修，赵用贤等纂：《大明会典》第791册，第58页下栏－60页下栏；第686页。
14 《明太祖实录》卷一四三，“洪武十五年三月乙丑”条。
15 （明）徐溥等纂修：《大明会典》卷二七，第1b－2b页；卷一五六，第1b－2b页。
16 （明）申时行等修，赵用贤等纂：《大明会典》第789册，第708页上栏；第792册，第307页下栏。
17 《明太祖实录》卷六〇，“洪武四年正月己亥”条；卷八一，“洪武六年四月戊戌”条。
18 《宪纲》，《皇明制书》明万历七年张卤刻本，卷一五，第1a－2a页。

纲”条，于万历《会典》则记载为“洪武四年令”或“正统四年定”[1]。结合其纂修背景可知，此“年分”指的是其初纂、修订的成书或刊布时间。

对照可知，万历《会典》记述采编自诸书（除《洪武礼制》外）的内容时，“某某年定”“某某年令”指的是原史书初修或重修时的成书、刊行时间。但万历《会典》在修撰过程中未完全执行“皆称年分，不用书名”的体例，记述采编自《大诰》《军法定律》的内容时仍冠书名于前。

（三）万历《会典》中“某某年定”释义之二：制度的制定时间

采编自文册的45条制度中，有24条为原已载入正德《会典》“事例”部分的内容，有21条为后补入的内容。

原已载入正德《会典》“事例”部分的24条制度中有20条于《明实录》中亦有记载，除“洪武三十年令”致仕闲罢官员服色（文武官）制度收录于“洪武十六年九月戊辰”条外，其余19条均收录于相应年份（表四：1～24）。后补入的21条制度中有16条于《明实录》中亦有记载，除“万历二年禁”士庶·公使人巾服制度收录于“万历三年正月壬戌”条外，其余15条均收录于相应年份（表四：25～45）。

由此可知，万历《会典》记述采编自文册中的内容时，其“某某年定”等的意义沿袭正德《会典》，指制度的制定时间。

表四　万历《会典·冠服》篇中采编自文册的“某某年定”制度

序号	万历《会典》			资料追溯		万历《会典》“某某年定”的意义
	“某某年定”	身份等阶	冠服	正德《会典》	《明实录》	
1	洪武元年定	皇太子	常服	事例·洪武元年定	洪武元年十一月甲子	制度的制定时间
2	(洪武)四年定	皇后	常服	事例·洪武四年定	洪武四年五月癸酉	制度的制定时间
3		吏员	巾服	事例·洪武四年定	—	不明
4		士庶·公使人	巾服	事例·四年令		
5	洪武五年定(令)	内命妇	冠服	事例·(洪武)五年定	洪武五年六月丁酉	制度的制定时间
6		命妇	礼服		洪武五年十一月壬子	
7		士庶妻·婢使人	冠服		洪武五年二月庚子、三月乙卯、四月己亥、十月己丑	
8	洪武六年定	士庶·公使人	巾服	事例·六年令	洪武六年四月癸巳	制度的制定时间
9	洪武十四年定(令)	吏员	巾服	事例·十四年定(令)	—	不明
10		士庶·公使人	巾服			
11	洪武二十二年令	士庶·公使人	巾服	事例·二十二年令	洪武二十二年十二月己亥	制度的制定时间
12	洪武二十三年令	文武官	常服制度(衣服宽窄)	事例·二十三年令	洪武二十三年三月乙丑	制度的制定时间
13		士庶·公使人	巾服			

1 （明）徐溥等纂修：《大明会典》卷二二，第10a页；卷一六四，第23b页。（明）申时行等修，赵用贤等纂：《大明会典》第789册，第347页下栏；第792册，第483页上栏。

（续表四）

序号	万历《会典》			资料追溯		万历《会典》“某某年定”的意义
	“某某年定”	身份等阶	冠服	正德《会典》	《明实录》	
14	洪武二十四年定	文武官	束带	事例·洪武二十四年定	洪武二十四年六月己未	制度的制定时间
15		命妇	礼服			
16			常服			
17		生员	巾服		洪武二十四年十月庚申	
18	洪武二十五年令	士庶·公使人	巾服	事例·二十五年定	洪武二十五年七月壬午	制度的制定时间
19	洪武二十六年禁	士庶·公使人	巾服	事例·二十六年禁	洪武二十六年三月丙辰	制度的制定时间
20	洪武三十年令(定)	文武官	致仕闲罢官员服色	事例·三十年令(定)	洪武十六年九月戊辰	不明
21	—	吏员	巾服	—	洪武三十年三月癸亥	制度的制定时间
22	景泰四年令	文武官	服色禁制	事例·景泰四年令	景泰四年十月己丑	制度的制定时间
23	天顺二年令	文武官	服色禁制	事例·天顺二年令	天顺二年二月庚戌	制度的制定时间
24	成化十年令	士庶妻·婢使人	冠服	事例·成化十年禁	—	不明
25	洪武初定	进士	巾服	—	—	不明
26	(洪武)四年定	皇太子妃	常服		洪武四年五月癸酉	制度的制定时间
27	—	亲王妃	—		—	
28	洪武十六年定	皇帝	衮冕		洪武元年十一月甲子	制度的制定时间
29	成化二年令	文武官	服色禁制		—	不明
30	弘治十三年奏准(定)	文武官	服色禁制		弘治十三年六月戊申	制度的制定时间
31		仪宾	冠服		—	不明
32	正德元年禁(令)	士庶·公使人	巾服		正德元年六月辛酉	制度的制定时间
33		士庶妻·婢使人	冠服			
34	(正德)十六年禁	士庶·公使人	巾服		—	不明
35	嘉靖六年令	文武官	服色禁制		—	不明
36	嘉靖七年定	皇帝	燕弁冠服		嘉靖七年二月丁巳	制度的制定时间
37		亲王	保和冠服		嘉靖七年十二月甲申	
38		文武官	忠静冠服		嘉靖七年二月丁巳	
39	嘉靖八年定	皇帝	衮冕		嘉靖八年五月庚子	制度的制定时间
40			武弁服		嘉靖八年九月丁酉	
41		文武官	朝服		嘉靖八年十二月丁丑	
42			祭服			
43	嘉靖十年定	皇嫔	冠服		嘉靖十年二月庚辰	制度的制定时间
44	嘉靖十六年题准	文武官	服色禁制		嘉靖十六年三月乙巳	制度的制定时间
45	万历二年禁	士庶·公使人	巾服		万历三年正月壬戌	制度的制定时间

注：“—”表示未见记载，不详。

四 结 语

通过对《会典》体例变迁及“某某年定”意义嬗变的考证得出以下结论：

第一，《会典》的基本体例及资料来源，在弘治朝纂修时就已奠定，正德朝重校、嘉靖朝续纂，万历朝重修未做大的改变。但在细部体例方面，对比正德、万历《会典》发现，万历《会典》在各条例内容的划分、排序以及记述形式上做了诸多调整。正是这种细部体例的调整，引起了“某某年定”意义的嬗变，致使纪年的混乱。

第二，“某某年定”等字样，在正德《会典》中仅用于记述采编自文册的内容，其意义为制度的制定时间。在万历《会典》中，其意义分为两种：记述采编自文册的内容指制度的制定时间；记述采编自诸书的内容时指原史书初修或重修的成书、刊行时间。由于成书、刊行时间与制度的实际制定时间存在时间差，这是造成万历《会典》纪年混乱的主要原因。

[作者单位：故宫博物院博士后科研工作站]

以诗设教：学诗堂的贮藏与《石渠宝笈》的编纂

Establish Edification by Poetry: Collections of the Hall of Studying the Classic of Poetry and the Compilation of the *Precious Collection of the Stone Moat*

田艺珉

Tian Yimin

内容提要：

清乾隆三十五年（1770），乾隆专辟学诗堂合箧弆藏重经辨订的《诗经图》是延续乾隆早年"以诗设教"的文治之政，彰显了其正统的文治地位，使唐时"成教化，助人伦"的书画要义转化成得王道化成之本，强调书画同六籍之功，与乾隆内府编纂《石渠宝笈》的目的高度一致。不仅如此，其考订《诗经图》的方法与分类贮藏成为《石渠宝笈》鉴藏的典范，成就了乾隆"左图右史"的编纂理想而传示宇内。

关键词：

以诗设教　学诗堂　诗经图　石渠宝笈　左图右史

ABSTRACT:

In 1770, during the 35th year of the Qianlong reign, an important literary endeavor took place with the establishment of the Hall of Studying the Classic of Poetry (*Xueshi tang*). This hall was specifically created to house the recompiled *Illustrations of the Classic of Poetry*, marking a continuation of the emperor's earlier efforts to promote edification through poetry. This initiative demonstrated Qianlong's commitment to upholding the traditional principles of civil governance and transforming the significance of painting and calligraphy, which held great prominence during the Tang dynasty. The aim was to elevate these art forms to serve as vehicles for moral perfection and ethical enrichment, aligning them with the foundational principles of a virtuous ruler. Moreover, this undertaking mirrored the purpose of the Six Classics and shared a striking resemblance to the compilation of the *Precious Collection of the Stone Moat (Shiqu baoji)*, which was curated by the Qianlong imperial court. The approach employed in editing and categorizing the *Illustrations of the Classic of Poetry* served as a template for the compilation of the *Precious Collection of the Stone Moat*. The endeavors showcased Qianlong's principle that involved juxtaposing pictures and historical narratives together within the pages of a book, and spread far beyond the imperial court.

KEYWORDS:

Promote edification through poetry, the Hall of Studying the Classic of Poetry (*Xueshi tang*), *Illustrations of the Classic of Poetry*, *Precious Collection of the Stone Moat* (*Shiqu Baoji*), pictures on the left and historical narrative on the right (*Zuotu youshi*)

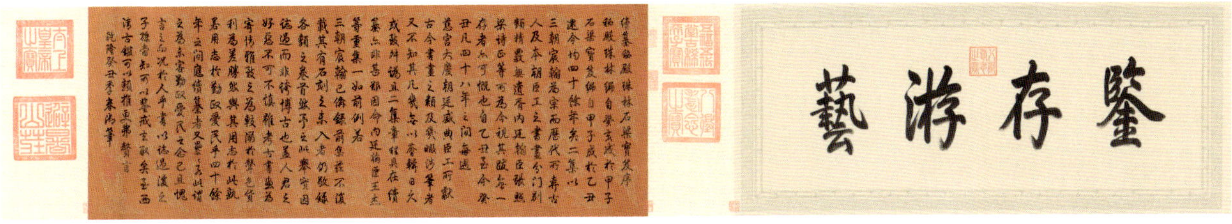

图1　乾隆《行书续纂秘殿珠林石渠宝笈序》卷
故宫博物院藏

清乾隆九年甲子（1744）二月初十日，乾隆敕命内廷词臣张照、梁诗正等九人对内府所藏万余件历代书画详加鉴别，遴选佳作，取汉代宫廷典藏之所“石渠阁”之名，开始修纂《石渠宝笈》初编（下文简称《初编》）一书，于乾隆十年乙丑（1745）十月完成，共收录内府所藏书画2600余件。在编纂《初编》前一年，乾隆《上谕》中既已旨令：“嗣后复有归藏内府者，按号续编，亦承平胜事也。钦此。”乾隆五十六年（1791）正月，旨令内廷翰臣王杰等十人，参照前编，开始修纂《石渠宝笈续编》（下文简称《续编》），于乾隆五十八年（1793）夏至成书，是编收录作品达4300余件，比《初编》收录作品多1700余件，并取消《初编》中上、次等之别，详录了每件作品的尺寸、质地、款识、题跋、印记等内容，同时新增考订，遵乾隆《续纂秘殿珠林石渠宝笈序》中“分门别类，精核无遗”〔图1〕之旨，使得编纂体例完备，内容详尽。嘉庆二十年（1815），嘉庆帝旨令懋勤殿翰臣英和等谨守《续编》序言开始编纂《石渠宝笈三编》（下文简称《三编》），历时一年四月，于嘉庆二十一年（1816）丙子闰六月修纂成书，收录作品4200余件。至此，《石渠宝笈》初、续、三编收录作品万余件，其著述之恢宏，为史之冠，堪为书画著录与鉴藏之典范，具体可参见拙文《考鉴品藏 左图右史——〈石渠宝笈〉编纂要述》。

其中，《石渠宝笈》初、续、三编与同类的历代书画著录相比，以贮藏地点分卷著录的方式为其首创，旨在“令后人披籍而知其所在”。编纂《续编》时，乾隆内府所藏法书名画已遍及宫内、圆明三园（圆明园、长春园、绮春园）、西苑、三山（万寿山清漪园、玉泉山静明园、香山静宜园）和行宫（避暑山庄、静寄山庄）等四十四处，为了优化检索，在《初编》的基础上新增《总目》三卷。编纂《三编》时，贮藏地点多达八十一处，仅圆明园就有五十七处，除参照《续编》增加《总目》外，又在各分卷前新增分目录，上为著录作品名称，下为贮藏地点，使得检寻更易。

在初、续二编长达四十八年以贮藏地点分卷编次的过程中，值得注意的是：专辟贮藏地点收藏或移贮特定藏品，不仅只是“精核无遗”编纂体例的需要，更是“鉴存游艺”（见图1）的重要叙述，是乾隆执政期间重要的文治之政，以至《三编》谨遵其例。如在《初编》完成后不久，乾隆旨令增加《附录》三卷，专辟三希堂、长春书屋、随安室、攸芋斋、翠云馆、漱芳斋、静怡轩、三友轩、画禅室等九处增藏或移贮《初编》中所著的法书名画，其中最为著名者是三希堂。

乾隆十一年（1746）春，在新增王珣《伯远帖》后，乾隆旨令将已入《初编》的王羲之《快雪时晴帖》、王献之《中秋帖》从御书房移贮至养心殿西暖阁，与《伯远帖》合贮，额曰“三希堂”，并在《伯远帖》中详记其中缘由：“获王珣此帖，遂与《快雪》《中秋》二迹，并存养心殿温室中，易其名曰’三希堂'。"又御书其联云,"怀抱观古今,深心托毫素"。同年又在画禅室贮藏的宋米友仁《潇湘图》卷中再记此事,称得此后,"真同羲、献合璧矣"!同《上谕》之旨意,其云:"至臣工先后经进书画,暨传入御府者,往往有可观览,选择排比,亦足标艺林之雅。"可知编纂《初编》首宗乾隆"游于艺"之心性。因为,除三希堂外,乾隆又专辟三友轩合贮宋元时期所绘松、竹、梅岁寒三友作品,分别是宋元人《梅花合卷》、曹知白《十八公图》卷、元人《君子林图》卷,乾隆在三卷中多次御题,梁诗正、汪由敦、嵇璜、蒋溥、董邦达等内府大臣恭和之,其中,汪由敦和云中有"此君爱游翰墨林"之句,指明乾隆"足标艺林之雅"的原意,并详记了其中之始末:

> 松、竹、梅三种品高韵逸,旧有三友之名。今内府所藏曹知白《十八公图》、元人《君子林图》、宋元人《梅花合卷》,皆古今名笔,世不多觏。我皇上既抒宸藻,分类题识,而又喜三友之适相会萃也,命作檀匣,合贮其中,藏于建福宫西偏之室,额曰"三友轩",匣上隶书"三友轩珍藏"五字,御制长歌志之,并敕诸臣和韵,汇刻其上。

乾隆将此三卷合贮藏于三友轩的目的正如其在元人《君子林图》卷第七段中所题:"明窗展卷默有会,吾与前贤相斟酌。"其意与"朕于清谳之余,偶一披阅,悦心研虑,左图右史,古人岂其远哉"吻合,可见其《题三友轩》中"三友之名始宣尼""我将触类引申之""寓意于物有奇遇""更爱梅事合宋元"之义,足见其"寓意于物"的文人心性。更何况在《初编》成书之后,乾隆内府不断新增法书名画,至编纂《续编》时,乾隆称内府可供观览、选择排比的藏品已"不知其凡几,无以荟辑,日久或致舛伪",却又担心品评书画,受人指摘,其云:"虽考古书画,为寄情雅致之为,较溺于声色货利为差胜,然与其用志于此,孰若用志于勤政爱民乎。四十余年之间,应续纂者又累累若此,谓之为未害勤政爱民之念,已且愧言之,而况于人乎。书以志过,后之子孙当知所以鉴戒去取矣"!引首再御书"鉴存游艺"四个大字(详见图1)以示其鉴藏法书名画是勤政为民之举,并强调其中天命,如在《三希堂记》中云:"则吾今日之名此堂,谓之为希贤、希圣、希天之意可。"又在三友轩贮藏宋元人《梅花合卷》中题有:"捡金集狐有如是,自天合也非人为。"户部尚书梁诗正亦恭和有"圣人寓意不留意,有会心处自得师""前人鉴赏自珍重,岂如奎画邀天题"等等。为此,嘉庆帝在《〈秘殿珠林石渠宝笈三编〉序》〔图2〕中再次旨令:"予小子仰窥圣训人君好恶,宜慎考古书画,虽云寄情雅致,孰若用志于勤政爱民,书以志过,后之子孙当知所以鉴戒去取矣",并敕令编纂《三编》时"谨守

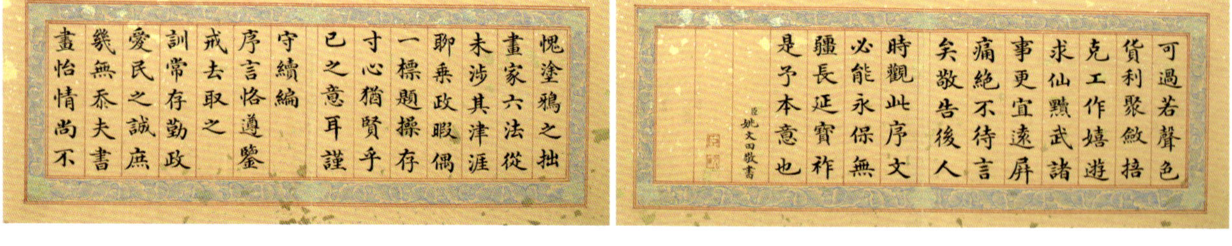

图2 姚文田《行楷书御制〈秘殿珠林石渠宝笈三编〉序》册(局部)
故宫博物院藏

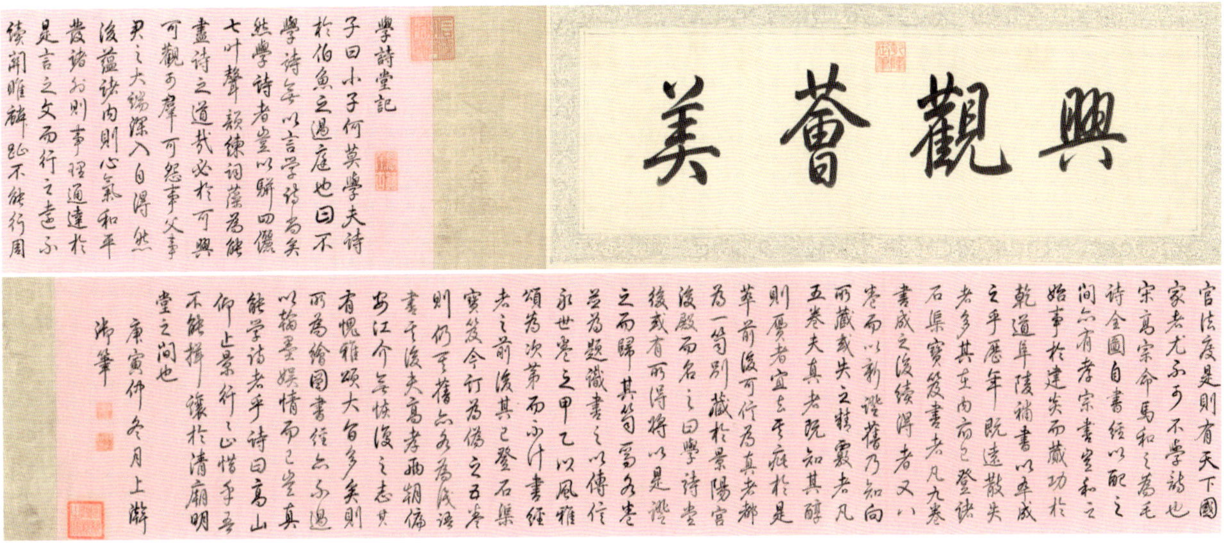

图3 乾隆《行书学诗堂记》卷
故宫博物院藏

《续编》序言，恪遵鉴戒去取之训”，最后指出：“敬告后人时观此序文，必能永保无疆，长延宝祚，是序本意也”。可知，《初编》中“足标艺林之雅”的本义在《续编》《三编》中已成其文治之重举，《初编》中“悦心研虑，左图右史，古人岂其远哉”的品鉴之本到《续编》时已为王道化成之绩，此时，法书名画同六籍之功，承载着昭示来兹的重要意义。这一转变在乾隆三十五年重新辨订《诗经图》并专辟学诗堂合贮之即已完成。

乾隆三十五年（1770），乾隆在《学诗堂记》〔图3〕中称：“《诗》之道哉，必于可兴、可观、可群、可怨，事父事君之大端，深入自得，然后蕴诸内则心气和平，发诸外则事理通达。于是言之文而行之远，不读《关雎》《麟趾》，不能行周官法度，是则有天下国家者，尤不可不学《诗》也。”如此，三希堂中“怀抱观古今，深心托毫素”醉心翰墨的文人心性已不再突出，在历时二十四年的执政过程中，指明在“兴观荟美”中实现“以诗设教”的文治之政，《诗经图》的艺术本体不再是首要，因为乾隆“游心翰墨，寄情丹青，与前代帝王务侈纷华靡丽之观者，迥不侔也”。再后二十一年，乾隆五十六年长至，其在《宋高宗书马和之画唐风图》卷中称南宋高宗“徒以西湖为销金窠，罔知《蟋蟀》《山枢》之义也”。声明其抚对真迹是为思政，并许诺：“今岁年丰人乐，予将推恩益下。”在题诗中再次强调，“重经偶令纂宝笈，一卷不期增学诗。所好为君依古戒，历观刺晋洁今思”。再次表明其借笔墨之表思古验今，以成其政。为此，两年后在《续纂秘殿珠林石渠宝笈序》中直言其考古书画实为“勤政爱民”之举，并旨令“后之子孙当知所以鉴戒去取”！由此可见，乾隆三十五年在景阳宫后殿御书房专辟学诗堂合藏《诗经图》是乾隆将“以诗设教”的文治之政传示宇内的重要示范，并号称此为“考辨之役”，不仅可揭示清内府鉴藏书画的方法，又因《石渠宝笈》的著述，成就了鉴藏与著录这一“左图右史”的典型范例，彰显了乾隆“鉴存游艺”的意旨，昭示于今。现详述其鉴藏过程与旨要如下。

一 首鉴定：以新证旧

乾隆十年（1745）编纂的《初编》收录内府所藏《诗经图》共九卷，其后，至乾隆三十五年（1770），内府又续得八卷，所藏《诗经图》达十七卷，乾隆将其排比观览后，定为真迹者十二，伪者为五，在《学诗堂记》中称："以新证旧，乃知向所藏或失之精核者凡五卷。"（详见图3）又在《宋马和之画〈邶风〉七篇图》（下文简称为《邶风图》，其他图卷名依此例）卷中御题，"兹集内府所有和之《诗经图》参较，绢素、画法吻合无间，确可信为真迹者凡十二"。由此可知"以新证旧"的方法首视材质。这一目鉴的方法是将内府所藏《诗经图》绢、纸的厚薄、新旧与尺幅大小进行直观比对。如在被定为真迹的《齐风图》中题"缣素厚薄、尺幅长短与和之他卷可信为真者，俱适吻合"。视材质鉴别内府所藏法书名画并作出修正的藏品还有如《初编》著录的顾恺之《洛神赋图》卷，此卷在乾隆六年（1741）被定为上等天二，认为是顾画无疑，乾隆十四年（1749）复加审定后，认定为非顾氏亲笔，但应为宋以前名手之作，乾隆三十年（1765）仲冬在三希堂再次补证其为宋画的结论，因为与内府所藏另一卷《洛神图》（即《石渠宝笈续编》著录的《宋人仿顾恺之洛神图》卷，现藏辽宁省博物馆）相较，认为其"绢新于第二卷，此宋笺却旧"，但因卷中宋笺"极佳，因背临子敬十三行，以志欣赏"，并称其"与三希堂王氏真迹皆足为《石渠宝笈》中书画压卷"，将之厘定为"《洛神赋》第一卷"。

不得不提的是，乾隆用纸讲究，常仿制古纸，如仿明仁殿纸，"又仿造圆筒侧理纸，色如苦米，摩之留手，幅长有至丈余者"。其御笔作画用纸亦十分讲究，如，"玉粟笺极大者极难得，御笔画《盘山》全图用此，长约六尺余，宽三尺余。御笔小品多用粉笺、蜡笺，皆新制者。……御笔卷、册、轴最爱旧宋纸。有偶书不慊意，命艺匠通刮去一层再写者，题旧画亦偶有刮去再写者，又有大册以金粟笺接补装成"，如此，以材质鉴别内府藏品是有一定的条件与实践经验的。

次为画法。《邶风图》卷除绢素可定为真迹外，乾隆又称其与他藏《诗经图》的"画法吻合无间"；《鹿鸣之什图》卷〔图4〕中亦是"绢素、笔法无爽铢黍，并可信为真迹"；《周颂·清庙之什图》卷中也因其"字、画俱极完善，与《鹿鸣之什图》足为《雅》《颂》之冠"，并称其："古意穆然，设色、用笔非庸手所能仿佛。"可知乾隆在《诗经图》的品鉴中除相互类比材质外，画中笔墨等技法同样是其鉴定的重要依据。纵

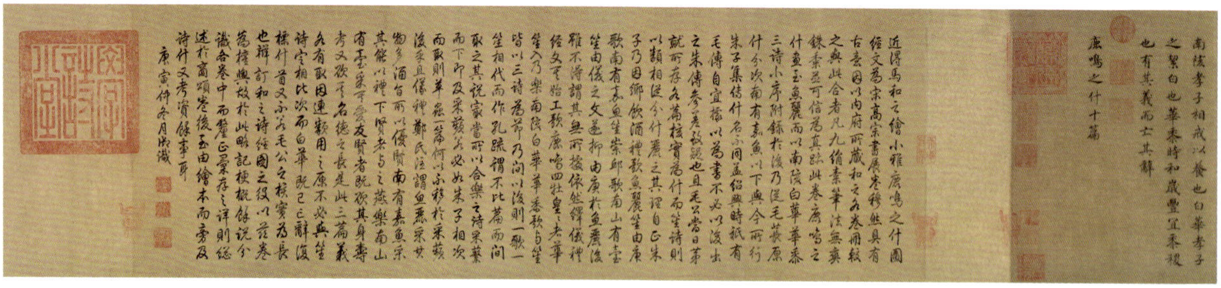

图4 马和之《小雅·鹿鸣之什图》卷 卷后乾隆御题
故宫博物院藏

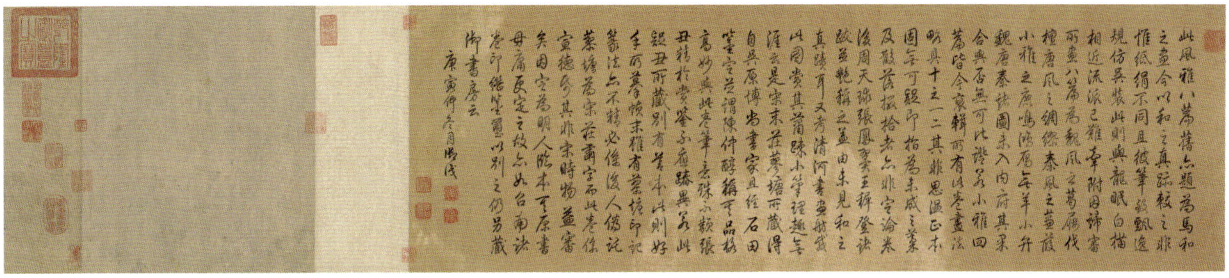

图5 《明人临马和之〈风〉〈雅〉八篇图》卷 卷首乾隆御题
故宫博物院藏

观其在《诗经图》中的题识，对《诗经图》的论述多以画史中的评定为主，强调以史为鉴的方法。如《邶风图》卷中称马和之“笔法飘逸，自成一家，高、孝两朝深重其画”的论述，即转引自元代夏文彦《图绘宝鉴》卷四《马和之》一文，而其后所书“下逮列国，上自朝庙，凡风俗贞淫之故，礼乐燕飨之仪，犁然毕具，尤足以备形容，昭惩劝也”，却可视之为对马和之的新论，并以符合其“以诗设教”的文治主张，相比明人陆师道在《邶风图》卷后所题“《诗》所以示劝惩，画所以昭法戒，故昔人好以《诗》篇作图”，与乾隆在《学诗堂记》中“不读《关雎》《麟趾》，不能行周官法度，是则有天下国家者，尤不可不学《诗》也”的旨令是无法对比的。为此，鉴定内府所藏十七卷《诗经图》之真伪是第一要事，乾隆将之比同为战役，在《鹿鸣之什图》（见图4）卷后御题中称：“辨订和之《诗经图》之役，以兹卷为权舆。”

乾隆内府经过以新证旧之后，辨订内府所藏十七卷《诗经图》为伪者有五，并做出了相应的修订。如将《初编》中原定为上等盈一的《召南图》（八篇）、上等盈二《鄘风图》卷（四篇）、上等冬二《〈风〉〈雅〉八篇》卷分别被改定为《明人临马和之画〈召南〉八篇》《明人临马和之画〈鄘风〉四篇》《明人临马和之〈风〉〈雅〉八篇图》等，并亲自御题，详记其中原委，以示辨订之役的成果。如在《召南图》卷中御题：“绢素、设色、笔法俱不类，乃知此为赝鼎，第点染尚不失马氏本色，当是好手临摹和之真迹。”在《鄘风图》中御题：“绢色笔法迥别，而大致尚相仿佛，盖亦高手所摹，乃知曩时入书定为真迹者误也。”乾隆不忘在题识中坦承《初编》辨订之误，以示君王之气度外，亦显示出内府收藏愈富的实力，在一定程度上亦可解释为何是“以新证旧”，而非以旧证新，指明了《初编》成书之后的二十余年中，乾隆内府不断增强的文化实力。如又在《明人临马和之〈风〉〈雅〉八篇图》卷〔图5〕中御题：“旧亦题为马和之画，今以和之真迹较之，非惟纸绢不同，且彼笔致飘逸，规仿吴装，此则与龙眠白描相近，流派亦难牵附。”又指出，“此卷系宣德纸，其非宋时之物，因定为明人临本”。并考辨了画卷中的鉴藏印，称此卷中宋代庄肃“蓼塘”鉴藏印〔图6〕的“篆法亦不精”，将之与故宫博物院藏《宋马和之山溪图》老照片中有“蓼塘”朱文方印〔图7〕相比对，乾隆所言是真。

此外，为突出辨订之役的成就，乾隆在被考订为赝鼎的《诗经图》中互为御题重证。如《初编》将《鲁颂》与《商颂》误为一卷（即《初编》著录《宋马和之〈三颂〉图一卷》），重订后，将其分装成两卷，并分别御题之，如在《鲁颂》卷中详记其中始末：“今和之真迹，既已辨订分明，则赝池之讹，亦不宜听其

图 6 明人临马和之《〈风〉〈雅〉八篇图》卷 卷中钤“蓼塘”朱文方印
故宫博物院藏

图7 《宋马和之山溪图》老照片中所钤“蓼塘”一印
故宫博物院藏

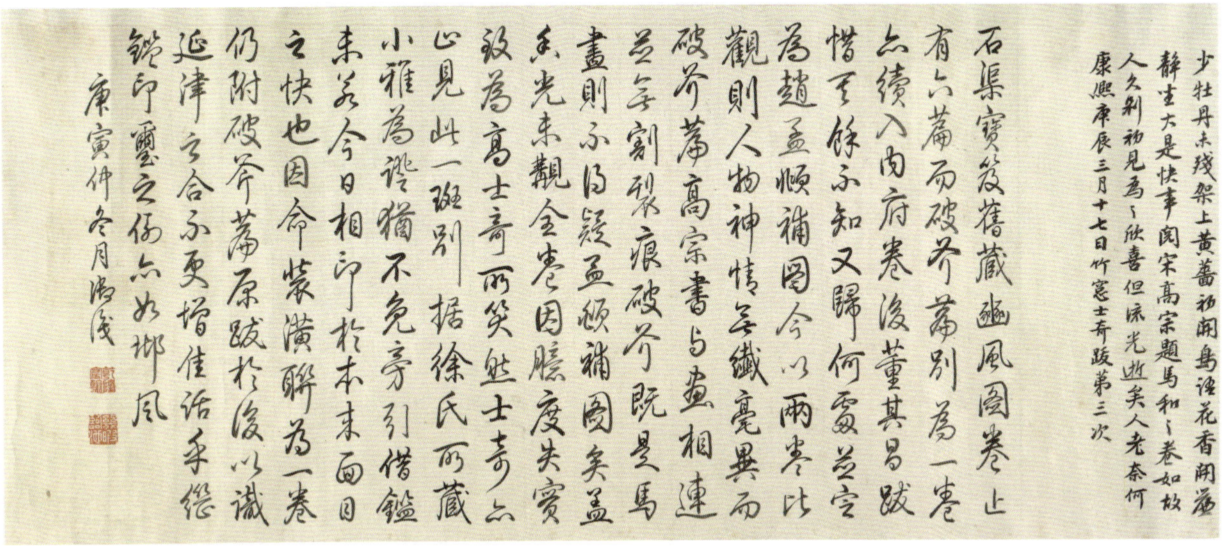

图8 马和之《豳风图》卷 卷后乾隆御题
故宫博物院藏

沿袭。爰命工分装成卷，易签为《鲁颂》三篇，并如《邶风》例，印续鉴玺，以识不改原书之例。”在《商颂》卷中再题：“右《商颂》图旧与《鲁颂》合卷，今分为二，详见《鲁颂》卷。”此举亦便于后人相互印证，考订其中原委。

不仅如此，乾隆的考订周详备至，细至篇名与数目，如将《初编》中《宋高宗书〈小雅〉六篇马和之补图》《宋高宗书〈小雅〉六章马和之补图》分别改订为《小雅·南有嘉鱼之什六篇元篇图》和《小雅·鸿雁之什六篇元篇图》。亦会考辨其中书法风格，如据《邶风图》中陆师道题跋将《齐风图》卷中的宋高宗书改为宋孝宗书，在卷中题云：

> 按陆师道《邶风图》跋云：“宋高、孝二庙始，尽写三百篇，令和之图写其迹。”云云。考画谱《马和之传》，引陈善《杭州志》云：“高、孝两朝深重其画《毛诗》三百篇，具画一图。”而不言书写经文事。夫高宗书信而可征，则师道所云孝宗亦尝写经应自不妄，且其墨迹浓淡虽有不同，而结体运笔犹存德寿家法，故当为阜陵补成，因改签为宋孝宗书，辨识如右。

据上，乾隆内府“以新证旧”的鉴藏方法不仅只是建立在绢素、画法等目鉴的基础之上，并援引群书，详做考据，重视古今画史而提出与前人不同之结论。如上文中提及的《明人临马和之〈风〉〈雅〉八篇图》卷，乾隆在题跋中否定了明代周天球、张凤翼、王穉登对此卷的肯定，称他们“盖由未见和之真迹耳”！又否定张丑在《清河书画舫》中对此卷的著述，称其“精于赏鉴，不应踳异若此，疑丑所藏别有善本，此则好手所摹”（见图5）。再如，《初编》著录的《豳风图》卷旧缺《破斧》篇，董其昌在跋中指出其为赵孟頫补图，乾隆却称其臆度失实，因为“以两卷比观，则人物神情无纤毫异，而《破斧》篇高宗书与画相连并无割裂痕，《破斧》既是马画，则不得疑孟頫补图矣。盖香光未观全卷因臆度失实。致为高士奇所笑，然士奇亦止见此一斑！”〔图8〕与曾在《明人临马和之〈风〉〈雅〉八篇图》卷中题“盖由未见和之真迹”一样，乾隆在《豳风图》卷中题识还是强调董其昌、高士奇“未获全观”或“止见此一斑”，无法同自己一样可以“兴观荟美”，据内府所藏十七卷《诗经图》而作出正确的辨订，为此，“因命装潢联为一卷，仍附《破斧》篇原跋于后，以识延津之合，不更增佳话乎？”由此，《诗经图》考辨之役不仅是乾隆编纂《续编》实现“鉴存游艺”的典型范例，更是其文治之功的体现。

除上所述，乾隆重鉴《诗经图》是建立对《诗经图》的摹写基础之上的。乾隆十年，乾隆完成《诗经图》书画合册（共三十册，故宫博物院藏，本文不涉及其是否有代笔），“宣德笺本，墨画全经（《诗经》）三百零五篇，并御制补《笙诗》六篇，凡三百一十一篇，篇为一幅，对幅各体书本诗。每册前一幅金粟笺本，大书署篇目”。此图册从乾隆四年（1739）暮春开始绘制，于乾隆十年季夏完成，仅早于《初编》编纂完成数月，乾隆在册后御题：

> 向在书舍，稍解六法，辄欲追拟全图，有志未逮。御极后，偶值几余，捡内府书画旧迹，得所图《毛诗》若干篇，笔法飘逸，务去华藻，洵如画史所称，爰敕画院诸臣规抚笔意，旧有者临之，已缺者补之。

可知乾隆在青宫时即有摹拟《诗经图》的计划，执政不久后，不仅亲自摹写并旨令内府词臣、宫廷画家一并奉敕绘制《诗经图》。如乾隆二年（1737）农历一月十九日，“传旨着唐岱等画《豳风图》一副，钦此”；乾隆七年农历十月，又旨令唐岱和沈源合绘《豳风图》，并令绘制的尺寸“俱照抚辰殿山水画尺寸一样”；乾隆八年（1743）二月初四日，司库白世秀来说：“太监胡世杰交张照《豳风图》手卷一卷，传旨着周昆照字大小画《豳风图》一张，得时于字，表手卷一卷，钦此。”此卷被收入《初编》，并被定为上等，贮藏于乾清宫。又有《郎世宁唐岱沈源合画〈豳风图〉》一轴，贮藏在圆明园正大光明处，其中，西洋画家郎世宁画庐舍、“画状元”唐岱画山水、“画画人”沈源画人物，诗堂由刑部尚书张照书《豳风・七月》全篇。由此可知，乾隆集内府词臣、宫廷画家之长共同完成《豳风图》。此外，故宫博物院又藏有宫廷画家金昆、陈士俊等合作《诗经图》三十册。可见乾隆内府重鉴《诗经图》是建立在君、臣多次摹写马和之《诗经图》的绘画实践之上的，这一过程持续了数十年之久。到乾隆三十五年（1770），正如乾隆在《鹿鸣之什图》卷（见图4）中所御题：“辨订和之《诗经图》之役，以兹卷为权舆。”其所言之意是以表明二十余年中乾隆内府以诗设教的文治之绩！而其时与六籍同功、马和之所绘《诗经图》在考订之后共存图十二卷，得诗八十五篇，其在《商颂》卷后御题：

> 《诗》图、篇什全者，《风》则《陈》、《豳》；《雅》则《鹿鸣》、《节南》二什；《颂》则《周颂・清庙》什及此《商颂》，凡六卷，得诗五十二篇。其图存而《诗》篇什不全者，若《邶风》七、《郑风》五、《齐风》六；《小雅・嘉鱼》、《鸿雁》之什各六；《鲁颂》三，亦凡六卷，诗三十三篇。

乾隆在此卷引首大书“典征名颂”四字，再次呼应了“辨考之役”的叙述。至此，乾隆内府在推行“以诗设教”的文治之政时，不仅有足可征信的图像，更有宋高宗、宋孝宗所御书《诗经》八十五篇，此时所追述的不仅仅是“夫画者，成教化，助人伦”的唐时叙述，乾隆以法书名画强调的正是《学诗堂记》中“天下国家者，尤不可不学诗”之政论，但又警示自己，“盖人君之好恶，不可不慎”！（见图1）至此，鉴伪存真之后，归类贮藏与著述是彰显其王道化成的重要举措与关键文本。

二　后贮藏：以从其类

（一）制定贮藏次序

乾隆将考订为真迹的十二卷《诗经图》以风、雅、颂为序贮藏于学诗堂，首冠《邶风图》，乾隆在此卷引首御题中详述其因：“夫鉴别马画真赝，所重者画，而编诗亦当以四始篇什为次，此卷自宜居首，不必复拘旧书新补之先后，并详《学诗堂记》中。”再检《学诗堂记》，所云一致，“卷之甲乙以《风》《雅》《颂》为次第，而不计书《经》者之前后”。可知《诗经图》的贮藏次序以《风》《雅》《颂》为先后，首冠《邶风图》七篇，尾为《商颂图》三篇。

（二）统一装潢成卷

为了便于合箧弆藏，乾隆将《诗经图》统一装裱成卷。如《邶风图》卷，“旧为册本，今既合箧弆藏，因改装成卷以从其类”；《清庙之什图》亦由册改装成卷，“向入内府鉴藏时尚为册本，兹辨正马和之真迹，命装成卷，使合弆较然划一”等。查造办处档案，《邶风图》《清庙之什图》由册改装为手卷的时间是乾隆三十五年农历十一月，乾隆传旨：“将马和之画《豳风》图真迹手卷一卷、宋高宗御书《毛诗》一章真迹手卷一卷合裱手卷一卷；马和之《三颂》图真迹手卷一卷齐毛诗《商颂》裁段，裱手卷一卷；《周颂·清庙之什》册页一册、马和之《邶风》七图册页一册用绢镶，改裱手卷二卷。”可知同时改装的还有补入《破斧》一篇的《豳风图》卷、被拆分为《商颂图》和《鲁颂图》的《三颂图》等。档案又记有同年农历十二月四日《清庙之什图》引首又裱上乾隆御笔横批，“传旨着交启祥宫，将御笔字横批换在马和之手卷引首上”。此外，乾隆二十八年（1763）农历十二月初三日，“首领董五经交御笔‘苇籥余风’引首字一张，马和之《豳风图》真迹手卷一卷”，传旨将“马和之《豳风图》手卷换裱御笔字引首，钦此”。可知《豳风图》卷的引首被换裱成“苇籥余风”四个大字，与故宫博物院藏本相同。可见，学诗堂所藏《诗经图》在乾隆三十五年汇藏于学诗堂之后，因增补或乾隆御题等而随时换裱或增裱，其中，画卷的形制尤其符合这种需要，这也是将《诗经图》统一装裱成卷的重要原因。

（三）专制“学诗堂”“心气和平”“事理通达”三方组玺

乾隆在《学诗堂记》中指出学《毛诗》“蕴诸内则心气和平，发诸外则事理通达”，并择其中“心气和

图 9　白玉螭纽“学诗堂”“心气和平”“事理通达”三方组玺
故宫博物院藏

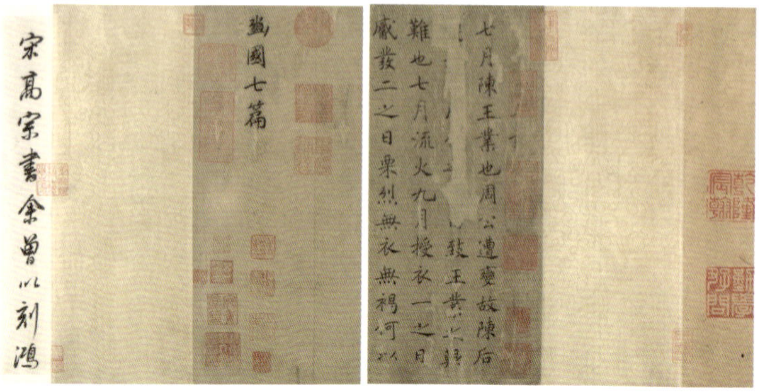

图 10　马和之《豳风图》卷　卷中所钤“学诗堂”“心气和平”“事理通达”三方组玺
故宫博物院藏

图11　马和之《豳风图》卷　题签
故宫博物院藏

平”、“事理通达”与“学诗堂”镌制成三方组玺〔图9〕同贮箧盒中，“学诗堂”“事理通达”“心气和平”这三玺印“则专于学诗堂马和之《毛诗图》内”。故宫博物院藏《豳风图》〔图10〕、《闵予小子之什图》、《鹿鸣之什图》、《节南山之什》卷中均可见此三方组玺，而经《初编》著录、被重鉴为伪作的《诗经图》不得钤此三方组玺，可参见故宫藏《明人临马和之〈风〉〈雅〉八篇图》卷。据《清宫内务府造办处档案》，此三方组玺应是乾隆三十五年农历十一月初九日由启祥宫挑白玉，送苏州织造舒文成篆制，于乾隆三十六年（1771）十一月二十四日将图章“交太监胡世杰呈进讫”。

（四）统一题签体例

值得提出的是，乾隆在题签上亦统一体例。其在《陈风图》卷后御题：“旧人题签作‘陈风十章’，今集和之真迹各卷，其篇什不全者，则书某风某什若干，篇全者不复书其篇数，以示区别”，为此将旧签“陈风十章”改为“宋高宗书马和之画陈风图”。又如《豳风图》御笔题签是“宋高宗书马和之画豳风图”〔图11〕，可知《豳风图》卷所存诗篇完整，而篇什不全的《齐风图》题签为“宋孝宗书马和之画齐风六篇图”。乾隆纠改并制定《诗经图》题签体例不仅可以彰显其“辨考之役”之详尽，并符合“以诗设教”的文政规范。

三　再著述：左图右史

乾隆在御笔绘制的《诗经图》题跋中称马和之《诗经图》“流传零落，未睹完璧为憾”，二十五年后，在《学诗堂记》中亦希冀内府可再得其所绘《诗经图》，并指出“后或有所得，将以是证之，而归其箧焉”，在《节南山图》卷〔图12〕后题跋中再述：“他日或复完北海旧观，而冠学诗堂之筒，未可知也。”乾隆四十九

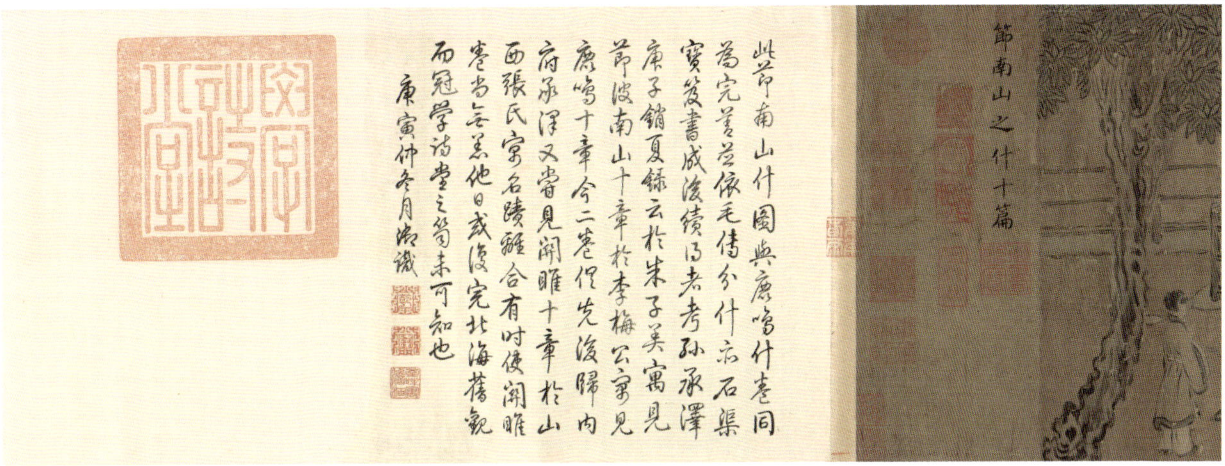

图12 马和之《小雅·节南山之什图》卷 卷后乾隆御题
故宫博物院藏

年(1784)第六次南巡回跸，果真再得《闵予小子之什图》〔图13〕一卷，乾隆在维扬行馆的大观堂即作诗御题其上，“学诗堂记早成吾，十二和之真迹胪。已是空前无别望，谁知继后有同符”，在引首又御书“郅隆神遇”四个大字，可想见其欣喜之情，又高赞此卷为马和之之杰构，与学诗堂所藏十二卷《诗经图》“神骨宛肖”，这时，乾隆“以新证旧”的方法已悄然更改为新、旧互证，旨在肯定“辨订之役”的权威结果。又七年，乾隆五十六年(1791)再得《唐风》十二篇，乾隆在卷后御题中追述了二十余年前专辟学诗堂汇藏《诗经图》的时间历程，称之为“神物必合”，其云，“《唐风》十二篇，高宗书、马和之画俱全，张丑曾载之《清河书画舫》，冯铨摹其书入《快雪堂帖》，予尝再临，且为补《采苓》篇名者。近始得之，则二字具存，后更有‘唐国十二篇’五字，镌者脱之耳。溯学诗堂汇藏作记二十有二年，续得《周颂·闵予小于之什图》又已七年，神物必合，仍归之堂筲”。至此，在开始编纂《续编》之后的十一个月，乾隆内府所藏马和之绘《诗经图》真迹共十四卷，存诗一百零七篇，悉数均被收入《续编》，遵乾隆三十五年所定的次序排序，并遵题签、钤印等体例，依次著录于《续编》一书中，如此这些，再次佐证了《续编》的编纂形式在乾隆三十五年考辨、专辟学诗堂贮藏《诗经图》的过程中即已成形的结论，具体可参见《续编》第二册《目次二》〔图14〕。

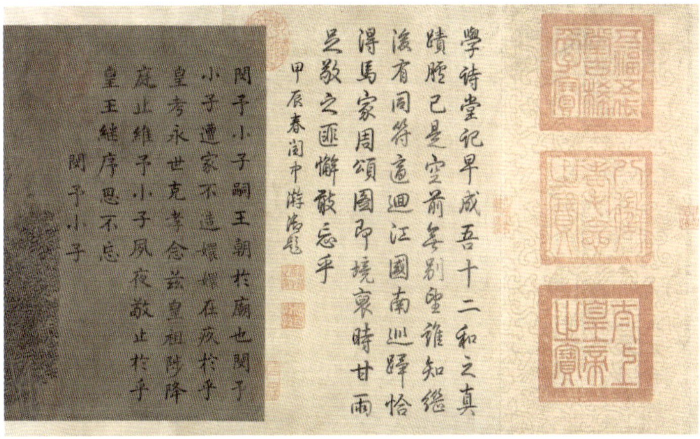

图13 马和之《周颂·闵予小子之什图》卷 卷中乾隆御题
故宫博物院藏

又，将学诗堂汇弆的十二卷《诗经图》收录入《续编》一书时，《邶风图》《齐风图》《豳风图》《南有嘉鱼之什图》《鸿雁之什图》《鲁颂图》《商颂图》七卷已经《初编》著录，《续编》再次著录之必将有重复之处，并因合庋移贮时有贮藏地点的变动、被重定为伪作者等改动，《初编》著录的内容与《续编》的

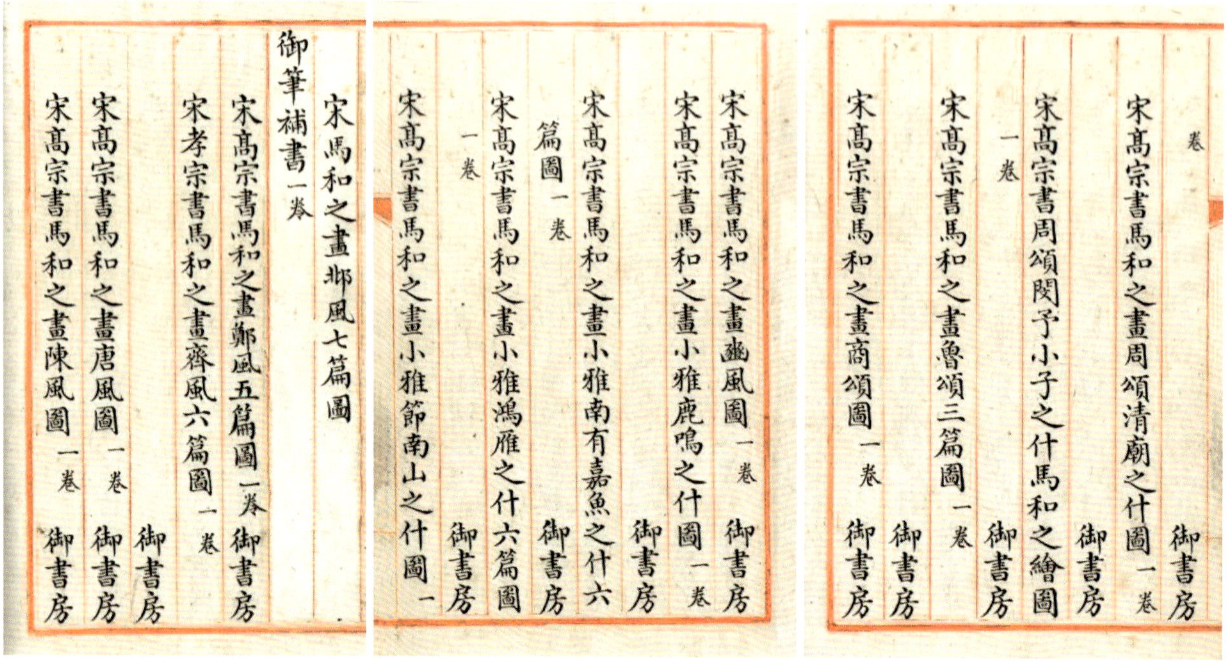

图14　《石渠宝笈续编》著录鉴定后的《诗经图》共十四件，见《石渠宝笈续编·二册·目次二·列朝名人书画》

著录内容有互为抵牾之处，又因画卷中新增钤印、御题；贮藏地点的更改；题签的改订；装潢形制更改等，不仅不符合乾隆编纂《初编》“左图右史”的理想，更与《学诗堂记》中“书之以传信永世”的主张相悖，必将使《续编》中“日久或至舛讹”的担心变为事实，更违背了乾隆对内府所弆法书名画进行“分门别类，精核无遗”而编纂《续编》的旨令。为此，乾隆内府有完整的解决方案。

（一）新增御识

乾隆在“各卷并为题识，书之以传信永世”。而经《初编》著录、重鉴为伪作的《诗经图》或重经修订的《诗经图》，乾隆逐一在《诗经图》卷中再作题识，并增补入卷，并在题识中分别加注“曾入《石渠宝笈》”“至于原书所载难以悉为改正”“而原书一仍其旧”“《石渠宝笈》原书不复更易”等题语，即便没有《石渠宝笈》一书在侧，观图亦可知其梗概，并可了解《续编》中的修订内容。值得一提的是：乾隆为了用贮藏的《诗经图》示范其“以诗设教”的文政之举，在画卷的题识中常常强调《诗经图》的整体性，在题识中点明互为关联的作品，提示可同时参校其他《诗经图》。如在《鹿鸣之什图》卷（见图4）后题云：“辨订和之《诗经图》之役，以兹卷为权舆，故于此略记梗概，余说分识各卷中，而厘正汇存之详，则总述于《商颂》卷后。”在《商颂》卷后又重述其在《鹿鸣之什图》卷中所提及的“汇存之详”，云：“今日之厘正汇集至十二卷，则已可宝贵，既颜学诗堂，记其始末，合箧藏之，而详述于此。”随后并统计了内府所存《诗经》图、篇什全者与不全者，详见上文。又，在《邶风图》卷中指出其题签体例以“是卷准而行之，并识梗概，余仿此”，在《鸿雁之什图》卷中再题其以《邶风图》为例，云：“今为移正另签（指入《初编》未审核出《白驹》下之《黄鸟》，误列《无羊》卷后），并以《邶风》卷例，分什之说，亦与《鹿鸣》同。”又引至《鹿鸣图》（见图4），称“分什之说”应以《毛诗》原什为准，不需要考虑南宋之后朱熹所注之版本，论云：“此卷《鹿鸣之什》，画至《鱼丽》而以《南陔》《白华》《华黍》三诗小序附录于后，乃从毛苌原什，分次《南有嘉鱼》以下，与今所行朱子《集传》什名不同，盖绍兴时只有《毛传》，自宜据以为书，不必以后出之朱传参差致疑也。”其互为参校的题识可强化“以诗设教”的成果。

（二）专制“石渠继鉴”宝玺

除了在已经《初编》著录的《诗经图》卷中新增题识外，乾隆内府专制“石渠继鉴”宝玺钤印于《诗经图》卷中，以便《初编》著述可存其旧，又在卷中题记之，如在《邶风图》卷题云：“近年来凡有已入书（指《初编》）之字画，续经题咏及辨订者，均记以‘石渠继鉴’玺”。在《豳风图》卷（见图8）中又题：“‘继鉴’印玺之例，亦如《邶风》。”《小雅·南有嘉鱼图》卷中又题：“其印玺存书之由，详《邶风》图卷中。”《鲁颂图》卷再题：“并如《邶风》例，印‘继鉴’玺，以识不改原书之故。”在重定为伪作的《诗经图》中亦不忘反复申明，如《明人临马和之〈风〉〈雅〉八篇图》卷（见图5）题：“因定为明人临本，其原书毋庸更定之，故亦如《召南》诸卷，印‘继鉴’玺以别之，仍另藏御书房云。”检乾隆四十六年（1781）《四库全书》中的《初编》与乾隆十年《初编》，二书中所载《〈风〉〈雅〉八篇图》卷的内容相同，其他《诗经图》亦然。阮元在《石渠随笔》中亦记：“间有‘石渠继鉴’者，乃已入前书而复加题证者也。”可知“石渠继鉴”宝玺是钤印在经《初编》著录后所有重经题证的内府藏品中，如前文提及的《洛神赋图》卷。同新增御识一样，在《诗经图》中加钤“石渠继鉴”一印着意的是表明其“考古书画”之文政。

（三）遵“八玺全”钤印体例

凡入选《续编》的法书名画钤用宝玺曰“八玺全”，阮元在《论钤宝》中指出它们是：“乾隆御览之宝”（椭圆朱文）、“乾隆鉴赏”（正圆白文）、“石渠宝笈”（长方朱文）、“宜子孙”（方白文）、“三希堂精鉴玺”（长方朱文）、“石渠定鉴”（圆朱文）、“宝笈重编”（方白文）等七方玺印，并称：“凡列朝及臣工书画皆用此七玺，其藏乾清宫者则用‘乾清宫精鉴玺’，宁寿宫、养心殿、御书房皆如之，此玺并上‘七玺’为‘八玺’，其在圆明园者惟‘七玺’而已。”可知，不是贮藏在乾清宫等七处的法书名画只钤有七玺，《续编》统称为“七玺全”。这一钤印体例沿袭了《初编》的体例，其时，乾隆旨令贮藏于乾清宫、养心殿、重华宫、御书房、宁寿宫等五处的法书名画加钤殿座章。为此，移贮于御书房学诗堂中《诗经图》如在《初编》中的贮藏地不是御书房的，在重入《续编》时必存殿座章二，如《豳风图》卷中既有“重华宫鉴藏宝”，又有“御书房鉴藏宝”。

相比《初编》，《续编》增加了“石渠定鉴”和“宝笈重编”二玺，它们“乃乾隆五十六年纂书时拟请镌者，凡入书之列朝及臣工字画始用之，若无此二玺，则非入书之件，或贮库或发盛京或赏诸王及军机大臣、南书房、尚书房、翰林”。乾隆旨令再入《续编》的《诗经图》均补钤此二玺，以合《续编》钤印之例，可详见《豳风图》卷〔图15〕中的钤印。阮元又记云：“其用‘乐寿堂鉴藏宝’（长方朱文）、‘学诗堂’（方朱文）等，皆分度各处就各处之宝用之”。可知《诗经图》中所钤“学诗堂”之由（见图4、8、12）。查造办处档案，“学

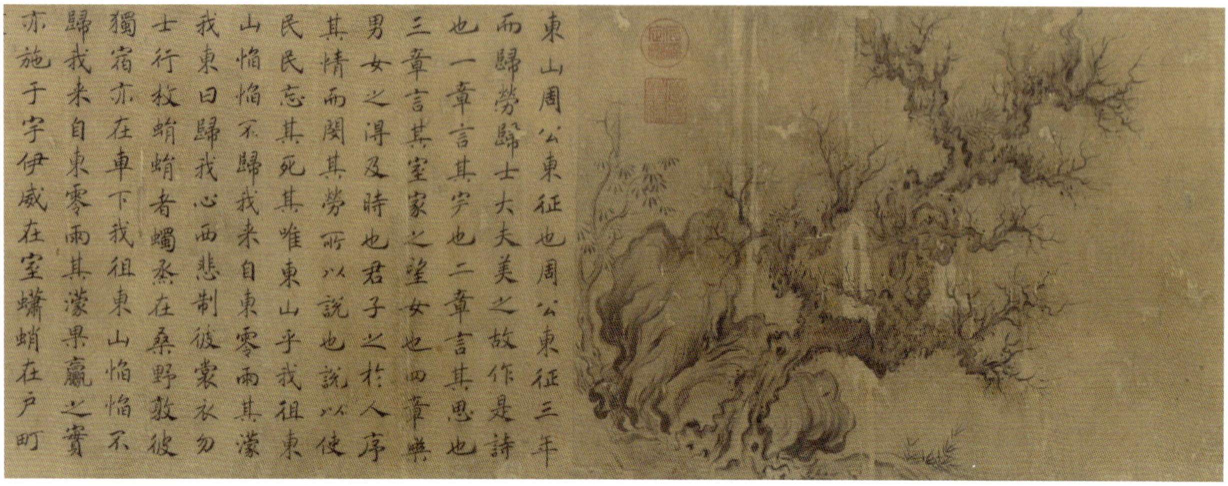

图15　马和之《豳风图》卷　卷中所钤“石渠定鉴”朱文圆印、“宝笈重编”白文方印
故宫博物院藏

诗堂”大方印早于《续编》新增二玺，是乾隆三十九年（1774）由苏州舒文成篆制，“（乾隆）三十九年二月初一日，库掌四德、五德，笔帖式福庆将做得‘学诗堂’白玉宝一方、册页（《学诗堂记》白玉册页）一分计十片随本文持进，交太监胡世杰呈览”。由此，“学诗堂”朱文大方印又区别了贮藏于御书房的《诗经图》伪作，如《明人临马和之〈风〉〈雅〉八篇图》卷中既无此印，可见其周详。

（四）在编纂中增制按语

乾隆除了在《诗经图》卷中亲笔御识、加钤相关玺印外，同时令编纂大臣在《续编》中增制按语，其基本格式为：“谨按是迹已入《石渠宝笈》前编（其后注明卷数，如‘御书房第二卷下’），乾隆三十五年经鉴定汇庋学诗堂，增制识语，今重纂，原书仍存。”诚为“左图右史”之典范，成功实现了《初编》中“左图右史，古人岂其远哉”的理想，不仅如此，在四十八年之后，乾隆亲历“左图右史”的历史意义之外成就了其时之典范，至今亦然！

以上种种，实如乾隆执政早年在《〈毛诗〉全图小序》中所云：“因念诗义深远，尤切于寻绎宣圣，以诗设教，与书礼并雅言之。”[1]将“以诗设教”的文治之旨昭示天下，并亲自垂范，历时七年，御笔绘制《诗经》全图共三十册，以示政统，在册后题记云：“虽画法未克与和之先后，而翰墨风流，继踪曩轨，亦足标文苑雅事，且不啻此《诗》之教以垂惩劝，一披览间，里巷贞淫之故、朝廷郊庙之遗，犁然在目。……修身齐家，平均天下之道，不待他求而得之，然则是图成，而可兴可观，其裨益不更深切著明耶！”〔图16〕正如保和殿大学士张廷玉在册后恭跋云：“皇上抉经之心，执圣之权，载展诗图，因旧为新，功百古人。”[2]指出乾隆“以诗设教”之功，颂赞曰：“皇上之心，其即伏羲文王周公孔子之心！”除张廷玉之外，户部尚书梁诗正、刑部尚书汪由敦、工部侍郎励宗万、通政使张若霭、少詹事裘曰修、翰林院侍读学士陈邦彦和董邦达等乾隆朝大臣亦同时在册后或题、或跋、或赞、或序与恭记，集体称颂乾隆“以诗设教”之文政。如梁诗正题：

1　《清高宗御制文初集》卷一一《序》，故宫博物院藏本，第446页。
2　《石渠宝笈》初编，卷一《贮重华宫》，第20页。

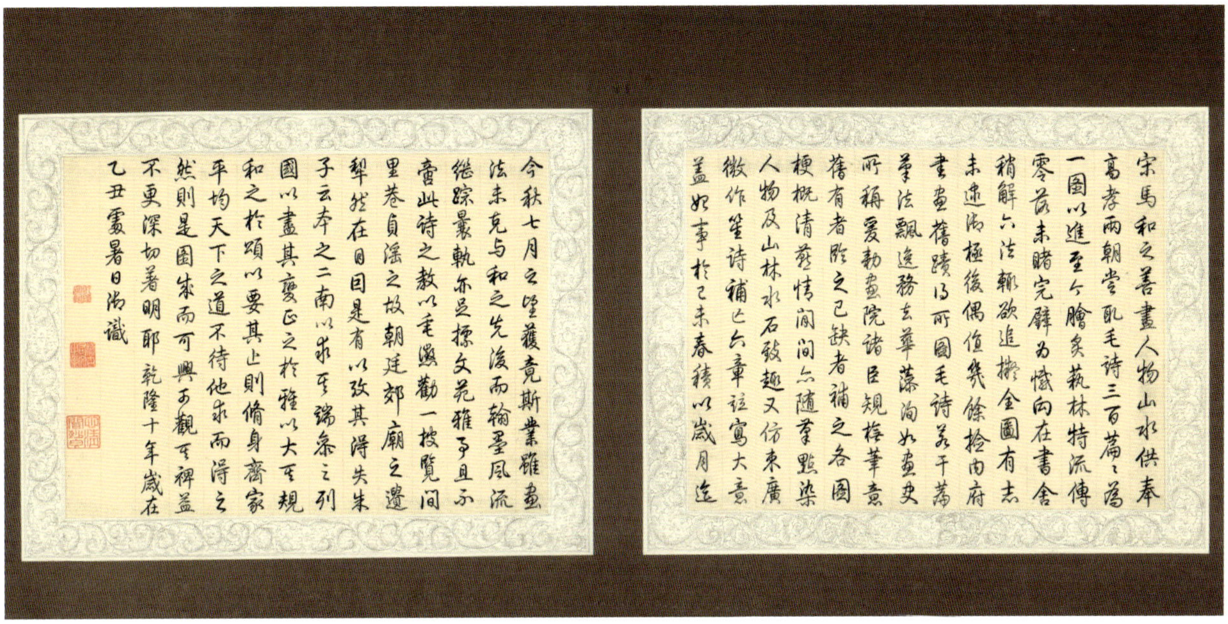

图16　乾隆《诗经图》册　题跋页
故宫博物院藏

"伊古垂训，左图右书。览观鉴戒，如与游居。我皇稽古，道存目击。无逸豳风，高张殿壁。"是为"丹青法戒，蒙瞍诵箴，此焉并举"。汪由敦题："稽古正学则，左图而右史，史以纪善败，图以肖灭否。"因为"游艺近适情，而实同治理"。张若霭题跋更为直接，云："生数千百年之后，而能摄数千百年以前之人之事之境，宛然见之几席，则我皇上所制《诗经图》，有益于天下后世风雅人伦者，教思弥切，观感尤深也。"并呼应张廷玉所题，称"皇上以《诗》设教天下，后世之圣心，岂不与周情孔思后先一揆哉"！至此，乾隆十年所完成的《诗经图》实以绘画载无言之教，施教化之功，其时的"丹青法戒"在二十五年之后因辨订宋高宗、宋孝宗书、马和之画《诗经图》之役中终成正果，张廷玉称此举"功百古人"在二十五年之后不为虚语，乾隆在《学诗堂记》亦不忘自诩之，并指出宋高宗、孝宗两朝的《诗经图》不过是翰墨娱情而已，因为"高、孝两朝，偏安江介，无恢复之志，其有愧《雅》《颂》大旨多矣，则所为绘图书经，亦不过以翰墨娱情而已，岂真能学《诗》者乎？诗曰：'高山仰止，景行行止'，惜乎吾不能揖让于清庙明堂之闲也！"如此，乾隆三十五年考辨《诗经图》之役是其检验"以诗设教"近三十五年之后文治之绩。当然，在执政中博综全诗，以《风》《雅》《颂》陈典型之举措，不仅仅只是乾隆朝所独有，其独特之处正是因内府汇贮《诗经图》并将之著录于《石渠宝笈》诸编之中。为此，乾隆三十六年正月五日在重华宫"召大学士及内廷翰林茶宴，以新正学诗堂联句"[1]即是进一步强化其正统的意义与功绩。与乾隆十年完成《诗经》全图三十册后大臣在册后的题记一样，乾隆作《正月五日重华宫茶宴廷臣及内廷翰林等适新题学诗堂用以联句并成是什》以示其重，诗云：

东壁图书贮景阳，新颜后殿学诗堂。

1 《大清高宗纯皇帝实录》卷八六七，乾隆三十六年辛卯春正月，第4页。

缘收赵宋君臣迹，企想姬周礼乐场。
真弃宁夸多乃富，赝祛无碍论从详。
相于有咏仍联席，可识不为犹面墙。
初韶茶宴例重华，汲古敦今亦孔嘉。
六义具存欣有绎，一言以蔽曰无邪。
蚖膏鹤焰嫌频俗，琅碗球盘颇近奢。
商榷莫非风雅颂，左厢直拟郑元家。[1]

乾隆十年《诗经图》中所存翰墨风流，“足标文苑雅事”，到考辨《诗经图》之役后，乾隆此时专意的是“缘收赵宋君臣迹，企想姬周礼乐场”，旨令“汲古敦今”！用《学诗堂记》中之句即是：“不读《关雎》《麟趾》，不能行周官法度，是则有天下国家者，尤不可不学《诗》也！”随后在《秘殿珠林石渠宝笈续编序》中再次旨令“后之子孙当知所以鉴戒去取矣”！并再书“鉴存游艺”四个大字以示之，表明在以重藏守的同时，实借书画“成教化，助人伦”之功得王道化成之效，并成为其自诩为“十全老人”的重要资本。在《续编》成书前几月，乾隆御笔行书《十全老人之宝说》，其云：“‘十全’本以纪武功，而‘十全老人之宝’则不啻此也。……盖君人之职，岂止武功一事哉？”[2]编纂《石渠宝笈》初、续二编正是“岂止武功一事”之明辨，而考订、汇藏并著录《诗经图》正是乾隆朝以“左图右史”的模式推行“以诗设教”的典型范例，并在这一过程中确定了《续编》的编纂目的实为彰显其文治之功的重要成果。尤为可贵的是，《石渠宝笈》诸编著录的《诗经图》多有存世。据统计，现存世《诗经图》共二十二卷，多达十六种，其中不乏双胞胎或三胞胎之作，其考辨之任亦重，而《石渠宝笈》初、续二编所著《诗经图》成为考辨存世《诗经图》极为重要的依据，并且，乾隆内府对《诗经图》的考辨实为书画史中的书画史，《石渠宝笈》的著述亦是书画鉴藏史中的鉴藏史。为此，称《石渠宝笈》诸编为“艺林鸿宝”实为不过，乾隆六子永瑢的评价颇为公允：“撰书评画品肇自六朝张彦远始汇其总，依据旧文粗陈名目而已，不能近见真迹也。唐宋以来记载日夥，或精于赏鉴而限于见闻，或长于搜罗而短于辨别，迄未能兼收众论定著一编为艺林之鸿宝。……我国家承平景运，一百余年内府所收既多，人间所未睹。我皇上几余游艺，妙契天工又睿鉴，所临物无匿状，是以品评甲乙既博且精，特命儒臣录为斯帙，以贮藏殿阁。”并称此举“与前代帝王务侈纷华靡丽之观者迥不侔也”[3]！正是乾隆“用志于勤政爱民”之为！

[作者单位：故宫博物院书画部]

1 《清高宗御制诗三集》卷九三，第745页。
2 《石渠宝笈三编》第三函第二册，第62页。
3 《钦定四库全书》子部八，《石渠宝笈总目》，清乾隆五十四年武英殿刻本，第23页。

永宣时期朝鲜的鹰贡及图像绘制

Raptor Tribute from Joseon Korea and Related Imagery during the Yongle and Xuande Periods

王瑀

Wang Yu

内容提要：

本文尝试将永宣之际明代宫廷对猎鹰及其图像的兴趣置于与朝鲜王朝交往的背景下进行考察，着重展现永宣年间皇帝、宦官及朝鲜君臣围绕其所展开的互动交流。通过对这一历史的揭示，探讨明朝宫廷对朝鲜贡鹰的需求、认知及其将猎鹰视觉形象与现实、画作相关联的实践，以及在此背景下朝鲜君臣所采取的应对策略与对相关图像的创制使用，并尝试讨论明朝宦官之于猎鹰及其图像的流传所发挥的作用。作为“宫廷”的重要成员，宦官们不仅是永宣之际明朝与朝鲜王朝猎鹰交流网络的经营者，亦是明朝宫廷豢养猎鹰的实际管理与拥有者，更是相关图像的欣赏者与发起人。

关键词：

永宣　鹰　朝鲜　宦官　猎鹰

ABSTRACT:

This article attempts to examine the Ming court's interest in falcons and their images during the Yongle and Xuande reigns (approx. 15th c.) in the context of its interactions with the Joseon dynasty (1392-1897). It focuses on showcasing the interactions between the emperors, eunuchs, as well as Joseon monarchs and officials surrounding this topic. By revealing this history, the article discusses the Ming court's demand for tribute raptors from Joseon, their understanding of falcons, the practice of associating the visual imagery of a bird of prey with reality and paintings, as well as the coping strategies adopted by the Joseon monarchs and officials in response and their creation and use of relevant images. This article also attempts to further discuss the role of Ming eunuchs in the dissemination of raptors and their images. As important members of the "imperial court", eunuchs were not only the actual operators of the raptor exchange network connecting the Ming and Joseon rulers during this period, but also the actual managers and owners of captive raptors raised in the Ming court. They were also appreciators and creators of relevant imagery.

KEYWORDS:

Yongle and Xuande periods, raptor, Joseon, eunuchs, falcon

十五世纪，猛禽逐渐成为明代宫廷绘画的一类题材。究其原因，首先与永宣之际帝王对于猎鹰的兴趣相关。其中，又以宣宗（1399—1435，1425—1435在位）之于猎鹰的喜爱与需求最为强烈，并将之投射于绘画赏鉴与文学创作方面。

宣宗这一兴趣的养成与祖父永乐帝（1360—1424，1402—1424在位）的影响密不可分。[1]然而囿于传统政治道德的约束，逐渐强势的文官群体愈加反对皇帝纵犬放鹰、耽于田猎的行径，君臣之间就此展开多番博弈，[2]并在宣德初年爆发结局惨烈的冲突。[3]在此背景下，如何满足皇帝旺盛的猎鹰需求，成为正史书写的隐讳。

一 永宣宫廷的猎鹰需求

永乐十九年（1421），来自帖木儿的庞大使团抵达北京。在首次觐见皇帝时，使臣们便获赐了十只鹰。永乐帝告诉他们，之所以能得到这样的赏赐，是因为他们进献了名马。显然，在这位皇帝的眼中，这十只鹰至少与名马等价甚至价值更高，它们不仅是猎具或宠物，更是具有恩惠性质的外交礼物。

同时，永乐帝还告诉使节阿格答克："两只鹰不久就送到，我将把它们给你。"[4]皇帝对猎鹰的来源和运输情况了如指掌，显示他已然拥有可靠的猎鹰供应。

然而几天后，永乐帝指责使臣们"得到名鹰，但献给他劣马"[5]。原来，一匹贡马将皇帝摔下，引发震怒，使臣们为此十分忐忑。事后，皇帝与迎接他回城的使臣们相见时还向后者抱怨道："我骑你们献的一匹马去打猎，它因太老和太弱，失蹄把我摔下来。打从那天起我的手还痛，已经青黑。仅在搽了很多药后痛才稍减。"[6]平息怒火后，"他要了一只鹰，放出一只鹤，让鹰去追它。鹰追上了鹤，用爪子打了它三下，并抓住了它。然后皇帝下马。搬来一个脚凳，放在他足下，同时摆上另一张椅子让他坐。他坐在椅子上，把算端沙叫来，把那只鹰赐给他。他要来另一只鹰，把它赐给了算端·阿合马，但他没有给沙的·火者一只。他再次上马，这时看见一只野兔。他手上带着一只鹰，放它去追兔子，同时还有两头猎犬去追赶"[7]。使臣们在惶恐中目睹永乐帝放鹰捕猎的景象，其中两人更是有幸获赐御用的猎鹰。

可见，赏赐佳鹰是永乐帝的习惯做法，这一方面体现出他对猎鹰的重视，亦反映其所拥有猎鹰的数量之

1 夏元吉在《随侍猎高唐》诗中写道："晓猎高唐露未干，纷纷雉兔出林间。龙孙舍矢真如破，鹰犬相看愧素餐。"收录于（明）夏元吉：《夏忠靖公集》卷六，弘治十三年（1500）袁经刻本，《北京图书馆古籍珍本丛刊》第100册，书目文献出版社，2000年，第707页。

2 [美]鲁大维（David Robinson）对此曾有讨论，参见氏著：《神武军容耀天威——明代皇室的尚武活动》的导言及第一章《明初皇室的田猎》有关部分，社会科学文献出版社，2020年。

3 《明史》载："戴纶，高密人。……始成祖命太孙习武事，太孙亦雅好之，时出骑射。纶与长懋以太子春秋方富，不宜荒学问而事游畋，时时进谏。纶又具疏为帝言之。他日太孙侍，帝问：'宫臣相得者谁也？'太孙以纶对。因出纶奏付之，太孙由此怨纶。"后来，"宣宗即位，加恩宫僚，擢纶兵部侍郎。顷之，复以谏猎忤旨，命参赞交址军务。"怒不可遏的宣宗又令锦衣卫将贬谪途中的戴纶缉拿下狱，之后他又专门到狱中诘问戴纶。后者一力抗辩，最终被盛怒之下的皇帝下令"立棰死，籍其家"。（清）张廷玉等：《明史》卷一六二，中华书局，1974年，第4400页。

4 [波斯]火者·盖耶速丁著，何高济译《沙哈鲁遣使中国记》，中华书局，2002年，第136页。

5 前引《沙哈鲁遣使中国记》，第137页。

6 前引《沙哈鲁遣使中国记》，第139页。

7 前引《沙哈鲁遣使中国记》，第139页。

丰。就在初次接见帖木儿使臣后约一周的正式接见中，皇帝更是一次赏赐了他们九十一只鹰[1]。

永乐帝赐鹰的慷慨及其本身对鹰猎的喜爱使人不难推测其对猎鹰的需求之大。而他对相关运送信息的掌握，则显示其已建立起获取猎鹰的可靠网络。永乐十九年，这一网络已触及朝鲜，而具体的经办人则是受到皇帝信任的宦官。

然而，永乐时期最重要的猎鹰来源并非朝鲜，而是国家东北境内及奴儿干都司一带。[2]随着捕鹰数量的加剧，相关活动逐渐延展至朝鲜边境并为该国君臣所关注。

永乐十五年（1417）五月二十三日，朝鲜得到消息：去年（1416）十一月十四日，明朝宦官张信奉旨到辽东督军垦荒伐树，并强调“毋令近地接兀良哈及朝鲜人等惊动”[3]。这显示出此行的保密性。事实上，张信此行的另一个秘密使命便是在元朝的捕鹰旧地为皇帝搜求猎鹰[4]。遗憾的是，当地百姓对本地捕鹰的历史却不太熟悉，他的行动并不顺利。

朝鲜太宗（1367—1422，1400—1418在位）闻讯，认为张信在没有圣旨的情况下冒犯朝鲜领地，遂传旨镜城兵马使“举大义以喻今来镜城人等，而且告云：‘吉州自古人居稠密，松骨捉得处本无。’”[5]这一方面告诉张信等人不要缘木求鱼，一方面也显示出朝鲜太宗对其秘密使命的了解以及掌握捕鹰历史知识的优越感。朱棣派张信到传说中的元朝故地捕鹰，亦体现其在对猎鹰的喜爱与了解方面受到蒙元的影响。虽然此时明朝的求鹰活动已十分旺盛，但还不愿惊扰朝鲜，而朝鲜国君却已知晓并密切关注了。

同年七月二十六日，前往北京进献方物的通事崔云回到朝鲜。他在北京会同馆遇到千户金声，后者向他透露：“白头山下，陈景、张内史修造寺社，捉貂皮、土豹、松骨鹰，进去说了。”[6]由此，朝鲜进一步确证了张信捕鹰的使命以及永乐帝对猎鹰的渴求。

尽管可能徒劳无获，永乐帝仍在向镜城一带派遣捕鹰的官军。八月二十二日，明朝指挥李敏在镜城受到朝鲜节制使黄象的阻拦。后者及时回禀国王：“李敏等十余人奉皇帝敕书来曰：‘某等奉圣旨，至海阳、参散等处捉海青鹰子事来矣。可供办给马入送。’象答曰：‘吾守边境，岂可擅自纳入乎？’敏等曰：‘有圣旨，敢禁入乎？’象又对以虽奉圣旨，然无吾国王据圣旨许入之命，何不坚拒？敏等乃还。”[7]永乐帝派往镜城的捕鹰行动越发公开，并进一步向朝鲜提出支援马匹和给予护送的要求。明朝与朝鲜围绕捕鹰的正面接触开始了，但后者此时仍未积极响应。宣德时期，朝鲜王朝的态度转向迎合，遂使明朝宫廷获得猎鹰的网络进一步扩大并渐趋稳固。

---

1 前引《沙哈鲁遣使中国记》，第136页。

2 据宣德八年（1433）所立《重建永宁寺碑记》载：“永乐中，上命内官亦失哈等，□锐驾大航，五至其国，抚谕慰安，设奴儿干都司，其官僚抚恤，斯民向化，遂捕海青方物朝贡。上嘉其来，赐爵给赏，劳慰还之。”转引自杨旸等编：《明代奴儿干都司及其卫所研究》，郑州：中州书画社出版社，1982年，第45-60页。可见永乐时期主要应从东北地区捕获猛禽。

3 《朝鲜太宗实录》“太宗十七年五月三十日”条。按本文涉及朝鲜王朝实录相关文献皆检索自《朝鲜王朝实录》数据库（http://sillok.history.go.kr/main/main.do），相关文献的具体日期依数据库所示年月日信息，不记干支纪日，以下不再赘注。

4 同前注，“又欲以元朝时松骨鹰子所获处：吉州阿看、吾甫伊、西之委等地，沙所坐基趾看审为意，乃率南罗耳接千户罗吾、阿多毛等二人，指路而来事。传通。然西之委等处，镜城初面二三日程途，不宜出送。且阿看等处，民多居生，以在前松骨捉得事，未闻为对。”

5 《朝鲜太宗实录》“太宗十七年五月三十日”条。

6 《朝鲜太宗实录》“太宗十七年七月二十六日”条。

7 《朝鲜太宗实录》“太宗十七年八月二十二日”条。

宣宗继承了祖父对猎鹰的喜爱，并将之投射到艺文创作中。他曾写有一首《画鹰》诗："金眸玉爪擅雄才，沧海东头远贡来。八月秋高奋霄汉，肯因狐兔掠蒿莱。"[1]

画中猎鹰来自"沧海东头"朝鲜的进贡。诗中，宣宗除描述猎鹰的外观与来源，还描绘了其秋猎时捕捉狐兔的景象。尽管此画今已不存，但足证宣德时期皇帝对于朝鲜进贡猎鹰的图绘与题咏业已存在。

需要指出的是，永宣之际明代宫廷图绘猎鹰的行为并非起源于宣德朝。现存署款为"陇西边景昭写"的《柏鹰图》可能是永乐时期的同类作品[2]。〔图1〕画中，一只金雕立于柏树枝头，扭头俯视右下方竹丛中的熊[3]。画面下部的石缝中，一只雉鸡正在逃窜。相比其他动物所处位置的隐蔽，这只猎鹰几乎占据画面三分之二的空间，显示出作者对其形象的强调。画家进行了细致的外观描绘，例如猎鹰的十二根尾羽便与真实情况相符。高度的写实性透露出画家对猎鹰生理特征的观察与把握，亦显示观者应当同样具备相关知识并对猎鹰的外观颇为在意。

从《画鹰》诗中"金眸玉爪擅雄才"一句来看，宣宗亦为猎鹰外观所吸引。他还写过一篇《白海青歌》[4]，惜已散佚。尽管不得其详，但仍可从篇名揣测个中端倪。海青即矛隼，并非通体纯白，有些个体还长有较多的灰黑色斑点，而宣宗此篇着意强调白色外观，显示其对猎鹰的一种特别需求或标准。

该标准以外观视效为要。宣德六年（1431），宣宗派遣使臣到朝鲜宣敕："王国中所产海青、黄鹰、白鹰、土豹，敕至，王令人同差去官军，一同采取，就差的当人员，同差来内官昌盛、尹凤、张童儿、张定安等进来，王其体朕至怀。"[5]敕文反映出宣宗对猎鹰的需求主要限于海青、黄鹰与白鹰三种，而"黄"与"白"的外观差异，是其分辨不同品种猎鹰的重要依据。

宣宗对于白色猎鹰的敏感度与绘画传统带给他的视觉经验直接相关。就在一年前（1430），宣宗曾在内库欣赏过一件宋徽宗所绘《白鹰图》。他赞赏画中白鹰"莹洁可爱，刚劲多姿"，并"命文房戏为摹此"。[6]这件摹本后被称为《明宣德御笔白鹰图》，上有时任礼部郎中兼翰林侍书蒋晖奉命所作的题赞，中有"雄风特立劲高秋，壮志摩天恣远游"[7]之语，由此可推测其所绘应为白鹰蹲立的静态形象。这种图式与《柏鹰图》相似，都着意表现猎鹰的外观，但没有后者复杂的布景及其他动物组合。画中可爱的白鹰，引发宣宗对于能够实际拥有类似猎鹰的期待。

如此，无论宣宗本人还是为他捕鹰、索鹰的使臣，都以白色作为重要标准，他们往往并不了解也不太在

1 （明）朱瞻基：《画鹰》，《大明宣宗皇帝御制集》卷四二，北京图书馆藏明内府抄本。《四库全书存目丛书》集部第二四册，齐鲁书社，1997年，第256页。

2 按边文进在宣德元年即受到罢黜。综合《明宣宗实录》"宣德元年十二月辛巳""宣德元年十二月癸未""宣德元年十二月辛巳"的记载，时任武英殿待诏的边文进于宣德元年（1427）十二月辛巳因受贿被罢免为民，且深受宣宗厌恶。革职为民并被作为反面典型昭告天下的边文进，此后不可能再绘制猛禽供皇帝观览。结合他被罢黜时已七十余岁，推测此作的创制时间很有可能在永乐时期。

3 该作应继承了"鹰熊图"的传统，相关讨论可见 Hou-mei Sung, *Decoded Massages: The Symbolic Language of Chinese Animal Painting*, Yale University Press, 2009, p. 16.

4 《白海青歌》收录于前揭《大明宣宗皇帝御制集》卷二六，已佚。

5 《朝鲜世宗实录》"世宗十三年八月十九日"条。

6 （清）张大镛：《明宣德御笔白鹰图》，《自怡悦斋书画录》卷一，收录于《历代书画录辑刊》第二册，国家图书馆出版社，2007年，第52页。

7 （清）张大镛：《明宣德御笔白鹰图》，《自怡悦斋书画录》卷一，收录于《历代书画录辑刊》第二册，国家图书馆出版社，2007年，第52页。

意这些白色猎鹰的具体品种。这使得在朝鲜向宣宗进鹰的过程中，甚至一度出现过冒名顶替的现象。[1]

宣宗在《白海青歌》中很可能还赞美了其所象征的吉祥寓意，并试图将这种珍禽拔擢为太平盛世的祥瑞。这种做法至迟在唐代便已流行，却鲜见于明代文献。宣德十年（1435）八月，宣宗已经驾崩。朝鲜世宗（1397—1450，1418—1450在位）收到忠清道捕进的一连白鹰，群臣就是否应当庆贺展开讨论。礼曹官员提道："白鹰，我国前所未有。又于往年，我国献白鹰，朝廷以为祥瑞，千官皆贺。"[2]看来，在宣德年间某一次朝鲜进献白鹰的事件中，宣宗确曾将其作为瑞应进行颁示并接受满朝官员的朝贺。然而，遍览同代朝臣，特别是经常扈从宣宗校猎或出征的官员文集，却是片言难觅。[3]这或许反映出他们在表面应承皇帝之下的真心，一种与他们对于其他祥瑞动物的迥异态度。[4]在这种状态下，宣宗试图将白鹰制造为祥瑞的努力事实上无法成功。

就在朱瞻基命人临摹宋徽宗白鹰图四个月后的七月十七日，一位刚从北京返回朝鲜的进鹰使向国王报告了其在京期间亲身经历的一件要事：

图1　边文进《柏鹰图》
绢本设色　145.5×74.0厘米　日本桥本氏藏

太监尹凤传圣旨云："王至诚事大，无一事或违。今进白角鹰，前后所无。一出于宋徽宗时，而画影一本流传而已。朕所常佩带环，今特函赐。"[5]

通过尹凤的转述，可知获得白角鹰的宣宗非常兴奋，并将之与刚刚寓目不久的那件宋徽宗《白鹰图》联

1　据《朝鲜世宗实录》"世宗十三年八月二十日"条载，宣德六年（1431），朝鲜世宗派知申事安崇善向明朝使臣问安。前来为宣宗索鹰的宦官昌盛与他讨论如何前往朝鲜北部境外地区捕猎海青。然而，安崇善认为那里人生地不熟，无法前往，并表示对那里的兔骨鹰子不熟悉。后来，当他拜见宦官使臣尹凤时，又提及此事。他说："兔骨海青，本国之人未曾详知。前者捕得一鹰，头目王承见之曰：'正是海青。'故进献。厥后，殿下闻非海青，实深惊恐。"对此，尹凤回答道："此则咎在王承，然往事何必更言？以兔骨鹰，称为海青而进，何为惊恐乎？"显然，对于被误以为是海青的兔骨，因为它们有着相似的白色外观，宣宗并未发现，执行捕鹰任务的宦官也毫不介意。

2　《朝鲜世宗实录》"世宗十七年八月二十八日"条。

3　目前仅可见黄淮曾在诗文中提到宣宗的白海青。宣德七年（1432）冬，已经因病致仕五年的黄淮重返北京觐见宣宗并蒙赐留京数月。第二年（1433）元夕过后的春天，黄淮扈从宣宗到南海子巡幸。在这里，他见到了宣宗的海东青，并在宣宗的要求下创作了一首名为《闻车驾幸海子阅海东青》的五言排律，中有"搜狩存周典，车攻协旧章。非熊思尚父，祝网鉴成汤。汾水元非远，岐阳近在望"之语，用典以委婉劝谏宣宗。收录于（明）黄淮：《省愆集》，见黄永陵补遗编校：《黄淮文集》，中国社会科学出版社，2006年，第150页。

4　如果将之与宣德四年（1429）发生的进献玄兔瑞应一事相较便会发现差别。这一年的二月及四月，宁夏守臣先后两次向宣宗进献玄兔。杨士奇奉命对其进行了考证并撰成《瑞应玄兔诗》进御。（明）杨士奇：《瑞应玄兔诗》，《东里续集》卷五七，清文渊阁四库全书本。《大明宣宗皇帝御制集》中还保留有《玄白二兔图诗》的篇名，可见皇帝亦曾命人将玄兔瑞应绘制成图纪念。（明）朱瞻基：《玄白二兔图诗有序》，收录于前引《大明宣宗皇帝御制集》卷二二，北京图书馆藏明内府抄本，原文散佚。

5　《朝鲜世宗实录》"世宗十二年七月十七日"条。

系起来。宣宗强调内府所藏徽宗《白鹰图》只有一本，与所获白角鹰一样稀有，“前后所无”。就这样，通过宦官的透露，宣德内府藏有徽宗《白鹰图》的知识与皇帝对朝鲜“至诚事大”的褒奖被一同带到了朝鲜。

二 朝鲜的应对与图像绘制

朝鲜国君对猎鹰的态度非常矛盾。他们一方面以鹰赞喻和宣扬太祖的神俊，[1]一方面又对其可能导致的荒政保持警惕。

朝鲜太祖十分喜爱猎鹰，即位第四年（1395）便于汉江设置鹰坊，时时临幸并多次观看放鹰。[2]同时，相关图像的创制可能也已展开。现存被认为作于王朝早期的《鹰猎图》再现了早期朝鲜贵族观赏鹰猎的场景。〔图2〕画中，贵族们将目光聚焦于地上那只正在捕捉雉鸡的鹰，画面右下角的鹰师则高擎着另一只跃跃欲试的鹰。此类画作以场景纪实为目的，与《柏鹰图》或《白鹰图》以表现猎鹰外观为主的构思不同。朝鲜国君对猎鹰的相关知识亦十分了解，前述太宗对张信的告诫便是一例。太宗十一年（1411）十月十五日，国王下旨“教东西北面多进松鹘、堆困。教曰：‘松鹘、堆困鹰子，随所获络绎以进。’乡人谓鹰之善者为堆困，盖亦松鹘之次也”[3]。几个月后，他又“命东北面都巡问使进鹰子，择能击天鹅者以进”[4]。猎鹰的品种与能力，是太宗选择佳鹰的重要考虑。

此时，面对明朝频繁捕鹰的侵扰，朝鲜宫廷中开始有人觉察到其中的政治价值。世宗元年（1419），已经归政为太上王的太宗曾与大臣郑易进行过一次对谈。交谈中，前者对朝鲜苦于缺乏金银充贡上国的窘困，认为不妨以马匹、布匹替代，而后者则提出“宜代以鹰子”[5]的建议。对此，太上王不以为意，而郑易却颇有把握地认为“帝必允俞”。[6]

刚刚即位的世宗亦未接受以猎鹰代金银充贡的方案，朝鲜仍尝试通过进献请免金银表文的传统方式向明廷请求减免进贡。第二年（1420）五月二日，从北京传来消息，永乐帝因为朝鲜所进请免金银奏本未写日字而震怒不已，请奏之事遂为搁浅。面对复杂的局面，太上王认为应当继续请奏，唯独郑易依旧坚称“宜进松鹘”[7]。然而囿于豢养靡费、捕之不易等原因，他的动议仍未获准。[8]

洪宣年间，皇帝越发频繁地遣人到朝鲜索取“佳鹰”，增加了朝鲜君臣的苦恼。洪熙元年（1425）七月，此时宣德帝刚刚在北京即位不久，朝鲜世宗即“传旨平安、咸吉道监司曰：‘松鹘、堆困、保加乙者等鹰子，

---

1 《朝鲜太祖实录》载“太祖生而聪明，隆准龙颜，神采英俊，智勇绝伦。幼时游于和宁咸州间，北人求鹰者必曰：‘愿得神俊如李（讳）者。’”

2 据《朝鲜太祖实录》，仅初置鹰坊后的三个月内，太祖就曾以各种名义到访鹰坊三次，并最终招致臣下“虽有从谏之名，而无从谏之实”的批评，事见“太祖四年五月二十八日”条。

3 《朝鲜太宗实录》“太宗十一年十月十五日”条。

4 《朝鲜太宗实录》“太宗十二年一月三日”条。

5 《朝鲜世宗实录》“世宗元年十一月四日”条。

6 《朝鲜世宗实录》“世宗元年十一月四日”条。

7 《朝鲜世宗实录》“世宗二年五月二日”条。

8 《朝鲜世宗实录》“世宗二年五月二日”条中记载，太上王答复郑易：“得之最难。其为物也，才品特骏可爱，然日食一雉，养之亦难。又不调驯，或时逸去，则鹰师等每凭寻捕，侵扰村落，其弊莫甚，故已悉放之。”

图2 佚名《鹰猎图》
纸本设色 89.0×48.0厘米 韩国国立中央博物馆藏

随其所捉驰启，须即送进。路次以杂肉喂养，则生病可虑，兼送黄鹰二连，沿途捕雉以养之。'"[1]。这样做的目的，"盖欲塞上国之求也"[2]。这一方面体现出朝鲜的无奈，而选择"松骨""堆昆"这样的高品质猎鹰作为进献并为其存活做好保障，又显示出世宗的"事大至诚"。

尽管明仁宗在位时间很短，但从朝鲜官员"仁宗时，内史求鹰而进献者络绎于道，中朝之俗，习以为常"[3]的认知来看，仁、宣二帝对于朝鲜猎鹰的索求与永乐帝相比可谓有过之而无不及。这里特别值得注意的是朝鲜官员对"内史"的强调，显示明朝宦官已在中朝围绕猎鹰的交往中扮演着重要的角色。面对这些频繁前来索鹰的宦官，朝鲜君臣仍充满顾虑，对他们究竟是否代表皇帝的旨意颇为怀疑。宣德元年（1426）一开春，宦官尹凤"奉旨"来到朝鲜索要海青，引发朝鲜君臣的又一次讨论。世宗国王对尹凤此行目的的真实性表示怀疑，认为刚刚登基的宣宗正处于三年守孝期间，不可能宣谕索要猎鹰，一定是尹凤"自求而献"[4]。

因此，直到宣德元年，朝鲜向明朝的鹰贡仍未常态化。究其原因不仅在于对宦官的怀疑，更在于朝鲜内部君臣之间对此问题的认识上仍存龃龉。尽管世宗起初由于怀疑而未加理会尹凤，但就在一个月后，他便再次召集领议政李稷和左议政李廷显讨论此事，但此时他们依然认为索鹰只是尹凤的一面之词，并非皇帝的旨意。世宗与臣下还共同拟定了一个搪塞的办法："若使臣更请，答以此物难得，得之则必献为可。"[5]三个月后，朝鲜折中而行，派出前大护军李士钦向北京进献"鸦鹘三连、黄鹰十二连"，[6]未见海青。

但尹凤并未善罢甘休。直到九月，索要海青的问题依然困扰着朝鲜君臣。[7]官员权轸明确反对进献，认为海青很难捕获，一旦捕获又极易死亡。更重要的是，他听闻明朝境内已因皇帝频繁索要猎鹰而使百姓苦不堪言，认为这不仅不符合正确的政治道德，亦会让朝鲜百姓深受其苦。他提出应直接上奏宣宗，以海青并非

1 《朝鲜世宗实录》"世宗七年九月九日"条。
2 《朝鲜世宗实录》"世宗七年九月九日"条。
3 《朝鲜世宗实录》"世宗八年二月廿九日"条。
4 《朝鲜世宗实录》"世宗八年二月廿九日"条。
5 《朝鲜世宗实录》"世宗八年三月廿六日"条。
6 《朝鲜世宗实录》"世宗八年六月十七日"条。
7 《朝鲜世宗实录》"世宗八年二月廿九日"条："己未。（世宗）视事。赞成权轸启曰：'海青捕获，未可期必，虽获亦易死。今若进献，继之为难，后日来求之弊，不可胜言，今宜以非我国所产，为辞奏达，以杜后日之弊。曾闻中国，以捕海青，奔走诸路，恐其弊将至于我国。且求鹰，非独民受其弊，正是皇帝之不德，逢迎成就，岂陈善闭邪之义？'"

朝鲜所产为由予以拒绝。然而，此时的世宗却心意已决：

上曰："恶是何言也？事大当以诚。皇帝已知产于吾国，不可诬也。民间之弊，予亦知之，然以大义言之，民间有弊，其事轻，事大不诚，其事重。若其责难陈善，非予之职，外国藩王，固无谏诤之义。"[1]

在"事大"与"民生"之间，出于政治考量，世宗最终选择了前者，而太监尹凤正是直接施压并促成此事的关键人物。面对这一艰难抉择，世宗可谓殚精竭虑。就在第二年（1427）春天，当他在接见辞别的吉州判官安位时，还专门向其提到自己对于进献海青的关切："进献海青鹰子，予深虑之，来七月为始，预备捕捉。"[2]

引人注意的是，世宗还特命图画院将不同品种的猎鹰绘制成图，分发各地，以便捕捉：

命图画院，摹画各色鹰子，分送于各道，使之依图捕之，以备进献。一曰贵松骨：毛、羽、嘴、爪俱白，目黑，翼端黑，足、角微黄，亦名玉海青，或有翼端纯白；二曰居辣松骨：白质有黑点如绿豆大，翼端黑，目黑，嘴爪青，脚足淡青，亦名芦花海青；三曰这拣松骨：白质有黑点如榛子大，翼端黑，目黑，嘴、爪微黑，脚足淡青，亦名芦花海青；四曰居举松骨：背色微黑，有淡白点如绿豆大，胸及腹下微黄，白点相杂，目黑，嘴、爪黑，脚足青，亦名青海青；五曰堆昆：毛羽白，目黄，嘴、爪黑，足脚黄，或羽文微黄点，有点，形如黄鹰，亦名白鹰；六曰多落进：羽文俱白，内有黑点，目黄，形如黄鹰；七曰孤邑多逊松骨：其形色未详。[3]

由此可见世宗在贡鹰一事上的良苦用心。图画院绘制的这些具有图谱性质的画作，至今仍令人感到所谓"海青"的复杂。尽管这些鹰都有着白色的羽毛与黑色的斑点，但在朝鲜人眼中它们显然并非同一种类。甚至还有具备同样外观的"堆昆"，只能被称作"白鹰"，不可混同于海青。很难知晓远在北京的朱瞻基是否能够同样准确地将这些外观相似的猎鹰细致分别，但根据前文讨论，仅凭这些猎鹰相似的白色外观便足以引起皇帝的兴趣。

世宗命图画院绘制并分发这些图谱的另一重意义在于，朝鲜官方公然地掀起了一场自上而下的全国性猎鹰图像传播。而这正是在明朝皇帝对海青的求索之下展开的。这些鹰画流布朝鲜，相关形象与分类方法借助图像的传播得到了普及。

遗憾的是，目前尚未发现该套图谱的任何遗存。从对猎鹰外观的细致描述来看，或可推测其同样采用了静态独立的构图，且应为设色作品。现存一件传为元代画家徐泽所作的《架鹰图》〔图3〕如今已由学者

1 《朝鲜世宗实录》"世宗八年二月廿九日"条。
2 《朝鲜世宗实录》"世宗九年二月廿一日"条。
3 《朝鲜世宗实录》"世宗九年二月廿一日"条。

考订为16世纪朝鲜画家李岩的手笔[1]。尽管绘制时间较晚，且画中的猎鹰亦非白色，但其单鹰蹲立于架上的构图亦可反映此类图式对于后来的朝鲜画家仍然产生着影响。同时，此作中的鹰系有丝绦铃铛，显然为人所豢养。

图3 旧传徐泽《架鹰图》
绢本设色 78.6×51.9厘米 美国波士顿美术馆藏

依图捕鹰的行动效果并未及时显现。是年七月，朝鲜遭遇旱灾，全国性的采鹰行动给各地造成重负。朝鲜君臣围绕捕鹰再次产生分歧。面对司宪掌令尹须弥的反对[2]，世宗坚称“进献事重，尽力措办。”[3]不过，尹须弥并不妥协。八月一日，他再度上疏劝阻采鹰，赞成权轸亦附和力陈其弊，世宗只好搬出宣宗“朕待朝鲜厚矣。何献鹰一事，尚且难焉”[4]的圣旨方才平息。八月三日，进鹰的日子到了，海青却仍无着落。鹰子进献使上护军李伯宽只得带着“鸦鹘一十连、黄鹰二十连、皂鹰六连”[5]前往北京。

直到十月十四日，平安道上报捕获海青一连，世宗立刻派遣都总制文孝宗为进鹰使前往迎接[6]。两天后，这一连海青由李思俭护送上京。临行前，世宗亲临便殿为他与鹰师一行六人送行，并赐“思俭衣一领、毛冠、笠靴，鹰人五毛冠笠靴”[7]以显郑重。与海青一同被进献明廷的，还有黄鹰五连。

然而此番所进的这一连松骨足部有伤[8]，当一行人启程后，世宗还不无担心地过问将这样的海青进献皇帝是否妥当。吏曹判书许稠安慰道：“皇帝有旨：‘虽羽

1 [日]板仓圣哲：《李巖、像の形成展開——東アジア絵画の可能性》，《国华》第一四八一号，第34页。板仓在文中主要介绍了16世纪朝鲜重要画家李岩的有关情况，并重点讨论了一件留有他名款的《架鹰图》（现藏日本民艺馆）。此作与波士顿美术馆所藏如同双胞，板仓在插图图注中指出此作上留有“杜城令”“岩”等印鉴，证明其应与李岩有关。杜城令李岩以善画鸟兽而闻名，朝鲜文人申光汉曾作《杜城令所画黑白二鹘》（《企斋集》别集卷三），证明其善画鹰鹘。诗中有“雪色羽毛宁掣去，锦文绦旋肯呼来。”之语，显示李岩画中所绘很有可能便是白色的猛禽。

2 据《朝鲜世宗实录》“世宗九年七月廿八日”条载，尹须弥认为：“今以进献白鹰捕获，分遣采访于各道，事大至诚，固当如是，但今年旱甚，民生可虑，采访分遣，岂无民弊？若江原、咸吉、平安、黄海等道，则白鹰往往出来，犹之可也。其余各道则本无白鹰，倘或出来，监司守令必体上意，可以捕进，请勿遣除弊。”

3 《朝鲜世宗实录》“世宗九年七月廿八日”条。

4 《朝鲜世宗实录》“世宗九年八月一日”条。

5 《朝鲜世宗实录》“世宗九年八月三日”条。

6 《朝鲜世宗实录》“世宗九年十月十四日”条。

7 《朝鲜世宗实录》“世宗九年十月十六日”条。

8 《朝鲜世宗实录》“世宗九年十一月二日”条。

进来。'"[1]由此亦可见宣宗对海青的渴求之切。

此后，依图捕鹰的效果逐渐显现。十一月二十日，进鹰使上护军韩承舜"以鸦骨四连、海青三连赴京师"[2]。两天后，全罗道又进来"海青一连、黄鹰六连"[3]。此时，世宗依然担心着李思俭所进海青的健康。他曾考虑派人追赶其一行，以将新获海青"易时进献"[4]。然而，李思俭已跨过鸭绿江向北京而去。

回顾朝鲜太祖至世宗时期对于向明朝进献猎鹰态度的转变，不难发现从最初的充抵金银到揣度圣心，再到极力迎合上意，猎鹰从抵偿物成为满足皇帝特殊需求的别贡，演化为一种特殊的政治资源。朝鲜君臣为此意见分歧，最终在世宗的力主之下，鹰贡得以有力展开并成为维系永宣之际朝鲜与明朝关系的秘密纽带。在这一过程中，猎鹰图像发挥了重要作用，既使得朝鲜君臣确信了皇帝的喜好，亦为捕获高品质猎鹰提供了详备的索引。有感于此法的见效，世宗又于十一年（1429）故技重演，"颁《海青图》一百本于诸道，盖欲习见捕进献鹰也"[5]。

三 明朝宦官在鹰贡体系中的作用及与其相关的图像活动

宣德三年（1428）二月十六日，进鹰使李思俭回国复命。一如世宗所担心的那样，其护送的海青在途中病死。他向世宗禀告了进献的经过：

> 臣诣帝庭，奉死海青跪曰："我殿下诚求海青以进，不幸中道病死。"帝曰："死了何害！"[6]

显然，宣宗对于海青的死活并不在意。他似乎还担心李思俭思想负担过重，十分"周到"地派宦官"又传圣旨曰：'人能言语，又能服药，病尚未愈，况禽兽乎？尔等勿忧。海青本难得，幸得则进之。其他佳鹰，亦随得以献，予欲以为游戏之玩。'"[7]

在安抚朝鲜来使后，皇帝吐露真心，希望前者继续进贡"佳鹰"。这些猎鹰不过是皇帝游戏的玩具，即便是朝鲜珍视不已的"海青"，死了也并不足惜。

李思俭还曾向宦官昌盛与尹凤哭诉："我殿下自前年，至诚求得海青，差小臣赍进，中道病死。回还之日，何面目见我殿下？"[8]他又向宦官们询问一同进献的其他五只黄鹰的情况，得到了"帝常置眼前"[9]的答复。

宦官昌盛与尹凤不仅多次前往朝鲜索鹰，亦是朝鲜进鹰使到京后的重要居间人。透过二人，进鹰使乃至

1 《朝鲜世宗实录》"世宗九年十一月二日"条。
2 《朝鲜世宗实录》"世宗九年十一月廿日"条。
3 《朝鲜世宗实录》"世宗九年十一月廿二日"条。
4 《朝鲜世宗实录》"世宗九年十二月六日"条。
5 《朝鲜世宗实录》"世宗十一年七月廿三日"条。
6 《朝鲜世宗实录》"世宗十年二月十六日"条。
7 《朝鲜世宗实录》"世宗十年二月十六日"条。
8 《朝鲜世宗实录》"世宗十年二月十六日"条。
9 《朝鲜世宗实录》"世宗十年二月十六日"条。

世宗得以了解皇帝的态度与明宫秘闻，这其中也包括前述明代宫廷藏有宋徽宗《白鹰图》的消息。

不过，彼时宣宗身边并非仅有昌盛、尹凤两位宦官参与猎鹰相关事务或具有相同的爱好[1]。宣德五年（1430），宣宗将其命人依宋徽宗《白鹰图》而临摹的画作赏赐给太监金英便是例证[2]。金英于《明史》有传[3]。他于永乐时入宫，历经五朝，独受宣宗宠信。宣德七年（1432），他执掌司礼监，被赐免死银记。其之所以深受宣宗信赖的原因之一，很可能便与他热衷并善于飞放有关[4]。

图4　佚名《元人猎骑图》
绢本设色　39.4×60.1厘米　台北"故宫博物院"藏

《白鹰图》并非金英首次获得宣宗赐画。《石渠宝笈》初编中还收录有一件旧藏乾清宫的《明宣宗秋猎图》，此作为"宣德二年（1427）九月，御笔戏写赐太监金英"[5]。此时，宣宗与戴纶、林长懋[6]以及某位御史[7]关于田猎所爆发的矛盾刚刚平息，尹凤正在朝鲜索鹰，进鹰使李思俭即将送来皇帝渴盼已久的海青。

虽然今天并不清楚这件《明宣宗秋猎图》是何模样，但或可从现存名为《元人猎骑图》〔图4〕的画面中得窥一二。已有学者指出其所绘应为宣宗行猎的场景[8]。画中，面部白净的宦官正陪伴着皇帝骑行于秋季的郊野。无论如何，皇帝将绘有自己与宦官一同秋猎场景的画作赐予金英，既是恩宠，亦是认同。《元人猎骑图》不仅是彼时宦官追随皇帝射猎的写照，更重要的是，宦官借此与皇帝同框，而再无他人分享画面，这亦是专宠或特权的展现。伴随着赏赐与入画，宦官参与和影响了宫廷绘画的创作实践。

除了受到皇帝猎鹰图像的赏赐、向朝鲜君臣传播内府收藏猎鹰画作的知识，宦官还曾从朝鲜带回描绘有猛禽形象的画轴，由此造成此类画作的跨境流传。侍奉永乐帝的海寿是一位对猎鹰及其图像都充满兴趣和欲望的宦官。这位朝鲜籍宦官的早年身世今已无从查考，但在靖难之役中已经可以看到他的身影。

1 综合《朝鲜世宗实录》"世宗十年八月己亥"条："尹凤放鹰于城山平，遣内史李贵，赠黄鹰一连。""世宗十年八月己酉"条："尹凤放鹰于东郊，遣内史李贵，赍内醞鱼肉，往慰之。""世宗十二年八月庚午"条："昌盛出游于箭串，乘舟下露渡；尹凤放鹰于沙平，分遣人赍酒肉往慰之。""世宗十二年八月戊寅"条："尹凤放鹰于沙平原，昌盛往观藏义寺，分遣内官，赍酒肉往慰之。"可见尹凤在朝鲜期间十分喜爱放鹰射猎，朝鲜也投其所好，不敢轻慢。

2 同前注张大镛《明宣德御笔白鹰图》。按张大镛文中记为"金瑛"，即金英。

3 同前注《明史》卷三百四，第7769页。

4 金英对围猎活动应当非常热衷，自己亦豢养有不少牲畜。在后来的正统八年（1443）九月戊寅，他曾与其他几位宦官一同因"私刍牧于南海子及强夺民草事觉"而被下锦衣卫狱。事见《明英宗实录》"正统八年九月戊寅"条。

5 （清）内府：《石渠宝笈初编》卷七，上海书店，1988年，第429页。

6 《明史》卷一六二，第4400页。

7 《朝鲜世宗实录》"世宗十年九月丁巳"条，世宗曾向臣下介绍过他从尹凤那里得知的秘闻："向者尹凤告予曰：岁丙午（1426），帝使内史田猎，侵扰民间，御史入奏曰：'人主不食野兽，请毋使内史猎之，使其骄恣。'帝怒曰：'尔使我勿食野兽，是野兽便与汝也。'即投畀猛豹，啐龁之不死，更斩之。"

8 吴美凤：《谁是画中人——明人〈四季赏玩图〉卷探讨》，《故宫学刊》2016年总第17期。

1402年秋，朱棣在南京即位后遂向留守北京的世子朱高炽修书介绍靖难经过、宣示政治主张[1]。受命向北京递送这份重要文件的人便是海寿。他可能早年即已入侍燕王府，并追随靖难。此后，海寿更是多次参与永乐帝北征的军事行动，承担递送捷报、咨询军务等重要职责，显示其不仅为永乐帝所信赖，同时具备军事才干[2]。

永乐二十二年（1424），朱棣崩逝于榆木川，海寿再次于朝代更迭中扮演关键角色[3]。就在永乐帝驾崩的第二天，“龙辇次双笔峰。文渊阁大学士兼翰林院学士杨荣、御马监少监海寿奉遗命驰讣皇太子”[4]。由此可知此时海寿的职务为“御马监少监”。

海寿成为御马监少监约在永乐八年（1410）以前[5]，此前还曾担任过“监丞”。随着永乐帝日益膨胀的私欲，原本服务于军事目的的御马监逐渐演变为皇帝直接掌控的私人办事机构，任职该监的亲信海寿便曾多次奉命出使朝鲜索贡。

海寿于1408年随宦官黄俨首度出使朝鲜[6]。是年二月，朝鲜世子李禔辞归，皇帝“亲制诗赐之，并赐白金、锦绮、书籍、笔墨、鞍马，遣中官黄俨送至其国，而赐国王朝服白金千两、绒锦绮罗百三十匹”[7]。对照赐物与出发时间，可知明实录这里所记即应是海寿的首次出使。然而，海寿并未出现在上述记载中，这或许显示出其使命在明廷的隐秘。结合朝鲜王朝实录所记黄俨此番出使在宣读敕书后口头传达圣旨的行为与内容，可见彼时宦官在出使朝鲜时肩负着皇帝的“秘密使命”。

几天后，海寿等人均获朝鲜国王赏赐鞍马[8]。此行，他们在朝鲜迁延数月，直到十月后方才返程。九月十六日，海寿前往丰海道迎接奉旨前来祭拜朝鲜太祖李成桂的都知监少监祁保。祁保到后，“世子出饯于慕华楼。寿至碧蹄驿，以供顿有阙，鞭辱京畿都事曹由仁、程驿察访柳善、扬州府使李扬、高峰监务郭廷府等”[9]。因对招待不周心怀不满，海寿鞭打了朝鲜官员，足见其跋扈。

第二年（1409），海寿再次前往朝鲜索贡，此行目的仍是为皇帝索取女子。朝鲜国王听宣圣旨后于太平馆宴请使臣并再度赐予黄俨和海寿鞍马，而后来于宣德朝频繁前往朝鲜索鹰的宦官尹凤，亦在此行之列[10]。

---

1 《明太宗实录》“洪武三十五年秋七月壬午”条。

2 据《明太宗实录》“永乐八年五月丙戌”条载，在永乐八年（1410）的北伐途中，海寿曾受命向皇太子朱高炽报捷。又据《明太宗实录》“永乐二十二年（1424）秋七月丁亥”条载，在追随皇帝最后一次北征的途中，“车驾次翠微冈，上顾问内侍海寿曰：‘计程何日至北京？’对曰：‘八月中可至。’上颔之。”

3 事实上，在后来仁宗驾崩之际，海寿曾再次奉旨前往南京向皇太孙朱瞻基报信。《明仁宗实录》“洪熙元年五月庚午”条：“上不豫，召尚书蹇义、大学士杨士奇、黄淮、杨荣至思善门。命士奇书敕，遣中官海寿驰召皇太子。”

4 《明太宗实录》“永乐二十二年秋七月壬辰”条。

5 此年的《朝鲜太宗实录》“太宗十年十月壬寅”条始称海寿为“少监”。

6 《朝鲜太宗实录》“太宗八年四月甲午”条载：“朝廷内史黄俨、田嘉禾、海寿、韩帖木儿、尚宝司尚宝奇原等来，结山棚陈傩礼百戏，上率百官，迎于慕华楼。使臣至景福宫，宣敕书曰：‘敕朝鲜国王李。所取马三千匹，已陆续送到，今赐王花银四十个，每个重二十五两，计一千两。纻丝五十匹、素线罗五十匹、熟绢一百匹。’上拜敕讫，升自西阶，就使臣前跪，俨宣谕圣旨云：‘恁去朝鲜国和国王说，有生得好的女子，选拣几名将来。’上叩头曰：‘敢不尽心承命！’”

7 《明太宗实录》“永乐六年正月丙子”条。

8 《朝鲜太宗实录》“太宗八年四月庚子”条。

9 《朝鲜太宗实录》“太宗八年九月辛酉”条。

10 《朝鲜太宗实录》“太宗九年五月甲戌”条：“太监黄俨、监丞海寿、奉御尹凤至，上以淡彩服率百官，出迎于慕华楼。使臣至昌德宫宣敕。敕曰：‘今遣太监黄俨、监丞海寿、奉御尹凤，特赐王及王妃礼物，至可领也。特赐国王银一千两、纻丝一百匹、彩绢一百匹、马一十五匹、鞍二副，王妃纻丝、线罗、银丝纱各一十匹、彩绢二十匹。’上拜赐讫，升殿。俨口宣圣旨：‘去年尔这里进将去的女子每，胖的胖，麻的麻，矮的矮，都不甚好。只看尔国王敬心重的，上头封妃的封妃，封美人的封美人，封昭容的封昭容，都封了也。王如今有寻下的女子，多便两个，小只一个，更将来。’使臣还太平馆，上随至，设宴于北楼。俨、寿等鞍马，分赐河仑、成石璘、李茂、赵英茂彩缎及绢各一匹。”

此后，海寿频频出使朝鲜，内容无非是宣敕、颁赏与索贡。在执行皇命的过程中，其亦获利不菲。除了几乎每次出使均能获得朝鲜国王赐予的鞍马等物以外，他还多次主动提出要求，中饱私囊。例如“（太宗十七年七月）癸未，（朝鲜国王）又遣内官朴兴福，赠狗子各一于两使臣。世子亦赠狗子一于黄俨，二于海寿，皆从其求也。”[1]可见海寿等人对于狩猎所用的狗子也有需求。对于海寿的贪婪，朝鲜君臣心有忌惮，敢怒却不敢言[2]。

永乐十九年（1421），海寿为索进一万匹军马以备北征而来，而这也属于其作为御马监宦官的本职工作[3]。朝鲜太上王于寿康宫精心筹备会面，并为他准备了意外惊喜：

> （世宗三年九月）甲申，太上王将慰宴使臣于寿康宫。先遣兵曹判书赵末生问安于使臣。因闲话私语使臣曰：“老王殿下曾构小殿于王宫之东而御之，今日欲邀天使相见。”……太上王遣总制柳殷之、知兵曹事闵义生请使臣。使臣至寿康宫，两上出中门外，迎入正殿，行茶礼。赠鞍具、马一匹、鹰子一连，使臣起立喜受。太上王命元子出见使臣，因谓曰：“此是今王之适子也。欲奏于天子，封为世子，幸天使善为奏达。”使臣曰：“敢不尽力？”执元子手，称美者久之。设宴日没乃罢。使臣出，两上复送于中门外。[4]

为了能请海寿襄助册封世子，朝鲜国王可谓煞费苦心[5]，而前者“起立喜受”的反应证明了此举的成功。就在三天前，当太上王与国王一同在太平馆为其举行“下马宴”时，还曾发生过截然相反的一幕——“太上行酒于寿，还座。上就座前跪受酒，俯伏饮之，寿不起，压尊也”[6]。

在此前的出使中，海寿曾多次获赐鞍马，故而相同的礼物未必会令他产生什么特别的反应。因此，真正能够引发他惊喜情状的应是鹰子。显然，海寿十分希望获得鹰子，而朝鲜国王深谙于此，频频投其所好。两天后，“太上王赠鹰犬于使臣”[7]。

“寿性贪，凡有所赠，略不辞谢，征求无已。”[8]这位御马监宦官，对于猎鹰的兴趣如此强烈且意犹未尽。几天后的十月五日，在海寿的“请求”下，朝鲜国王又赠送其一套“画鹰簇子”[9]。第二天，在朝鲜向明朝仅

1 《朝鲜太宗实录》“太宗十七年七月癸未”条。

2 《朝鲜世宗实录》“世宗三年九月乙丑”条：“平安道都观察使驰报：‘大明遣内史海寿奉敕书，以本月初四日到鸭绿江。’时夜深，城门已闭。上即命开兴仁门，遣宦官李村诣乐天亭，启于上王。村至则宫门既闭，二鼓已尽。兵曹判书赵末生、参议尹淮醉寝不能启达，夜已过半。上王知之，传旨责淮曰：‘海天使之为人，汝之所知，远接宣慰，当及时施行，不可稽缓一刻，汝不即启何哉？汝之来此，为公事耶？抑为饮酒乎？若为公事，则何得言因醉失错乎？’乃命还家待罪，既而怒解乃止。海寿行甚急，问使事则但云：‘赍两殿赏赐而来耳。’实为买马事也。”从世宗对守城官员的责怪，可见海寿的跋扈令他忌惮。

3 据《朝鲜世宗实录》“世宗三年九月辛巳”条载，海寿到达后分别向朝鲜太上王与世宗下达了“今遣少监海寿，赍敕往谕尔子。选取马一万匹进来，以资国用，当酬以直”和“敕至，王即选取马一万匹进来，以资国用，当酬以直。今遣少监海寿前去，敕赐彩币表里，王可领也”的旨意。

4 《朝鲜世宗实录》“世宗三年九月甲申”条。

5 根据海寿后来所述，册封世子起初并不顺利。据《朝鲜世宗实录》“世宗五年八月丙寅”条：“岁辛丑（1421），殿下至诚献马，故今特赏赐。前奏请封世子，寻有国恤，帝以吉凶不可并行，未即准请。”

6 《朝鲜世宗实录》“世宗三年九月辛巳”条。

7 《朝鲜世宗实录》“世宗三年九月辛酉”条。

8 《朝鲜世宗实录》“世宗三年十月甲午”条。

9 同前注：“上幸太平馆饯使臣，赠以画鹰簇子，海寿请之也。”

仅交割了三百匹杂色马后，海寿便踏上了归途[1]。与他一同回到明朝的，还有那套画鹰簇子。

这件鹰画应与海寿此番受赏有关，所绘或许便是他此行所得到的鹰子。尽管今天已无从得见此作，但从整个事件来看，由海寿主导并发起的这次鹰画创制，首先与真实的猎鹰和事件有关，颇有写真纪念的意味。其次，作为还朝时所携带的替代品，鹰画如真禽的替身一般寄托了海寿的喜爱。第三，这件由朝鲜宫廷画家所绘制的猛禽题材画作后来被海寿带回明朝，成为其私藏。需要强调的是，海寿此行并非索鹰，他也从未执行过这一使命。如前所述，永乐帝似乎也从未考虑过从朝鲜索取猎鹰。海寿生平最后几次出使朝鲜均是执行御马监职司的任务，为永乐帝北征筹备军马。于此背景下回顾他获得鹰子时的惊喜情状，可知确为真情的流露。

永乐二十一年（1423）八月，海寿带着册封世子的敕书回到朝鲜。通过赠送鹰子谋求政治便利的做法果然奏效。几天后，朝鲜国王故技重演，“遣宦官尹吉，赠海寿鹰犬各二”[2]。

海寿的经历提供了一个了解永宣之际明朝宦官与猎鹰及其图像创作关联的真实案例。在这个案例中，海寿发起了图像创作，朝鲜国王与宫廷画家均参与其中。事件中出现的猎鹰和鹰画在册封朝鲜世子的政治进程中也发挥了作用。尽管事发朝鲜，但画作最终被带回明朝。宦官海寿不仅是猎鹰图像的制作发起人、观众与藏家，亦在客观上造成了猎鹰图绘的跨境流动。

今天已难考证海寿对于猎鹰除了在狩猎的实用功能或宠物层面的喜爱之外，是否还掺杂什么别的观念。一个较为合理的推测是，在永乐时期御马监实力越发强大、使命愈加多样的背景下，这位出身御马监并曾多次陪伴皇帝征战的宦官，除谙熟军务以外，对于永乐帝频繁的飞放活动相当熟悉并投身其中，但他可能确实从未拥有过属于自己的猎鹰。而在朝鲜出于政治利益考虑的逢迎之下，海寿得以在出使期间，于自己的母国获得短暂的放纵与充分的满足。

四 结 语

永宣之际，随着皇帝愈加强烈的渴求，宦官与朝鲜君臣先后加入明朝获取猎鹰的网络。这一网络并非仅有鲜活的猎鹰穿梭其间，亦流传着天朝的秘闻与精美的画作，更是交织了政治利益的考量。宦官们在其中扮演了重要的角色，他们不仅代表皇帝，更代表了自己。

可以说，正是在皇帝与宦官的共同影响下，猎鹰在永宣之际深植明代宫廷文化生活，由此启发了后来宫廷绘画对于猎鹰的创作热情。

[作者单位：中央美术学院人文学院]

1 《朝鲜世宗实录》“世宗三年十月乙未”条。

2 《朝鲜世宗实录》“世宗五年八月甲戌”条。

清代圆明园中的收藏与陈设

Collections and Furnishings in the Garden of Perfect Brightness during the Qing Dynasty

陈辉

Chen Hui

内容提要：

圆明园《陈设档》尚未发现，通过查阅《内务府造办处活计档》《内务府奏销档》，并收集清帝御制诗文、外国使者和英法联军回忆录等档案、资料中有关圆明园陈设的记载，结合圆明园出土和流散文物，论述盛时园中收藏陈设的规模、等级，以及制作和使用情况。将史料与文物结合，力图还原真实的盛时圆明园收藏陈设状况。

关键词：

御园　造办处　活计档

ABSTRACT:

The *Inventory Records of Furnishings (Chenshe dang)* of the Garden of Perfect Brightness *(Yuanming yuan)* has yet to be found. However, based on Imperial Household Department's *Archives of Imperial Workshops (Huoji dang)* and *Archives of Account Registers (Zouxiao dang)*, and through collecting archives and materials related to the Garden's furnishings, such as poems and essays by the Qing (1644-1911) emperors, memoirs of foreign emissary, and accounts from the *Anglo*-French Forces, which in cross reference with unearthed and lost cultural relics, this article discusses the scale, hierarchy, production, and usage of the furnishings displayed in the Garden's prime. By combining historical records and cultural relics, this article aims to recreate an accurate depiction of the state of collections and furnishings of the Garden of Perfect Brightness at its height.

KEYWORDS:

imperial gardens, Imperial Workshops, *Archives of Imperial Workshops (Huoji dang)*

乾隆帝称圆明园为“天宝地灵之区，帝王豫游之地，无以逾此”[1]，将它视为皇家园林的极致。昔日的“万园之园”不仅以天上人间诸景备的园林建筑著称，其中供皇帝和皇室成员赏玩、使用的收藏陈设也蔚为大观。清廷集天下良材，揽四海巧匠，倾全国之力来建造、装饰一园，满足帝后理政、赐宴、拜佛、听戏、读书、赏景等需要。园内陈设有的庄重富丽，有的淡雅清逸；有的承袭古代，有的清廷自制，有的来自异域，可谓“上下五千年，东西十万里”。虽然清代圆明园收藏陈设的数量尚无法统计，但通过清帝的御制诗、造办处官员奉旨承办活计的记录、外国使者和英法联军的回忆录等记载，可以确定作为“御园”，园中收藏陈设来自内府，数量多、等级高、种类丰，位居清代“三山五园”之首，其中有的陈设在紫禁城以外是独一无二的。

一 “御园”的地位和功能

康熙帝兴建畅春园将宫与苑合一，开创了清帝“园居理政”的先河。雍正帝即位后，以皇子时期，康熙帝赏赐的圆明园取代畅春园，作为“避喧听政”的“御园”。自雍正三年（1725）雍正帝首次驻跸圆明园，至咸丰十年（1860）圆明园被英法联军焚毁，五朝清帝始终以这里作为紫禁城外最重要的统治中心。盛时圆明园由相连的圆明、长春、绮春三园组成，占地350公顷，其中康熙、雍正、乾隆、嘉庆赐名的主要建筑800余座，各处悬挂的内檐、外檐匾额1200余面[2]。“御园”的政治地位和“园居理政”的功能，以及皇帝和皇室成员长期在此居住决定，圆明园规模宏阔、建筑功能众多，其内的收藏陈设丰厚、精美，代表了清廷的最高水平。

（一）宫苑并称

雍正帝继承了康熙帝“园居理政”的传统。圆明园“风土清佳”，他在这里可以“宁神受福，少屏烦喧。”[3]乾隆帝也说“紫禁虽九重，自当炎夏令。未如御园中，水木实清静。”[4]他们认为在此居住对身心有益。雍正三年（1725）八月，雍正帝首次驻跸圆明园，即发上谕“朕在圆明园与在宫中无异，凡应办之事照常办理”[5]。这既是晓谕大臣也是告诫后辈，圆明园和紫禁城都是皇帝的理政之所。“冬居紫禁夏居园，祖考长贻旧典存。御苑法宫同莅政，爱民省岁守先言。”[6]嘉庆帝在诗中说“园居理政”是祖制，并将“法宫”和“御苑”并称。清帝居园中，既要临朝听政、召见臣工、批阅奏章，处理民族和外交事务，又可观书论画、赏景赋诗、品茶谈禅、鉴藏文玩……

（二）园居时间长

在封建时代，皇帝所在之处就是政治核心之地。雍正帝至咸丰帝，通常每年正月灯节之前就由紫禁城

1 （清）弘历：《御制圆明园后记》，《故宫珍本丛刊·清高宗御制文》卷四，海南出版社，2000年，第47页。
2 圆明园管理处编：《圆明园百景图志》，中国大百科全书出版社，2010年，第48页。
3 （清）胤禛：《御制圆明园记》，《故宫珍本丛刊·清世宗御制文》卷五，海南出版社，2000年，第92页。
4 （清）弘历：《养心殿晚坐效白居易体》，《故宫珍本丛刊·清高宗御制诗》三集卷九一，海南出版社，2000年，9册第317页。
5 中国第一历史档案馆编：《圆明园》上册，上海古籍出版社，1991年，第17页。
6 （清）颙琰：《初冬养心殿》，《故宫珍本丛刊·清仁宗御制诗》初集卷三九，2册第158页。

来圆明园，入冬后回紫禁城。居京城时，除祭祀、大典等活动暂时回宫外，春、夏、秋大部分时间在此居住，届时后妃、皇子等随同前往。《养吉斋丛录》载“旧制，正月上辛，郊礼告成，即移跸御园，至冬还宫，宫眷皆从，俗称之大搬家”[1]。五朝皇帝驻跸圆明园的时间都超过其在紫禁城的时间[2]。此外，雍正十三年（1735），雍正帝逝于九洲清晏；乾隆二十五年（1760），嘉庆帝生于天地一家春；道光十一年（1831），咸丰帝生于湛静斋；道光三十年（1850），道光帝逝于慎德堂，可见清皇室在圆明园居住的时间之长。为了满足他们的多种需要，园中殿宇有各具特色的家具陈设，库房中收贮了大量精致器具。

二　清帝对陈设收藏的赏玩、制作和收贮

圆明园中的陈设和收藏始于康熙朝（雍亲王赐园），盛于乾隆朝。此时清朝国力强盛，前两位园主人雍正帝和乾隆帝具有较高的文化和艺术修养。万几余暇，他们喜好鉴藏古玩，制作和收藏各种艺术品，不仅是奢华生活的需要和怡情悦性的艺术享受，而且陈设于“御园”中有象征国家传承正统和显示国力强盛的作用。圆明园是他们制作、赏玩、收藏和展示内府奇珍的重要场所。

（一）康熙雍正时期

1. 鉴赏和收藏

“前居藩邸时，虽身处繁华而寤寐之中自觉清远，闲旷超然尘俗之外。”[3]雍亲王在赐园圆明园中过着文人雅士与富贵闲人般的生活。《深柳读书堂》诗“飘丝拂砚石，飞絮点琴床”“夜来窗月影，掩映简编香”[4]记述了他在园中与砚、琴、书为伴的风雅生活。北京故宫博物院藏《胤禛朗吟阁休闲图》〔图1〕，描绘了年轻的胤禛坐在朗吟阁中赏景，周围嘉木丛生，鹿鹤环绕。朗吟阁建于康熙朝后期，位于天然图画北〔图2〕，是一座三间南向两层楼阁。乾隆帝在《敬题朗吟阁》诗注中说“此阁名为皇考

图1　清胤禛朗吟阁休闲图
现藏故宫博物院

1 （清）吴振棫：《养吉斋丛录》卷一三，中华书局，2005年，第178页。
2 张恩荫：《圆明大观话盛衰》，紫禁城出版社，1998年，第20页。
3 《悦心集序》，《故宫珍本丛刊·清世宗御制文》卷八，第125页。
4 《园景十二咏》，《故宫珍本丛刊·清世宗御制文》卷二六，第295页。

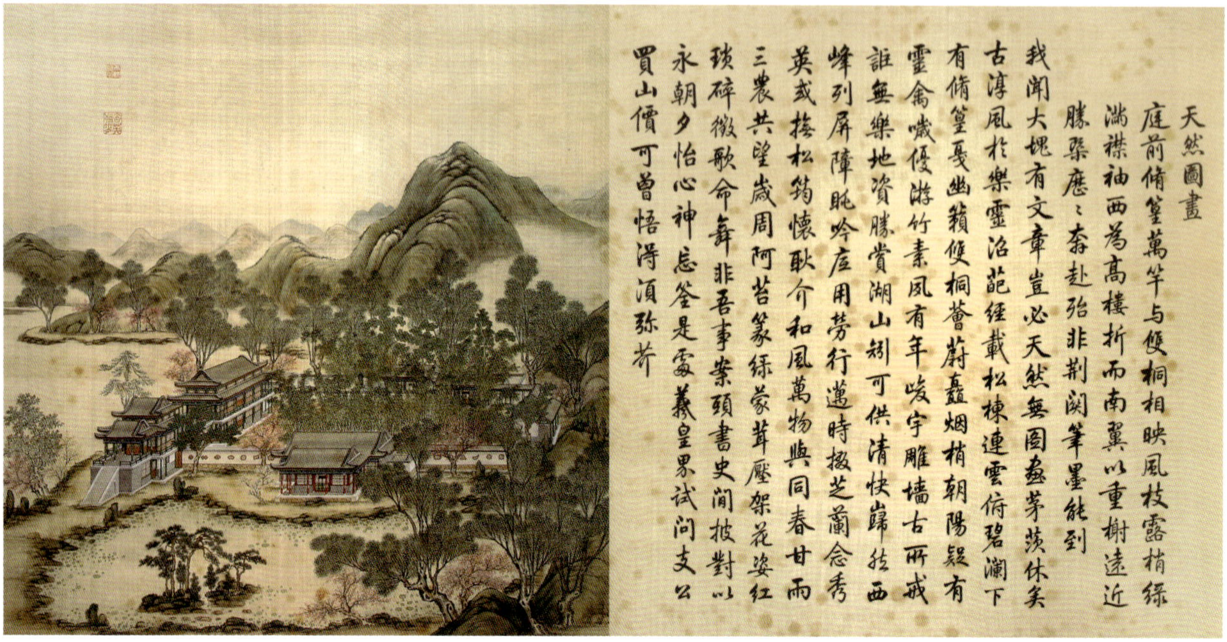

图2 乾隆九年唐岱、沈源绘圆明园四十景图咏之天然图画

图3 “朗吟珍赏”印
摘自《故宫博物院藏清代帝后玺印谱》

图4 “朗吟阁书画船”印
摘自《故宫博物院藏清代帝后玺印谱》

图5 “御赐朗吟阁宝”瓷印章
摘自《故宫博物院八十华诞古陶瓷国际学术研讨会论文集》

潜邸时所题，其时予尚在幼龄，每于此仰承圣训”[1]。胤禛曾有多方“朗吟珍赏”〔图3〕、“朗吟阁书画船”〔图4〕、“御赐朗吟阁宝”〔图5〕等印和不同釉彩的“朗吟阁制”堂名款瓷器。乾隆元年（1736）乾隆帝将胤禛未登帝位之前的书法作品，刊刻成《朗吟阁法帖》，可见朗吟阁是胤禛在园中喜居的读书习字、鉴赏珍玩之处。

雍正帝即位前就雅好鉴藏古玩。“朕仰赖皇考福庇，在藩邸数十年，悠游娱乐，所蓄玩器颇有。”[2]现藏于北京故宫博物院《雍亲王题书堂深居图屏》，宫廷画师绘身着汉装的女子品茶、观书、鉴古等生活情景。12幅绢画共出现了36件家具和60件器物[3]。画中的古鼎彝器、珍本字画是康熙至雍正时期皇家陈设中流行的器物，一器一物精细入微，宛如宫廷陈设的图录〔图6〕。其中有的器物是雍亲王府的旧藏。图中的红釉僧帽

1 《敬题朗吟阁》，《故宫珍本丛刊·清高宗御制诗》五集卷四四，17册第106页。
2 中国第一历史档案馆编：《雍正朝起居注册》二册，中华书局，1993年，1153页。
3 赵广超、吴靖雯：《细节品鉴十二美人》，《紫禁城》2013年第5期。

壶与台北“故宫博物院”收藏的明宣德宝石红釉僧帽壶〔图7〕相同，是雍亲王府大和斋的旧藏。器物上镌刻乾隆帝御制诗“宣德年中冶，大和斋里藏”，其木座上在诗文外围另刻“雍邸清玩”四字。图中桌子上摆放的青铜壶与台北“故宫博物院”收藏的周兽耳扁壶〔图8〕一致，其木座上也刻有“雍邸清玩”。康熙时期，圆明园中也必然陈设有类似的“雍邸清玩”。雍正朝圆明园成为“御园”后，这些器物也归入帝王收藏。画中的陈设即使不是实景，也有助于我们了解此时圆明园中的收藏和陈设。不仅如此，据朱家溍先生考证，此图原贴于圆明园深柳读书堂的围屏上，雍正十年（1732）拆下来入藏紫禁城，保存至今[1]。

图6 清《雍亲王题书堂深居图屏博古幽思》
故宫博物院藏

此时圆明园的收藏陈设，除《内务府造办处活计档》中的文字记载：更为形象的记录是现藏大英博物馆和维多利亚与阿尔伯特博物馆的清雍正本《古玩图卷》〔图9〕。据造办处档案记载：“雍正八年六月十五日，太监刘希文、王守贵传旨：着画西洋画人来圆明园画古玩，不必着郎世宁来。于七月初一日，画得绢古玩册页二册，呈览。奉旨：不必用绢画，用纸画手卷。”[2]雍正八年（1730），雍正帝曾指派“画西洋画人”到圆明园画古玩。乾隆帝也曾提看过《古玩图》卷。“乾隆二年正月初九日，太监毛团、胡世杰、高玉传旨：着将画古玩手卷预备呈览”。太监将画古玩手卷呈览后，乾隆帝命“照手卷上贴长黄签古玩取来”。“本月十一日，栢唐阿双柱将古玩手卷持赴圆明园选古玩。”[3]直到乾隆朝此画中的古玩仍收藏于圆明园，而且《古玩图》卷起到了文物账册的作用。图中汇集了古玉、青铜器、宋瓷、明瓷等古董与清朝制作的宝座、屏风、如意等各种器物。由于绘画者写实的技法，几乎可以判断它们的质地、样式和年代。图中可见的陶瓷器有：哥窑鱼耳炉、官窑葵花式洗、明宣德青花凤纹葵瓣式洗、明宣德青花牵牛花纹四方委角瓶、明宣德宝石红釉碗、釉里红三鱼纹碗等。不仅有宋代名窑瓷器还有明代宣德、成化朝瓷器，这与档案中记载的园中收藏陈设古代名窑瓷器或仿制品相合。《古玩图卷》真实、形象地反映了雍正朝圆明园部分的收藏陈设情况。

2. 设立圆明园造办处

雍正帝从悠游闲适的亲王成为宵衣旰食的皇帝，日常活动几乎就是在紫禁城和圆明园之间。“自总理万几以来，宵旰不遑，求如曩时之怡情悦目不可复得。”[4]他在园中每日“昼接臣僚，宵披章奏”[5]。政事之余，雍

1 朱家溍：《关于雍正时期十二幅美人画的问题》，《紫禁城》1983年第4期。
2 中国第一历史档案馆、香港中文大学文物馆编：《清宫内务府造办处档案总汇》卷四，人民出版社，2005年，第552页。
3 《清宫内务府造办处档案总汇》卷七，第767页。
4 《悦心集序》，《故宫珍本丛刊·清世宗御制文》卷八，第126页。
5 《圆明园记》，《故宫珍本丛刊·清世宗御制文》卷五，第92页。

图7　明宣德宝石红釉僧帽壶
台北"故宫博物院"藏
摘自《抟泥幻化：院藏历代瓷器》

图8　周兽耳扁壶
台北"故宫博物院"藏
摘自《品牌的故事：乾隆皇帝的文物收藏与包装艺术》

图9　清雍正《古玩图卷》现藏于维多利亚与阿尔伯特博物馆
摘自《得佳趣——乾隆皇帝的陶瓷品味》

正帝关注造办处事务，经常下旨亲自指导器物的设计和制作。由于他一年中大部分时间在圆明园，为便于管理，设立圆明园造办处。在首次驻跸圆明园的第二个月，即雍正三年（1725）九月命郎中赵元管理圆明园造办处[1]。圆明园造办处虽是宫内造办处的分支，但物料、钱粮来自宫内，主要工匠也基本是同一批人，随着皇帝的驻跸地点而两处迁徙。其主要作坊也设在园中，如芰荷香画画处、春宇舒和画画处、六所玻璃厂等。雍正帝关注的重要活计在圆明园作坊中制作，如瓷胎画珐琅器[2]、洋漆器物[3]等。圆明园造办处更多地参与园内建筑内檐装饰和各处殿宇的陈设制作。

（二）乾隆嘉庆时期

乾隆帝号“十全老人”，不仅在文治武功上追求十全，在艺术品位上也呈现多元化和集锦式。大到圆明园、清漪园、避暑山庄等皇家园林中仿江南、西洋的各式建筑，小到历朝传世奇珍和世界各地的艺术品，凡是他喜爱的东西千方百计收入宫中，或于宫苑中仿建、在造办处仿制。宫中收藏博古今、纳异域。这是他“天朝上国无所不有”“与西洋竞艺”帝王思想的体现。在他归政之初曾说：“朕御宇六十年来，国家升平昌阜，大内存贮，珍物骈罗，即佛像亦无可供奉之处。”[4]。为更好地保存这些或前朝遗留，或多方访求，或精心制作的艺术品，乾隆帝对其进行拣选，划分等级，配匣盛装，指定收藏地。圆明园是他很重要的一处制作、赏玩、收藏和展示珍玩之地。面对朝政的内忧外患和其父留下的众多珍宝，“守成之君”嘉庆帝下旨“除盐政、关差外，不许呈进玩物”[5]，减少和阗岁贡玉石数量，无力也无须大量搜集、制作珍玩。园中陈设收藏基本维持乾隆朝的水平，他主要增加了绮春园内的陈设和收藏。乾隆朝编纂的《石渠宝笈》初编和续编主要收录了圆明园和长春园宫殿中的书画等收藏。成书于嘉庆二十一年（1816）的《石渠宝笈》三编中，新增了绮春园澹怀堂、敷春堂、涵秋馆等十余处殿宇的书画收藏。

乾隆帝对他心中最佳的“帝王豫游之地”圆明园大规模地增建、扩建，以帝王之尊亲自监造、布置园内陈设。此时圆明园造办处规模壮大，作坊增多，功能更完善，延续了工匠随皇帝驻跸而在宫、园之间往返的传统。造办处工匠每年随着皇帝，春天来园住班，入冬前进京[6]。如意馆是造办处中制作皇帝钦派或价值较高活计的首席作坊，位于“洞天深处”东北〔图10〕，邻近皇帝日常理政的勤政亲贤和主要寝宫九洲清晏。传教士王致诚致函欧洲友人说：“在（圆明园）这座别宫的花园入口处有一座如意馆，它是中国和欧洲画家，制造自动装置或其他各种机器的欧洲钟表匠及加工宝石和象牙的工匠们工作的地方。除了这个皇帝不时会光顾的内部工场外，皇宫周围还有许多各种类型的工场，大批工匠为了装饰宫殿而经常在这里工作。”[7]王致诚记述了如意馆的位置、工匠组成以及乾隆帝常来此指导。清人昭梿关于“如意馆”的记载也印证了乾隆帝对此处

1 《清宫内务府造办处档案总汇》卷一，第679页。
2 《清宫内务府造办处档案总汇》卷五，第47页。
3 《清宫内务府造办处档案总汇》卷四，第202页。
4 （清）庆桂等编：《国朝宫室续编》卷七一，北京古籍出版社，1994年，第651页。
5 （清）昭梿：《啸亭杂录》，中华书局，1980年，第27页。
6 故宫博物院、中国第一档案馆合编：《清宫内务府奏销档》，故宫出版社，2014年，102册第421页，104册第253页。
7 王致诚：《耶稣会士和中国宫廷画师王致诚修士致达索先生的信》，《耶稣会士中国书简集》第四卷，大象出版社，2006年，第299页。

图10 乾隆九年唐岱、沈源绘圆明园四十景图咏之洞天深处

图11 乾隆九年唐岱、沈源绘圆明园四十景图咏之多稼如云

的关注"纯皇万几之暇，尝幸院中看绘士作画，有用笔草率者，辄手教之"[1]。

乾隆帝为圆明园的殿宇"量身定制"室内装修、家具、陈设从设计、选材到制作安装、摆放位置，亲自过问并不断修改，直至他满意。不仅满足使用、审美的需要，而且陈设的色彩、纹饰、造型与宫殿的名称、功能、环境统一，甚至呼应在此举行的活动以及建筑蕴含的文化内涵。有时为殿宇特制的陈设先完成，待其完工后安设。有时为更好地收藏奇珍，突显其价值，以奇珍名或典故命名建筑，甚至不惜对已有建筑进行改建。

1. 根据建筑的功能、环境、内涵特制陈设

园内建筑功能多样；园林环境丰富，有的建筑以动植物命名，如"碧桐书院" "鹤安斋"；景观内涵深刻，表现历史典故、诗文绘画、神话传说的意境，如"濂溪乐处""上下天光""蓬岛瑶台"。为使室内的陈设契合建筑的功能、环境和内涵，不仅由皇帝亲自指定器物陈设的地点，而且根据建筑的"主题"设计、制作"独一无二"的陈设。芰荷香位于圆明园四十景之一的多稼如云〔图11〕，殿前有大片荷池，是盛夏观赏荷花的佳处。乾隆帝除常侍奉皇太后至此观荷，还与宗室、大臣和民族首领等来此赏荷。殿内的装饰和陈设处处以"莲"为题。乾隆帝作《咏檀玉莲朵如意》[2]诗中有"问宜何处置，宜是芰荷香"，并有诗注"御园中每岁恭奉圣母赏荷处"。他认为"莲花"题材的陈设放在芰荷香最合适。的确如此，芰荷香内挂匾为"木胎彩漆雕莲花荷叶青字匾"[3]；照壁上贴董邦达画爱莲图[4]；室内陈设莲花宝座、莲花香几、莲花绣墩，甚至宝座的坐褥也绣有荷

1 《啸亭杂录》，第 398 页。

2 《咏檀玉莲朵如意》，《故宫珍本丛刊·清高宗御制诗》三集卷九一，第 318 页。

3 《清宫内务府造办处档案总汇》卷一五，第 127 页。

4 《清宫内务府造办处档案总汇》卷一五，第 481 页。

叶；还有一座荷叶顶的戏台[1]；有了这些陈设乾隆帝还不满足，命西洋人对殿内的乌木架葫芦形时乐钟进行改造，将钟顶安镀金莲花朵，逢打钟时要开花[2]。芰荷香殿柱子上挂有洋彩红地锦上添莲花挂瓶大小二对、洋彩黄地锦上添莲花小挂瓶一对，屋内香几上摆青莲花白地双管瓶。“乾隆十一年六月十四日，太监胡世杰交轿瓶一件、青花白地双管瓶一件随木座。传旨：照此轿瓶样款不要佛，放大做挂瓶六件，芰荷香簷柱上挂四件，屋内檐柱上挂二件，要锦上添莲花，留空堂写诗，屋内香几上照双管尊的款式，周身要青莲花，白地烧造瓶四件俱先画样呈览，准时交江西烧造。于十一月二十六日，七品首领萨木哈将江西烧造得，洋彩红地锦上添莲花挂瓶大小二对、洋彩黄地锦上添莲花小挂瓶一对、青莲花白地双管瓶、青花白地双管尊一件，随木座持进交太监胡世杰呈览。奉旨：将青花白地尊并挂瓶双管莲花瓶，俱交圆明园园内总管收贮。俟房得时，著造办处人拴挂安设。”[3]建筑还没完工，景德镇御窑厂已将为芰荷香定烧的各种釉彩的莲花纹瓷器送到园中。

图12　清沈源绘《夷则清商》
台北“故宫博物院”藏

乾隆帝命御窑厂按芰荷香挂瓶的样式再次烧制，陈设在园中另一处景观不同的殿宇，纹饰也随之改变。“乾隆十四年五月二十一日，太监胡世杰传旨：着照芰荷香现有挂瓶画秋花挂瓶样呈览，准时交唐英烧造挂瓶三对，在生秋亭（庭）建柱上挂二对，柱子上挂一对。”[4]生秋庭位于勤政亲贤，乾隆十一年（1746）乾隆帝御书匾额。乾隆朝每年立夏日、立秋日在此设供，皇帝至供前拈香。《十二禁御图》以十二律命题，描绘紫禁城、圆明园、玉泉山等处御苑的美景。沈源绘《夷则清商》〔图12〕在《十二禁御图》中对应农历七月孟秋之月。画中绘有生秋亭（庭）建筑，院中种植鸡冠花、菊花等秋天的花卉，乾隆帝题写御制诗《秋意一律》，说明这里是以“秋”为主题的建筑，因此挂瓶的纹饰也改画“秋花”。

2. 为特殊收藏命名建筑或改建建筑

皇帝为表示对殿中收藏的珍爱，以收藏品为题，给建筑命名或增题内檐匾额。园中有的建筑是乾隆帝为收藏珍贵书画而命名的，堪称“书画特展室”。如长春园狮子林的清閟阁，阁名取自“元四家”之一倪瓒的清閟

1 《清宫内务府造办处档案总汇》卷一四，第518、519、520页。
2 《清宫内务府造办处档案总汇》卷一八，第542页。
3 《清宫内务府造办处档案总汇》卷一四，第441页。
4 《清宫内务府造办处档案总汇》卷一七，第146页。

阁。阁中收贮有乾隆帝精选的倪瓒书画。九洲清晏池上居的画禅室是乾隆帝在园中收贮、鉴赏明代董其昌所品题的《名画大观》册及宋、元、明书画珍品之处。乾隆帝以董其昌的“画禅室”为此处命名。“己巳夏于池上居，聚董其昌所评之名画大观册，及黄公望山居图，虞世南临兰亭帖与江参、米友仁各真迹，并弆之。而额其室曰画禅，即仿香光意也。”[1]乾隆四十八年（1783）乾隆帝喜得明代雕漆匣，在其中放置笔墨纸砚文房四宝后收藏在狮子林横碧轩，增题内额“四藏书屋”。“癸卯年得明雕漆匣，宜置文房四事，因即藏于轩内，各为之什，而以四藏名其书屋。”[2]放在雕漆匣中的笔墨纸砚也非凡品。砚为钱惟善玉堂砚，是续入西清砚谱中最好的。纸为坚致莹滑的唐金粟笺[3]。

园中有的建筑竣工前就完成了陈设的设计、制作，也有的建筑建成后，皇帝偶得奇珍，不惜对建筑进行改建。乾隆三十五年（1770）乾隆帝为收藏“宋淳化阁帖毕世安本”和144件乾隆“钦定重刻淳化阁帖”帖石，在长春园含经堂北侧增建淳化轩[4]，将原位于此处的蕴真斋向北移。乾隆四十四年（1779）他为刊刻“兰亭八柱帖”，将雍正朝已建成的三开间重檐木柱流杯亭改建为重檐八方石柱亭，命人在八根石柱上摹刻内府收藏中精选出的历代名家所临摹以及于敏中和自己所临写的兰亭序和兰亭诗的墨迹八本[5]。乾隆帝还为放置山东巡抚国泰呈进的雕漆陈设，扩建慎修思永的云香清胜，并改名为“知过堂”。“去冬，山东巡抚国泰呈进雕漆椟、槛、屏、扇等件，以其费工无益，甚不惬怀。传旨严行申斥。第念成器不毁，又不肯因此添建大屋，不得已于慎修思永殿后旧有之云香清胜室，接楹装用并泐所著知过堂论于壁，遂以名堂云”[6]。尽管乾隆帝故作姿态地申斥了国泰，但为了放置这些“不得已”收下的器物，他虽没有“添建大屋”，但此次知过堂改建工程共奏销工料银9240两[7]。可见他对这些雕漆器物应甚是喜爱。

（三）道光咸丰时期

随着国势日衰，库藏渐虚，道光、咸丰帝不再大量聚敛、制作珍玩陈设。他们遵循祖制仍长期驻跸圆明园，园中陈设尚能维持。不仅如此，道光帝崇尚节俭，万寿、玉泉、香山“三山”不复至，陈设全撤[8]。仅道光二十二年（1842）十二月至二十三年（1843）十二月，将清漪园、静明园、静宜园的部分陈设撤下，交圆明园的金、玉、瓷、铜、漆、木器等达二万七千九百余件之多[9]。

直到咸丰十年（1860），英法联军侵华，抢劫、焚毁了圆明园，不仅使“万园之园”化为断壁残垣，还令历朝所积、琳琅满目、堆积如山的收藏陈设惨遭破坏，有的葬身火海，有的流散异乡，有的深埋地下，有的至今不知下落……

1 《题画禅室》，《故宫珍本丛刊·清高宗御制诗》四集卷六一，7册第240页。
2 《横碧轩》，《故宫珍本丛刊·清高宗御制诗》五集卷三五，16册第319页。
3 《四藏书屋咏文房四事有序》，《故宫珍本丛刊·清高宗御制诗》四集卷九六，14册第240页。
4 详见拙文：陈辉：《墨华辉映题轩扁，石刻珍藏嵌壁砖——〈钦定重刻淳化阁帖〉帖石与圆明园淳化轩》，《书法丛刊》2011年第5期。
5 详见拙文：陈辉：《年年上巳寻欢处，便是当时晋永和——〈兰亭八柱帖〉帖石与清廷的曲水流觞亭》，《中国书法》2012年第1期。
6 《题知过堂》，《故宫珍本丛刊·清高宗御制诗》四集卷九〇，第146页。
7 故宫博物院、中国第一档案馆合编：《清宫内务府奏销档》，故宫出版社，2014年，144册第232页。
8 （清）吴振棫：《养吉斋丛录》，卷二，北京古籍出版社，1983年，第39页。
9 铁源、李国荣：《清宫瓷器档案全集》卷三二，中国画报出版社，2008年，第14页。

三　收藏陈设数量多、种类丰、等级高

紫禁城壮丽辉煌，圆明园多山水又借西山美景，建筑活泼、灵动。园内或仿江南名胜，或摹诗画意境，或按仙山琼岛，建有不同类型、情调和功能的景观。既有高大宏敞的朝仪场所，也有舒适私密的居住空间，还有敬神祈福的庄严佛楼，赋诗、观鱼的湖池亭榭，以及体验民间生活的买卖街和领略异域水法之趣的西洋楼。陈设之于殿堂，犹如内脏之于躯体，不可分割。为满足众多殿宇陈设和皇帝长期园居的需要，商周之青铜器，唐宋元明之瓷、玉、书画等文玩乃至西洋器物都有收藏；显示皇家威仪的宝座、日常生活所用的痒痒挠[1]、耳挖[2]甚至西洋婴孩玩意[3]也有陈设。园中和宫内的陈设收藏都来自内府：以前朝皇室的传世文物和造办处制作的器物为主，又有王公大臣、外藩首领及外国使者进献，皇室出资购买，臣民获罪抄家所得，从紫禁城或其他宫苑中调拨的器物。从档案记载和现存文物显示，“御园”有多处收藏陈设与紫禁城相同，在宫外独一无二。一些特殊器物的数量、种类、材质等有时甚至超过紫禁城中的收藏。

（一）收藏陈设数量多、等级高

道光十五年（1835）十一月大臣奕纪奉旨清查内殿库贮物件，奏折中仅有宫内和圆明园两处，说明这两处是内廷器物的主要收贮地。据清单记载“头等、二等瓷器，瓷瓶、炉、碗、盘、碟等共773款：宫内存402件，园内存371件；头等、二等玉器，玉砚、笔洗、墨床、玉炉等共501件：宫内存148件，园内存353件；象牙角器共67款：宫内存37款，园内存30款；寿意铜器炉鼎瓶盒共133款，宫内存34款，园内存99款”[4]。此时，大部分器物数量、种类还是宫中更丰厚，但有的品类器物的数量园内与宫中很接近，甚至比宫中收藏还略多。

西洋器物是圆明园收藏陈设的特色。以西洋钟表为例，经过顺治、康熙、雍正帝的不断搜罗、仿制，这种集实用性与陈设性于一体的报时器，在内廷大量使用。圆明园陈设的钟表种类丰富，数量繁多，外观华丽，构造奇巧，尤其以乾隆朝为盛。乾隆二十一年（1756）做钟处统计宫内及各处皇家园林、寺庙等处陈设钟表数量（见表一），圆明园90件；长春园49件，逢年节或特殊的季节还会增加。圆明园（包括圆明园和长春园）比其他皇家园林、寺庙甚至宫内都多。园中陈设钟表最多的地点是西洋楼谐奇趣。这里是乾隆帝为配合西洋式建筑，集中陈设西洋器物，并向奉旨观赏水法的外藩首领、外国使者展示“天朝上国无所不有”强大国力的地方。圆明园被毁后的咸丰十一年（1861），大臣肃顺向咸丰帝回奏“详查城内及圆明园现存大小钟表数目”的奏折记载“圆明园原库存大小钟表441件，城内原库存大小钟表431件”[5]。在咸丰十年（1860）园毁之前，圆明园库存钟表的数量也是相当可观的。

---

1 《清宫内务府造办处档案总汇》卷二，第 754 页。

2 《清宫内务府造办处档案总汇》卷四，第 385 页。

3 《清宫内务府造办处档案总汇》卷三〇，第 324 页。

4 《清宫内务府奏销档》，214 册第 435 页。

5 《清宫内务府奏销档》，243 册第 121 页。

表一 乾隆二十一年做钟处统计宫内及各处皇家园林、寺庙陈设钟表数量

序号	收藏地点	钟表数量
1	宫内	42件
2	瀛台	9件
3	永安寺	3件
4	雍和宫	3件
5	圆明园	90件
6	长春园	49件
7	畅春园	1件
8	清漪园	21件
9	静明园	6件
10	静宜园	27件
11	盘山	3件
12	热河	18件

图13 清康熙青花龙凤纹碗残片及修复后完整器
圆明园出土

清廷收藏、陈设、使用瓷器很多。“珍逾夏商鼎，少贵似晨星”[1]的历代名窑瓷器被视为古董珍玩，供皇帝陈设、赏玩。圆明园中收藏的历代名瓷中既有汝窑、定窑、哥窑等宋瓷，也有嘉窑、成窑、宣窑等明代御窑器物。“官汝称名品，新瓶制更嘉。”[2]清皇室更多陈设和使用的还是景德镇御窑厂制作的器物。例如圆明园中陈设有雍正花梨木釉瓷桶[3]、乾隆洋彩黄地锦上添花万年甲子转旋笔筒[4]、乾隆四季花瓷灯[5]以及瓷犬[6]、瓷鹿、瓷鹤[7]等乾隆朝像生瓷名品。此外御窑厂每年送京的大运瓷器中，除少量器型、釉彩特殊的瓷器外，皇帝将大量瓶、盘、碗、盅、碟等送往圆明园（表二）。可见当时圆明园使用、存贮瓷器数量之多。今园内出土的大量同形、同色、

1 《咏官窑瓶子》，《故宫珍本丛刊·清高宗御制诗》四集卷一八，11册第236页。
2 《咏挂瓶》，《故宫珍本丛刊·清高宗御制诗》初集卷一一，1册第214页。
3 《清宫内务府造办处档案总汇》卷三，第704页。
4 《清宫内务府造办处档案总汇》卷一三，第580页。
5 《清宫内务府造办处档案总汇》卷七，第789页。
6 《清宫内务府造办处档案总汇》卷一二，第302页。
7 中国第一历史档案馆编：《圆明园》上册，上海古籍出版社，1991年，第110页。

图14 清康熙斗彩雉鸡牡丹纹碗残片
圆明园出土

图15 康熙款斗彩雉鸡牡丹纹碗
故宫博物院藏
摘自《故宫博物院藏文物珍品大系：五彩斗彩》

图16 清康熙黄釉暗刻龙纹碗残片
圆明园出土

同纹饰的清代瓷器残片〔图13〕与故宫收藏的清宫旧藏瓷器相同〔图14、15〕。其中圆明园出土的清代烧造管理最严格和使用者等级最高的内外黄釉器很多，〔图16〕，是为居于园中能够使用此釉色瓷器的皇帝、皇后或太后准备的。

表二 乾隆朝活计档中御窑厂大运瓷器交圆明园收贮的部分记录[12]

时间	大运瓷器种类数量	奉旨送圆明园收贮数量
乾隆四年八月十一日	上色尊、瓶、罐、盘、碗、盅、碟共二千七百五十一件	将洋彩黄地洋花合欢罐两件留下，其余俱送圆明园交园内总管[1]
乾隆四年十二月十五日	大运瓷器盘、碗、盅、碟、尊、瓶、罐共三千七百五十一件	将瓷器盘、碗、钟、碟、尊、瓶、罐等共三千七百四十二件持去，送赴圆明园交园内总管收讫[2]

1 《清宫内务府造办处档案总汇》卷八，第782页。
2 《清宫内务府造办处档案总汇》卷九，第92页。

（续表二）

时间	大运瓷器种类数量	奉旨送圆明园收贮数量
乾隆七年十一月二十日	上色锦上添花尊瓶三十件，上色锦上添花茶圆三十二件，上色呈样尊瓶罐等一百三十四件，上色盘碗盅碟等二百五十四件，上色装桶盘碗钟碟尊瓶罐等五千四百五十九件	将锦上添花尊瓶并茶圆俱留下，其余交刘沧洲。刘沧洲传将交出瓷器俱送往圆明园交园内总管[1]
乾隆八年十一月初五日	大运琢圆瓷器共五千四十五件，外随进锦上添花样彩等琢圆瓷器共一百十七件。	将青云龙钵盂缸二件，龙泉釉暗龙钵盂缸二件并龙泉釉宝月瓶一件交造办处配座，其余交圆明园[2]
乾隆九年十一月二十八日	上色锦上添花转旋尊、瓶、碗等十八件并各色样瓷尊、瓶、盘、碗、盅、碟等共五千二百七十三件	将上色尊、瓶、碗十八件并霁青项大锦伏天球尊一件留下，其余五千二百七十二件送圆明园交园内总管[3]
乾隆十年十二月初一日	洋彩锦上添花尊、瓶等二千件。上色尊、瓶、碗、盅、碟等五千二百六十四件。六年分次色黄器盘、碗、盅、碟等二千三百二十一件	将洋彩锦上添花尊、瓶等二千件，内廷留下，其余着送往圆明园交刘沧洲[4]
乾隆十一年十一月二十六日	上色呈样尊、瓶、罐、盘、碗、盅、碟等三百三十六件，上色装桶尊、瓶、罐、盘、碗、盅、碟等四千九百五件外，随进洋彩红锦地洋花山水诗意菱花尊等七对，洋彩描金芭蕉绦环宝莲洋花霁青大天球尊等七对	将洋彩东青双带耳观音瓶一对，洋彩锦上添花双喜耳汉尊一对，洋彩翠地锦上添洋花玲珑夹宣花胆瓶一对、洋彩金碟花霁红观音瓶三件留下，其余俱交圆明园内总管收贮[5]
乾隆十二年十一月二十六日	上色呈样琢器一百四十一件；上色呈样圆器二百六件；上色装桶琢器四百三十六件；上色装桶圆器四千四百六十四件，外随大运上色洋彩锦上添花尊、瓶、茶圆、茶碗共六十二件	将外随大运上色锦上添花尊、瓶、茶圆、茶碗等内红地锦上添花花觚二件，矾红甘露瓶四件，哥窑玲珑转旋蓍草瓶二件，红地锦上添花诗句茶碗二十二件，黄地锦上添花茶圆六件，洋彩冬青地四团山水象耳海棠尊二件，洋彩万福洋花蝉纹尊两件留下，其余俱送往圆明园交园内总管[6]
乾隆十六年六月十六日	上色呈样尊瓶罐等共五十八件，上色呈样盘碗盅碟等共三百二十六件，上色装桶尊、瓶、罐等共六百三十件，上色装桶盘、碗、盅、碟等共六千三十六件	奉旨：着交圆明园

1860年焚毁、抢劫圆明园的英法联军既毁灭了这个世界的奇迹，也用他们的笔，记录下了圆明园的盛景，其中的陈设让他们赞叹不已。英国随军牧师麦吉在他的回忆录中说："你可以看见鳞次栉比的院落和宫殿，仿佛进入迷宫一样，里面到处是古玩、绸缎和各种货物的库藏。"[7]法军上尉帕吕也同样惊叹："第一批进入圆明园的人以为是到了一座博物馆，而不是什么居住场所。因为摆在架子上的那些东方玉器、金器、银器还有漆器，不论是材料还是造型都是那么珍稀罕见，简直就像欧洲的博物馆。"[8]面对如此多的珍宝，英法两军毫无顾忌地大肆抢劫。法国所获的大部分珍品，由蒙托邦将军进献给法国皇室，现收藏在枫丹白露宫〔图17〕。馆内这些文物的放置，不分年代和材质，根据器形和可用的空间，全部充填满当。有的挂在墙上，或摆在桌上，还有的陈列在中式风格的玻璃柜中。装饰天花板的是三幅巨大的缂丝唐卡。大厅中央摆放金碧辉

1 《清宫内务府造办处档案总汇》卷一一，第160页。
2 《清宫内务府造办处档案总汇》卷一一，第599页。
3 《清宫内务府造办处档案总汇》卷一二，第316页。
4 《清宫内务府造办处档案总汇》卷一三，第576页。
5 《清宫内务府造办处档案总汇》卷一四，第399页。
6 《清宫内务府造办处档案总汇》卷一五，第85页。
7 ［英］麦吉著，叶红卫、江先发译：《我们如何进入北京——1860年在中国战役的记述》，中西书局，2010年，第135页。
8 ［法］帕吕著，谢洁莹译：《远征中国纪行》，中西书局，2010年，第127页。

图17 法国枫丹白露宫内景

图18 耕云堂玉盘
现藏枫丹白露宫

煌的佛塔，佛塔两边是一对铜镏金龙，还有成对的象牙，十分引人注目。玻璃柜和多宝槅中陈设有铜器、瓷器、珐琅器、漆器、玉器等。有的玉器上还保存着清廷写有园中收藏地点的黄签〔图18〕。这些稀世奇珍，可以说是圆明园收藏陈设的部分再现。其中瓷器多摆放在四角，高度接近天花板的木制槅架上。体量小的玉器、瓷器等放置在玻璃柜中。瓷器为明、清御窑精品，其中大部分是釉色美，纹饰精的康熙、乾隆朝御窑名瓷。其中很多器物与故宫博物院、南京博物院等处的清宫旧藏器相同。

（二）在宫外独一无二

为了能随时赏玩、使用，皇帝在往返宫、园时随行携带其珍爱的收藏。有的重要陈设在宫中和园中各贮一份或一部分，在宫外是独一无二的。园中收贮的一些特殊器物的数量、种类、材质甚至超过紫禁城中的珍藏。宫中和园内都设有“银库”。康雍乾三朝画珐琅器和乾隆洋彩器集中收藏于紫禁城端凝殿和圆明园御兰芬。乾隆帝建七座藏书楼收藏《四库全书》。不仅圆明园文源阁收藏有《四库全书》，而且从《四库全书》中撷取精华，供乾隆帝私人检索的《四库全书荟要》仅有二部：一部藏于紫禁城御花园之摛藻堂，另一部藏于长春园含经堂的味腴书屋。

皇帝珍爱的收藏会随驾往返宫中和御园。乾嘉时期，九洲清晏的池上居，内额为“画禅室”。紫禁城中也有一处“画禅室”，“咸福宫后殿西室，高宗纯皇帝御笔匾‘画禅室’”[1]。乾隆帝在《初夏池上居》的诗注中说：“室内别额曰画禅，宫中画禅室所弆董其昌名画大观册及黄公望《山居图》、米友仁《潇湘图》、李唐《江山小景》，宋元明真迹册，又予新集唐、五代、宋、元，王维、周昉等画帧，凡幸圆明园则携来以贮此室。”[2]这样宏富的收藏只有以皇家之力，在乾隆帝这位“文人”天子的搜集下才能聚齐。乾隆帝在宫中、园中都能鉴赏董其昌《名画大观》及宋、元、明书画珍品。九洲清晏画禅室是这些书画名作在园中的收藏地。乾隆帝在这里过着“有暇便看古书画”[3]的惬意生活。

1 （清）庆桂等编：《国朝宫室续编》卷五六，北京古籍出版社，1994 年，第 448 页。
2 《初夏池上居》，《故宫珍本丛刊·清高宗御制诗》四集卷九七，7 册第 769 页。
3 《初夏池上居》，《故宫珍本丛刊·清高宗御制诗》四集卷九七，7 册第 769 页。

图19 含经堂梵香楼遗址鸟瞰
摘自《圆明园长春园含经堂遗址发掘报告》

图20 乾隆地天母铜像
长春园含经堂出土

乾隆二十二年至四十七年（1757—1782），乾隆帝先后在紫禁城、圆明园和承德建有八座“六品佛楼”。梵香楼位于含经堂，是一座二层转角楼，上下各十三间，平面呈“凹”字形〔图19〕。室内的佛像、唐卡、佛塔、供器仿紫禁城慧曜楼。“乾隆二十二年十月十二日，内务府大臣三来说，九月二十四日太监胡世杰传旨：含经堂西配楼七间着照建福宫新建楼上下一样供佛。楼上明间供宗喀巴，两边六间楼上供佛，两边板墙嵌安佛格，楼下供护法，其罩、座、桌张俱照一样做。”[1]遗憾的是目前梵香楼中的佛像等仅出土一尊“地天母”〔图20〕。此尊佛像与紫禁城梵华楼内的“地天母”造型一致。

梵香楼一楼明间之外的六室分别供奉金、银、铜、珐琅、紫檀、玻璃制成的形制各异的佛塔，样式仿紫禁城慧曜楼，但尺寸比慧曜楼六塔提高了七寸。其中成做金塔所需“金三千四百两”，后因增高七寸又追加“八二色金三百两”，费用之巨可想而知。因此，从第三座“六品佛楼”承德避暑山庄的众香楼起，六塔形制仍沿袭慧曜楼和梵香楼，但材质全部改用掐丝珐琅。梵香楼的六座佛塔虽已不存，但在体量和材质上可以说是清廷八座“六品佛楼”中空前绝后的。

乾隆二十六年正月初四日，“太监胡世杰传旨：慧曜楼现供金塔、银塔、铜塔、玻璃塔、紫檀木塔各照样成造一座，得时在梵香楼供”。

于二月初二日，“成造金塔一座约用八六色金三千四百两，因造办处金不足应用，请动用广储司八六色金二千四百两，七五色金五百两，七成金五百两，均合对化，可得八二色金三千四百两，实属应用。”[2]

乾隆二十六年二月初九日，“太监胡世杰传旨：现做梵香楼金塔、银塔、紫檀木塔、玻璃塔、铜塔各长高三寸，要与珐琅塔一般高”。

1 《清宫内务府造办处档案总汇》卷二二，第641页。
2 《清宫内务府造办处档案总汇》卷二六，第161页。

图21 青花八吉祥纹瓷砖
长春园思永斋出土

图22 紫禁城养心殿内景
摘自《金窗绣户：清代皇宫内檐装修研究》

于三月二十九日，“太监胡世杰传旨：现做金塔、银塔、铜塔、玻璃塔、珐琅塔、紫檀木塔俱长高七寸”[1]。

乾隆二十六年（1761）七月初九日，“郎中白世秀、员外郎寅著为金塔长高塔顶十三层，周围放大，添面板、束腰，用金三百两，但广储司现存各色金两对化俱不足用，唯存头等金二百九十两六钱零，如在此金内请领用二百五十一两，外加银四十九两均合对化可得八二色金三百两应用，缮折持进，交太监胡世杰转奏，奉旨：着向广储司再查明回奏”[2]。

盛时圆明园建筑的内部装饰也十分奢华，即便是地面这样的细节也追求完美，不仅铺有质地优良的金砖，还铺墁不同釉色的瓷地砖。瓷地砖因烧造难度大，造价高，比金砖使用更少，也更珍贵。据“道光四年五月穆彰阿等奏遵旨查库折清单”所记，当时圆明园藏有不同尺寸、形状和釉彩的瓷砖“绿地洋彩紫葵花瓷砖十五块，青花五彩瓜蝶瓷砖十七块，青花瓷砖八寸至一尺，并半块、三角，共二百五十三块”[3]。长春园思永斋出土的青花瓷砖〔图21〕与养心殿三希堂〔图22〕和建福宫碧琳馆铺墁的地砖相同。长春园如园出土的粉

1 《清宫内务府造办处档案总汇》卷二六，第162页。
2 《清宫内务府造办处档案总汇》卷二六，第163页。
3 《圆明园》上册，第496页。

图23 粉彩瓷地砖
长春园如园延清堂出土

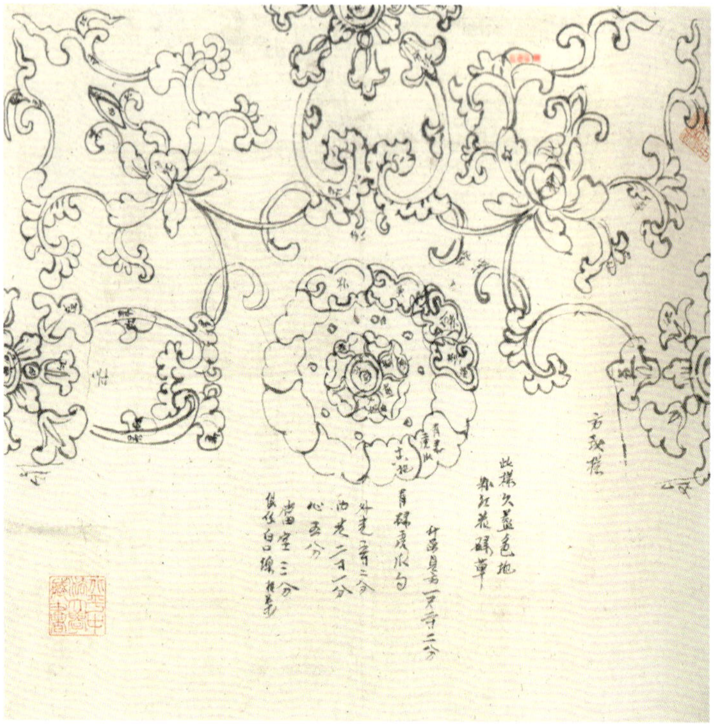

图24 清工部样式房制墨绘纸本瓷砖画样草图
摘自《故宫博物院藏品大系善本特藏13样式房图档》

彩瓷地砖〔图23〕虽有清工部样式房制“墨绘纸本瓷砖画样草图”〔图24〕的烧造图样存世，但目前发现清代宫苑铺设此种瓷砖的实例仅此一处。

园中这些在宫外独一无二的收藏陈设，除方便皇帝赏玩、使用，还起到展示清朝强大实力的外交功能。虽然圆明园主体是中式园林，但融东西方建筑元素的西洋楼是园中最具特色的建筑群。为了与西式建筑风格一致，其内部的装潢陈设，从匾额、家具到显微镜、射光镜、天体仪、西洋绒狗、西洋书本、西洋琴、西洋剑，无所不有，堪称西洋器物的展览馆。1860年劫掠圆明园的法军医生曾回忆：宫殿群是路易十四、十五时期的风格。建筑装饰完全按照法国的样式建造，装潢和家具来自哥布林地毯厂的地毯，圣格本产的镜子，吊灯，烛台，座钟，油画，这一切都是上个世纪的法国风格。我们甚至感觉似乎已经身处巴黎[1]。法国人对其中的西洋器物很熟悉，这些具体、生动的描述与《活计档》中西洋楼多为西洋陈设的记载吻合。西洋楼建筑由外国传教士郎世宁、蒋友仁设计、监造，室内装饰和陈设有的是王公大臣、外国使者及传教士进献。乾隆五十八年（1793）英王派遣使者马嘎尔尼，率使团带着近六百件精心挑选的珍贵礼物来到中国。英使团回国后，乾隆帝令将这些礼物摆放于圆明园、紫禁城及热河等处。园中大部分礼物都存放在西洋楼的远瀛观和各水法殿中。“远瀛观安设天文大表全分；内殿、水法等处收贮小玩器一分；水法收贮瓷器一分，安设玻璃灯一对，气法一分，巧益架一分；水法收贮画幅全副；水法安设西洋船样一只，自行椅一对。”[2]有的陈设是乾

1 〔法〕阿道尔夫·阿尔芒著，许方、赵爽爽译：《出征中国和交趾支那来信》，中西书局，2010年，第327页。
2 秦国经、高换婷：《乾隆皇帝与马嘎尔尼》，紫禁城出版社，1998年，第117页。

隆帝命粤海关和皇商采买或到海外定制[1]。更多的陈设是由造办处“行走”的郎世宁、王致诚、席澄源、杨自新、汪达洪、沙如玉、汤执中、纪文等西洋传教士设计、制作。西洋楼是乾隆帝“天朝上国无所不有”“与西洋竞艺”的帝王思想和多元艺术风格的体现，也表现了其欲超越西方的雄心，具有政治、文化象征意义和外交作用。“堂北为西洋水法处，盖缘乾隆十八年西洋博尔都噶里雅国来京朝贡，闻彼处以水法为奇观，因念中国地大物博，水法不过工巧之一端，遂命往京之西洋人郎世宁造为此法，俾来使至此瞻仰。”[2]此处乾隆帝所说的水法建造时间虽不准确（乾隆十六年西洋楼第一座建筑谐奇趣已建成），却记述了西洋楼建造的原因和建成后他向外国使者展示的得意之情。乾隆十八年（1753）葡萄牙国王遣使来华。使者巴哲格在圆明园觐见乾隆帝，并游览了西洋楼。据《乾隆十八年葡使来华纪实》记载：“钦差（巴哲格）未来之先，万岁对西老爷（指席澄源）说过好几次，你们快快完西洋房子。你们西洋大人来了，我叫他看我西洋房子里的陈设，都是大西洋很好的东西，又有好些都是西老爷做的，很巧妙的玩意摆设。”[3]葡萄牙使者也记述：“富公爷带钦差去看西洋房子，很美很好，照罗马样子盖的。内里的陈设都是西洋来的，或照西洋样子做的。富公爷问钦差西洋见过没有，他说有好些没有见过，因为内里的东西很多都是头等的。”[4]此处的西洋房子指圆明园西洋楼，其中的西洋陈设连葡萄牙使者都认为是“头等的”。英使马嘎尔尼在回国后描述承德避暑山庄内的西洋陈设时，也曾与圆明园中的陈设对比：“那些地球仪、天体运行仪、钟表、音乐自动机之类，工艺之精美，数量之丰富，使我们的礼品相形失色。可是我却被告知说，我们所见到的远不如圆明园中所藏的欧洲物品高级。”[5]如此集中地陈设大量高级的西洋器物，在其他皇家园林乃至紫禁城中也是没有的。因此清帝在圆明园接见、赐宴外藩首领和外国使者，特许他们在园中游览，希望通过“天上人间诸景备”的建筑和融古今、纳异域的收藏陈设，向其展现清王朝地大物博、无所不有的强大国力。

四 结 语

圆明园是一座百科全书式的园林，从建筑到陈设收藏集千年传统文化之大成和清代中西方文明融合的精华。作为五朝皇帝长期园居的“御园”，重要地位决定了其中的收藏陈设种类丰、数量多、等级高，而且很多陈设在宫外独一无二。一些特殊品类的器物数量、种类、材质甚至超过宫中的珍藏。这些融合文人典雅艺术品位和帝王夸耀伟业心理的器物，通过历朝皇帝精心地制造和布置，与圆明园的园林环境、建筑功能、帝后生活乃至外交活动，和谐统一，相得益彰。

[作者单位：圆明园管理处]

---

1 《清宫内务府造办处档案总汇》卷一七，第 288 页。

2 《题泽兰堂》，《故宫珍本丛刊·清高宗御制诗》五集卷九四，19 册第 84 页。

3 阎宗临：《中西交通史》，广西师范大学出版社，2007 年，第 657 页。

4 阎宗临：《中西交通史》，广西师范大学出版社，2007 年，第 657 页。

5 ［英］约翰·巴罗著，李国庆、欧阳少春译：《我看乾隆盛世》，北京图书馆出版社，2007 年，第 95 页。

普乐寺坛城考*

Study on the Mandala of the Temple of Universal Joy in Chengde

李建红

Li Jianhong

内容提要：

普乐寺始建于清乾隆三十一年（1766），竣工于乾隆三十二年（1767）。寺庙分前后两部分。前部是典型的汉式伽蓝七堂布局。后部是一座"吉祥轮胜乐智慧坛城"。此坛城由群房、方形城台、旭光阁三部分组成。群房现存基址与四门殿，方形城台及旭光阁保存完好。如果与清宫陈设档案对照，普乐寺坛城建筑内现有供像及陈设可谓十不存一。本文根据此寺坛城现状，结合相关档案、佛教经籍，试图对寺内坛城八塔、供像、部分陈设及相关佛事活动进行考述。

关键词：

普乐寺　坛城　陈设　佛事活动

ABSTRACT:

The construction of the Temple of Universal Joy (*Pule si*) began in 1766, the 31st year of the Qianlong reign, and was completed in 1767. It consists of two distinctive sections. The front part follows the traditional Chinese Han-style monastery layout, featuring seven structures. The rear part encompasses the Mandala of Samvara, which comprises three components: surrounding buildings, a square platform and the Xuguang Pavilion. While the surrounding buildings have now fallen into ruins, the square platform and the Xuguang Pavilion have been well preserved. However, a comparison with the records of the *Interior Setting Archives of the Qing Palaces* reveals that most furnishings and statues in the Mandala no longer exist. Through an examination of historical archives and Buddhist texts, this paper endeavors to explore various aspects of the Mandala, including its eight pagodas, statues for worship, and parts of the interior settings, furnishings, and associated Buddhist activities.

KEYWORDS:

Temple of Universal Joy *(Pule si)*, Mandala; interior setting and furnishing, Buddhist activities

* 本文为 2023 年度承德市社会科学发展研究课题，课题编号：20233072。

图1 普乐寺全景图

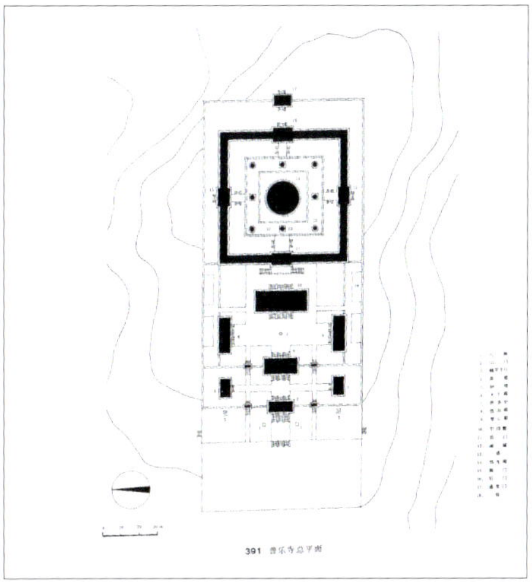

图2 普乐寺总平面图《承德古建筑》

普乐寺位于承德避暑山庄东部山麓台地，庙址坐东朝西，寺东直指磬锤峰。〔图1〕其始建于清乾隆三十一年（1766），占地约1.8公顷，分前后两部分。前部是典型的汉式伽蓝七堂布局，后部是一座坛城，由群房、方形城台、旭光阁三部分组成。〔图2〕群房现存基址与四门殿，方形城台及旭光阁保存完好。根据清宫陈设档案记载，当年坛城内供奉有佛像、佛画以及供法器等，现大多无存。本文主要依据寺内坛城现状，结合相关档案与佛教经籍，对坛城群房、八塔、供像、部分陈设及相关佛事活动进行初步考述。

在考述之前，首先对普乐寺的修建缘起作以说明，因为这直接关系到寺庙选址及坛城的内容与形制。

乾隆三十二年（1767）八月，普乐寺工程告竣。关于建寺原因，除了乾隆帝亲撰《普乐寺碑记》中所说"惟大漠之俗，素崇黄教，将欲因其教，不易其俗，缘初构而踵成之"[1]除为了怀柔蒙古各部而继续修建的一处瞻礼场所外，还关乎乾隆帝本人的宗教信仰，这在土观活佛为其师三世章嘉所写的传记中说得非常清楚[2]：

> 在热河御花园（避暑山庄）前面的山头上，有一个状如男性生殖器的突起的山峰（磬锤峰），前辈章嘉阿旺罗桑却丹说那座岩峰是大自在天的依止处，在那个险要处还有一座吉祥轮胜乐智慧的坛城。这个故事传到大皇帝的耳中，遂让章嘉国师在那座岩峰的对面建立一座胜乐立体坛场以及佛堂。章嘉国师奉命建立了供有胜乐天众，约有十五岁童子身量的佛像所居的立体坛城及佛殿。由章嘉国师主持，我等僧众举行了开光典礼，大皇帝也列席集会，参加了规模盛大的胜乐会供轮活动。

可见，普乐寺之所以选址于磬锤峰对面，是因为这里是"大自在天的依止处"，并且还有一座"吉祥轮胜乐智慧的坛城"。

坛城，梵文音译为曼荼罗，有诸佛聚集，轮圆俱足之意。"大自在天"，就是印度教神灵湿婆，其化身之

1 （清）弘历：《普乐寺碑记》，此碑置于普乐寺群房西门殿内。

2 土观·洛桑却吉尼玛著，陈庆英、马连龙译：《章嘉国师若必多吉传》，中国藏学出版社，2007年，第230页。

一是林伽。在古印度，其被认为是万物之本，以人之男根为天神而祭祀。唐代高僧玄奘在印度留学期间，经过"劫比他国"（今印度北部邦的法鲁卡巴德）时，曾对当地人们崇信的大自在天有所记载："至劫比他国，俗事大自在天，其精舍者高百余尺，中有天根，形极伟大。谓诸有趣，由之而生。王民同敬不为鄙耻，诸国天祠率置此形。"[1]密宗经典《胜乐续》中也有记述："于自在天男根自然生成之所在，瑜伽师若善加修持可以速成"[2]。西藏密教认为林伽本身就是修行所依的身坛城，因此二世章嘉活佛才会有磬锤峰为大自在天依止处之说。

当然最为关键的一点，胜乐金刚还是乾隆帝的本尊神。约在乾隆十年（1745），三世章嘉国师为乾隆帝传授了"胜乐铃五种"灌顶法。灌顶时，章嘉国师坐在高高的法座上，而乾隆帝自己则坐在较低的坐垫上，直到灌顶结束，他一直跪在地上，聚精会神地如律听受教法[3]。此后，章嘉国师成为其金刚阿阇黎。因此，当"师徒"二人听到和看到承德有那么一处修建胜乐坛城极佳的天然景观时，便规划设计了这座普乐寺。

> "咨之章嘉国师云，大藏所载，有上乐王佛，乃持轮王佛化身，居常向东，洪济群品。必若外辟重闉，疏三涂，中翼广殿，后规阇城，叠磴悬折，而上置龛，正与峰对者，则人天咸遂皈依。"[4]

这是《普乐寺碑记》中的一段话，其中"外辟重闉，疏三涂"是指外设两道围墙，以清除、远离畜生、饿鬼、地狱三恶道。"中翼广殿，后规阇城"是指普乐寺中建宗印殿，后规划一座坛城。"叠磴悬折，而上置龛，正与峰对者"，即沿着悬折的台阶登上（坛城），其中置以佛龛，正与磬锤峰相对。由此可知，普乐寺内的主要殿堂与陈设都是根据章嘉国师所说的佛教经典而精心营建成造的，以期达到"人天咸遂皈依"佛法之目的。

至于碑文中所说"大藏所载"，应是指依据《大藏经》之记载。在《西藏大藏经·甘珠尔》中收录有关于胜乐曼荼罗经典《胜乐本续》。"胜乐系经"在古印度十分流行，形成了诸多流派。传入西藏后，受到多个教派的重视。在格鲁派中，胜乐与金刚怖畏、秘密集会并称格鲁派的三大本尊之一[5]。清代皇室尊崇、扶植格鲁派，此三大本尊多供于清宫重要佛堂及皇家庙宇中。特别是胜乐金刚作为乾隆帝的本尊神，专门建立、绘画胜乐金刚曼荼罗，举行坛城修供活动，以满足其宗教信仰需求。

以《胜乐本续》为依据的曼荼罗文献及图像，于19世纪被萨伽派高僧蒋阳·洛特旺波收入到藏文曼荼罗文献《续部总集》中，其中胜乐曼荼罗有15种，而鲁易巴传62尊曼荼罗（以下称62尊曼荼罗）在西藏密教现存实例中最多，影响也最大。其曼荼罗构造是以胜乐与金刚亥母为中心，由内到外依次是大乐、心、语、意、三昧耶五轮，各轮之间呈同心圆排列，均布列多位尊神。现供职于北京故宫博物院的张雅静博士，已将

1 （唐）道宣，郭绍林点校：《续高僧传·玄奘传》，中华书局，2014年。

2 阿旺伦珠达吉：《六世达赖喇嘛仓央嘉措秘传》，中国藏学出版社，2010年，第40页。

3 土观·洛桑却吉尼玛著，陈庆英、马连龙译：《章嘉国师若必多吉传》，第230页。

4 （清）弘历：《普乐寺碑记》。

5 张雅静：《续部总集中的胜乐六十二尊曼荼罗》，《大喜乐与大圆满：庆祝谈锡永先生八十华诞汉藏佛学研究论集》，中国藏学出版社，2010年，第497页。

图3 普乐寺老照片《寻访1906—1909：西方人眼中的晚清建筑》
德国建筑师：Ernst Boerschmann

图4 北侧围房基址

其仪轨进行翻译并作精彩分析、论述，本文亦以此曼荼罗作为考述普乐寺坛城的一个重要参考依据[1]。

普乐寺的胜乐金刚坛城位于寺院后半部，被乾隆帝称为“阇城”。与前部平坦的地势相比，这里以条石砌筑起3.36米高的金刚墙，形成坛城最外围且高起于前部建筑，十分醒目。其平面构图是一个三层正方形，由群房、方形城台、旭光阁三部分组成，下面按照从外及内的顺序，进行考述。

一 群房及其陈设

在金刚墙两侧中央设有左右对称的蹬道，沿蹬道可到达群房。群房呈正方形，共68间，由四侧居中的门殿及东、西、南、北围房组成。参照老照片[2]〔图3〕，可知中三间门殿殿檐要略高于两侧围房。这里也是坛城第一层及最外围的区域，与坛城中央的方形城台合围成一个小院落。现仅存4座门殿及围房基址。〔图4〕〔图5〕

（一）西门殿

坛城西侧的门殿在档案中称为西红门，即：

西红门一座（计三间，檐外挂）御笔真如境陡匾一面，内御笔四样字石碑一座。明间东托枋面西挂御笔字粉油

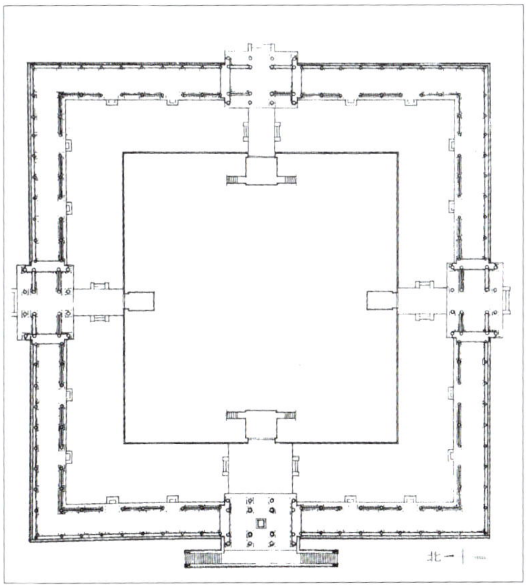

图5 坛城一层平面图《承德古建筑》

1 〔德〕恩斯特·柏石曼，沈弘译：《寻访 1906—1909：西方人眼中的晚清建筑》，百花文艺出版社，2005 年。
2 〔德〕恩斯特·柏石曼，沈弘译：《寻访 1906—1909：西方人眼中的晚清建筑》，百花文艺出版社，2005 年。

图6　真如境

图7　通梵门

匾一面，明间西托枋面东挂御笔字粉油匾一面。[1]

西红门是坛城的入口，门额有乾隆帝御笔“真如境”三字〔图6〕，喻示着从此门进入，便到达清净圆成之法界。其内设石碑一座，刻有乾隆帝御书汉、满、蒙、藏四体文《普乐寺碑记》。当年高悬的两面御笔粉油匾已无存。

（二）东门殿

坛城东侧的山门名“通梵门”〔图7〕，面阔三间，与“大自在天的依止处”——磬锤峰相对。当年，此门主要陈放举办胜乐金刚道场的执事、法器、经书及常用物品。执事有妆缎伞、锦缎扇、筒子幡、旗、豹尾枪等[2]。应用物品、供法器、经书等详见（表一）：

表一　通梵门应用物品、供法器、经书一览表[3]

名称	数量	名称	数量
朱红油高桌（随黄缎套6件）	6张	朱红油经桌（随黄布套62件）	62张
经袱子	62件	博浪鼓（随飘带）	62件
黄布坐褥	62件	五佛冠（随葫芦帽飘带62份）	62份
铜铃杵	62份	提炉	1对
把炉	1件	木斗	1件
大喇叭	1对	铜把盅	2件
乌布藏经铁炉（随盖）	1件	铜水盅	120件
小铜海灯	15件	铜水瓶	1对
铜锣	1面	铜满达	1件
大铜盘	1件	小铜盘	1件
大洞	1对	小洞	1对
铙钹	各1对	唢呐	1对
大小锡壶	2把	铜嘎布喇	2件

1　《清宫热河档案 8》，《普乐寺佛像、供器、陈设等项清档》，中国档案出版社，2003 年，第 544 页。
2　《清宫热河档案 8》，《普乐寺佛像、供器、陈设等项清档》，第 544 页。
3　《清宫热河档案 8》，《普乐寺佛像、供器、陈设等项清档》，第 544 页。

（续表一）

名称	数量	名称	数量
大小镜	2面	大把鼓(随锤)	10面
大乌布藏经	5本	上乐王佛经	62本
西番首楞严经	一份 (计181页)	大藏四体全咒经	1份 (计10部)

以上经桌、桌套、经袱子、博浪鼓、坐褥、五佛冠、葫芦帽飘带、铜铃杵、《上乐王佛经》皆为62份（本）。根据北京圆明园“清净地”胜乐道场每年都有固定时间举行唪经活动来推测，普乐寺参与诵经的僧人至少有62名。

（三）南、北门殿

南北围房现仅存两侧中三间门殿，其余皆为基址。当年明三间陈设完全按照清帝园居殿堂来布置，以南围房为例，其陈设如下[1]：

> 南围房五间，明三间西山墙设床一铺（计三张）；白毡一块；石青缎边红锦缎心靠背一件；黄庄缎坐褥一件，左设紫檀嵌玉如意一柄，右设红金漆痰盒一件；山墙上贴安德义画挑山一张，观保字对一副；南北设床四张（随青缎边红毡心床套四件）；东壁墙贴：钱维城画横披一张（下设）洋漆琴桌一张，松绿磁双叶瓶一件，古铜熏炉一件，雍正款均釉双耳瓶一件。假门上贴弘旿画一张；东二间靠山墙设床一铺（计三张）；白毡一块，竹帘一架。

对于弘旿、钱维城、于敏中等皇室成员、文臣交来的字画，乾隆帝都有具体的装裱要求：

> 乾隆三十一年八月初五日，太监吕进忠来说首领董五经交御笔绿绢字横披一张（碧静堂），弘旿宣纸画二张（普乐寺），传旨俱托贴其绿绢横披，外镶一寸宽蓝绫边。钦此。[2]
>
> 八月初七日，太监吕进忠来说首领董五经传旨普乐寺行宫现钱维城画横披一张、于敏中对一副、阿克章阿画条一张、观音对一副，俱外镶一寸宽蓝绫边。钦此。[3]

此外，围房桌上还陈放着珍贵器物，如雍正款钧釉瓷双耳瓶、古铜熏炉、紫檀木冠架等。床铺上面放红金漆痰盒与紫檀嵌玉如意，象征着事事如意。如此陈设布局，令人想到文人士子所追求的“明窗净几，悠然

1 《清宫热河档案8》，《普乐寺佛像、供器、陈设等项清档》，第544页。
2 《清宫热河档案2》，《内务府造办处活计档》，第63、64页。
3 《清宫热河档案2》，《内务府造办处活计档》，第64页。

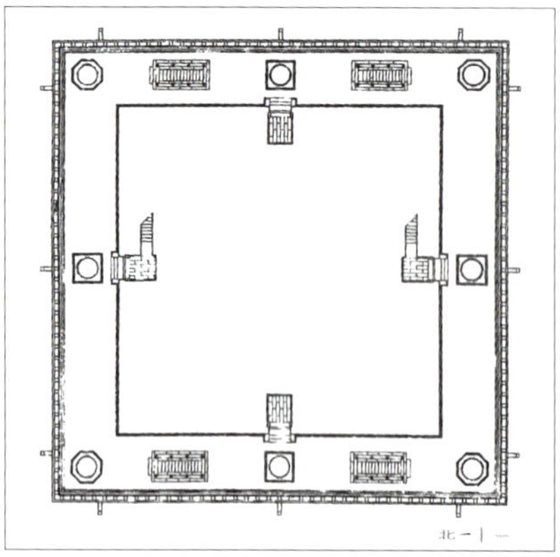

图8 坛城二层平面图《承德古建筑》

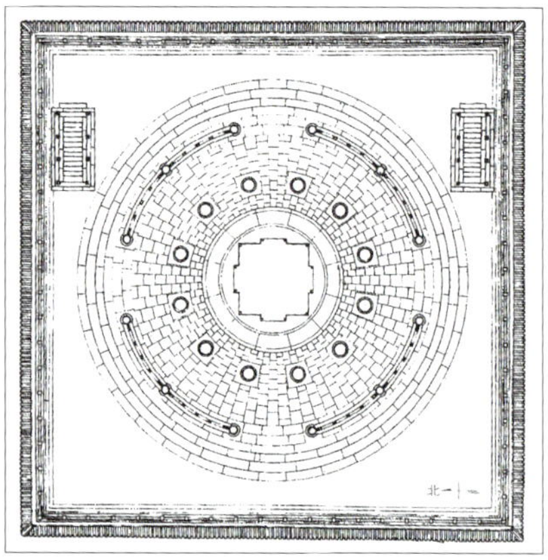

图9 坛城三层平面图《承德古建筑》

入座”之境界。显然围房的功用同北京圆明园清净地东侧的法源楼一样[1]，是皇帝在佛事活动之余，休息、颐养性情之所，活计档案中所记“普乐寺行宫”亦可印证这一点。

二 方形城台

群房环抱的正中位置是方形城台，共两层，即坛城的第二层与第三层。二层城台44.4米见方，高7.2米〔图8〕，四个方向正中开四门，东门石匾刻乾隆帝御笔“须弥臻胜”，西门石匾刻“舍卫现祥”。台上四角和四正面建有8座琉璃藏式佛塔。二层城台与外围群房组成正方形庭院；三层城台32.8米见方，高6.6米〔图9〕，城台四周环以石栏杆，旭光阁位于中央。二、三两层上下开八个券门，其内有石阶可通往台顶，出口处建遮风挡雨的风雨亭。

（一）八塔

八塔位于二层方台的四角与四正方中央，皆为藏式琉璃砖釉面佛塔。〔图10〕塔基为五层仰莲瓣，塔瓶开一小龛，饰“十相自在”。塔顶为十三相轮，饰塔珞。塔下是雕刻莲花、法轮等纹饰的石质须弥

图10 方形城台二层八塔之一

图11 方形城台二层北侧琉璃塔，老照片《寻访1906—1909：西方人眼中的晚清建筑》
德国建筑师：Ernst Boerschmann

图12 方型城台二层东侧黑色琉璃塔
摄影陈东

1 罗文华：《龙袍与袈裟——清宫藏传佛教文化考察》，紫禁城出版社，2005 年，第 542 页。

图13　上乐王佛坛城唐卡　故宫博物院藏

图13-1　上乐王佛坛城唐卡细部　故宫博物院藏

座，其中四角塔为八边形石座，塔身白色。四正向塔为正方形石座，塔身为西紫，东黑，南黄、北蓝。根据德国建筑师伯施曼拍摄的老照片，可知佛塔顶端原有仰覆伞状顶饰、月牙、太阳圆盘和滴焰。〔图11〕承德市文物部门于2015年完成此八塔的塔刹补配工程。〔图12〕

看到这八塔，首先会想到藏传佛教寺院中多见的善逝八塔，但从外形上看，此八塔塔基不具有善逝八塔富于变化的特征。根据《续部总集》收录的胜乐62尊曼荼罗作品及其仪轨，可知曼荼罗宫殿外火焰鬘外围有八大寒（尸）林，其中有八大佛塔[1]。这八塔在清宫藏“上乐王佛坛城”唐卡中也可清楚看到[2]。〔图13、13-1〕据此推测同为胜乐金刚坛城内的普乐寺八塔也应象征八大寒林。

（二）八幅金刚佛画

方形城台有上下券门八座，二层券门宽2.5米，高2.9米。〔图14〕三层券门宽2.1米，高2.7米。〔图15〕清宫陈设档案记载，当年券门内悬挂有画像金刚八轴。另据乾隆四十六年（1781）五月谕旨可知，此八轴金刚佛画系乾隆帝来热河拈香或举办道场之用。佛画的绘制工作开始于乾隆四十六年六月初五日，经办官员有热河总管永和、中堂英廉、多罗恭敏郡王等，绘制工作由中正殿喇嘛承担。在领取、购买绘画颜料后，首先

1　张雅静：《续部总集中的胜乐六十二尊曼荼罗》，第497页。

2　王家鹏：《藏传佛教唐卡》，上海科学技术出版社、商务印书馆（香港）有限公司，2003年，第217页。

图14 方形城台二层券门

图15 方形城台三层券门

要绘出画样，呈御览后，乾隆帝谕旨"准收小绘画，其护法不必收小，得时俱镶锦边，安紫檀木轴头。"[1]

经过三个月的时间，于九月初八日，中正殿喇嘛画得普乐寺护法佛像八张。由于券门墙壁面积不同，佛画有大小两种尺寸：大一点的四轴，净心各高8尺2寸7分，宽5尺9寸，合见方尺是195尺1寸7分2厘；小一点的四轴，净心各高7尺零5分，宽4尺6寸1分，合见方尺是130尺零2厘。八轴共合见方尺325尺1寸7分4厘[2]。呈乾隆帝御览后，谕令："普乐工程明岁夏初未必能完，暂将此画像八张交永和收供，俟明岁驾幸热河时再行成做。"[3]说明普乐寺这一年有一次较大规模的工程正在进行中，因此普乐寺八轴佛画要到乾隆四十七年（1782）继续成做。

八轴金刚佛画现已不存，清宫档案中也未见到其尊名记载。但根据普乐寺坛城八塔所象征的八大寒林来推测，八幅佛画主尊很有可能是每个寒林中的护方神，即：帝释天、阎魔、水天、夜叉、自在天、火天、罗刹、风天。二层方台的八塔与八轴金刚佛画的供奉，表明此区域代表胜乐金刚坛城宫殿的外围，象征着八大寒林。

三 旭光阁

在三层平台的中心，是坛城的主体建筑旭光阁〔图16〕，其匾额悬挂在上檐之下正东方，阁名有迎接曙光之意。东面磬锤峰之顶端恰好在阁对面山坳处突现，更强调了这条轴线的意义。〔图17〕乾隆帝作佛偈赞曰[4]：

> 东峰开妙鬘，宝阁照旭光。举似日出处，了了正知见。光与日无尽，谁识所本来。八宝庄严成，香华天乐备。大会启无遮，同证无上道。

1 《清宫热河档案5》：《乾隆四十六年接奉信贴，造办处承做热河活计档》，第62页。
2 《清宫热河档案5》：《乾隆四十六年接奉信贴，造办处承做热河活计档》，第62页。
3 《清宫热河档案5》：《乾隆四十六年接奉信贴，造办处承做热河活计档》，第62页。
4 （清）弘历：《普乐寺碑记》。

图16　普乐寺旭光阁

图17　普乐寺旭光阁内望磬锤峰

图18　旭光阁龙凤藻井

图19　旭光阁木坛城

佛偈表达了乾隆帝在这里修证悟道的感受与心情。旭光阁全部采用清官式木构做法，与天坛祈年殿做法相近。阁内有檐柱、金柱各12根，环布成两个同心圆。檐柱支撑下檐，金柱支撑上檐。每层檐都铺有黄色的琉璃瓦，顶部冠以巨大的铜镏金宝顶。阁身下部沿周圈砌高一米左右的青砖槛墙，石墙内侧彩绘龟背锦和夔龙图案，墙上周圈开红色描金菱花窗。阁内圆形龙凤藻井极其精美华丽，中央悬有蟠龙戏珠，采用层层缩小的三层重翘重昂九踩斗拱，雕工细腻，金光四射。〔图18〕

（一）木制坛城的构成与纹饰

旭光阁内中央供奉一座大型木制坛城〔图19〕，代表了普乐寺胜乐金刚坛城平面的核心区域，由多个大小不等的木块、梁柱组合拼制而成，其内部构造与观修胜乐金刚坛城中的宫殿样子基本相符[1]。

---

1 ［美］费迪南德 D. 莱辛著，向红笳译：《雍和宫：北京藏传佛教寺院文化探究》，中国藏学出版社，第 158 页。

图20 旭光阁木坛城立面图《普乐寺》

图21 旭光阁木坛城须弥座顶端火焰鬘《热河》

坛城坐落在直径达7.6米的圆形石须弥座上。〔图20〕须弥座顶端外沿原有保护坛城的火焰鬘[1]〔图21〕，现为后制作的木围栏。其内是一圈边缘雕刻莲瓣纹的圆形基座，即是坛城宫殿的基座。上面有高2.1米，每边长5.09米的折角方形木供台。四面伸出金刚杵的杵头，表示坛城宫殿下方的羯磨杵，四种颜色，东黑（蓝）、西红、南黄、北绿。羯磨杵杵尖朝向四方，成为整个坛城宫不可撼动的支撑物。木供台顶端四角位置开有月牙形通气孔，其上是方形宫殿，宫殿四面正中开牌楼，过牌楼即是门枋。在门枋上部有横梁相连，其上搭建一圈露孔围墙。由于门枋之间无门，加之不设窗，所以这座宫殿很像一座敞亭，从内向外看去，旭光阁梁枋的精美彩画便映入眼帘，产生极佳的背景效果，衬托着坛城更加庄严。

此外，在宫殿的牌楼、门楣、八棱形门柱以及隔板上彩绘有人物、动植物图案。经过仔细辨认，尚可看清楚的有24位金刚力士〔图22〕，12条龙，12只凤凰，8只狮面兽。门枋还绘有缠枝莲纹、灵芝仙草、花卉、卍字龟背莲花锦纹、如意云组成的金刚杵形纹等，色彩以蓝黑地描金、红地描金为主。〔图23〕值得注意的是在凤凰纹图案右上角分别绘有日、月图案，据此可区分为一凤一凰，一雄一雌，象征了阴阳与和谐祥瑞。〔图24〕狮面兽绘于八棱形门柱上，呈立姿，仰头吞吐一串宝珠，双脚同样踏着一串宝珠。其面部与铺首衔环的龙子椒图极为接近，大概有驱邪守卫的作用，抑或与曼荼罗入口户牖的动物形象有关。〔图25〕

进入宫殿，内有一八瓣莲花形地台，上竖立着八根绘有蓝黑色莲纹的方形木柱，其所支撑的殿顶由横纵木梁（金刚梁）隔成九宫格，中部方井四周搭建露孔围墙〔图26〕，之上又突出一座方形小殿，攒尖顶，殿脊三条，分饰脊兽五只。九宫格方井〔图27〕正中天花绘龙纹，突出了此坛城的建造主题，体现出皇权的至

1 〔日〕关野贞、竹岛卓一编：《热河》第三册，东京文化学院东京研究所出版，昭和九年版。

图22 旭光阁木坛城彩绘之金刚力士

图23 木坛城彩绘图案

图24 旭光阁木坛城彩绘之凤凰

图25 旭光阁木坛城彩绘之狮面兽

图26 旭光阁木坛城宫殿木构围墙

图27 旭光阁木坛城宫殿九宫格

高无上。其余8格绘六字真言，横纵木梁上绘有象征无坚不摧的金刚杵，杵心为道教太极图案。宫殿四门上方，即九宫格边缘下方绘“十相自在”。以上图案皆描金，笔道精细扎实，吉祥寓意明显，极具皇家特色。虽然木质坛城的绘画色彩有的已褪色，有的已脱落，但置身其中，仍可想见当年非常华美。

（二）木制坛城供像与陈设

据嘉庆二年（1797）清宫陈设档案记载，旭光阁木坛城内外均有供像及陈设[1]：

> 圆亭一座（二层檐外挂）御笔旭光阁陡匾一面。四面门上外挂黄缎帘刷四件，内中供铜镀金上乐王佛一尊，五色哈达五条，前供铜上乐王佛一尊（随佛衣一件）四门供漆木四色护法佛四尊。东牌楼内供紫檀木匣一件（随楠木桌一张），东牌楼外左右供铜镀金嵌玉镶嵌玉佛塔一对。西牌楼外左右供铜镀金嵌玉镶嵌玉佛塔一对。四面迎门设木神台四座（上供）铜镀金护法佛四尊（佛像镶嵌并璎珞俱有伤坏磕碰不全处，随旧五色哈达二十条）。四门金柱挂御笔黑漆金字挂对四副。古铜五供一分（随楠木香几五件）铜香靠炷香一分，灵花蜡烛一分，红金漆香盘一件，松木供桌一张随黄缎桌套一件中设银满达一件，哈达五件，黄缎拜垫一件。

与档案对比，木坛城现仅存中供主尊上乐王佛，其余供像、陈设皆无。〔图28〕根据木坛城现况及《续部总集》62尊曼荼罗仪轨、《鲁易巴62尊胜乐曼荼罗》〔图29〕、《热河》图册等文献资料，绘制了“木坛城内外供像、陈设配置平面图”〔图30〕，下面逐一进行考述。

1．铜镀金上乐王佛（编号A）

上乐王佛又称胜乐金刚，是藏传佛教无上瑜伽部母续最重要的本尊之一。此像为木坛城仅存之主尊，高1.06米，四面，每面三睛、十二臂，主臂拥抱头戴花冠，身饰璎珞，一面二臂的明妃金刚亥母，其正脸朝向东方的磬锤峰，双足下依次是铜、木两种质地的须弥座。〔图31〕依据内务府活计档案记载，这尊佛像系仿北京梵香楼所供上乐王佛样式成造[2]：

> 乾隆三十一年（铸炉处）二月初二日，催长四德、笔帖式五德来说，太监长宁传旨，梵香楼北楼下现供上乐王佛一尊，著照样铸造一尊，在热河供奉，先拨蜡样呈览，钦此。
>
> 于三月初一日，催长四德、笔帖式五德将拨得上乐王佛蜡样一尊持进安在养心殿呈览，奉旨照样准造，钦此。

当年，此像前还供有一尊铜上乐王佛（编号B）。

---

1 《清宫热河档案 8》，《普乐寺佛像、供器、陈设等项清档》，第 544 页。

2 《清宫热河档案 2》，《乾隆三十一年铸炉处承做热河活计档》，第 28 页。

图28 旭光阁木坛城内景

图29 鲁易巴62尊胜乐曼荼罗

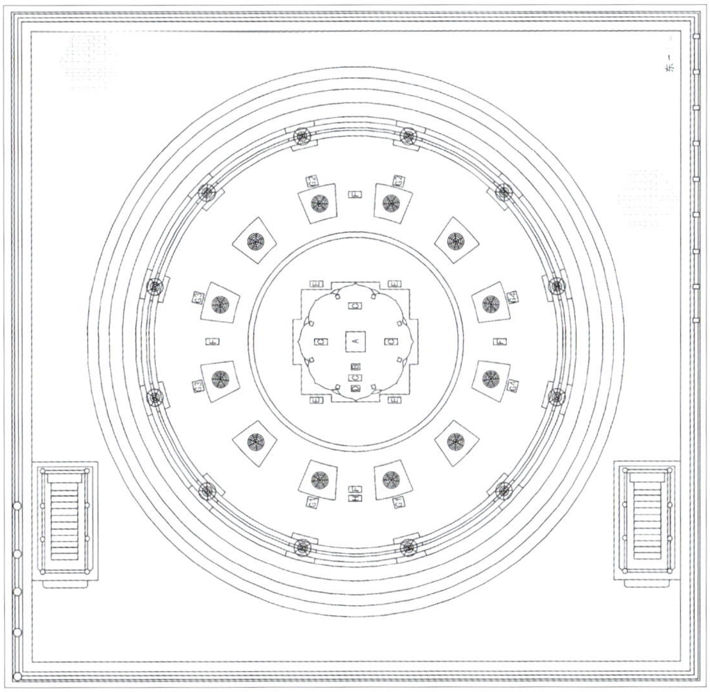

图30 旭光阁木坛城内、外供像陈设配置平面图
徐振方绘

图31 旭光阁木坛城供奉主尊上乐王佛

2. 漆木四色护法佛（编号C）

牌楼四门供"漆木四色护法佛四尊"。若参照《续部总集》记载[1]，四门内亦应供奉四位空行佛母，东门内是蓝色空行女、西门内是红色段生女、南门内是黄色具色女、北门内是绿色拉玛。每位空行母都是一面三目，各有四臂，手中持钺刀、颅器、天杖等法器，呈现站立姿势于中心主尊外围。根据胜乐曼荼罗构造以胜乐与金刚亥母为中心，由内到外依次是大乐、心、语、意、三昧耶五轮，各轮之间呈同心圆排列，均布列多

1 张雅静：《续部总集中的胜乐六十二尊曼荼罗》，第500页。

位尊神，推测此区域代表着胜乐金刚坛城之“大乐轮”。

3．紫檀木匣（编号D）

东牌楼内设楠木桌一张，上供紫檀木匣一件，其内何物？笔者推测是乾隆帝的御容唐卡。这是因为在故宫博物院现珍藏着一幅“绢本彩绘普乐寺乾隆佛装像唐卡”[1]，〔图32〕虽然在普乐寺的陈设档案中，并未提到其所在具体殿堂，但参照外八庙其他寺庙陈设档中乾隆帝御容唐卡的所在位置，可发现一些端倪。

首先看建于乾隆二十年（1755）的普宁寺大乘之阁三层陈设[2]：

（三祥楼）三层楼佛前设花梨木琴桌一张，上设铜佛一尊，随数珠一盘，珊瑚佛头四个，金杵四个，内嵌镶金珠，每个三十粒。青绿铜汉鼎炉一件，紫檀座盖嵌玉顶，前设乾隆款瓷珐琅美人瓶二件，内插花二支，紫檀座。紫檀嵌玻璃冠架二件，紫檀匣一件（内盛）高宗纯皇帝画像一轴。

再看建于乾隆四十五年（1780）的须弥福寿之庙妙高庄严殿陈设[3]：

（妙高庄严殿三层）明间秘密佛一尊……东间乐王佛一尊……西间呀曼达嘎佛一尊，左右紫檀香几二件（上）铜镀金镶嵌盔一顶、蓝锦锭铜镀金钉绵甲一分、黄丝勒甲条一件、青丝条一件、黄缎拜垫一分。面北设小紫檀桌一张（上）圣容一轴（金漆匣盛随铜锁匙），前铜镀金七珍一份、金地洋磁五供一分。

以上两寺所供御容都在本寺的中心主殿，亦都是最高层的核心位置，只是陈放御容的桌、匣不同而已，详见表二。而十分巧合的是，在故宫博物院同样珍藏有“绢本彩绘普宁寺乾隆御容佛装像唐卡”[4]〔图33〕和“绢本彩绘须弥福寿之庙乾隆御容佛装像唐卡”[5]〔图34〕。查阅清宫陈设档案，两寺也仅在大乘之阁三层、妙高庄严殿三层供有乾隆帝御容。据此，笔者认为这两幅唐卡当年就分供于普宁寺与须弥福寿之庙内。以此推之，当年旭光阁木坛城东牌楼内的紫檀木匣里，亦应供奉有乾隆帝御容，即“绢本彩绘普乐寺乾隆佛装像唐卡”。以上三寺核心位置所供奉的御容唐卡，反映了乾隆帝强烈的宗教情感和皇权思想。

表二　普宁寺、须弥福寿之庙、普乐寺供奉御容桌、匣对照表

寺院名称	殿堂	供桌	木匣	匣内供物
普宁寺	大乘之阁三层	花梨木琴桌	紫檀木匣	高宗画像一轴（绢本彩绘普宁寺唐卡）
须弥福寿之庙	妙高庄严殿三层	小紫檀桌	金漆匣	圣容一轴（绢本彩绘须弥福寿之庙乾隆御容佛装像唐卡）
普乐寺	旭光阁木制坛城	楠木桌	紫檀木匣	未记载（绢本彩绘普乐寺乾隆佛装像唐卡）

1 罗文华：《龙袍与袈裟——清宫藏传佛教文化考察》，第542页。

2 《清宫普宁寺档案2》，《普宁寺佛像供器等项清档》，中国档案出版社，2003年，第1337页。

3 《清宫热河档案13》，《须弥福寿之庙佛像供器等项清档》，第206页。

4 罗文华：《龙袍与袈裟——清宫藏传佛教文化考察》，第540页。

5 罗文华：《龙袍与袈裟——清宫藏传佛教文化考察》，第544页。

图32　绢本彩绘普乐寺乾隆御容佛装像唐卡
故宫博物院藏

图33　绢本彩绘普宁寺乾隆御容佛装像唐卡
故宫博物院藏

图34　绢本彩绘须弥福寿之庙乾隆御容佛装像唐卡
故宫博物院藏

4. 铜镀金嵌玉镶嵌玉佛塔（编号E）

木坛城东、西牌楼外左右各供铜镀金嵌玉镶嵌玉佛塔一对。现在木供台上仍存有小孔，大概是当年插放榫类物，以固定佛塔之用。

5. 铜镀金护法佛（编号F）

四面迎门设木神台四座，（上供）铜镀金护法佛四尊。参照《续部总集》62尊曼荼罗仪轨[1]，木坛城牌楼四门位置应由四位空行母来把守，她们右手持颅鼓，左手持天杖，扮演着门神的角色。但经实地观测，笔者发现牌楼四门空间十分窄小，应没有合适的位置供奉木神台。另据陈设档中“四面迎门”的记载来分析，四位空行母可能供奉在木坛城外金柱之间对应四门的位置。据此推测，此区域代表着胜乐金刚坛城之“三昧耶轮”。

6. 御笔黑漆金字挂对（编号G）

陈设档案中记载“四门金柱挂御笔黑漆金字挂对四副”，根据《热河》图册中的老照片〔图35〕

图35　普乐寺旭光阁西侧金柱楹联老照片，《热河》

1　张雅静：《续部总集中的胜乐六十二尊曼荼罗》，第502页。

图36 普乐寺宗印殿屋脊八宝图片
拍摄：陈克寅、祈欣

以及《钦定热河志》记载，旭光阁金柱上悬挂楹联内容如下：

面东（G1）：竺乾法示西来意 震旦光圆东向因；

面西（G2）：化城层拱通乾阒 属国环归过月氏；

面南（G3）：花凝宝盖皈真相 云拥祥轮现化身；

面北（G4）：妙演梵乘超最上 广臻法会乐无遮。

以上四副楹联皆由乾隆帝撰写，足见其佛教信仰之虔，佛学造诣之深。其中“广臻法会乐无遮”，从一侧面反映当年此寺举办法会场面之宏大。

7. 供桌（编号H）

当年，阁内有供桌一张，上有五供一分，中设银满达一件，黄缎拜垫一件。根据上乐王佛面向东方来推断，木坛城东侧为旭光阁的正方向，因此供桌应供奉在东门迎门位置。

此外，值得一提的是，在旭光阁西侧殿门外，可见一体量超大的“供案”——宗印殿屋脊。宗印殿作为普乐寺前半部的主殿，其与东西配殿、钟鼓二楼、山门、天王殿共同组成普乐寺前半部的伽蓝七堂布局。此殿面阔七间，进深五间，殿前中央有雕刻精美的云龙石陛，显示着寺庙的高贵等级。殿内供奉三方佛，两侧供八大菩萨。这座殿堂最精彩的部分在屋顶，正脊中央有一座嵌黄釉琉璃喇嘛塔，两侧嵌饰琉璃八宝饰件：轮、螺、伞、盖、莲花、宝瓶、双鱼、盘长。〔图36〕这八宝作为佛前供器，通常陈放在供桌上，而供在屋脊上真为少见。由于旭光阁内的木制坛城可在殿内设置供案，进行礼拜。但其外围石质城台较高大，宗印殿顶正好是设供的绝佳位置。不仅可以作为石坛城的供案，又节省了建筑周围可利用空间，真是一举多得。

四 佛事活动

普乐寺落成后，寺院的开光庆典必不可少，其他相关佛事活动也较为频繁。据记载，此寺的开光庆典共举行两次：第一次是在乾隆三十二年（1767）八月寺庙落成之时，由章嘉国师主持，三世土观活佛等僧众在普乐寺举行了开光庆典，乾隆帝亲临普乐寺，参加了规模盛大的胜乐会供轮活动。但在清档中，尚未见到关于庆典活动的详细记载。不过，乾隆帝对此寺日后的佛事活动提出具体安排[1]：

1 中国第一历史档案馆，档案号002466。

乾隆三十二年八月初九日，章嘉呼图克图面圣后，奉旨：从今以后每月十日、二十五日两日，由溥仁寺、溥善寺、安远庙出喇嘛，着其往新建之普乐寺诵《胜乐王佛经》。于是遵旨每月十日，二十五日，溥仁寺等三寺共遣喇嘛六十二名，由果芒呼图克图率领、监督诵经，为万岁寿祈福诵经。供佛供物香蜡等银一百八十两。

其中“遣喇嘛六十二名”，与陈设档案通梵门内陈放62本《胜乐王佛经》记载正好相印证，经书就是为溥仁寺、溥善寺、安远庙三寺喇嘛诵经之用。由于普乐寺落成后，并不驻喇嘛，乾隆帝亲自核准正副千总各一人、弁兵25名负责守卫。所以普乐寺的佛事活动便从其他三寺派出喇嘛来完成。溥仁寺、溥善寺、安远庙这三寺位于避暑山庄外武列河之东，与普乐寺相距不远，前来参加活动亦便。乾隆四十八年（1783）六月，乾隆帝又谕令授予果芒呼图克图察罕喇嘛庙达喇嘛，夏季驻热河安远庙，冬季进京驻本庙[1]。〔图37〕之所以让果芒呼图克图入驻安远庙，应与其便于到普乐寺主持诵经活动有直接关系。

图37　安远庙全图，清《热河志》

果芒呼图克图即是“敏珠尔呼图克图”，为驻京八大呼图克图之一。在清代的相关文献资料里，也有“赞布诺门罕”“敏珠尔诺门罕”“果蟒呼图克图”等多种称呼，实际均为一人[2]。从档案中所说乾隆四十八年来判断，应为三世敏珠尔·阿旺赤列嘉措，他是青海蒙古族人，在乾隆三十一年到多伦诺尔拜见三世章嘉呼图克图，请为引见，驻京效力。于乾隆三十二年获准进京供职。乾隆四十六年，被封为净照禅师，赐银印。乾隆五十年（1785），在北京圆寂。因此，敏珠尔活佛在乾隆三十二年入京“供职”的工作之一便是负责组织、带领溥仁寺、溥善寺、安远庙三寺喇嘛到普乐寺进行祈福万寿诵《胜乐王佛经》活动。

普乐寺每月诵胜乐王佛经的费用每年都有拨付。如在乾隆三十九年（1774）分应用[3]：

五色高绸两副、五色缎条二两、吉祥草六支、坛城大佛一尊、孔雀翎六支、粳米十斗、箭一支、宝石面子二两、大哈达一个、藏红花十两、五谷粮一斗、大殿佛三尊、大哈达三个、菩萨八尊、小哈达八个、东西配殿佛六尊、小哈达六个、每月念经二次，一年共用点灯黄油二百三十斤、紫草三斤、五色珠尔线二两、三样糖三斤。

1 中国第一历史档案馆，档案号03-18-009-000046-0003，乾隆四十八年六月二十九日。

2 李德成：《清代驻京八大呼图克图述略》，《中国藏学》2011年第S2期。

3 乾隆三十八年内务府来文，中国第一历史档案馆，档案号05-13-002-000030-0112-002。

普乐寺的第二次开光庆典活动是在嘉庆年间，这是因为嘉庆帝在位期间，用蒙古各部献上的祝寿银曾对普乐寺进行了大修。嘉庆二十四年（1819）八月，普乐寺殿宇维修工程全部完竣。八月初三日，嘉庆帝从京城抵达避暑山庄，初四日便亲行拈香，并命（四世）章嘉呼图克图与堪布喇嘛等24人，在普乐寺唪开光经一日。参加唪经的人员包括[1]：

章嘉呼图克图一名，随围扎萨克喇嘛一名，堪布喇嘛二名，随围达喇嘛二名，随围苏拉喇嘛一名，跟随呼图克图之苏拉喇嘛二名，随围格隆八名，小僧七名，员外郎一员，笔帖氏四员。

以上人员一日吃食，全部由茶膳房按例安排。在开光活动中，应用物品可谓繁多，清单开列见（表三）[2]。

表三 普乐寺开光经需用物品清单

名称	数量	名称	数量
大白手帕	三个	干酒	一斤
小白手帕	二十个	棉花	二两
孔雀翎、吉祥草	各五支	白黑糖	各一两
缎条	一钱	白蜂蜜	二两
松柏枝末	五斤	箭	四支
柱香	三束	杨木箭杆	四支
黑白芸香白檀紫降	各二两（烧炉用）	班次饽饽桌	一张（随垫桌）
各样干果	五盘	七星饼	十五碗（每碗十五个）
苹果	十五碗（每碗高一尺五寸）	麦	十斤
酸奶甜奶皮	各一碗	奶油	十斤
重三两馒首	六十个	小灯草花	六十支
高香	两束	京红花	一两
丁香	一钱	各样干花	一两
箭斗	一个（油红色）	时花	二把
白老米	一斗八升 （装前斗用）	撒花白老米	一斗二升
白玉蜂糕	一块（重四十斤）	五色线绳	一条（长五丈粗三分）
白粗布	五尺	白细布	一匹

1 嘉庆二十四年八月初六日内务府来文，皇上亲行拈香着章嘉呼图克图堪布等人在普乐寺开光经需用物品单，中国第一历史档案馆，档案号05-13-002-000107-0043。

2 嘉庆二十四年内务府来文，中国第一历史档案馆，档案号05-13-002-000107-0043。

（续表三）

名称	数量	名称	数量
小白手帕	两个(拴宝瓶镜子用)	五色大手帕	五个
五色杭绸	各一丈二尺五寸	茜红白蜡墩子	三对(每对重十二两)
茜红素蜡	三对(每对重一斤)	羊油蜡	四斤
做巴苓	九盘(每盘需用炒面三斤)	羊腰油	二斤
花手帕	一个	木柴	三斤
黑炭	五斤	八仙高桌	四张
暂用小经桌	二十四张(随黄布套)	呼图克图坐小床	一张(随坐褥床套一分)
大小铜镜	各一面	铜灯	六十盏
铜水钟	一百二十个	锡柿壶莲壶	各一把
黄彩绸	十匹	铜杏子	一个
磁七寸盘	十个	裁缝	一名
彩子匠	一名		

从上表可以看出，嘉庆年这次普乐寺落成开光活动虽仅有喇嘛24名，但所用物品齐全，丝毫也不马虎。

此外，根据本文第二部分提及的“乾隆帝特意命令北京中正殿的画佛喇嘛绘制了八幅金刚佛画，要求在他拈香或举办道场之日，在坛城上下券门悬挂”，可知乾隆帝在此寺还有拈香、举办道场的佛事活动。以乾隆三十八年（1773）正月圆明园及出外所用香账为例，这一年，乾隆帝曾在五月十五日、六月十五日、八月十三日、八月十五日到普乐寺拈香，均使用“头号红香二支”。再如在乾隆四十年（1775）的六月初二日、七月初六日、八月十三日、八月十五日到普乐寺上香，均使用“头号红香二支”。从时间上看，他在热河期间，每月十五“望”日和八月十三日的诞辰日，大多会到普乐寺拈香。

值得一提的是，在乾隆四十年七月初六日的拈香途中，乾隆帝心系农事，当他看到避暑山庄外武烈河东岸高低错落、黄绿相间、长势繁茂的庄稼时有感而发，遂写下《渡河普乐寺瞻礼》诗一首，其中有：“西成可望为额庆，时尚遥虞望难副。普乐之意原在斯，六波罗蜜非所究”[1]之句，强调了“普乐”的真正含义，就是希望看到丰收在望，百姓额手称庆，普天同乐的景象，至于佛教中的“六波罗密”并非他所要探究的。此诗是其民本思想的生动反映。

关于乾隆帝在普乐寺举办道场的具体时间尚未见到档案记载，但其过程与举办时间应如圆明园的清净地一样相对固定。清净地又名月地云居，其作用相当于紫禁城内的中正殿。这里举行的胜乐金刚道场是在每年的四月初二到初十日，过程包括唪上乐王佛经、堆画坛城、装宝瓶、跳步踏四个环节。因此推测，普乐寺胜乐金刚道场的过程也需要完成以上四个环节，具体内容，此不赘述。

1 （清）《高宗御制诗文四集》，中国人民大学出版社，1993年，第774页。

普乐寺的相关佛事活动，还满足了边疆诸藩入觐的宗教信仰需求，如乾隆帝于乾隆五十年（1785）所作《普乐寺》一诗诗注中说："每岁各蒙古王公、扎萨克及卫拉特各部分班来觐者，无不仰瞻欢喜，如游春台化宇。"[1]在瞻礼活动中，还可见到诸多高僧的身影。如乾隆三十五年（1770），二世嘉木样从京城前往热河，受到热河僧众的欢迎慰问。会见了各寺院僧人和准噶尔部的人众，并说法传经。之后巡礼布达拉（普陀宗乘之庙）、伊犁苏木（安远庙）、胜乐颇章（普乐寺）等寺院的佛像亲奉献供品，并发利乐佛法及众生的广大誓愿[2]。又如乾隆四十四年（1779），六世班禅启程入京朝觐，祝厘乾隆帝七十大寿，次年七月抵达热河。七月二十七日，班禅大师一行在皇六子的陪同下莅临普乐寺"传授佛法，献供哈达，散吉祥花"。离开普乐寺后，途中为汉蒙信徒摩顶[3]。

可见，普乐寺的佛事活动可谓"政教兼融"，既满足了清帝的宗教信仰，又充满了政治色彩，密切了清中央政权与边疆各部的关系。

五 结 论

通过对普乐寺坛城群房、八塔、木制坛城及相关供像、陈设的考述，可知当年此坛城供有18位尊神，其中上下券门悬挂金刚佛画8幅，旭光阁木制曼荼罗内外供像10尊。佛塔共12座，包括二层方城的八塔以及旭光阁木制坛城内的4座玉塔。如果与《续部总集》收录的62尊曼荼罗图相比，普乐寺坛城是一种相对简化的曼荼罗形式，其构造只表现了胜乐62尊曼荼罗五轮中之"大乐轮"与"三昧耶轮"。但它体量宏伟，外观华美，从整体构思到设计上，都体现出皇家风范。特别是普乐寺东侧的磬锤峰与普乐寺主尊胜乐金刚，达到"人天咸遂皈依"之目的。寺内的后部坛城与旭光阁木制坛城既是完整的统一体，又可独立成章，可谓坛城之中有坛城。而将宗印殿顶作为供案，顶饰八宝的做法别出心裁。从自然天成的外部环境到坛城的体量及内部布局、陈设，普乐寺坛城可谓国内罕见。

作为一座御用道场，从坛城布局到群房的使用，强调了建筑的宗教功用与舒适性，而在普乐寺举办的开光庆典、诵《胜乐王佛经》、瞻礼、拈香及举办胜乐金刚道场等佛事活动，更进一步说明胜乐金刚坛城主要满足于清帝信仰及其政治需要，蕴含了乾隆帝希求"济度众生""普天同乐"之愿望。

[作者单位：承德避暑山庄博物院]

1 （清）《高宗御制诗文五集》，中国人民大学出版社，1993年，第483页。

2 陈庆英：《陈庆英藏学论文集（上）》，《二世嘉木样·贡却乎久麦昂吾东行评介》，中国藏学出版社，2006年，第967页。

3 丹珠昂奔主编：《历辈达赖喇嘛与班禅额尔德尼年谱》，中央民族大学出版社，1998年，第553页。

储秀宫区域原状陈列发展沿革考*

A Study on the Development and Evolution of Period Installations in the Palace of Gathered Elegance Area

詹文珺

Zhan Wenjun

内容提要：

储秀宫区域曾是明清后妃的居住地，现为故宫博物院的原状展厅，其原状陈列曾经历过数次调整，原状中蕴藏的含义也发生了巨大变化。长久以来，这些变化逐渐堆叠，导致此地的历史信息含糊不清。因此本文首先对储秀宫区域原状陈列的发展历程进行详细梳理，并在此基础上对未来这一区域的发展做了进一步设想，通过将大量历史信息分层处理，试图厘清此地原状的变迁脉络，以有助于提升对储秀宫区域的认知，更有利于此地原状陈列的进一步保护利用和文化传承。

关键词：

故宫博物院　储秀宫　翊坤宫　体和殿　丽景轩　原状陈列

ABSTRACT:

The Palace of Gathered Elegance (*Chuxiu gong*) area was once the residence of imperial consorts of the Ming (1368-1644) and Qing (1644-1911) dynasties. Now the original galleries of the Palace Museum, its period installations have undergone several adjustments, and the meaning embodied in these installations has also changed dramatically. Over time, these changes have gradually accumulated, obscuring the historical information in this place. Therefore, this article first sorts out in detail the development process of the period installations in this area. On this basis, it further envisages the area's future development. Through stratifying massive amount of historical information, it tries to clarify the evolution of the installations. This helps to improve the understanding of this area, facilitates further protection, utilization and cultural inheritance of the period installations in this place.

KEYWORDS:

The Palace Museum, Palace of Gathered Elegance (*Chuxiu gong*), The Palace of Earthly Honor (*Yikun gong*), The Hall of Harmonious Conduct (*Tihe dian*), The Belvedere of Enchanting Scenery (*Lijing xuan*), period installations

* 本文系故宫博物院科研课题《晚清至民国储秀宫区域原状陈列研究——基于清宫档案与现存文物的梳理》的部分研究成果。

位于紫禁城西北部的储秀宫区域，是明、清后妃们居住的地方，现在的建筑格局形成于光绪九年至十年间，室内陈设大致反映的是慈禧皇太后五十寿辰时的原状，是故宫博物院原状陈列体系中重要的组成部分。长久以来，由于原状陈列的变动时间间隔较长，许多观众便误以为这里的原状陈列是从古代完整地保存下来的，是这一区域真实的原貌。其实这一区域的原状随着社会的变革和时代的发展，已经发生了巨大的变化，现在的原状陈列是专家经过考证后恢复的，真实的历史信息早已被层层覆盖。因此，系统地梳理储秀宫区域原状陈列的变化，一方面能够将重叠的信息分层，更加清晰、真实地反映这一区域的历史变迁情况；另一方面，基于变迁情况的研究，或许能够建立起更加完善的原状陈列工作方法，有利于深入地挖掘储秀宫区域原状陈列的多重价值。

一 晚清时期储秀宫区域的开放

“慈禧入宫，自初封兰贵人，即晋封为懿嫔、懿贵妃，俱居储秀宫[1]”，后移居长春宫，但她对储秀宫感情深厚，决定五十寿辰时重居储秀宫，自光绪九年便为此次移居开始大肆修缮，“将翊坤宫和储秀宫两个院落连接起来，形成了翊坤门、翊坤宫、体和殿、储秀宫、丽景轩相连的四进院，打造了一个集受贺、就餐、休息、娱乐为一体的生活建筑群[2]”〔图1〕。这种格局在后妃中是没有先例的，此时翊坤宫作为正殿成了“升座受礼之所”，体和殿的功能由寝宫变为外书房和餐厅，储秀宫是寝宫，为慈禧皇太后休息、起居的地方，丽景轩则是她看戏的地方。从《翊坤储秀等处题头清档》中我们可以看到此地较为独特的建筑格局及陈设风格，如采用“天然”罩来增加空间的通透性，常用玻璃制品营造出明亮、梦幻的效果[3]，在装饰材料上选择紫檀木、花梨木以凸显尊贵之感[4]，装饰纹

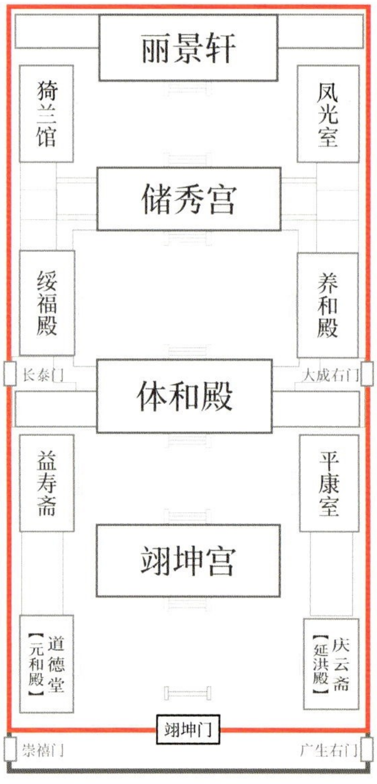

图1 储秀宫区域平面布局

1 《翁文恭公日记》，转引自章乃炜等编：《清宫述闻》（初、续编合编本），紫禁城出版社，2009年，第598页。

2 张淑娴：《权力与艺术——考察慈禧居室空间的内檐装修》，《故宫学刊》2017年总第18辑。

3 光绪九年五月二十四日，“储秀宫后殿东次间添安花梨木玻璃碧纱橱一槽，计槅扇十扇，其槅扇横楣帘架俱镶洋玻璃，通面宽一丈八尺八寸，高一丈二尺，一寸门口高六尺六寸四分，宽三尺七寸二分，随铁镀金面叶纽头环鹅项碰铁拴斗，帘架绊铜套筒。东进间添安花梨木雕竹式花天然罩一槽，面宽一丈八尺八寸，高一丈二尺一寸，西次间安花梨木雕梅花天然罩一槽，面宽一丈八尺八寸，高一丈二尺一寸。东次间进间安地平一分，面宽一丈八尺八寸，进深二丈八尺六寸，紫榆木巴达吗座高八寸，木地平板厚四寸花梨木雕梅花栏杆。西进间安杉木玻璃板墙，面宽一丈八尺八寸，中间镶玻璃，高五尺四寸，宽四尺九寸六分，两傍门口高六尺六寸四分宽三尺七寸二分，紫榆木门头花。以上俱安紫榆木锹框安装，先做小样呈览。钦此。”第一历史档案馆藏：《翊坤储秀等处题头清档》，《活计档》胶片44。

4 光绪十年八月二十五日，“储秀宫安设紫檀木玻璃五屏风一座（白檀香木雕花背板），紫檀木雕云龙梅花式宝座一张（随足踏），紫檀木雕花四方茶几三件，紫檀木画格一对（破坏铜镀金十件），紫檀木嵌玉镶铜镀金线案桌三件（镶嵌不全），紫檀木嵌珐琅琴桌一张，铜珐琅杌凳一对，紫檀木雕云龙顶竖柜一分（随铜镀金锁钥十件套筒配做托泥座二件），紫檀木雕花牙八仙桌一张（破坏），花梨木雕花方靠背椅三对（藤屉破坏不全），紫檀木嵌珐琅靠背椅二对，紫檀木琴桌两张，花梨木炕桌四张，花梨木大案三张，紫檀木炕案两件（破坏），花梨木菊花式茶几一对（破坏），紫檀木雕花炕子四件，紫檀木雕花炕琴八件（内一件嵌玉破坏），紫檀木摆锡玻璃插屏镜一件，紫檀木嵌洋磁心炕桌一张，紫檀木雕万字地加寿喜字小柜格一对（铜镀金十件）。传旨著造办处修理见新找补齐整，钦此。”第一历史档案馆藏：《翊坤储秀等处题头清档》，《活计档》胶片45。

图2 翊坤宫内部情况

图3 储秀宫内部情况

样上使用吉祥鸟兽[1]等等，反映出了慈禧皇太后个人特殊的空间喜好。

1900年八国联军侵华，慈禧皇太后闻讯仓皇携光绪帝西逃，紫禁城有了第一次“开放”的经历。当时八国联军对皇宫进行了掠夺，驻守皇宫的美日两国军方头目订立了“驻京美日两国提督议定游览紫禁城章程[2]”，允许持有联军各军管带之信函的文武官员、各国士商于每周二、周五等日，游者应由南门入，由北门出，自午前十点钟至二点钟入内，二点钟以后退出。就这样位于紫禁城内廷的储秀宫区域第一次暴露在了“游览者”的眼中，而这些“游览者”主要是少数联军长官及其亲朋。

在章程的庇护下，1901年7月21日至8月10日期间日本学者与摄影师小川一真得以进入紫禁城对建筑与文物进行了考察活动，并于1906年将考察图像成果《清国北京皇城写真帖》出版发行[3]，这是“近代对于中国北京及紫禁城建筑所进行的最早最专业的图像记录[4]”，也是首次通过镜头记录了那个“特殊开放”时期储秀宫区域及其内部陈设情况。当时翊坤宫和储秀宫室内均悬挂宫灯，翊坤宫安装了落地花罩、栏杆罩、碧纱橱等对空间进行分隔，中设屏风、宝座、香几、宫扇，西次间安设圆形插屏镜〔图2〕。储秀宫东次间、稍间以透雕缠枝葡萄纹落地罩相隔，靠南窗设木炕，东次间放钟表一座，上书“八表山川征乐寿”，设木案一张，下放空缸[5]；东稍间墙前设翘头案，上放盆景、钟表装饰，壁悬寿字、对联〔图3〕。虽然我们甚至并不能称其为“原状陈列”，因为当时紫禁城并不具备博物馆的职能，参观也带有很大的殖民和特权的意味，但是确实为研究晚清储秀宫区域样貌提供了重要的参考。

---

1 光绪十年八月二十八日，“翊坤宫殿内画条五件随交下白画绢五块，传旨著如意馆画士张恺恭画钩金凤凰、仙鹤、鹿、桃树、松树画条五件，赶紧要得，钦此。”第一历史档案馆藏：《翊坤储秀等处题头清档》，《活计档》胶片45。

2 吴十洲：《紫禁城的黎明》，文物出版社，1998年。原载《西巡回銮始末记》第4卷，《庚子国变记》，第235－236页。

3 何芳：《1900年前后两位日本摄影师的紫禁城摄影比较》，《中国国家博物馆馆刊》，2019年第7期。

4 徐苏斌，贺美芳：《解读〈清国北京皇城写真帖〉》，《建筑学报》，2013年第S2期。

5 在储秀宫里，包括体和殿，在各条案、茶几旁边或桌子底下，有几个空缸，那是老太后（慈禧皇太后）熏殿用的。老太后不喜好熏香这类的玩意儿就用南果子熏殿。详见金易，沈义羚：《宫女谈往录》，紫禁城出版社，2004年，第55页。

二 民国时期储秀宫原状的保存

民国成立后，逊帝溥仪仍居宫中，直到1924年冯玉祥在北京发动军事政变后，断然作出了驱逐溥仪出宫的决定，随即宣告成立清室善后委员会，开始点查故宫内的一切物品。那时清室善后委员会对点查清宫物件有具体的规则，其中"凡贵重物品并须详志其特异处，于必要时，或用摄影术，或用显微镜观察法，或其他严密之法，以防抵换。[1]"因此，陈万里[2]作为当时的摄影人员，对查封宫殿、点查宫中物品的过程进行了全景式的记录。《民十三之故宫》是他跟随军警政学各界办理查封故宫时所摄的影片，涉及储秀宫区域的影像有8幅[3]；《故宫图录》中收录了故宫查封以后，开始点查物品至开放参观期间拍摄的照片，其中关于储秀宫区域建筑、室内、物品影像多达40余幅[4]；系统地记录了溥仪出宫前后实况，真实地反映了当时储秀宫区域的情况。

根据当时参与点查清宫物品俞平伯记录下来储秀宫区域的部分点查情况，可以发现储秀宫区域的原状陈列其实还是经过了简单整理，与溥仪出宫时的原状有着细微差别的。在《杂记储秀宫》[5]中细致地描述了他参与点查时储秀宫堂屋、东西屋及丽景轩的内部情况，虽然该文在故宫博物院成立之后发表，但行文中体现出了储秀宫区域在对公众开放前的些许变化。"储秀宫之堂屋……有照片一大盒，小照片想系他们自摄，模糊不堪，竟少佳品；大的乃照相师所摄，有可看者，如溥仪妻之着色半身像即甚佳，大似扮戏装之梅兰芳（现陈列在乐寿堂）。""储秀宫之东西屋……地下更有毽踢，前闻入宫者言甚多，我所见则并不多，想是已收拾开了。……我们在浴盆旁拾得珍珠花钗一对，珠悉圆白而大，后并归之外屋柜中。此岂匆促出走时之遗钿耶？"不过这种整理对储秀宫区域原状格局的影响并不大。

图4 翊坤宫西屋内部陈设

伴随着点查工作的深入，清宫善后委员会为应各界人士之请求，决定将清宫一部分先行开放，最先于1925年4月开放中路区域，与1900年不同此次"俾欲知故宫状况者皆得入览[6]"，每周六、日两天为开放之期，每人收券资一元。后因西路点查完毕自同年9月起又开放西路，停观中路，这是储秀宫区域的原状陈列第一次展现在"公众"眼前，此时故宫博物院还未成立。"过永巷，折而北，翊坤宫，此为西宫妃嫔居止之所，那拉后为贵妃时亦居于此，内供有那拉后画像，壁间有陆润庠所书万寿无疆赋，陈设器皿，多西式〔图4〕。北为体和殿，即溥仪

1 吴景洲：《故宫五年记》，上海书店出版社，2000年，第21页。

2 陈万里（1892—1969年），江苏省吴县人。早年毕业于北京国立医学专科学校，一生主要任职于北京大学、厦门大学、江苏省卫生署和故宫博物院，著名的古陶瓷研究家。详见左远波：《解读陈万里〈民十三之故宫〉》，《明清论丛》，2018年第2期。

3 陈万里：《民十三之故宫》，开明书店，1928年，第25—32页。

4 陈万里：《故宫图录》，上海北四川路良友图书印刷公司，1928年，第15—37页。

5 一公（俞平伯）：《杂记储秀宫》，选自《文学周报》（第196期），1925年，第6—7页。

6 故宫博物院编：《故宫博物院早期院史（1925—1949）》，故宫出版社，2016年，第33页。

图5 体和殿溥仪妻之书室

图6 储秀宫正屋宝座

图7 储秀宫内西屋浴室图

图8 储秀宫炕几上的饼干匣及残余苹果

之夫人读书所也，案上有小说数种，并洋书籍及字帖数种〔图5〕，其余陈设物件，多玉器。北为储秀宫，即溥仪之夫人居此，中设宝座〔图6〕，东为卧室有锦幔，较其妾处略为华丽，桌上尚置有新式梳妆盒四具，西为浴室，设有缎帐〔图7〕，中间桌上置有有余之苹果之磁盘，及方开之饼干匣，盖即临行时仓卒所遗也〔图8〕。北为丽景轩，即溥仪夫妇共餐之西式食堂，器具布置，皆系西式，颇为华丽〔图9〕。[1]"这位参观者对储秀宫区域原状陈列情形的描述，几乎可以与陈万里拍摄的照片一一对应起来，因此在故宫博物院成立初期"所有的宫殿，与礼制有关的，帝后居住的，仍保存原来的状况[2]"，储秀宫区域也仍旧保存着皇室生活的真相。此时的原状陈列虽然展现出溥仪出宫时的仓促之状，但从中我们依然可以看到溥仪婚后皇后婉容居住于此时的基本陈设样貌。在晚清政治衰颓、西方科技渗透的大环境之下，此时的陈设与小川一真镜头下的储秀宫区域已经发生了较大变化，"浴室""西式食堂""钢琴"等这些陈设的使用，无一不展现出当时后宫对西洋文化接受的态度。直到一九三三年榆关事变后，故宫博物院奉令将文物南移时，这种情况才被打破。

当时除了部分维持照常开放参观的文物外，其余的都装了箱。文物被撤收装箱时，除了古物馆、图书

1 《清宫西路之开放》，选自《申报》，1925年9月16日。
2 那志良：《故宫博物院三十年之经过》，台北中华丛书委员会，1957年，第38—39页。

图9 丽景轩东屋西式食堂

馆、文献馆三馆将各自管辖的文物进行装箱之外，还由秘书处派人到各宫殿里去选提文物装箱。与其他部门不同，秘书处是以宫殿的第一个字作为编号，随时将装箱的文物号数、品名、件数登记起来，这其中就包括储秀宫区域。据那志良回忆“翊”字就是翊坤宫、储秀宫等地文物，共计162箱[1]，《文物装箱清册》显示当时被装箱的物品大多为玉器、珐琅器、瓷器。以翊坤宫为例，笔者通过将1925年《故宫物品点查报告》与1935年《翊坤宫现存文物点收清册》进行比对，可以很清晰地看到1935年时翊坤宫已经移出了部分陈设文物，并从古物馆和其他宫殿中补充了一些文物进行陈列，当时还对殿内的匾额、横幅、门帘、挂灯等进行了补号处理（表一），宫殿中大件的木橱、穿衣镜、条案等家具大多被保留下来，但部分盆景、钟表、供器等陈设则被移走，原状陈列此时已不再完整。这些文物被运往上海后几经辗转，在新中国成立后才被分批北运，随着1958年第三批存放南京的文物运回，除了去台文物和留在南京的一部分文物，南迁文物才回到了它们的出发地[2]。

表一 1935年翊坤宫陈设变化情况统计

情况	正殿	东配（延洪殿）	西配（元和殿）
移出	霜字四、五、六、八、九、十、十五、二一、二二、二四、二五、二九、三十、三一、三二、三三、三四、四十、四二、四三、四四、四九、五五号 霜字一号（洋式椅子三把，原为六把）、霜字三八号（黑漆炕桌一张，原带黄绫子垫，现无）、霜字四五号（小木神盒一座，原内有相片一，现无）	霜字一二一二、一二一三、一二一七、一二一九、一二二一、一二二九、一二三六、一二三八、一二三九、一二四零	霜字一一八四、一一八五、一一八九、一一九二、一一九六、一二零五、一二零七、一二零八号
古物馆移入陈列	原景阳宫：律字二三七（25）、四二八（6、16、22）号 原寿皇殿：咸卤字十七号 原宁寿宫：号字四三（2）、四四（24）、四五（29）号 原皇极殿正殿：珠字二二六（2、4、5） 原皇极殿西庑：三四七 原皇极殿南庑：三七零号 原摛藻堂：往字四九号	/	原景阳宫：律字二三七（22）
补号	莫字一至四六号	莫字四八至五四号	莫字五五至七三号
其它	原储秀宫：霜字一四三（白地花鸟瓷花盆一对） 原养和殿：霜字九二七（风琴一架）	/	原翊坤宫正殿：霜字二八号（黄绫垫二个） 原元和殿：霜字一一九九（破硬木凳一个，原为二个） 原养和殿：霜八六一号（聚云琴一个）、霜九一零（风琴一架） 原益寿斋：霜一一八四（紫檀长几一张）

1 那志良：《故宫博物院三十年之经过》，台北中华丛书委员会，1957年，第105—107页。

2 祝勇：《故宫文物南迁》，《当代》，2021年第4期。

三　新中国成立以后储秀宫区域的变革

（一）综合陈列室

1951年随着博物馆各项业务的开展和组织机构的调整，计划“今后陈列以综合性的时代专馆为主，将西路布置专馆、专室、临时陈列室及一部分的明清复原陈列室之用[1]”。于是，为了将内西路布置成为清代综合陈列室，1953年下半年开始撤收体和殿、翊坤宫、体元殿三室陈列品，另陈清代文物。从“翊坤宫改辟明代馆修正计划[2]”“体和殿改辟明代馆修正计划[3]”中可以了解到当时翊坤宫、体和殿计划改辟为明代馆。撤收现有原状陈列室，展品部分除退库外，另再酌留一部分，以备补充储秀宫之用。拆除殿室内花木罩，另为妥善保存。殿内悬挂有纸匾、木匾，按原状编目划归寿康宫库房，按号退还原库。对两殿顶栅、墙壁、窗户进行加工、裱糊。另外，翊坤宫东西两里间红油粗木供桌，玻璃灯及神幡等未经编目亦未列入陈列账的物品，由保管部接收保管。

同时，“储秀宫原状陈列室调整陈列计划[4]”中对储秀宫原状陈列室将进行陈列调整。撤收所有的属于非文物的物品（如风琴、钢琴、照相机、暖水瓶等等）和不适合于宫廷生活用具的陈设，选提库藏各类富有历史美术性陈设器物，恰当的布置做好形式古典化、富丽堂皇、适合于宫廷生活的有机联系。撤收现有木器（如梳妆台、洋式桌椅、铜床、沙发等），选提库藏紫檀或酌留体和、翊坤撤收之各类漆木成套的样具，注意形式纹样应富有清代木器特征，并加工擦洗修整烫蜡见新。为配合室内布局，所有墙壁现有画书贴落及隔扇画心均照原样加工修整，栅壁重新裱糊，室内缦雕木花罩亦须加工修整，按原样补色刷蜡掸刷干净，撤去东间软帘更能显示出它雕工玲珑。撤收中间现有的宝座，另外选提式样、尺度合乎室内比例同堂宝座一份。

根据1953年至1960年间留存的部分储秀宫区域物品陈列目录及这一时期故宫博物院的陈列情况、展览计划等，可以发现储秀宫区域确实发生了较大的调整与变动（表二）。原因一方面是溥仪出宫时的原状由于文物南迁很多都早已撤收，如果现在想要重新恢复原状陈列，必须要有科学的根据；另一方面这一时期对晚清、民国时期文物价值的认识还模糊不清，由于年代相近，很多西洋陈设被认为不适合于宫廷生活、不够古典化而被撤收，部分宫殿改为临时陈列室〔图10〕。这种改变虽然暂时解决了这一区域原状不完整的问题，展示了故宫博物院所藏文物的整体特点与样貌，但是忽略了储秀宫

图10　50年代的丽景轩展厅

1　故宫博物院院办档案科藏：《陈列部一九五一年陈列工作计划与总结》，1951年，19510016z，陈列展览类，第3页。

2　故宫博物院院办档案科藏：《翊坤宫体和殿改辟明代馆修正计划储秀宫原状陈列室调整陈列计划》，1953年，19530008z，陈列展览类，第2页。

3　同上，第3页。

4　同上，第4页。

区域的建筑语境，不能凸显此地原状文物的内涵与价值，文物的撤收更是破坏了这里仅存的一部分原状，让后续的复原陈列工作难上加难。

表二 1953—1960年储秀宫区域陈列情况统计

时间	储秀宫	翊坤宫	体和殿	丽景轩
1953	原状陈列室	珐琅结合原状陈列室	原状结合雕塑、漆器陈列室	西式原状陈列室
1954	清代馆（展品共计193件，展出多地宫廷生活陈设）	清代艺术综合陈列室（珐琅、彩瓷器、鼻烟壶）	清代艺术综合陈列室（各种漆器、仿漆釉瓷器及玉器）	清代馆（展品共计116件）
1955	/	珐琅结合原状陈列室（展品由1953年88件调整至97件）	/	/
1957	/	翊坤宫东西配殿玉器陈列（东配殿展品共计125件，西配殿展品共计188件）	体和殿及东西配殿玉器陈列（1957年10月1日至1958年12月24日，体和殿展品共计366件，东西配殿展品共计255件）	/
1958	竹木、牙雕刻陈列	珐琅陈列（共计展品139件）	同上	/
1959	同上	珐琅陈列	珐琅陈列	竹木、牙雕刻陈列
1960	清代晚期后妃生活状况陈列（其中丽景轩尚未布置）			

（二）慈禧皇太后五十大寿复原陈列

1960年为更好地保管、陈列、研究明清宫廷文物，成立了宫廷历史部[1]，决定恢复储秀宫区域的原状。但当时并没有直接恢复溥仪出宫时的现场原状，而是根据宫殿的具体情况，尽可能去恢复历史时期更早、持续时间更久的一个陈设面貌。“翊坤宫、体元殿、储秀宫一个大单元，主题是晚清统治者依靠外国侵略者半殖民地半封建时代，宫廷中后妃的生活。清室善后委员会的点查报告和照片的内容，基本符合这个要求，但首先必须将辛亥革命以后的一些新物品剔出，按照使用习惯容纳一部分主题时代以前的物品，将一些临时性的散置物品和不符合主题的物品，酌量去留调整位置，消灭凌乱的状态[2]。”

到1962年，储秀宫已经布置完成，是晚清时代后妃居住地点复原陈列（包括翊坤宫、体和殿及丽景轩），但需继续提高。因此，1963年在《储秀宫修改陈列草案[3]》中拟将现有陈列主题调整为“光绪十年至宣统三年储秀宫状况，室内装修力求恢复宣统以前的面貌。”并计划复原后的面貌大致为：“翊坤宫、体和殿的研究工作尚待深入此次改陈不做变动。储秀宫东次间拆撤溥仪结婚时所安装的雕双喜木床，恢复原来木雕花罩（材料库中有类似的花罩可以修理），罩内靠窗设桌椅。东进间后檐恢复原来木雕八方罩（现在西进间可以拆卸挪回）。西次间恢复后檐木床（复制）设床柜炕格等物。西进间恢复寝宫毗卢帽床和前沿床。设帐褥

1 故宫博物院1957年设立宫廷历史组，隶属于陈列部，负责宫廷历史文物和艺术品的研究及陈列；1960年成立宫廷历史部；1963年重新调整为宫廷历史组；1998年业务部门“拆三组五”，在原保管部、陈列部宫廷组、织绣组的基础上成立宫廷部，负责典章、生活、宗教、织绣文物的管理及展陈；2022年再次更名为宫廷历史部。

2 故宫博物院院办档案科藏：《宫廷历史部陈列大纲》，1960年，19620005z，陈列展览类，第8页。

3 故宫博物院院办档案科藏：《储秀宫修改陈列草案》，1963年，19630055z，陈列展览类，第5—6页。

图11　80年代储秀宫东次间与东稍间（胡锤摄）

等寝具。陈设品方面在藏品中选择与光绪二十八年陈设账中类似的，比较有特点的物品，作更合理的调整。丽景轩的布置：恢复西次间地平板及朝天栏杆（复制）铺台毯。明间北墙挂大型挂屏。恢复东进间面西宝座床（复制）恢复东次间隔扇（现在库内），前后檐设竹式条桌。东西耳殿室内装修完整，略加修理，酌设家具即可恢复原来面貌。”为做到原状陈列有根有据，朱家溍先生翻阅大量档案文献，详细梳理、研究了储秀宫的资料；同时还进行了社会调查，采访了储秀宫太监任书田，确认了自光绪九年大修以后的室内状况。

原本计划在1965年将储秀宫原状陈列的改陈作为修改宫廷陈列的试点，通过表现清光绪十年（1884）以后那拉氏的生活状况，揭露她在中法战争时期反动的政治面目和大搞五十庆寿活动与日常生活靡费，以进行反帝反封建教育。计划将“储秀宫用以表现那拉氏住室的情况，丽景轩表现那拉氏听戏处所的状况，体和殿表现那拉氏吃饭的场面和室内平时状况，翊坤宫表现穿堂形式和室内平时状况。在有条件时，前后东西配殿根据室内情况，分别恢复生活状况陈列和有关生活资料的辅助性陈列[1]。”后被搁置，直到1971年7月才完成改陈，重新开放。

档案中很少有关于储秀宫区域70年代具体情况的描述，但通过梳理可以发现一直到1994年，这一区域的原状陈列基本未发生任何改动。于是从80年代描写储秀宫区域的《储秀宫》《储秀宫与体和殿》等文章中，依然可以较为详细地了解到70年代初这里的室内陈设样貌，已经变为慈禧皇太后五十大寿时的复原陈列〔图11、12〕。“（储秀宫正间）这是慈禧平时接受臣工问安的座位，……西侧碧纱橱后为西次间，南窗、北窗下都设炕。北炕有花梨木雕梅花飞罩，炕上多摆文房四宝和陈设品，是慈禧休息的地方。由西次间往西进入西里间，也叫西暖阁，是慈禧的寝室。……暖阁里北边有床，床前安硬木雕子孙万代葫芦床罩，床框张挂蓝缎锈藤萝幔帐；床上安紫檀木框玻璃镶画横楣床罩，张褂缎面绸里五彩苏绣帐子，床上铺各式绸缎龙、凤、花卉锦被。……南窗有炕，这里是休息、梳妆的地方。……宫内陈设富丽堂皇，多为紫檀木家具和嵌螺

1　故宫博物院院办档案科藏：《修改宫廷陈列的初步计划》，1964年，19640010z，陈列展览类，第2页。

图12　80年代体和殿西间陈设（胡锤摄）

钿的漆家具。陈设品中有精雕细刻的象牙龙船、凤船和祝寿的象牙玲珑塔，有缂丝的福禄寿三星祝寿图……（丽景轩）这里是慈禧休息听戏的地方。……正中特设长一丈多的花梨木雕竹靠背的扶手宝座床，宝座南侧山墙内嵌有紫榆木雕竹式花万福万寿八吉祥插屏镜，北侧山墙亦嵌有一座插屏镜，其实这是一扇暗门，门后通向耳房。在西里间山墙下有一座小巧绚丽的戏台。朝东的台前有紫檀雕梅花栏杆，台背后是玻璃板墙。戏台的顶棚、墙壁贴藤萝花线法画壁纸。……（体和殿）是慈禧吃饭的地方。……（翊坤宫正间）东侧有花梨木透雕喜鹊登梅落地罩，西侧有花梨木透雕藤萝松缠枝落地罩，虽有罩而各间仍连为一体，比较宽敞。正间当中摆设屏风、宝座、宫扇、香几。慈禧寿辰在这里接受祝贺。[1]”

这里的室内陈设情况与1965年的设想还是比较一致的，由此是否可以推断1971年储秀宫区域的复原原状其实很大程度上是对于60年代陈列方案的执行，即储秀宫区域的复原在60年代已经基本定型，当时的研究为70年代的陈列工作提供了极大的参考与便利。朱雅娟在《故宫博物院的原状陈列》一文中认为：从皇后婉容的寝宫到慈禧皇太后五十大寿的复原陈列，其间不仅是局部文物的拆移，更重要的是陈列主题的转换和确立[2]并表现出对这种陈列主题转换的认可，确实这种工作方式为储秀宫区域的原状陈列提供了新的方向和思路，跳出溥仪出宫时期的原状，去寻求历史上某一特定时期进行复原，能大致反映不同历史时期、不同人物在生活场景上的特点及差异。但是储秀宫区域的复原陈列在搜集资料时很难将档案与实际物品完全匹配起来，其实更多的是一种风格性的复原。也就是说只能反映这一区域在慈禧皇太后五十大寿时期大致的居住方式及陈设风格，与历史事实还是有一定差距的，这一点在蒋博光的《故宫储秀宫室内陈设[3]》、王子林的《紫禁城原状与原创[4]》中也提到了。

（三）储秀宫区域原状陈列的新探索

在2000年之后，故宫博物院逐渐开始注重挖掘储秀宫区域原状陈列的多重价值，如2004年至2011年期间，在丽景轩及东西配殿举办的“末代皇帝溥仪生活展”，展览被分成两个部分：在丽景轩正殿，以复原小朝廷时期的溥仪生活状态为主，展室恢复其原来西餐厅的布局〔图13、14〕；东西配殿分别以溥仪在宫中的三

1　陆燕贞：《储秀宫》，《紫禁城》，1982 年第 2 期。

2　朱雅娟：《故宫博物院的原状陈列》，《中国博物馆》，1997 年第 4 期。

3　现在储秀宫的室内外陈设还是慈禧太后五十寿辰时的原状，只是比原来要简单许多。详见蒋博光：《故宫储秀宫室内陈设》，《家具与环境》，2001 年第 1 期。

4　由于时间久远和社会变革，古代宫殿原状能完整保存下来的已为数不多，我们现在所看到的太和殿、储秀宫等宫殿的陈设，是经过专家考证后恢复的，真实的原貌我们已无法目睹。详见王子林：《紫禁城原状与原创》，紫禁城出版社，2007 年，第 4 页。

图13　丽景轩西餐厅复原原状（故宫博物院官网）

图14　丽景轩东间复原原状（张淑娴摄）

个历史阶段和生活内容为主题，包括立嗣与登基、退位与复辟、成婚与贺礼、宫中学习、中西合璧式的生活、被逐出宫[1]。这种通过复原陈列与专题陈列相结合的方式，更加注重展现空间使用者的生活细节和日常生活内容，能够更加生动地将原状和它背后的故事进行关联、对照，将观众带入一个更加鲜活的历史场景之中。

2019年故宫博物院开始着手准备对体和殿进行改陈，目的是恢复清代慈禧皇太后时期体和殿宫廷生活原状陈列，但与以往不同的是此次改陈专门建立了体和殿研究性保护课题组，将古建监测、环境整治、历史研究、展览展示的全过程都涵盖了进来。在复原陈列之前开展综合研究，对复原的过程进行全面记录，设立环境监测与治理项目，通过不间断的科学监测、人工干预等方式，能够更为有效地改善展厅环境，更好地满足原状文物的展陈条件，为最终实现原状陈列展览提供更加有力的保障，为未来的陈列展览提供更真实的数据和内容。

丽景轩举办的"末代皇帝溥仪生活展"和体和殿的研究性保护课题是在复原陈列基础上的新探索，为储秀宫区域原状陈列的后续发展提供了新思路。通过持续挖掘储秀宫区域的多重价值，发挥了这一区域建筑和藏品优势，为观众提供集思想性、科学性、艺术性于一体的陈列展览，改变原状陈列长久以来一成不变的样貌，展现出其故事化、动态化的一面。

四　结语：未来展望

储秀宫区域从后妃居所转变成博物馆原状展厅，陈设情形发生了巨大变化，通过对影像、档案资料的梳理，大致分为以下几个重要的历史阶段。第一阶段是晚清时期，八国联军强行"开放"紫禁城，"游览者"第一次得以窥见慈禧皇太后居于储秀宫时的生活原状；第二阶段是民国时期，清室善后委员会及故宫博物院建院初期依旧保存着溥仪出宫时的陈设原状，储秀宫区域开始作为博物馆的原状展厅对公众开放，展示了皇后

1　罗文华：《宫廷文化动态》，《紫禁城》，2004年第6期。

婉容居于储秀宫时的原状场景，后由于时局变化，陈设被撤收、南迁，原状也不再完整；第三阶段是新中国成立以后，故宫博物院一直都在积极地推进储秀宫区域原状的保护利用和传承，由综合陈列室到慈禧皇太后五十大寿的复原原状，再到复原陈列与专题陈列相结合、建立研究性保护课题，逐步探索出了一套富有故宫特色的原状陈列方式。

储秀宫区域的陈列几经调整变化，虽然每一次变化都促使人们对储秀宫区域进行更加深入的研究，去思考这一区域原状陈列的更多可能，去探索原状陈列的更多方式。但是随着时间的推移，一方面储秀宫区域的历史信息层层堆叠，造成部分信息丢失，让人们再也无法目睹真实的原貌；另一方面古建作为原状展厅条件有限，在这里长期保存、摆放文物确实遇到了一定的困难，如有机材料老化，地炕积水返潮、泛碱等建筑环境问题。除此之外，观众对于原状陈列的需求也发生了变化，由观看陈设本身转变为关注原状背后的历史故事、研究宫廷生活的真实状况。因此，储秀宫区域的原状陈列不应该只将复原方案的实现作为唯一目标，整个区域的研究、保护、陈列、发展过程都应该被关注。而不是通过复原将原有的信息一层层地覆盖起来，仅仅展示最终的复原成果，却遗失了大量文物移动、变更的具体数据。在未来我们也许可以继续通过复原陈列与专题展览相结合的方式，从筹备复原陈列之初便同步跟进专题展览，采用分阶段、分主题的方式向观众全方位、多角度地展示储秀宫区域的历史研究、保护成果、复原过程、展览变化，让更多文物和文化遗产活起来，去传播原状陈列背后承载的中华民族优秀文化与精神内涵。

[作者单位：故宫博物院展览部]

2023年“故宫学学术研讨会”综述

Summary of the 2023 Symposium on the Gugong Studies

孙琦　　Sun Qi

2023年6月16日－19日，由中国社会科学院大学、故宫博物院、深圳大学联合主办的“故宫学学术研讨会”在故宫博物院召开。来自故宫博物院、中国社会科学院、中国人民大学、中国政法大学、南开大学、复旦大学、深圳大学等高校及科研院所的100余位专家学者参加了会议。

会议开幕式由故宫博物院副院长任万平主持，故宫博物院院长王旭东、中国社会科学院大学校长张政文、中国历史研究院副院长李国强、深圳大学副校长李永华致开幕词。他们在致辞中共同回顾了“故宫学”的发展历程，强调“故宫学”的发展需要学者们共同努力，希望“故宫学”在未来的学术领域担负起更重要的新使命，并预祝此次研讨会取得圆满成功。

此次会议以“明清物质文明与政治文化”为主题，采取了大会发言与小组讨论相结合的形式，与会学者围绕故宫学与明清物质文明与政治文化的各个领域交流了各自的研究成果。

一　大会发言部分

故宫博物院郑欣淼的《“法统”地位强化中的故宫资源——蒋介石与故宫关系之探析》一文在探讨蒋介石与故宫的关系的基础上，指出蒋介石十分重视利用故宫遗产资源或说是故宫的价值与影响力，为强化其政权的“法统”地位服务。故宫博物院任万平的《金榜题名——中国古代科举考试制度及其启示》一文主要探讨了中国古代科举考试制度，指出其在中国历史发展过程中的重要作用。故宫博物院章宏伟的《郑欣淼先生的故宫学历程——〈问学之旅〉序言》一文为郑欣淼先生《问学之旅》的序言，介绍了郑欣淼先生及其所倡导的“故宫学”，指出郑欣淼先生在“故宫学”发展中的重要推动作用。沈阳故宫博物院李理的《大器载道文化悠悠——清宫仿古文物承载的古代传统文化》一文指出，清朝中期，满洲皇帝出于仰慕心态，曾参与制作大量仿古器物，所制宫廷御器虽是仿拟古器造型，其本质则是对古代文化的传承与弘扬。中国社会科学院陈时龙的《明代龙亭考》一文，对明代的龙亭进行了详细的考证，指出龙亭虽是皇帝的虚位，但象征意义极其强烈。故宫博物院王南的《禁城宫阙，太紫圆方——北京紫禁城单体建筑之构图比例探析》一文，在前人研究的基础之上，进一步发现并指出：紫禁城大量单体建筑的立、平、剖面设计中，从整体到局部皆运用了基于方圆作图的一系列经典构图比例。这些方圆作图比例的运用，使得紫禁城的建筑群获得了内在的和谐——尤其是中轴线上一系列主体建筑，蕴含着丰富多样的方圆作图比例，从而形成变化多端又整体和谐的艺术效果。李文儒的《宫廷服饰色彩的现代转化》一文，对故宫博物院所藏清代的宫廷服饰进行了专门的探讨，说明了其特色及价值。故宫博物院王军的《朱启钤“沟通儒匠”论探义》一文，对中国营造学社创始人朱启钤所提出的“沟通儒匠，浚发智巧”这一中国建筑史理论进行了探讨，他指出，在今日中国建筑史暨营造学的研究中，理解并践行“沟通儒匠”之精神与方法仍具重要现实意义。中国社会科学院解扬的《模式与细节：作为工具性政治话语的明代祖制》一文，通过研究明代作为制度的基色以及作为政治话语被运用的场合，认为明代的祖制包含制度，但并不是确指固定下来的某项制度，而是指基于明初祖宗朝的政治实践、依托于当时实行的制度所形成的治国方法。由于祖制是治统延续的合法性基础，与权益之法便会产生必然冲突。复旦大学邹振环的《人格化和神格化：郑和画塑像的历史建构》一文，根据各种传世郑和画塑像史料文献，以及海内外博物馆、展览馆所藏画塑像数据，讨论了郑和画塑像建构的特点。中国人民大学何瑜的《治水如治国，要在重农桑——从清代三山五园看康乾二帝的治水理念》一文，在对清代的三山五园地区水系进行研究的基础上，进一步探讨了清康乾二帝的治水理念，对今日整体保护三山五园、恢复山水田园的历史风貌具有重要启示。北京大学袁怡雅、徐怡涛的《万历朝的轮廓：从莲池观音到九莲菩萨——明慈圣皇太后的造神之路》一文，综合运用历史文献及相关文物建筑的历史信息，梳理出慈圣皇太后造神之路与碧霞元君信仰建构的相互关系，进而揭示了明万历朝几座不同地域、不同宗教的敕建庙宇背后统一的历史动因，勾勒出万历朝烙印于庙宇建筑之上的重大历史事件与历史人物的轮廓。山东师范大学邹强的《狡黠的智慧：梦意象与君臣之道》一文，对中国古代文学文本中出现的“梦意象”与古代君臣之间的关系进行了研究，指出仰仗着古代观念中梦背后之神灵的威严，无论是君王还是臣子，都能够堂而皇之地借助“梦意象”这一形式的帮助来实现一些本不易实现的想法或是说出一些无法验算求证却又心知肚明的话来，达到一种“看破不说破”的特殊审美效果。南开大学何孝荣、陈文博的《出入理学与佛教之间：论明代中期“理学名臣”丘濬的佛教观》一文，对明代中期的“理学名臣”丘濬的佛教观进行了专门研究，指出丘濬尊奉程朱理学，视佛教为“异端”，要求禁绝佛教，强调抑制佛教势力，去除日常生活中的佛教习俗，同时他也赞扬、信奉佛教，宣传慧能及广东地区在中国佛教史上的地位，与僧人交游，出入理学与佛教之间。江苏大学韩荣的《以器回溯器具文脉——古代器具的分形量化方法阐释》一文，利用考古发掘报告提供的器具基础数据，例如器高、口径、重量等，基于样本实物照片，采用无透视角度的照片视图进行样本复原的数据提取，包括器形曲线、纹样、各部件尺寸等。此种分形量化方法，应是范式方法与思维逻辑的变换，是对器具选择、梳理、组合后，以研究目的保证器具多样性与客观性的研究办法。

二 分组讨论——第一组

中国社会科学院赵现海的《明初〈大明集礼〉纂修与政治变向》一文，在以往研究的基础上，探讨了明初纂修《大明集礼》的政治背景、纂修时间与纂修人员的机构与地域分布，以之作为14世纪晚期中国文明历史转向的表征之一。江南大学童永生、沈瑞的《梅清的生平考证及其山水画艺术研究》一文，通过相关历史文献的梳理和艺术图像学的分析，对明清时期中国山水画的一代宗师梅清的家世、生平、交游以及绘画风格进行了考证与论述。中国社会科学院张建的《明初、中期“将军铳”考》一文对明初、中期的“将军铳”进行了考察，阐明了两类“将军铳”的形制和技术特点，考察其在15—16世纪，明朝京营与边军中的装备及运用实态，并反思其遭到边军排斥、未能成为决胜兵器的原因。中国人民大学张光耀的《“道”与“术”：明太祖治国理念再认识》一文，在分析《明太祖文集》的基础上，结合相关史实，总结出明太祖的治国理念为：崇儒重道，集“君”“师”于一身；“儒”“法”互济，以“儒”为本、“法”为用；兼综“三教”，以“儒”为正、“释道”辅之，并神道设教。北部湾大学潘俊杰的《中国古代疫病防治与国家治理及当代启示》一文，梳理了中国古代文献中记载的疫病防治案例，并以史为鉴，提出三点现实启示：第一，政府是抗击疫病天然的领导者和组织者；第二，采取多种措施隔断传染是抗击疫病最有效的措施；第三，推进医疗科技和疫苗接种推广是预防疫病的重要手段，经济方面的紧急救助是抗击疫病、恢复生产的重要基础。九江学院周晓微的《明代丝绸之路与佛教》一文对明代丝绸之路上的佛教交流进行了探讨，指出明清时期仍然有佛教高僧通过陆上和海上丝路进行佛教传法。东北师范大学齐畅的《双重身份的东亚人：朝鲜宦官郑同与成化年间的明鲜关系》一文，对明代朝鲜宦官郑同的双重身份进行了考察，指出郑同因家人在朝鲜而本人在中朝天子近侧的利益关系，造成宦官与使臣的不同，即他要跟本国君臣既要维持礼节和客套，同时极力向本国索取利益以巩固自己在天朝上国的权势和地位。中国社会科学院项琦的《清前中期的潮灾治理》一文，指出清前中期已经形成了一套基本成熟的潮灾治理体系，这套体系从制度设计到机制运行都成为古代中国灾害治理的集大成者，但在基层的组织力和执行力方面仍然是考验政府治理能力的一个重要方面。中国人民大学刘盈的《政治视角下清帝对传统“忠君”观的重释》一文，认为康熙、雍正二帝倡导“尊王”之道，逐渐攻破“华夷之辨”的理论基础，缓解了华夷与君臣的内在紧张。乾隆帝褒赞明末殉节臣民，重新塑造以死尽忠的忠臣形象，确定了新的“绝对忠君”观。清帝以“绝对忠君”替代“华夷之辨”，深化对臣民的思想控制，凸显清代皇权特色。南开大学张书铭的《从内府到外廷：乾隆朝皇室财政监管体系的细化》一文，指出乾隆时期是清代皇室财政最为充盈的时期，对皇室财政的管理也更为细化和严格。南开大学徐诗怡的《乾隆朝内务府变价制度初探》一文，指出内务府于康熙中晚期出现了早期的变价行为，及至乾隆时期，内务府变价俨然已经发展为一项成熟的商业经营活动，呈现出规模化、制度化、专门化的特征，为内务府带来十分可观的经费收入，成为宫廷财政的重要来源之一。白城师范学院王志刚的《清季大他坦及其政治作用刍论》一文，指出大他坦政治功能的强化是统治制度适应太后参政的制度调试，曾发挥了一定的积极作用。随着时代的变迁，其烦琐的消极作用也逐渐显现。中国社会科学院大学李君伟、刘强的《论辛丑回銮后慈禧太后与光绪帝之坤宁宫行礼》一文，探讨了辛丑回銮后慈禧太后与光绪帝之坤宁宫行礼的问题，指出这种行礼方式说明，在慈禧太后看来，“母主儿从”式的治国方式和特定场合与空间内对光绪帝“国主”身份的保留，都是推动当时清廷最高权力顺利运转的必然选择。中国社会科学院大学崔健健的《明代总督仓场“差职”的“官职”化现象》一文，对明代总督仓场进行了专门研究，指出总督仓场本是君主特命专员掌督京通以及临清、徐州、淮安等处仓务的“差职”，但在明代中后期发生了明显的“官职”化趋势，不仅出现了“仓场总督”这一反映总督大臣政治身份的官场职名，其基本建置也都具备了“官职”的基本特征。中央财经大学李鹏的《从赐字到赠字：慈禧太后的书法外交》一文，指出，在慈禧太后生命最后几年里，她巧妙地将书法技艺及作品运用到外交活动中，此举不仅极大地改善了慈禧太后在西方人心目中的形象，也从一个侧面反映了《辛丑条约》签订之后清廷最高统治者终于彻底放弃天朝世界观，降低姿态，更为主动地发展与各国的外交关系。延安大学梁曼容的《中国帝制时代宗室制度的演变轨迹与特征——以入仕参政为核心》一文，对中国历代宗室制度进行了系统的梳理，指出了中国帝制时期宗室制度演变的特征。安徽师范大学张振国、王月的《论清代的举人拣选与入仕——兼辨举人截取的性质》一文，在前人研究的基础上，利用档案文献和清初稀见则例，梳理了明清时期举人拣选制度的演变历程，考察了清代举人拣选及入仕的运作流程和实施效果，并在此基础上辨析拣选与截取的关系，厘清学界对科举制度的某些误解，从而对清代科举制度尤其落第政策研究有所补正。河北经贸大学曹琳的《帝国之屏抑或帝国之殇？——宗藩问题与明代的财政困境》一文，指出明代宗藩问题严重阻碍社会经济的正常发展，引发了明王朝的财政危机和社会危机，成为明王朝财政破产的重要动因。北京中医药大学马捷的《从宫廷涉医纸本刻印文书探究晚清京师医疗社会变革》一文，通过对晚清宫廷涉医纸本刻印文书进行深度解析，阐释晚清宫廷及相关机构的中医药文化的变迁历程，并揭示晚清时期宫廷的中医药传播、应用与转型的医疗文化现象。内蒙古大学孟姝芳的《嘉庆帝对大臣因循散漫的制度约束与处分》一文，指出嘉庆时期，因朝臣循散漫之风盛行，嘉庆从整治大员的因循散漫着手，实行了一系列处分措施。但朝臣因循散漫之风并没有得到改变，而通过处分方式去除散漫政风也没有成为主导性的整治方式。中国社会科学院大学程思瀚的《明代“不为例”封赏探析——基于礼、法、政治的视角》一文，指出“不为例”封赏是一种重要的法律、政治现象。其核心原则为“情礼相适”，即由皇帝对法律运作中情、礼、法之间的冲突进行调节。基于此，“不为例”封赏不仅对臣民有着特殊的激劝作用，其“不得为例”的性质还保障了国家现有律例体系不受侵越。南京师范大学姚刚的《晚清“奏折指南”的知识图景及其文书观念》一文，指出“奏折指南”在奏折撰拟磨勘、修改缮写、包封赍送等方面呈现的文书知识图景，既是晚清奏折“文书学”价值的具体体现，也是事君之礼等政治礼仪秩序的文本映射。辽宁大学许嘉杰的《从学者两种参政模式看明代政局与朝野关系——以孙应鳌与何心隐为例》一文，以孙应鳌、何心隐两位积极参与政治的学者为例，讨论二人参与政治后的不同形式和不同结果，并深入分析其背后所表现的社会公论与朝廷权威从聚合到分裂，乃至对抗的趋势。

三 分组讨论——第二组

中国国家博物馆李文琳的《明中后期社会发展中的婢女及其服饰——国博、故宫相关文物藏品及历史文献考察》一文，根据中国国家博物馆藏《南都繁会图》《西园雅集图》《秦淮冶游图》《人物图》《明人夫妇画像》、朱厚烨墓出土文物等，故宫博物院藏《升庵簪花图》《夏景货郎图》等，以及各地馆藏相关实物、出土文物，结合历史文献，勾勒1521—1644年的120多年间，婢女服饰的基本面貌，探讨汉族古代女装最后的辉煌历史。华中科技大学龚世豪的《几暇怡情：乾隆的瓷器创意、设计及旨意传达》一文，指出乾隆的瓷器创意和设计，反映出帝王审美对宫廷用瓷风格的决定性影响，由此也关联到清宫瓷器文化的相关问题。

扬州大学左攀、傅振宁的《武当山“治世福神”袖珍神像考论》一文，对武当山“治世福神”袖珍神像进行了考证，指出这尊神像可能是明代真武信仰获皇权加持，武当丹道大兴的背景下，由武当山道士供奉于圜室的艺术品，见证了武当山与紫禁城的特殊关系。中国国家博物馆吕伟涛的《东坝娘娘庙的瓷花觚考辨》一文，指出东坝娘娘庙的瓷花觚由清雍正、乾隆时期著名的督陶官唐英于乾隆六年监烧，敬献给“东坝天仙圣母”，然而，唐英所敬献的这位“天仙圣母”，极有可能是海神妈祖，而非泰山娘娘。沈阳故宫博物院于明霞的《清代八旗火器制造琐谈》一文，以《皇朝礼器图式》《钦定大清会典》《清朝通典》等典籍所载为主，结合沈阳故宫博物院所藏火炮、火枪，考证了清代八旗火器的制造制度。故宫博物院李珣泽的《故宫博物院藏暹罗国金叶表文形制、历史及作用》一文，对故宫博物院所藏暹罗国金叶表文进行了研究，指出，金叶表文作为暹罗遣使进贡及官方贸易的重要凭证，是传统中国“天下”理念和理想政治的产物，也是中国对外交往历史中“厚往薄来”传统的反映。中国国家博物馆樊祎雯的《从〈乾隆南巡图〉看清代中期的烟草的盛行、传播与影响》一文，通过《乾隆南巡图》中呈现的情形结合相关文献，再现了清代中期烟草的盛行及售卖的状况，并通过此，考证了烟草的种类及所对应的吸食人群，并探究烟草在清代盛行的表现及背后原因。故宫博物院徐婉玲的《展览叙事与话语建构：伦敦中国艺术国际展览会始末及其影响》一文，论述了1935—1936年在伦敦伯灵顿宫皇家艺术学院举办的中国艺术国际展览会始末，指出此次展览使西方人士得以欣赏中国历代艺术概貌，对中西文化交流产生了深远影响。暨南大学叶农的《伦敦会士麦都思及其〈中国现状与传教展望〉》一文，论述了伦敦会士麦都思在华传教活动及其著作，指出其在华既成为印刷工、传教士、办报人、出版人、字典编纂者，又成了英国在华扩张的先锋，是新教传教士中影响相当大的传教士。故宫博物院张淑娴的《清代宫廷建筑内檐装修中的西洋卷草纹》一文，指出明末清初，随着全球航路大通，中国与欧洲的往来增加，欧洲卷草纹样进入清宫；清代中期，卷草纹被运用到了内檐装修中；清代晚期，随着西方列强的入侵，中国半殖民地化的开始，西洋卷草纹样在清宫更加盛行，与中国的传统纹样结合，衍生出多种多样的纹饰图案，丰富了清代宫廷内檐装修的纹饰，也使内檐装修的风格逐渐西化。故宫博物院陶晓姗的《雍正帝装饰圆明园九洲清晏管窥》一文，论述了雍正帝装饰圆明园九洲清晏室之事，指出雍正帝装饰九洲清晏方式主要有悬挂御笔匾额、张贴贴落以及陈设各类器物。从中可以看出雍正帝在装饰特点上，偏好将同一元素以多形式反复呈现，同中有异，和谐而不单调。而雍正帝对大型家具宝贝格的再设计，也体现出他对可提升室内陈设观感体验的诸多因素之综合考量，这是他装饰上的另一个特点。中国政法大学魏玮的《商周历史的口述者：巫、史、瞽矇、诵训、俳优的职能及口述方式》一文，对先秦时期在宫廷中供职的巫、史、瞽矇、诵训、俳优的职能及口述方式进行了考察，指出其以讲诵、歌唱、表演的不同方式记录历史、传承历史，同时兼有劝谏、祭祀、教育之职，在分工合作中将早期的人类智慧记录和流传，是历史记忆和族群文化的保存者。中国国家博物馆姜舜源的《清代官服自置之文物文献考证》一文，通过考察绘画、器物等文物，会典、实录、笔记等文献，小说、戏剧等感性资料，探讨了清代官服置办的一些问题，指出清代官员的官服完全是自行解决，且清代官服种类多、使用讲究，不同场合需要穿着不同服饰。故宫博物院周乾的《中药在故宫古建筑的应用研究》一文，基于调查分析与文献检索相结合的方法，研究了中药在故宫古建筑营建和修缮中的运用，评价了不同种类中药的功能。北京市文物局孔庙和国子监博物馆黄茜茜的《北京孔庙大成门大鼓年代考述》

一文，通过对民国档案，《国学礼乐录》《圣门乐志》《皇朝礼器图式》《光绪会典》与道光十三年修订的《钦定国子监》中所涉及的乐器部分进行分析，大致推断大成门东侧所置大鼓的年代下限至迟为民国三年（1914）。浙江大学吕微露的《故宫御花园石子墁地的“形色意”探析》一文，通过对御花园彩色石子墁地“形色意”的解析，归纳铺墁呈现出传统吉祥图案形之转象、色之意象和意之气象的特征，并尝试通过彩色石子墁地色彩提取、构成形式、意境审美等三方面内容的切入，总结御花园景园空间美学的建构规律——自然美和人文美的有机结合，揭示出石子墁地对于景园空间重要的文化和艺术价值。中国社会科学院大学张怡琳的《故宫外檐窗的礼制文化内涵研究》一文，以样式和纹饰为例，阐释了故宫外檐窗体现出的严格的等级思想，并辅以大量实物照片进行对比研究；同时，借助《周礼》《礼记》等儒家经典文献，对三交六椀菱花格心图案、外檐窗颜色规律、窗的样式规律等方面进行分析，进一步探究其礼制文化内涵。湖南师范大学王子涵的《清代北京城的栅栏与堆拨》一文，主要利用清代政书和档案史料，从社会治安的视角考察北京栅栏、堆拨的设置、功能及其衰败过程，并分析清后期堆栅丧失治安作用的原因。北京理工大学严雨的《清代北京皇家园林桥景模式探析》一文对清代北京皇家园林中的桥景进行初步研究。闽南师范大学高显莹、吴丽娜的《日照香炉香云升：钦安殿香意向探析》一文，以钦安殿香炉、香，殿内外祥云等焚香祥云有关意象，从文学文化、建筑性装饰性雕件、嗅觉感知、香料使用等，探析钦安殿内外建构独特的香文化意涵、建筑装饰性雕件美学及其对明清皇室香应用的影响。华中科技大学林纯洁的《〈华夷译语〉西洋译语中的“华夷之辨”》一文，以《故宫博物院藏乾隆年编〈华夷译语〉》影印版为基础，运用概念史的分析方法，分析了西洋译语中的“中国”“外国”“夷人”“番人”等词汇，并对这些词的不同语种译名进行共时性的比较，将之与词典编纂前后的名称或译名进行历时性的比较，从而探讨18世纪中叶清廷的华夷观以及传教士对这一观念的认识。湖北大学温显贵、邱婧的《清初太常祭祀乐制建设考论》一文，对清初太常祭祀乐制进行了考察，并指出其建设意义。

四　分组讨论——第三组

北京师范大学张升的《〈永乐大典〉录副本的誊录、圈点及总页数》一文，在已有研究的基础上就一些基本材料做进一步考察，更详细地揭示了《大典》录副本的誊录、圈点及总页数。故宫博物院周莎的《武英殿修书处书版存贮地点考》一文，根据《武英殿修书处档案》，梳理其藏版地点及内容，比对清宫旧藏的雕版实物，以求还原武英殿所存贮之版片原状。沈阳故宫博物院刘扬的《〈萨尔浒山之战书事〉碑叙考》一文，将《萨尔浒山之战书事》碑内容与存世史书中的关于此战的记述相比较，对两者不同之处加以整理分析，旨在找出记述内容不同背后的深层次原因。山西大同大学孙瑜的《汉化的注脚：碑刻所见清朝北岳祭祀的政治文化意涵》一文，以清帝遣官北岳祭祀所留下的碑刻为主要史料，探究清朝北岳祭祀的历史面貌，进而在国家认同视角下，挖掘清朝北岳祭祀的文化意涵，揭示清朝在国家认同构建过程中汉化的追求及特点。复旦大学付明易的《民国时期线装书“高丽纸”印本述略》一文，通过文献梳理，考证出民国时期以高丽旧纸印刷的线装书实物，展现高丽纸作为古籍印刷用纸的特点，同时探求民国时期藏书家及出版机构在传播珍贵古籍时所做的贡献和“好古求旧”的心境。吉林大学姜勇的《金粟山藏经纸流失考》一文，统计了金粟笺在清代公私书画著录中被载记的情况，又翻检各种图录，考察了传世的金粟笺书画作品，并通过对比勘验，初步确定了“金粟山藏经纸”印的分型和真伪。郑湘榕的《衡文与写境：乾隆南巡背景下的〈台山瑞景〉图》一文，以乾隆朝词臣画家钱维城绘制的《台山瑞景》图作为研究对象，讨论其所体现出的政治隐喻。中央美术学院张晶元的《乾隆朝〈台湾全图〉贴落与武成殿的政治空间营造》一文，对《台湾全图》及《安南全图》《廓尔喀全图》等清代战图贴落进行了研究，并通过分析贴落与武成殿的关系，指出武成殿也是帝王为凸显皇权而营建，代表着神秘与威严的政治空间。陕西师范大学高明的《明清时期东岳司职图像形式分析——以壁画为中心》一文，以壁画中的东岳司职图像为研究中心，通过相关文献和现有实物图像的比较梳理，对东岳司职图像形式中基本人物、基本构件和场景图式的分析，探求和把握其规律法则，从而形象地认识当时东岳司职信仰图示化呈现。清华大学张伟的《画稿与清单——清代内府〈古玩图〉卷考》一文，围绕《古玩图》的艺术风格、绘者进行讨论，进一步解释《古玩图》与古玩片之间的关系，揭示《古玩图》除藏品清单之外更为重要的用途。山东大学刘帆的《王献唐搜集整理陈介祺藏品的贡献》一文，以民国时期著名爱国学者王献唐日记与书信往来为主要依托，结合题跋及其他文献考证王献唐20世纪30年代收购与整理陈介祺金石文物史实，述其藏品散佚过程，借以彰显王献唐搜集整理陈介祺金石文物之功，略考民国时期山左金石文化之情状。天津工业大学王红霞的《养心殿西暖阁雍正题匾联考证》一文，对养心殿西暖阁中雍正题匾联进行了考证，指出这副匾联的出现与清初道统与治统关系、清朝学术思潮的转变及雍正个人性格都有密切关系。山东大学孔勇的《事实与传闻之间：明清衍圣公府大门楹联的知识考古》一文，以衍圣公府大门楹联为个案，尤其围绕它的作者、内容、传闻等展开了梳理辨析。中国政法大学王敬雅的《将欲取之，必固与之：康熙中后期官员捐银与政治风气》一文，对康熙中后期官员向皇帝捐银的现象进行了探讨，认为康熙中后期频繁的官员捐银行为，是这一时期政治腐败的重要原因之一。中国政法大学王学深的《清代“母妃”称谓考》一文，对清代的“母妃”称谓及用法进行了详细的考辨，云南大学孙琦的《清朝册封廓尔喀果敢王礼仪探析——以尊达热生写热册封为案例》一文，根据多语种文献，以尊达热生写热册封事件为案例，考察了清朝册封廓尔喀果敢王的礼仪程序，并在此基础上，进而分析了廓尔喀果敢王册封的多重政治内涵。北京石刻艺术博物馆张云燕的《国祀与家祠：京师富察家族宗祠考》一文，以京师富察氏家族祠堂为例，探讨了清代满洲统治阶层在吸收中原以祠堂祭祖为代表的宗法礼制制度过程中展现出的政治特点。首都师范大学匡清清的《明清先蚕坛祭祀中女性角色及职能探究》一文，通过比较明清两朝女官，厘清了明清女官的变迁历程，对于挖掘明清时期先蚕坛祭祀中女性发挥的职能作用以及探讨先蚕礼制内涵在明清两代的演变至关重要。中国社会科学院大学王颖的《清代内务府掌仪司职能考释》一文，对清代掌仪司的各项职能做了具体的梳理，并明晰其在清代存在的功用以及历史价值。北京服装学院崔岩的《从清宫内务府汉文奏销档看织染局种种》一文，基于中国第一历史档案馆藏内务府汉文奏销档中关于织染局的七份档案，梳理了乾隆和嘉庆年间内织染局设置以及所辖人、财、物变更等重要事项，分析了清朝中期织染局的沿革历史、人员构成和分工、所用物料、织造品类和使用去向等种种问题。

五 分组讨论——第四组（宫廷戏曲研究专场）

山西师范大学郝成文、窦越的《清代宫廷“演切末”考述》一文，对清代宫廷戏剧“演切末”的内容及形式进行了考述，认为“演切末”规模庞大，演出剧目极具宫廷特色，演出方法也是清宫独有，可以说“演切末”是清宫演剧最典型的代表。中山大学黄竞娴的《明代宫廷戏剧三种杂考》一文，对明代宫廷的打稻戏、水傀儡戏和院本的盛行年代、演出机构、演出性质等问题进行了逐一考察，在一定程度上对已有研究成果有所补正。济南大学贾乐莹、范丽敏的《论〈琵琶记〉在清内府曲本中的流变》一文，指出内廷演出《琵琶记》的折子戏多来自清代的一些戏曲选集，并在此基础上进行了小幅改编，呈现出精致化、规范化的特点。朱元璋研究会夏玉润的《清宫廷内的凤阳花鼓》一文，探讨了凤阳花鼓与清宫廷的联系，指出清帝对凤阳花鼓的存在较为宽容，甚至默许其存在，这为凤阳花鼓在全国的流行创造了条件。山东师范大学冯文龙的《礼乐背景与宫廷立场——论清代内廷大戏〈封神天榜〉对王朝易代的舞台呈现》一文，以内廷大戏《封神天榜》的创作、演出为中心，结合清代前中期尤其是乾隆朝历史书写和“忠臣”“贰臣”之辨，了解内廷大戏对官方统治策略的回应与迎合，以及大一统的宫廷意志对内廷大戏创作所造成的影响。四川师范大学夏心言的《清代宫廷演剧的时间管理与艺术导向》一文，以清宫戏曲档案和曲本文献为基础，结合清人笔记、日记、报纸所载清代文化史和民间演剧史材料，考察历史上清代宫廷对戏曲演出时间“管”与“不管”的运作实态，探析由此引发的舆论和梨园新变，从中发现宫廷剧场对宫墙之外戏园的艺术导向作用。深圳大学胡光明的《乾隆帝的时间焦虑与宁寿宫演剧的文化意涵》一文，通过对御制诗文、演剧档案、戏本文献等的爬梳，考察了乾隆帝对于时间与执政的焦虑，以及其时宫廷演剧的丰富面貌。上海大学熊静的《从道教神仙剧到端午应节戏——一传奇本〈混元盒〉考》一文，通过文本校勘、情节比对等方法，对传奇本《混元盒》的情节差异、文字异同，宫廷本《混元盒》《阐道除邪》的改编手法等进行了梳理与分析，揭示了《混元盒》从道教神仙剧到端午应节戏的发展脉络。中国社会科学院大学刘东昇的《从道光朝绵恺藏匿内廷伶人案看国家治理的困境》一文，利用中国第一历史档案馆所藏档案等史料，对绵恺两次藏匿内廷伶人案进行详细的阐述，进而通过对各方人物行为的呈现，深入探讨清代国家治理有关制度与利益的纠缠以及传统君主治理模式的失效。山西大同大学徐建国、刘娜娜的《晚清京城王府与宫廷武戏演剧的交流互动》一文，指出王府演剧与宫廷的武戏演剧有着密切的交流互动关系，表现在王府大臣频繁进入宫廷参与其演剧活动，追捧清宫内廷的武戏艺人和喜爱内廷演出的武戏剧目，并向宫廷反馈民间盛行的武戏剧目，进而完善宫廷的戏曲演出，也对民间武戏的繁荣做出了贡献。辽宁大学刘铁的《清宫连台本戏〈太平福〉考论》一文，较为全面地梳理了清宫所藏各个版本的连台本戏《太平福》，使我们对其有了更加全面的认识。故宫博物院孙召华的《试论清代宫廷戏衣的衣箱制度和舞台风格》一文，从清宫戏衣的材料来源与制作、管理与穿用、舞台风格与时代演变三个方面，概述清代宫廷戏曲的衣箱制度，探讨清宫戏衣的舞台特征及其自昆曲向京剧的演变。湖南工业大学刘超的《道光年间内廷演戏机构研究》一文，指出道光初年，内廷演戏机构分南府与景山两套，与嘉庆朝体制相同，人员在500人左右。道光七年外学被裁撤后，南府改为昇平署，除负责演出的内学外，还有负责祭祀、庆典活动音乐伴奏的十番学，负责存储、调用演出的行头、切末的钱粮处，以及负责记录承应档案、戏本的档案房。中国戏曲学院李小红的《京剧〈三顾茅庐〉与〈鼎峙春秋〉〈三国演义〉的异同优劣》一文，指出《鼎峙春秋》、京剧《三顾茅庐》均与《三国演义》有较近的亲缘关系，但是三者之间又各有特色，《鼎峙春秋》推崇刘备，显示了皇家需要，京剧《三顾茅庐》对关羽、诸葛亮着墨较多，体现了民间老百姓的审美情趣。西北大学柯尊斌的《清代宫廷演出戏曲剧目〈青石山〉考论》一文，在梳理剧目《青石山》的内容及演出情况的基础上，分析其与《长生记》的文本渊源及其对后世文本的影响，并讨论了其演出的背景与政治寓意。故宫博物院叶宇星的《清宫戏曲声腔研究管窥——以弋腔为例》一文，以清代宫廷弋腔研究为例，从剧目声腔判断、声腔使用规律、声腔演出历史、声腔剧种传播等方面着手，使清宫弋腔的面貌更加清晰完整，也为清代宫廷戏曲声腔的深入研究提供参考。广东财经大学徐瑞的《京剧〈五花洞〉宫廷演出考述》一文，结合剧本、档案和相关图像文献对《五花洞》剧本的定型和宫廷表演加以考察，指出此剧自光绪五年（1879）入宫演出以后，在宫廷频繁上演，演出时间集中于年节和帝后万寿等节庆场合。北京外国语大学李飞杭的《散存清宫大戏〈征西异传〉考述》一文，在对已出版的《征西异传》剧本进行梳理的基础上，再结合国家图书馆、首都图书馆所藏《征西异传》剧本进行深入考察比对，对各处剧本之间的先后承袭及相互关系进行细致探究。北京外国语大学张义的《清宫朝贡题材剧目与国家形象的建构》一文，认为清宫朝贡题材剧目基于一定的历史史实，塑造了清王朝和周边国家的国家形象，一定程度上是一种对于历史史实的艺术化再现。然而，从这些形象中亦不难发现，御用文人在夸大清王朝自我形象的同时，也对其他国家的国家形象进行了不同程度的贬低与丑化。中国社会科学院大学李立超的《清宫升平署档案"本""府""外"含义质疑》一文，在反复比对光绪朝的差事档、恩赏日记档、日记档、恩赏档等升平署档案的基础上，对学界一直沿用升平署档案剧目前"本""府""外"是指本家班、升平署内学、升平署外学的说法提出了质疑，遗憾的是，并没有给出相关合理的解释。中国社会科学院大学赖俊杰的《乾隆朝宫廷演剧支出与内库银两关系》一文，通过对内务府满汉文档案及昇平署档案的解读，明确乾隆朝宫廷演剧的经济支出及其来源。在此基础上，通过相关档案探讨乾隆朝宫廷演剧支出与内务府库银具体的关系，揭示其因果关系，以期深入理解清代皇室财政的运作体系。中山大学陈佳宁的《南明弘光朝宫廷演剧述论》一文，以南明皇室中最热衷戏剧的弘光为研究对象，探讨了这一时期的宫廷演剧状况，从而对明清之际的戏剧史研究有所补充。中央戏剧学院李黎媛的《〈燕行录〉中"赏听戏"记述及其历史意义——兼论清代内廷演剧的礼化契机》一文，系统梳理了朝鲜使臣所留下的《燕行录》中的种种观剧记述和接受，从而更好地观察乾隆帝的心态，有助于理解在清廷的推崇、推动及改造之下演剧内涵的更迭与变异。深圳大学谭汝霖的《燕行文献中清宫演剧史料研究述评》一文，通过爬梳燕行文献中的清宫演剧史料，结合学界已有的相关研究成果，发现朝鲜对《燕行录》的研究较为成熟，为探讨清代宫廷演剧做了夯实的材料铺垫。相较之下，越南等国燕行文献中戏曲史料的研究稍显薄弱，尚处于搜集资料的起步阶段，有待进一步深入挖掘、整理和研究。深圳大学金春媛的《通与融——张伯驹诗词记戏探研》一文，从"以诗说戏""以词忆戏"及"民国至当代曲坛的兴衰发展历史"这三个方面入手，对张伯驹诗词文本进行深入探究，综论其记戏诗词的"通融"特色。深圳大学董芳军的《清宫外学伶人研究综述》一文，指出外学伶人作为内廷演剧的主体之一，在内廷的演出活动和戏曲史上的地位，近年来受到学界的广泛关注。而且，外学伶人对宫廷与民间演剧的作用与影响，仍有广阔的研究空间。深圳大学高志忠、伍维佳的《戏本与戏画：清宫戏曲的两类伴随文本》一文，指出清宫戏画与清宫戏本皆为“案头之物”，它们以不同的方式凝结着清宫戏曲艺术，是清宫“场上之演”时必不可少的文献材料。戏本产生于演出之前，是舞台空间的“预设”，是演员排戏的重要依据，具有一定的文学价值与实用指导意义；戏画产生于演出之后，是舞台空间的“再现”与“延伸”，二者相互映衬，承载着清宫戏曲发展历史之细节。

综上，此次参会论文围绕主题“明清物质文明与政治文化”展开，广泛地运用新文献史料、新发现文物、绘画史料、建筑史料等，借鉴政治学、建筑学、艺术学、宗教学等新理论、新角度来考察，极大地推动了“故宫学”理论、明清宫廷史、故宫建筑与艺术等相关领域的发展。

[作者单位：西南边疆少数民族研究中心]

图书在版编目（CIP）数据

故宫学刊. 第二十五辑 / 故宫博物院编. -- 北京：故宫出版社，2023.12

ISBN 978-7-5134-1066-3

Ⅰ. ①故… Ⅱ. ①故… Ⅲ. ①故宫－研究－北京－丛刊 Ⅳ. ①K928.74-55

中国国家版本馆CIP数据核字(2024)第031517号

故宫学刊
第二十五辑

故宫博物院　编

主　　编：任万平

执行主编：王子林

副 主 编：许冰彬

出 版 人：章宏伟

责任编辑：王冠良　任　晓

英文编辑：周　怡

装帧设计：李　猛

责任印制：常晓辉　顾从辉

出版发行：故宫出版社

地址：北京市东城区景山前街4号　邮编：100009

电话：010-85007817　010-85007800

邮箱：ggcb@culturefc.cn

印　　刷：北京雅昌艺术印刷有限公司

开　　本：889毫米×1194毫米　1/16

印　　张：17.5

字　　数：460千字

版　　次：2023年12月第1版

2023年12月第1次印刷

书　　号：ISBN 978-7-5134-1066-3

定　　价：280.00元